LES ÉTABLISSEMENTS PUBLICS LOCAUX

GRALE

Le GRALE (Groupement de Recherche sur l'Administration Locale en Europe) est un groupement d'intérêt scientifique (GIS) fondé sur un contrat pluriannuel associant des partenaires académiques, au nombre desquels figure l'Université Paris-I - Panthéon-Sorbonne qui est le siège du GRALE, et des partenaires institutionnels, ainsi que des entreprises.
Le GRALE, qui réunit une quarantaine de centres de recherches et institutions scientifiques nationales et internationales, a pour mission de promouvoir des recherches sur les collectivités locales, l'action publique territorialisée et des problèmes juridiques qui s'y rapportent. Il trouve sa raison d'être dans le réseau dense et diversifié des équipes de recherche ou associations scientifiques des diverses disciplines qu'il contribue à entretenir et à stabiliser.
Le GRALE est également au centre d'un réseau international associant des chercheurs de plus de trente pays.

Contacts :
Université Paris-I – 9 rue Malher – 75181 PARIS CEDEX 04
Tél. : 01 44 78 33 44 ; Mel : grale@univ-paris1.fr, site :
http://grale.univ-paris1.fr

Nicolas Kada, Directeur des publications du GRALE

Dernières parutions

Olivier DUPERON (dir.), *Actes 1 et 2 de la décentralisation. Les transferts de compétences de l'État vers les collectivités territoriales. 40 ans de déplacement des politiques publiques*, 2023.
Matthieu HOUSER (dir.), *Les inégalités financières et les collectivités territoriales*, 2023.
Justin DANIEL et Carine DAVID (dir.), *75 ans de départementalisation outre-mer. Bilan et perspectives. De l'uniformité à la différenciation*, 2021.
Marie-Christine STECKEL-ASSOUERE, *La résurrection des villes face à la COVID-19*, 2021.
Nicolas PEYPOCH et Jacques SPINDLER (dir.), *Le tourisme hivernal. Clé de succès et de développement pour les collectivités de montagne ?*, 2019.
P.-Y. CHICOT (dir.), *Le tourisme mémoriel à l'échelle intercommunale. Politique et stratégie d'attractivité du territoire local. L'exemple de la communauté d'agglomération de Cap Excellence*, 2019.
Ch. CHABROT (dir.), *La Métropole de Lyon : de la singularité à la modélisation ?*, 2019.

Sous la direction de
Jean-Marie Pontier

LES ÉTABLISSEMENTS PUBLICS LOCAUX

L'Harmattan

5-7, rue de l'Ecole-Polytechnique, 75005 Paris

http://www.editions-harmattan.fr

ISBN : 978-2-336-51649-3
EAN : 9782336516493

Sommaire

REGARD COMPARÉ

Auteur(e)s

ANDERSEN Robert — Premier Président émérite du Conseil d'État de Belgique, Professeur émérite de l'Université catholique de Louvain (UCLouvain)

BENCHENDIKH François — Maître de conférences HDR en droit public, Sciences Po Lille, Centre d'études et de recherches administratives, politiques et sociales (CERAPS), UMR CNRS 8026

CAFARELLI François — Maître de conférences en droit public, Centre Michel de l'Hospital (CMH), UR 4232, Université Clermont Auvergne

CROUZATIER-DURAND Florence — Professeure de droit public, Centre d'études et de recherche en droit administratif, constitutionnel, financier et fiscal (CERDACFF), Université Côte d'Azur

DANTONEL-COR Nadine — Professeur de droit public, Université de Lorraine, Directrice adjointe de l'IRENEE, Membre du conseil scientifique du GIS-GRALE

DEVÈS Claude — Professeur émérite de l'Université Clermont Auvergne, Avocat honoraire au barreau de Clermont-Ferrand

DONIER Virginie — Professeure de droit public, Université de Toulon, Présidente du conseil scientifique du GIS-GRALE

DURAND Franck — Maître de conférences HDR en droit public, Chercheur au Centre de recherches droit et territoire (CRDT), EA 3312, Université de Reims Champagne-Ardenne, Chercheur associé au Centre d'études et de recherches de sciences administratives et politiques (CERSA), UMR CNRS 7106, Université Paris-II - Panthéon-Assas, CNRS

FIALAIRE Jacques — Professeur émérite de Nantes Université

FORT François-Xavier — Maître de conférences en droit public, Centre de recherches et d'études administratives de Montpellier (CREAM), Université de Montpellier

GRANERO Aurore	Maître de conférences HDR en droit public, Centre de recherche et d'étude en droit et science politique (CREDESPO), Université de Bourgogne
GUIGNARD Didier	Professeur de droit public, Institut du droit de l'espace des territoires, de la culture et de la communication (IDETCOM), EA 785, Université Toulouse 1 Capitole
KADA Nicolas	Professeur de droit public, Université Grenoble Alpes, Codirecteur du Groupement de recherche sur l'administration locale en Europe (GIS-GRALE)
LEJEUNE Yves	Professeur émérite de l'Université catholique de Louvain (UCLouvain)
LERIQUE Florence	Professeure des Universités, UBM Institut Léon Duguit, UB
MOYSAN Émilie	Maître de conférences HDR en droit public, Chaire Droit et transitions sociétales, Le Mans Université
PONTIER Jean-Marie	Professeur émérite de l'Université d'Aix-Marseille

Mises en pages : Maud Lesueur.

PRÉSENTATION

Jean-Marie PONTIER

Professeur émérite de l'Université d'Aix-Marseille

Il fut un temps où l'image la plus répandue que l'on pouvait avoir des collectivités locales était celle des communes, plus précisément de petites communes, blotties autour de leur clocher. Cette image ne fut jamais un cliché, tant la diversité était grande entre les communes, tant par les paysages que par les constructions, les aménagements dans l'espace et les modes de vie. Ces communes se différenciaient par leur intervention plus ou moins développée, selon leur richesse, l'esprit d'initiative du maire, leur situation. Mais, quelles qu'aient pu être ces interventions communales – et l'on pense notamment à toutes ces initiatives locales qui se développèrent sous l'effet, qui fut une contrainte, de la Première Guerre, et des crises de divers ordres qui frappèrent notre pays –, l'État jouait le rôle principal, du fait des moyens limités des communes, et les préfets se montraient des censeurs redoutables de ces interventions locales, le juge (c'est-à-dire le Conseil d'État) contribuant à cette tutelle des collectivités locales.

Tout cela a beaucoup changé, notamment depuis la Ve République où, dès le début, des mesures furent prises pour moderniser l'organisation locale, ainsi que les finances locales. Cette évolution s'est produite progressivement, à partir de 1959, mais elle s'est, depuis, accélérée et, aujourd'hui, les lois succèdent aux lois, des « trains » de lois se suivent sans discontinuer, les décrets d'application d'une loi n'étant pas encore pris qu'une nouvelle loi est envisagée. Au moment même des débats et du vote de la loi 3DS, on envisageait la future loi. Durant l'année 2024, plusieurs rapports, succédant à bien d'autres, ont été remis, les événements politiques laissant planer un doute sur les suites qu'ils sont susceptibles d'avoir.

Les préoccupations dépassent désormais le cadre communal, qui est relativisé. Les départements, dont on a pu penser, un moment, qu'ils allaient être supprimés ont plutôt été confortés par les évolutions intervenues et, surtout, il existe désormais des régions, enfin créées et désormais installées dans le paysage administratif, après plus d'un siècle de tergiversations et de refus. Les collectivités « locales » sont devenues des collectivités « territoriales », des établissements de coopération ont été développés, tout cela produisant un écheveau de relations complexes, contrôlé, désormais, moins par le représentant de l'État que par le juge.

Les modes d'intervention se sont, eux aussi, considérablement diversifiés, et les thèmes en vogue sont devenus ceux de répartition des compétences, de différenciation, de contractualisation, de coopération, sans oublier, dans le domaine des finances locales qui, lui, est un thème récurrent et inépuisable depuis la Révolution, et sans doute bien avant, les thèmes de compensation, de péréquation, de pouvoir fiscal.

Parmi les modes d'intervention, certains sont moins à la mode, ils ne font guère parler d'eux parce qu'ils sont « installés » et, pourtant, ils sont essentiels. L'établissement public en fait partie. Si l'on parle le plus souvent de « contrats » (qui n'en sont le plus souvent pas, sur le plan juridique), les établissements publics, pour être plus traditionnels, sont un instrument remarquable d'intervention des collectivités territoriales. Nous avons un peu trop tendance à les considérer comme allant de soi. Mais il ne faut pas oublier que, dans beaucoup de pays, cette forme juridique n'existe pas, et il semble que ce soit là, pour eux, parfois, un manque, dans la mesure où ils n'ont pas nécessairement d'instrument juridique équivalent.

Il est donc apparu utile de s'interroger sur ces établissements publics locaux, dont on se rend compte, à l'analyse, et ce dont se convaincra le lecteur, qu'ils répondent à des fonctions fondamentales des collectivités territoriales pour répondre aux besoins des citoyens à l'échelon local. Ce que montrent, également, les études réunies dans ce volume, c'est que ces établissements publics soulèvent de nombreuses interrogations, à la fois d'ordre juridique, d'ordre politique, et même sociétal.

Ce travail collectif a été permis grâce au GRALE, organisme unique de réflexion et de proposition sur les collectivités territoriales, de par la diversité des spécialistes qui en font partie. Le travail ici présenté comporte, par définition, une dimension principalement juridique mais, également, des composantes économiques, sociologiques, prises en compte par les auteurs. Il pourra servir de base de réflexion à des réformes qui pourraient être engagées pour améliorer l'efficacité de cet instrument indispensable que sont les établissements publics locaux.

THÈMES GÉNÉRAUX

LE SERVICE PUBLIC LOCAL

Jean-Marie PONTIER

Professeur émérite de l'Université d'Aix-Marseille

À l'origine sont les communes. Cette formule, volontairement brutale, et tranchée, est évidemment inexacte en tant que telle, tout au moins sur le plan juridique, elle appelle des éclaircissements, et soulève des interrogations. Elle est mise en exergue, ici, pour remettre en valeur les communes, une institution que l'on honore en surface, mais qui, profondément, est dévalorisée, grignotée, peu à peu, par les législations qui se sont succédé depuis plusieurs décennies.

Il n'y a pas véritablement d'origine. Les origines de toutes les institutions (ou presque) se perdent dans l'épaisseur du temps, comme les origines de l'humanité se perdent, elles, dans la nuit des temps. S'il fallait vraiment fixer un point de départ, dans l'organisation politique et sociale des êtres humains, ce serait sans doute celui de l'établissement d'un pouvoir accepté de la part de ces derniers. Dans une perspective juridique, ce pouvoir est celui de l'État, non pas tel que nous le connaissons aujourd'hui, mais avec son affirmation hésitante, d'une manière progressive et continue, la France étant une illustration particulièrement remarquable de ce processus d'affirmation de l'État.

Mais si cet État va reconnaître, lentement et avec réticence, dans notre pays, des composantes en son sein que l'on va appeler collectivités locales, si, juridiquement, il est vrai que ces dernières dépendent, dans leur existence comme dans leur organisation, de l'État, à partir du moment où l'on se place sur le terrain anthropologique et historique, alors ce sont les communes qui sont premières.

Certes, elles ne portaient pas cette appellation, qui date de la Révolution et, avant celle-ci, avaient des dénominations diverses, certes une grande diversité caractérisait ces communautés – c'est même là une richesse qu'évoquent les historiens, et que certains souhaiteraient réinstaurer de nos jours – mais une chose est certaine : avant qu'il n'y ait, en France, un État, il existait, sur tout le territoire, des communautés organisées, qui étaient sans doute, au départ, des regroupements de familles. Cela explique qu'au cours du XIXe siècle (surtout en sa première moitié), des auteurs libéraux aient défendu la thèse selon laquelle « les communes sont comme la famille, l'État les trouve et ne les crée point ». La formule, juridiquement fausse, est historiquement vérifiée.

Ces communautés locales agissaient en vue de satisfaire des besoins des habitants. Cette action visait principalement des biens collectifs, l'économie de rareté qui caractérisait ces temps ne laissant guère le choix aux habitants : la mise en commun était une nécessité, non une solution, comme on a tendance, aujourd'hui, à la présenter, dans la redécouverte des « communs ». Ces biens collectifs étaient ceux qui étaient indispensables à la vie et aux échanges (routes, ponts, mais aussi fours). Ces communautés, ou certaines d'entre elles – car cela ne s'est pas vérifié sur l'ensemble du territoire[1] – venaient en aide aux habitants qui se trouvaient dans le besoin du fait des calamités, naturelles ou d'origine humaine[2].

Ces biens collectifs étaient des biens communs et, sans que cela soit affirmé comme tel, sans que cela soit même reconnu, progressivement a émergé de cette mise en commun l'idée du Bien commun. Cette émergence a été facilitée ou favorisée, au cours du Moyen Âge, par les développements de la théologie catholique et de la philosophie, théologie et philosophie étant d'ailleurs, alors, largement liées. L'une des idées dégagées par les grands penseurs de l'époque a été que le pouvoir doit être exercé en vue du Bien commun, et que les membres du corps social doivent contribuer à ce dernier. Ainsi se trouvait préparée, en germe, l'idée du service public.

Il faut relever, d'ailleurs, que c'est l'échelon local, c'est l'organisation d'un service public par une commune, qui a été l'occasion, pour le Conseil d'État, de reconnaître l'existence d'un service public, si l'on fait abstraction, bien entendu, de la décision sans doute la plus célèbre du droit administratif, celle qui est considérée comme « fondatrice » de celui-ci, la décision *Blanco*[3].

---

1. Au surplus, il ne faut pas oublier que l'on se place, pour apprécier le phénomène, sur un temps de plusieurs siècles, au cours desquels les situations ont pu considérablement varier.
2. Deux remarques à ce propos : on parlait volontiers de « calamités », terme explicite, s'il en est, qui est beaucoup moins usité qu'il ne le fut, mais qui figure dans plusieurs de nos textes de droit positif; les calamités d'origine humaine (aujourd'hui, on a tendance à dire – mais il est vrai que cela s'applique principalement à d'autres domaines – d'origine « anthropique », ce qui fait plus savant) étaient principalement représentées par les guerres, ou les ravages causés par des troupes de brigands.
3. Mais qui a été précédée et préparée par d'autres décisions antérieures, la décision *Blanco* l'ayant emporté, si l'on peut dire, par sa clarté, sa plus grande précision… et peut-être, simplement, les circonstances.

Deux décisions très connues témoignent de l'importance du « local » dans la consécration du service public. La première est l'affaire dite de « la chasse aux vipères »[4] : un conseil général décide d'attribuer une prime pour toute vipère tuée[5]. Le sieur Terrier, ayant rapporté ses vipères, et espérant toucher la prime, se vit refuser celle-ci, au motif que les crédits étaient épuisés. Mécontent, il saisit le Conseil d'État[6] de la violation du contrat qui avait été passé, selon lui, entre le département et les chasseurs. Le Conseil d'État se reconnut compétent, et prit « l'une des décisions les plus importantes du droit administratif »[7]. La gestion publique entraîne la compétence de la juridiction administrative, et cette gestion publique concerne l'organisation et le fonctionnement des services publics.

La seconde affaire, tout aussi pittoresque et instructive, est celle des « chiens errants »[8]. La ville de Montpellier, ayant passé un contrat avec le sieur Thérond pour la mise en fourrière des chiens errants et l'enlèvement des bêtes mortes[9], et certaines stipulations n'ayant pas été respectées par la ville, l'intéressé intenta un recours en résiliation, avec demande de dommages-intérêts, devant le conseil de préfecture[10]. En appel, devant le Conseil d'État, fut soulevée la question de la compétence de ce dernier pour connaître du recours. La réponse du juge, qui se déclare compétent, est claire : « La ville de Montpellier a agi en vue de l'hygiène et de la sécurité de la population et a eu, dès lors, pour but d'assurer un service public ». Ainsi était unifié, par cette décision, le contentieux de la responsabilité de l'État et des collectivités locales.

Nous étions alors, chronologiquement[11], au début du XXe siècle, en un temps où la situation des collectivités locales était très différente de celle que nous connaissons aujourd'hui. C'était, pour employer une formule appliquée de nos

---

4. CE 6 févr. 1903, *Terrier*, *Rec.*, 94, concl. Romieu.

5. Les temps changent : aujourd'hui ce serait peut-être pour une vipère sauvée, le responsable d'une vipère tuée pouvant faire l'objet de poursuites et de sanctions…

6. Nous sommes en un temps où le Conseil d'État pouvait être saisi directement en première instance. Il y avait relativement peu d'affaires. Là aussi les temps ont changé…

7. *GAJA*, Lefebvre Dalloz, 24e éd., p. 70.

8. CE 4 mars 1910, *Thérond*, *Rec.*, 193, concl. Pichat.

9. Cela en dit long sur l'hygiène publique – ou plutôt l'absence d'hygiène publique – dans les villes, à cette date-là (on est tout de même à la fin du XIXe siècle), et la nécessité de celle-ci.

10. Les conseils de préfecture, dont la dénomination peut induire en erreur, mais qui dit assez bien ce qu'ils étaient, étant les ancêtres des tribunaux administratifs que nous connaissons.

11. L'adverbe a ici son importance car si, chronologiquement, nous sommes bien au XXe siècle, politiquement, économiquement, socialement et, encore plus, culturellement (au sens large du terme) nous sommes encore au XIXe siècle, le XXe ne commençant qu'en retard, quelque part au cours de la Première Guerre mondiale.

jours dans de tout autres domaines, « l'Ancien Monde », avec des interventions limitées des collectivités locales, et si l'on parlait de services publics gérés par les collectivités locales, on ne parlait pas de services publics locaux. Ces derniers sont omniprésents, désormais.

Pour rendre compte de l'évolution intervenue, il faut d'abord s'interroger sur cette qualification de « service public local », qui n'est pas anodine, il faut ensuite se demander ce que signifie la multiplication actuelle des services publics locaux.

I. Une qualification du service public local encadrée

Ce qui est d'abord en jeu, c'est la notion même de service public local, l'expression étant utilisée ici au singulier, parce qu'il faut savoir, au préalable, si le service public local existe[12], s'il est reconnu comme tel, avant d'en envisager les contours et les implications. Un regard rétrospectif, sur un siècle et demi, permet de vérifier que le service public local est effectivement consacré, mais que, dans le même temps, et corrélativement, plusieurs questions sont soulevées par cette reconnaissance.

A. La consécration du service public local

Nous avons appris, et nous enseignons que le droit administratif est un droit historiquement principalement jurisprudentiel, cette affirmation ne soulevant guère d'objections[13]. En revanche, si l'on s'intéresse plus spécifiquement au service public local, l'affirmation en a été faite par le législateur, avant que le juge ne reconnaisse et ne consacre cette catégorie.

1. La consécration législative du service public local

Une reconnaissance indirecte du service public local a eu lieu à travers les services – qui n'étaient pas, alors, qualifiés de « locaux » – que le législateur a considérés comme étant gérés par les communes et par les départements. Le législateur a précédé le juge, bien que l'appellation de « service public », non qualifié de « local », soit à l'origine jurisprudentielle, parce que le juge, à l'époque, ne se

12. On ne revient pas sur la notion de service public lui-même, largement documentée, la formulation donnée par Jèze valant toujours aujourd'hui : « Créer un service public, c'est édicter que la satisfaction de tel besoin d'intérêt général sera donnée par le procédé du service public » (*Les Principes généraux du droit administratif*, t. III, p. 93).

13. Et même s'il faut cependant ajouter que le droit administratif ne naît pas avec le juge administratif, qu'il y a eu, sous l'application de diverses règles, un droit administratif bien avant qu'il n'y eût un juge administratif, notamment sous l'Ancien Régime.

préoccupe guère des collectivités locales en tant que telles, il est centralisateur, il est le défenseur de l'État, la décentralisation devenant une préoccupation politique à partir de la Monarchie de Juillet[14].

Mais si l'on considère la « première » loi en la matière, la loi des 18-22 juillet 1837, elle ne parle pas encore de « services », beaucoup considèrent encore la commune comme un groupement de nature privée[15], et les préoccupations qui se manifestent sont des préoccupations de propriétaires[16]. En 1883 et 1884, lors des débats sur ce qui va devenir la loi du 5 avril 1884, la notion de « services » n'est toujours pas présente et, s'agissant du conseil municipal, la loi évoque un certain nombre d'« objets », ce terme étant assez éloigné de la notion de « services ».

L'énumération, dans la loi de 1884, est d'ailleurs assez hétéroclite, on y trouve, par exemple, « le classement, le déclassement, le redressement, le prolongement, l'élargissement, la suppression des voies et places publiques », les budgets, emprunts, les foires, etc.[17] Cette loi se révèle rapidement insuffisante, et les propositions de loi, comme les rapports de commissions[18], se succèdent, sans qu'il y ait de véritables changements, le plus important, prévu en 1884, étant la loi sur les syndicats de communes[19].

C'est vers la fin du XIXe siècle et le début du XXe que les premières lois sur les « services » municipaux sont adoptées. Les préoccupations sont, alors, des préoccupations d'hygiène et de santé[20], le terme d'« hygiène » étant prépondérant, ce qui

---

14. Étant précisé que si, effectivement, la Monarchie de Juillet a commencé à se préoccuper de décentralisation (avec quelques rapports remarquables), ce régime n'a jamais été démocratique, les deux notions de décentralisation et de démocratie étant, historiquement, dissociables.

15. Même s'il ne fait plus de doutes, depuis la Révolution, que la commune est juridiquement une institution publique.

16. En témoignent des expressions dans la loi telles que « De la conservation et de l'administration des propriétés », la « gestion des revenus », la passation des « baux des biens », « biens communaux », « mode de jouissance », « propriétés communales », « biens indivis ».

17. Il s'agit de l'article 47 de la loi.

18. De nombreuses commissions sont nommées. Parmi elles on peut citer, en raison de la postérité d'un nom, le rapport Poubelle, du nom du préfet qui a laissé son nom au récipient éponyme.

19. On avait pensé aux syndicats de communes lors de la loi de 1884, mais ils avaient été reportés à une loi future, faute de temps. La loi de 1890 peut donc être considérée comme un complément de la loi de 1884, voire un chapitre final de celle-ci.

20. La loi du 17 juin 1838 est, selon la formule d'A. de LAUBADÈRE, « moins une loi d'assistance qu'une loi de police » (« Les services publics sociaux », cours DES 1957-1958, *Les Cours de droit*, p. 62).

s'explique très bien : les conditions d'hygiène dans les villes étaient mauvaises[21]. L'industrialisation qui se développe dans la seconde moitié du XIXe siècle aggrave les conditions de vie, produit de la misère[22].

Il existait, à l'échelon municipal, des « bureaux de bienfaisance », qui avaient été institués sous le Directoire, mais l'assistance qu'ils pouvaient procurer était facultative pour les communes, « le bureau de bienfaisance décidait discrétionnairement du principe, des modalités et du *quantum* de l'aide à accorder »[23]. Au début des années 1890, certains départements avaient institué des services de médecine gratuite dans les campagnes, mais les communes pouvaient refuser d'adhérer au service et de payer leur quote-part.

Le législateur estima nécessaire d'intervenir, et ce fut la loi du 15 juillet 1893 sur l'assistance médicale gratuite (AMG), la loi disposant que « tout Français malade, privé de ressources, reçoit gratuitement de la commune, du département ou de l'État, suivant son domicile de secours, l'assistance médicale à son domicile ou, s'il y a impossibilité de le soigner utilement à domicile, dans un établissement hospitalier » (art. 1er, al. 1er).

Le rôle essentiel incombait donc aux communes, puisque tout Français[24] avait en principe un « domicile de secours » dans une commune, le département venant aider les communes qui ne disposaient pas des ressources nécessaires, et l'État exerçant le contrôle de l'application de la loi[25]. La loi prévoyait la mise en place, dans chaque commune, d'un bureau d'assistance spécialisé qui, dans la pratique, se confondait avec le bureau de bienfaisance, lorsqu'il en existait un. Puis, ce fut la loi du 15 février 1902, « relative à la protection de la santé publique », qui

21. En témoigne indirectement, comme indiqué plus haut, la décision *Thérond* qui montre que les bêtes mortes, avec tout ce que cela implique comme conséquences, n'étaient pas rares dans les rues de la ville (et, sans doute, de bien d'autres villes).

22. Les démographes ont pu relever, durant cette période, une baisse de l'espérance de vie, qui n'avait cessé de progresser jusque-là.

23. J.-P. MACHELON, « La Troisième République (jusqu'à la Grande Guerre) », *in* L. FOUGÈRE, J.-P. MACHELON, F. MONNIER (dir.), *Les Communes et le pouvoir de 1789 à nos jours*, PUF, 2002, p. 351 et s., p. 404.

24. La référence, à l'époque, était faite aux seuls « Français », les étrangers n'en bénéficiaient pas, et il faut ajouter que la solidarité nationale a été perçue, au départ, comme s'appliquant aux seuls Français, à l'exclusion des étrangers.

25. C'était, au fond, une sorte d'application du principe de subsidiarité, sans que l'expression fût connue et utilisée.

rendit obligatoire l'édiction de règlements sanitaires dans toutes les communes, et la création de bureaux d'hygiène dans les villes d'au moins 20000 habitants, fort peu nombreuses à l'époque.

Mais, à la veille de 1914, « près du tiers des communes n'avaient pas organisé de bureau d'assistance; et s'il existait bien 15000 bureaux de bienfaisance, la plupart d'entre eux étaient peu actifs »[26]. Quant aux bureaux d'hygiène, les maires s'en soucièrent peu, leurs réticences conduisirent à un transfert de compétence du maire au préfet[27]. Cette négligence des maires donna lieu également à des contentieux. Ainsi, par exemple, dans un arrêt de 1934, le Conseil d'État déclare : « Il appartient à la commune de créer, au titre de l'assistance médicale pour les indigents, un dispensaire en vue de contribuer par ce moyen à l'exécution des obligations qui lui incombent du fait de la loi »[28].

D'autres lois furent adoptées, relatives à un certain nombre de services communaux ou départementaux, ou gérés à l'échelon local. L'une des lois les plus connues est la loi du 28 décembre 1904, qui faisait du service extérieur des pompes funèbres[29], non seulement un service communal, mais un monopole communal[30]. Plusieurs lois – les premières ayant été prises sous la Monarchie de Juillet[31] furent prises en matière d'enseignement, les communes se voyant reconnaître un rôle important, en même temps qu'elles étaient soumises à une tutelle rigoureuse[32]. D'autres lois, encore, portèrent sur le logement[33], ou encore les « offices de placement ».

26. J.-P. MACHELON, art. précité, p. 406.

27. A. DE LAUBADÈRE écrit, dans son *Traité de droit administratif*, LGDJ, t. III, 4e éd., 1990, par J.-C. VÉNÉZIA, n° 236, p. 218, que la non-application du texte par les maires est « l'un des exemples les plus fameux d'inertie municipale ».

28. CE Ass. 30 nov. 1934, *Sieur Le Cam*, req. n° 82490.

29. On distingue, pour les pompes funèbres, le service extérieur et le service intérieur. Ce dernier est relatif à l'organisation des funérailles dans les établissements de culte.

30. Il a été mis fin à ce monopole en 1993.

31. Guizot, qui n'est pas un personnage historique très aimé, fut cependant à l'origine des premières lois sur l'enseignement.

32. En matière d'école, la tutelle n'avait pas seulement pour objet de vérifier que les communes respectaient bien leurs obligations, mais également de favoriser la diffusion des idées républicaines.

33. Avec, également, à l'appui, une jurisprudence abondante. Voir par ex. CE Sect. 22 nov. 1935, *Chouard et autres*; CE 17 mai 1935, *Ville de Castelnaudary*.

2. Déductions à tirer de l'intervention du législateur

Il est possible de tirer de toutes ces législations les observations suivantes. En premier lieu, ces lois s'égrènent au fil du temps, elles ne sont pas commandées par une vue d'ensemble, elles interviennent en fonction des besoins tels que le législateur les appréhende, et le législateur intervient, le plus souvent, sous la contrainte des faits. Les transformations économiques entraînent des bouleversements sociaux, des situations inacceptables. Ces lois interviennent d'ailleurs tardivement[34].

En deuxième lieu, il apparaît qu'une distinction doit être faite entre les services obligatoires et les services facultatifs. Cette distinction présente une importance considérable du point de vue des libertés des collectivités locales – aujourd'hui plus souvent appelées collectivités territoriales – dans la mesure où, si des services sont obligatoires les collectivités locales, principalement représentées par les communes, doivent les organiser, faute de quoi elles peuvent être sanctionnées. Et plus le nombre de services obligatoires est élevé, plus grandes sont les atteintes aux libertés locales.

Mais, en troisième lieu, la notion de services obligatoires présente une grande ambiguïté. D'une part, s'il en existe, consacrés par la loi, c'est, en partie, parce que des collectivités locales, ou des maires, dans le passé, ont fait preuve, ainsi que nous l'avons vu, de négligence, voire d'opposition. Et l'intérêt public, qu'il soit sanitaire, social ou autre, vient alors en contradiction avec la liberté locale, conduit à limiter celle-ci. D'autre part, la notion de services obligatoires croise une autre notion, la notion de dépenses obligatoires, sans que les deux notions coïncident totalement. La liste des dépenses obligatoires remonte à loin, on la trouve d'abord dans la loi du 10 mai 1838 sur les conseils généraux, encore plus, et de manière un peu bizarre, dans un décret portant règlement général sur la comptabilité publique, du 31 mai 1862[35]. Cette liste n'a cessé, par la suite, de s'allonger et, lors des débats sur ce qui est devenu la loi du 2 mars 1982, il a été question de les supprimer. Cela ne s'est (évidemment) pas produit, la liste a seulement été réduite pour, d'ailleurs, s'allonger à nouveau, au gré des législations ultérieures.

34. L'une des explications tient au fait que la IIIe République fut longtemps obnubilée par la lutte contre l'Église catholique, lutte qui occulta les problèmes sociaux. Voir en ce sens F. GOGUEL, *La politique des partis sous la Troisième République*, Seuil, 1946, 2 vol.

35. Décret impérial du 31 mai 1862, *Bull. des lois*, XI° série, partie principale n° 1045, p. 397 et s., art. 454, p. 468, pour les dépenses imposées aux départements et 486 p. 474 pour les dépenses imposées aux communes.

Ces dépenses obligatoires ne portent pas, seulement, sur le fonctionnement de services et, si l'on s'en tient à ces derniers, ne portent pas, seulement, sur des services « locaux ». L'illustration la plus remarquable en est donnée par le service de l'état civil (art. L. 2321-1 du CGCT), mais il y en a d'autres. Ces dépenses, qui correspondent à des services nationaux établis à l'échelon local, sont désormais compensées – encore que subsistent des controverses sur le caractère « intégral » de la compensation, l'appréciation faite par l'État différant de celle faite par les représentants des élus locaux – mais elles montrent que la notion de service public local est loin d'être nette.

D'ailleurs, il faut encore remarquer, en quatrième lieu, que si le législateur a parlé de « services » créés et gérés par les collectivités locales, il n'a guère parlé, jusqu'à nos jours, de « services publics locaux ». Cela traduit bien le sentiment des pouvoirs publics, d'un point de vue historique tout au moins, que la notion essentielle était, pour l'État – est, peut-être, toujours – la notion de service à assurer, non de service dont la première caractéristique, et déterminante, serait celle d'être « local ».

En cinquième lieu, à travers les développements qui précèdent, un autre acteur apparaît en filigrane, c'est le juge administratif. Son rôle est décisif en matière de services publics locaux, comme nous allons le voir mais, étant donné que, habituellement, son rôle est presque exclusivement mis en valeur, il était important de montrer que l'acteur premier et décisif a été le législateur. L'intervention de ce dernier a laissé poindre des interrogations, auxquelles le juge a répondu à sa manière.

B. Les interrogations soulevées par la qualification de « service public local »

Les développements qui précèdent le laissent pressentir : une réalité administrative s'est progressivement imposée, celle de services gérés par les collectivités locales, qui présentent des caractéristiques assez différentes les uns des autres, mais qui peuvent être qualifiés de services publics locaux. Cela laisse cependant en suspens deux questions auxquelles il est indispensable de pouvoir répondre : la première est celle de savoir ce qu'est un service public local, la seconde celle de savoir ce qui peut être appelé service public local.

1. Qu'est-ce qu'un service public local ?

Nous savons, à peu près, par la jurisprudence, mais également par les commentaires de la doctrine, sans laquelle le service public n'aurait pas connu la fortune qui a été la sienne pendant près d'un siècle, les caractéristiques qui s'attachent au service public, et qui permettent d'en discerner la présence. Mais qu'est-ce qu'un service public local par rapport au service public en général ?

Une réponse simple consiste à dire que le service public local est le service public géré par une collectivité territoriale. Dans les services publics, on trouve, d'un côté, les services publics nationaux, gérés par l'État, de l'autre, les services publics locaux, gérés par les collectivités territoriales. Cependant, même si l'on s'en tenait à cette définition simple, des difficultés apparaissent immédiatement, avec les services publics gérés par les syndicats de communes, qui ne sont pas[36] des collectivités territoriales, mais des groupements de collectivités locales, ayant la nature d'établissements publics. Dès le départ, si l'on peut dire, c'est-à-dire en 1890, date de la création par la loi des syndicats de communes, ces derniers ont été chargés de créer et de gérer des services, qui ont été qualifiés, sans difficulté, de services publics. Il s'est agi, notamment, de la création des réseaux que l'on a tendance à appeler aujourd'hui « réseaux primaires »[37], soit, le réseau d'eau potable, le réseau des eaux usées, le réseau électrique. À vrai dire, il ne s'agit pas d'abord de « services », mais d'équipements. Cela crée une difficulté supplémentaire car, une fois réalisés, ces équipements impliquent la création de services pour les gérer.

L'exemple de ces équipements, ou de certains d'entre eux, montre que la qualification de « local » attribuée à un service peut parfaitement changer au fil du temps. Le cas de l'électricité est très symptomatique, à cet égard, d'une telle évolution. Les premiers réseaux d'électricité sont, en France, des réseaux communaux ou, plus souvent, intercommunaux, ils peuvent recevoir la qualification de « locaux ». Mais, en 1946, une nationalisation de l'électricité et du gaz est décidée, des raisons techniques de rationalisation se mêlant à des considérations idéologiques, qui furent prépondérantes. La nationalisation ne pouvait, cependant, s'opérer « contre »

36. Régulièrement on fait valoir que certains de ces EPCI, ceux que l'on appelle EPCI à fiscalité propre, sont proches d'une collectivité territoriale. Mais aucun gouvernement n'a osé franchir le pas, consistant à faire élire leurs conseils au suffrage universel direct, qui soulève d'ailleurs lui-même des interrogations.

37. Ce sont des réseaux « primaires » par rapport aux réseaux que l'on a créés depuis, ce sont surtout des réseaux « premiers », en ce sens que le développement d'un pays, la disparition d'épidémies mortelles et évitables, tient à la réalisation de ces réseaux qui, encore aujourd'hui, font défaut à bien des pays.

les collectivités locales, ce qui eût été priver la nationalisation de son sens, c'est pourquoi les collectivités locales furent autorisées, mais dans des conditions très restrictives, à continuer à gérer de tels services. Le service public de l'électricité peut ainsi être, tantôt un service public national, lorsqu'il est géré par EDF, tantôt un service public local, lorsqu'il est géré par une collectivité territoriale ou un groupement de collectivités territoriales.

Si le cas de l'électricité et du gaz est un cas particulier, pour des raisons historiques[38], le fait qu'un même service puisse être, par sa nature, tantôt un service public national, et tantôt un service public local, n'a rien d'anormal, dans la mesure où l'État et les collectivités territoriales interviennent dans les mêmes domaines : une distinction tranchée entre les compétences de l'État et les compétences des collectivités territoriales est impossible[39], c'est une idée séduisante en soi, mais c'est une simple vue de l'esprit, elle est parfaitement irréaliste et irréalisable. Une illustration en est fournie, entre autres, par les musées : un musée peut relever de l'État ou d'une collectivité territoriale[40] et, si les musées de l'État sont les plus grands, les plus connus, les plus renommés, les musées des collectivités territoriales sont les plus nombreux[41], et, pour la plupart, ne déméritent pas. On pourrait en dire autant d'une activité telle que le tourisme : si celui-ci peut être un service public local – c'est même une situation extrêmement fréquente –, il peut être également un service public national.

Nous avons un cas plus problématique, en France, difficilement compréhensible pour les étrangers qui ne connaissent pas bien notre histoire, c'est celui de l'enseignement, étant mis à part ici l'enseignement supérieur, dont le caractère de service public national n'est guère mis en doute, et encore que cela n'exclut pas pour autant la participation – essentiellement financière – des collectivités territoriales à cet

38. Mais en fait, ce sont toujours des raisons historiques qui expliquent telle ou telle évolution.
39. Et cela bien que, sur quelques décennies, des dizaines de rapports aient été consacrés à ce sujet, sans pouvoir apporter de solution autre que théorique.
40. Il peut être également, et évidemment, privé, mais, en France, la plus grande partie des musées sont des musées publics.
41. Fin 2022, 1216 musées étaient dénombrés et, sur ce chiffre, une trentaine seulement sont des musées de l'État. Ces musées de l'État ont tendance à occulter l'essentiel, ce réseau développé de musées territoriaux.

enseignement supérieur[42], et encore que la volonté, réaffirmée par le président de la République, de développer des premiers cycles d'enseignement supérieur dans des villes moyennes, puisse entretenir une certaine ambiguïté.

Mais tenons-nous-en à l'enseignement primaire et à l'enseignement secondaire, qui sont hautement instructifs pour notre propos. S'agissant du premier, nous avons vu que l'on parlait, sous la IIIe République, de « l'école communale »[43], et les communes, comme (encore plus peut-être) leurs habitants, tiennent à leur école, expression et condition, à la fois, d'une certaine vie communale. La suppression, par le ministère chargé de l'Éducation nationale[44], d'une école dans une commune, est un véritable drame pour celle-ci, signe annoncé d'un dépérissement à venir. Dans les deux cas, l'école primaire et l'école secondaire, il nous est dit, affirmé, qu'il y a eu décentralisation de l'enseignement, avec la création d'établissements publics dont on peut penser de ce fait, *a priori*, qu'il s'agit d'établissements publics « locaux »[45].

Les établissements d'enseignement posent problème au regard de notre préoccupation. S'agit-il vraiment de services publics locaux ? L'école primaire est-elle un service public communal, les collèges un service public départemental, les lycées un service public régional, tout cela parce que des transferts au profit des collectivités territoriales ont eu lieu, ou auraient eu lieu ? Le doute est plus que permis : les pouvoirs des autorités locales sur leurs établissements sont singulièrement limités[46]. Ils sont limités, parce que tout ce qui concerne la pédagogie, les programmes, relève de l'État seul et que, plus encore, le statut des personnels enseignants est un statut national, ce qui est tout à fait spécifique à la France.

Dès lors, reposons la question : peut-on parler de service public local avec des pouvoirs aussi limités reconnus aux autorités locales ? Si l'on objecte que ce qui est important, c'est la proximité, alors pourquoi ne pas considérer aussi les services déconcentrés comme des services locaux ? Après tout, pourrait-on dire, pourquoi

42. En fait, les collectivités territoriales sont demanderesses en la matière car, si l'on puit dire, elles y trouvent leur compte, il y a une sorte de « troc » qui se fait entre l'État et une ou plusieurs collectivités territoriales.

43. En 1884, certains parlementaires l'ont affirmé nettement. Ainsi F. Dreyfus déclarant, lors des débats relatifs au vote de la loi de 1884 : « Il est clair que l'école, prise en elle-même, est bien une institution communale » (*JO* 9 févr. 1883, déb. Chambre, p. 252).

44. L'expression « éducation nationale » est en elle-même hautement significative, elle montre le rôle que l'État s'est reconnu en la matière.

45. Voir les diverses contributions figurant dans cet ouvrage.

46. Voir J.-Cl. DOUENCE, « La décentralisation du système éducatif » *in* F. MODERNE (dir.), *Les Nouvelles compétences locales*, Dalloz, 1985, p. 201 et s.

pas, cela peut se soutenir[47], si l'on tient que le plus important, dans la notion de « local », c'est la proximité d'un service au profit des citoyens. Mais alors, si l'on s'engage dans cette voie, c'est une tout autre définition du service public local qu'il faut retenir, et qui n'est pas la définition habituellement retenue.

2. Qu'est-ce qui peut être service public local ?

La question qui se présente ici est tout à fait différente de la précédente. Il ne s'agit plus, en effet, de s'interroger sur la nature et la délimitation du service public local, mais sur l'aptitude des collectivités territoriales à créer et gérer des services publics locaux. La réponse à cette question est moins évidente qu'il ne pourrait le paraître au premier abord. Spontanément, on aurait tendance à donner une réponse affirmative, voire à considérer que la réponse va de soi. Les collectivités territoriales disposent, en effet, de compétences, ces compétences ont même été étendues.

Les textes ont proclamé, d'abord pour la commune[48], que « le conseil municipal règle, par ses délibérations, les affaires de la commune », la formule ayant été transposée, beaucoup plus tard[49], aux départements et aux régions. Si, depuis la loi NOTRe, les départements et les régions ont vu leurs compétences être spécialisées, donc cantonnées, la question subsiste pour la commune, qui a conservé sa clause générale de compétence : une commune peut-elle dire que telle activité est un service public – local ici par définition – parce que, elle, commune, en a décidé ainsi ?

L'histoire montre le contraire. Avant d'examiner cette histoire, bien connue et identifiée, il faut remarquer que transformer une activité en service public n'a rien d'anodin. Au-delà des débats qui ont pu avoir lieu sur le service public, quelle que soit l'extension qui a pu lui être donnée, notamment avec la possibilité, pour les personnes privées, de gérer un service public[50], ce dernier porte profondément la marque publique, à tel point que, durant un temps, certains ont pu y voir le critère

47. Cela pourrait éventuellement d'autant plus se soutenir que dans la plupart des pays la distinction que nous opérons entre déconcentration et décentralisation n'existe pas.

48. Il s'agit bien des communes, car si la loi départementale (1871) est bien antérieure à la loi communale de 1884, les dispositions ne sont pas du tout les mêmes, ce qui s'explique notamment par le fait, d'abord que la loi départementale a été adoptée très rapidement (parce qu'elle avait été largement préparée sous l'Empire), ensuite, parce que le département était une collectivité qu'un Eisenmann aurait qualifiée de « semi-décentralisée ».

49. C'est la loi du 2 mars 1982 qui a unifié heureusement cette formulation, et qui a donc consacré clairement la « clause générale de compétence » pour le département et pour la région.

50. Mais, sauf si le législateur l'a dit, c'est toujours après coup, lors d'un contentieux, que le juge déclare, éventuellement, qu'il s'agit d'un service public.

du service public[51]. Si cette tentative a été abandonnée, parce qu'elle ne pouvait qu'échouer, il n'en reste pas moins que tout ne peut être service public, et que l'on ne peut pas laisser à une collectivité territoriale la liberté de dire ce qui est, pour elle, service public[52].

Le débat va se cristalliser, historiquement, sur les possibilités que peuvent avoir les collectivités locales – les communes ayant été, et de très loin, les principales collectivités concernées[53] – de créer des services publics dans le champ de l'économie. Le juge administratif, c'est-à-dire le Conseil d'État, a joué un rôle prépondérant dans l'appréciation de cette capacité des communes à intervenir, avec la réserve dont il sera question plus loin. Tant que l'on s'est trouvé dans d'autres domaines que le domaine économique, le juge administratif s'est montré, mais pas immédiatement, compréhensif dans l'appréciation de la légalité de la création de ces services publics.

En particulier, à partir du moment où l'intervention locale touchait à l'hygiène et à la santé publique, même si elle avait une dimension économique, et même s'il y avait concurrence avec l'initiative privée, il a fini par reconnaître la légalité de cette création de service public[54]. Il en a été tout différemment dans le domaine strictement économique, parce que, alors, l'intervention locale est susceptible de porter atteinte à des intérêts privés. Il est possible de relever, à propos de cette jurisprudence relative à la création de services publics par les collectivités territoriales, trois étapes.

La première étape est celle qui va, en gros, de la fin du XIXe siècle aux années 1926. À la fin dudit siècle, se développe un mouvement que l'on a qualifié, parfois, de « municipalisme », et parfois de « socialisme municipal ». Sous l'influence

---

51. Avec la conjonction, satisfaisante pour l'esprit, mais qui s'est rapidement révélée fausse (et qui ne pouvait qu'être démentie), de la personne publique, du service public et du droit administratif : un service public est une activité gérée par une personne publique et soumise au droit administratif.

52. Cela aboutirait à des incohérences au plan national, et à une rupture du sacro-saint principe d'égalité.

53. Les départements ont été peu concernés, bien qu'il y ait quelques affaires les concernant, parce qu'ils étaient surtout tournés vers le champ du social, où la question de la concurrence avec les personnes privées ne se posait guère.

54. La meilleure illustration en est celle de lavoirs publics, en un temps où il était rare que les appartements aient « l'eau courante » et où les machines à laver n'existaient pas. Voir CE Ass. 12 juill. 1939, *Chambre syndicale des maîtres buandiers de Saint-Étienne*, *D.* 1940.111.1, note P.L.J. Cette jurisprudence intervient cependant assez tardivement par rapport à l'évolution des problèmes de santé.

de facteurs divers[55], des communes se sont mises à créer des commerces tels que des boulangeries municipales, des boucheries municipales, voire des pharmacies municipales[56]. Des commerçants se sont plaints d'une concurrence qu'ils jugeaient déloyale « parce que la commune peut, pendant un certain temps au moins, vendre ses marchandises ou ses services au-dessous du prix de revient, de façon à tuer la concurrence et s'assurer le contrôle du marché, en faisant supporter le déficit à la caisse municipale, c'est-à-dire au contribuable ; le commerçant peut faire remarquer qu'on lui a fait payer des impôts pour alimenter une caisse municipale qui contribuera à le concurrencer »[57]. En fait, des situations très diverses ont pu se présenter[58].

La guerre constitua une parenthèse dans ce débat, et les décisions prises durant ce temps de guerre ne reflètent pas la position de fond du Conseil d'État : les circonstances exceptionnelles que constitue la guerre légitimèrent la création de services commerciaux par les communes[59]. Mais, après la guerre, de telles créations, ou la poursuite d'activités commerciales engagées durant la guerre furent jugées illégales par le juge administratif[60].

Le fondement de l'annulation, par le juge, de ces services publics communaux, fut la loi des 2-17 mars 1791, appelée souvent « loi Le Chapelier », et qui fut interprétée par le juge comme établissant un principe, le principe dit de la liberté du commerce et de l'industrie. Ce principe, tel qu'il fut affirmé et utilisé par le juge, signifiait que les communes ne pouvaient légalement transformer une activité réservée normalement aux personnes privées en service public, sauf présence de circonstances justifiant une telle création.

---

55. Il y a eu, simultanément, des transformations sociales profondes consécutives à l'industrialisation, alors que se développaient, parallèlement des idées socialistes, étant précisé qu'il faut mettre le mot « socialismes » au pluriel, tant les tendances et les mouvements étaient différenciés.

56. Il faut rappeler que ce mouvement n'a pas été uniquement français, on l'a rencontré également en Grande-Bretagne sous l'influence des idées fabiennes, on l'a rencontré également en Italie, où il a perduré plus qu'en France.

57. M. WALINE, *Traité de droit administratif*, 8e éd., 1959, §490, p. 299.

58. Parfois il y a eu véritable concurrence, parfois l'intervention communale palliait une carence, tantôt les interventions étaient guidées par des considérations idéologiques, et parfois purement pragmatiques.

59. Dans certaines communes, ce fut une nécessité qui ne fut pas contestée : les hommes, même jeunes, étaient au combat, certains commerces durent fermer, du fait du départ au front de ceux qui les tenaient, d'où la création, par les communes, de ces boulangeries et boucheries municipales, le pain et la viande étant considérés, à ce moment-là, comme des produits de première nécessité. On pourrait citer également, dans un autre domaine, le très célèbre arrêt *Casanova*.

60. Voir par ex. CE 28 mars 1924, *Genet*, p. 347 ; CE 13 juill. 1928, *Burgeat*, *S.* 1929.3.21.

La deuxième étape est représentée par les décrets du 5 novembre 1926 et du 28 décembre 1926[61], qui donnèrent lieu à un arrêt célèbre, l'arrêt du 30 mai 1930, *Chambre syndicale du commerce en détail de Nevers*[62]. Ils auraient dû se traduire par une extension des pouvoirs des autorités communales dans la création de services publics : ces décrets, qui étaient des décrets-lois, avaient pour objet d'autoriser les communes à participer aux entreprises commerciales ou coopératives ayant pour but le ravitaillement de la population ou son logement, l'hygiène, l'assistance ou encore la réalisation d'« améliorations urbaines », ce qui était très large. Ces décrets-lois modifiaient incontestablement l'état du droit.

Cependant, le Conseil d'État a jugé « contre l'évidence », ainsi que le fait remarquer à juste titre M. Waline, dans la décision précitée de 1930, que ces décrets-lois ne changeaient pas la situation antérieure[63]. Le Conseil d'État a, ainsi, non seulement fait œuvre normative, mais il s'est littéralement substitué au législateur, puisqu'il s'agissait de décrets-lois[64]. Dans une autre affaire, et toujours à propos de ces décrets de 1926, le commissaire du gouvernement a déclaré que la jurisprudence avait refusé d'y voir « l'énoncé de principes contraires à ceux qu'elle avait personnellement consacrés »[65]. On ne saurait mieux dire que le Conseil d'État a fait prévaloir sa propre vision sur celle des pouvoirs publics en place[66].

La troisième étape, qui était inévitable, a été celle d'une interprétation plus souple des conditions que le juge avait posées pour la création d'un service public par les collectivités locales, en admettant plus facilement l'existence d'un intérêt public dans ces interventions locales. L'évolution a été telle que l'on a pu se

61. Ce ne furent pas les seuls textes : d'autres ont été adoptés, en 1935, puis, plus récemment, en 1955. Mais ce sont les décrets de 1926 qui sont le point de départ de l'évolution.

62. CE Sect. 30 mai 1930. Voir les références de tous les commentaires qui en ont été faits au *GAJA*, 21e éd., p. 260.

63. Le commissaire du gouvernement déclara : « D'une part, l'idée que les auteurs du décret se sont fait de votre jurisprudence n'était peut-être pas exacte [...]. D'autre part et surtout, quels que soient les désirs des rédacteurs du décret, les textes ne permettent pas de conclure à une modification des principes déjà posés par vous ».

64. La nature juridique des décrets-lois, inconstitutionnels certes puisque non prévus par les lois constitutionnelles de 1875, a été discutée. Par ailleurs, le Parlement, qui aurait dû se prononcer pour valider ou invalider ces dispositions, le plus souvent ne l'a pas fait. La multiplication des décrets-lois a été un signe de la détérioration du régime politique.

65. Concl. Rivet sur CE 23 juin 1933, *Lavabre*, *S.* III.81 et sur CE Ass. 4 janv. 1935, *De Lara*, *S.* 1936.III.14, note R. Bonnard.

66. Si l'on objecte qu'il ne s'agit « que » de conclusions qui n'engagent pas le Conseil d'État, d'une part, le Conseil d'État a suivi son commissaire du gouvernement, d'autre part, et en tout état de cause, cette affirmation est révélatrice d'un état d'esprit qui devait être très répandu au sein du Conseil d'État.

demander si le principe de liberté du commerce et de l'industrie était toujours opposable aux collectivités territoriales. Dans l'affaire *Ville de Nanterre*[67], déclare, dans ses conclusions sur une autre affaire, le commissaire du gouvernement, « ce n'est pas la concurrence faite aux praticiens qui limite l'activité du service ; c'est l'intérêt public qui permet de passer outre aux intérêts privés »[68]. Et dans une autre affaire encore, relative à la création d'une piscine municipale, le commissaire du gouvernement a estimé que « la liberté du commerce et de l'industrie comme la liberté de l'exercice des professions cessent [...] d'être opposables aux interventions des collectivités publiques, sous quelque forme que ce soit, dès lors que ces interventions, par leur nature ou par leur objet, entrent dans l'attribution de ces collectivités telles que la loi les a définies ou, ce qui revient au même, concourent à l'exécution de missions de service public qui leur incombe d'ores et déjà »[69]. Quelle que soit l'interprétation à donner, l'évolution est réelle, elle est même spectaculaire, elle montre un développement remarquable des services publics locaux, avec une grande diversification, à nuancer néanmoins.

II. Une diversification à nuancer

Dans tous les domaines c'est énoncer une évidence de dire que le monde d'aujourd'hui n'est plus ce qu'il était au début du XXe siècle, et même des années 1960, voire celui des années 1980. L'évolution des collectivités territoriales est particulièrement spectaculaire. En témoignent, entre autres, les dépenses locales, qui n'ont cessé d'augmenter, non seulement en chiffres absolus, mais en proportion, par rapport à celles de l'État. Cette augmentation tient, notamment, à une multiplication impressionnante des services publics locaux. Mais, en revanche, et par contraste, le régime juridique de ces services publics locaux présente une spécificité limitée.

---

67. CE Sect. 20 nov. 1964, *Rec.,* 563 ; *AJDA* 1964.686, chron. Fourré et Puybasset ; *Rev. adm.* 1965.31, note Liet-Veaux. Il s'agissait, en l'espèce, de la création d'un cabinet dentaire municipal.
68. J. KAHN, concl. sur CE Sect. 23 déc. 1970, *Préfet du Val-d'Oise et ministre de l'Intérieur c/Commune de Montmagny*, *Rec.*, p. 788 ; *RDP* 1971.248. À noter que cette solution est exactement inverse de celle qui avait été retenue dans l'affaire *Sieur Guillou*, du 5 déc. 1941.
69. BERNARD, concl. sur CE Sect. 23 juin 1972, *Société La Plage de la forêt*, *Rec.*, p. 477n *RDP* 1972.1259. Cependant, les commentateurs à l'*AJDA*, D. Labetoulle et P. Cabanes, ont eu une interprétation plus restrictive de l'arrêt rendu, estimant que si les conditions étaient élargies, le principe de liberté du commerce et de l'industrie n'en subsistait pas moins.

A. Une multiplication impressionnante des services publics locaux

Pour comprendre cette multiplication des services publics locaux, et avant d'en décrire quelques-uns, il convient de s'interroger sur les facteurs qui ont permis un tel développement des services publics locaux.

1. Les facteurs de développement des services publics locaux

Même lorsqu'elles interviennent dans leur(s) domaine(s) de compétence, les collectivités territoriales doivent agir dans l'intérêt public, et dans lui seul. Cet intérêt public, tel qu'il est exigé, a connu un gonflement considérable au fil du temps, qui s'explique par différentes causes, mais également par la politique de décentralisation menée depuis plusieurs décennies.

L'intérêt public est ce qui conditionne l'action des personnes publiques, de l'État comme des autres personnes publiques. C'est là un aspect qui, s'il n'est pas propre à la France, est cependant caractéristique[70] de notre pays. S'agissant de l'État, l'intérêt public présente inévitablement une connotation politique très marquée, ne serait-ce que parce que c'est un organe politique, le Parlement, qui définit cet intérêt public, sous le contrôle du Conseil constitutionnel.

Pour les collectivités territoriales, il en est différemment, ces collectivités sont soumises au principe de légalité, et il incombe au juge de vérifier que leur intervention est bien motivée par un intérêt public. La jurisprudence du début du XXe siècle, sur la légalité des interventions des communes, est très marquée par ce souci de vérifier l'existence d'un intérêt public, et certaines conclusions de commissaires du gouvernement sont très éclairantes à cet égard. Ainsi, dans une affaire de 1921, le commissaire du gouvernement s'interrogeait : « De quoi se compose cet intérêt général local? De la collectivité des intérêts particuliers des habitants de la circonscription, des usagers éventuels du service public »[71]. Ainsi, par exemple, explicitant cet intérêt public, un arrêt du Conseil d'État portant sur l'exploitation d'un théâtre par une commune : en décidant d'exploiter en régie le théâtre de la ville, « le conseil municipal a eu principalement pour but d'assurer un service permanent de représentations théâtrales de qualité, d'après un répertoire établi avec le souci de choisir et de varier les spectacles, en faisant prédominer les intérêts artistiques sur les intérêts commerciaux de l'exploitation »[72]. Dans

70. Dans d'autres pays, et non des moindres, comme les États-Unis, l'intérêt public n'est qu'un intérêt parmi d'autres, il n'a pas la solennité, presque la sacralité, qu'il a chez nous.

71. Concl. Corneille sur CE 21 janv. 1921, *Syndicat des agents généraux des Compagnies d'assurances du Territoire de Belfort*, *S.* 1921.III.33 et s.

72. CE Sect. 21 janv. 1944, *Sieur Léoni*, *Rec.*, 26.

ce domaine un peu particulier qu'est l'intérêt public culturel, le Conseil d'État a retenu, un temps, cette notion de « qualité » pour caractériser l'intérêt public culturel, avant de l'abandonner parce qu'il n'était évidemment pas tenable[73].

L'intérêt public, dans la création d'un service public, s'appuie sur une notion que l'on retrouve en jurisprudence, celle de « besoin » de la population. Un service public ne peut être créé par une collectivité territoriale que s'il répond à un besoin de la population. Mais tout réside dans cette appréciation, qui s'effectue, en jurisprudence, au cas par cas. Ainsi, la création d'une buanderie municipale ne répondait pas à un intérêt public local[74]. Inversement, une boucherie municipale a pu, un temps (voir plus haut) répondre à un besoin de la population parce qu'elle permettait « une meilleure adaptation des cours du détail aux conditions économiques et, par suite, à la régularisation des prix d'une denrée de première nécessité »[75].

Si le juge était très strict dans l'appréciation de l'intérêt public d'une intervention locale (c'est-à-dire d'une collectivité locale), les choses ont beaucoup changé, en un siècle, et semblent même s'être accélérées[76], pour les raisons suivantes, qui ont contribué à cette sorte de « gonflement » de l'intérêt public local.

Un premier facteur – peut-être le plus important, même s'il est difficile de quantifier les différents facteurs et d'en faire prévaloir certains sur d'autres – est constitué par la succession des crises et des guerres. Depuis la fin du XIXe siècle, la France a connu deux guerres meurtrières et déstabilisatrices. Toute guerre entraîne des bouleversements, et ces derniers ont été profonds sur le plan social. Inévitablement, aussi, une guerre entraîne des interventions plus fortes de l'État. Mais celui-ci ne peut tout faire et, dans le sillage de l'État, les collectivités locales (ou « des » collectivités locales) sont intervenues, par la force des choses, plus activement qu'elles ne le faisaient auparavant.

73. Voir J.-M. PONTIER, « Réflexions discursives sur une catégorie juridique spéculative : les services publics culturels », *in* J. LÉGER et J.-M. PONTIER (dir.), *Les services publics culturels*, 2012, p. 9 et s.
74. CE 19 mai 1933, *Sieur Blanc*, *Rec.*, 540, *S.* 1933.III.81, note Alibert.
75. CE Ass. 24 nov. 1933, *Sieur Zénard*, *Rec.*, 1100, *S.* 1934.III.105, concl. Detton, note Mestre. Il n'est pas certain qu'aujourd'hui le juge considérerait la viande comme « une denrée de première nécessité »…
76. Si tant est que l'on puisse parler d'« accélération », cette notion d'accélération de l'histoire étant très discutée par les historiens comme par les philosophes.

Les crises ont joué un rôle comparable. Outre la « grande crise » de 1929, qui a gagné la France un peu plus tardivement que les autres pays[77], des crises de divers ordres ont marqué l'histoire de notre pays, qu'il s'agisse de crises financières, de crises économiques, de crises sociales qui accompagnent immanquablement les précédentes, sans compter la crise du régime lui-même[78]. Les crises entraînent toujours des difficultés pour les populations, celles-ci en appellent à toutes les autorités publiques et, si c'est l'État qui est d'abord sollicité et qui décide en premier, les communes[79], ou bien ont été sollicitées par l'État, ou bien sont intervenues spontanément, pour créer un ou des services destinés à répondre, même imparfaitement, à ces besoins de la population.

À cela il faut ajouter le rôle des idées ou des idéologies politiques. Le libéralisme qui, au départ, était « un » s'est divisé sur la question de l'intervention publique en matière économique et sociale. Le libéralisme politique et le libéralisme économique se sont dissociés, certains libéraux estimant qu'il était possible une certaine intervention de la puissance publique, tout en restant dans le cadre du libéralisme. Quant aux socialismes[80], à plus forte raison se montrèrent-ils favorables à l'intervention publique, mais avec des positions variables à l'égard des collectivités locales[81].

Enfin, il faudrait ajouter le rôle des progrès scientifiques et techniques. Leur objet n'est certes pas de favoriser (ou de défavoriser) l'intervention publique, ils sont « neutres » de ce point de vue. Néanmoins, indirectement, ils ont permis ou facilité l'intervention publique (communications de tous ordres, transports, etc.).

Il faut encore prendre en compte un facteur essentiel, le développement de la décentralisation territoriale, lié, d'ailleurs, à certains des facteurs évoqués ci-dessus. La décentralisation fut longtemps limitée, en raison des freins mis par le Conseil

77. Mais la France est sortie de la crise plus tardivement que d'autres, une nouvelle guerre se profilant alors.

78. Les historiens (comme J. CHASTENET, dans sa monumentale *Histoire de la Troisième République*) comme des politistes et constitutionnalistes (comme F. Goguel) ont bien montré l'aggravation de la crise du régime entre 1918 et 1940, aggravation qui s'est manifestée, par ex., par l'instabilité gouvernementale, les décrets-lois, etc.

79. On parle ici seulement des communes, les départements étant peu intervenus, et les régions n'existant pas.

80. Qui furent d'abord, en France, des socialismes non marxistes avant que le socialisme marxiste n'imprime sa marque.

81. Certains socialistes, en France, s'en remettaient principalement à l'État, d'autres l'admettaient provisoirement, d'autres le rejetaient définitivement. L'anarchisme socialiste d'un Proudhon, s'il rejetait l'État, misait en revanche sur la commune.

d'État, en raison de la faiblesse des moyens financiers et en personnel[82], en raison aussi de la médiocrité des élus locaux, tout aussi peu formés à la gestion locale[83], en raison encore d'un état d'esprit centralisateur qui vient de loin dans notre histoire[84]. Tout cela a changé, d'abord lentement, puis de plus en plus rapidement.

Les fameuses « Trente Glorieuses » ont été un moment décisif de ce changement car avec l'enrichissement collectif du pays[85], les communes ont disposé de moyens financiers (même s'ils sont toujours insuffisants), des efforts de formations des personnels ont eu lieu, avant même qu'il existe une fonction publique territoriale[86], la population, ou une partie de celle-ci, ayant acquis une certaine aisance, a souhaité disposer de services dans le domaine culturel, dans le domaine sportif, dans le domaine récréatif, ce qui a suscité la création, par les communes, de services à cette fin.

2. La diversité des domaines d'intervention

Les services publics locaux sont extrêmement divers. Cette diversité résulte d'abord de la loi elle-même. On a tendance à oublier, aujourd'hui, que la loi communale de 1884 comportait des dispositions en ce sens. L'article 115 de la loi, notamment, prévoyait la création par les communes de « grands services municipaux » dont la loi donnait des exemples. S'il n'y avait eu les freins apportés par le juge, nul doute que, très tôt, les communes auraient créé des services publics.

Le juge a cependant accepté de « valider », progressivement, la création de services publics par les communes. Une affaire fournit une illustration de la diversité de la création de services publics par les communes. Une commune avait organisé un « service agricole » dont le fonctionnement défectueux avait entraîné la réalisation de dommages. Le juge déclara qu'en prenant la décision de faire exécuter, aux frais de la commune, par des ouvriers désignés par le maire, la pulvérisation

82. C'est là un facteur parfois sous-estimé et cependant essentiel : si une collectivité territoriale ne dispose pas de personnels formés, les meilleures décisions qui peuvent être prises par le pouvoir central sont condamnées à demeurer lettre morte, et c'est ce que l'on observe dans certains pays en développement.

83. Il n'y avait guère de différence, de ce point de vue, entre la fin du XIXe siècle et la situation que l'on pouvait observer sous l'Ancien Régime (la mauvaise gestion locale ayant été un facteur important dans l'immixtion du pouvoir central dans les affaires locales à partir de la fin du XIIIe siècle).

84. Cet état d'esprit, qui demeure encore aujourd'hui, à travers des réactions, des comportements, même de la part de ceux qui sont sincèrement attachés à la décentralisation, est ce qu'il y a peut-être de plus difficile à changer.

85. Cela ne veut évidemment pas dire que la pauvreté aurait disparu, mais globalement le pays s'est bien enrichi, les classes moyennes ont émergé.

86. Voir J. BOURDON, *Le personnel communal*, Berger-Levrault, 1974.

de cultures de pommes de terre à l'arséniate de calcium « sans que, d'ailleurs, aucune disposition législative ou réglementaire le lui imposât et sans qu'aucun ordre émanant des autorités du département ou des autorités militaires d'occupation le lui ait enjoint, il a décidé d'organiser un service public municipal »[87].

Cette illustration montre qu'il n'est pas possible de dresser une liste exhaustive des services publics locaux. Nous avons, d'un côté, les services publics prévus expressément par la loi, et que les collectivités territoriales doivent organiser, avec des exigences différentes selon la catégorie de collectivités territoriales. D'un autre côté, nous avons les services publics qui entrent, par définition, dans la catégorie des services publics « facultatifs ». Ces services publics dépendant des initiatives des collectivités territoriales, avec la double précision, d'une part, que ces services publics vont se retrouver de manière privilégiée à l'échelon communal[88], d'autre part, que ces créations sont motivées par un intérêt public, le juge administratif continuant d'être le gardien vigilant de la satisfaction de ce dernier.

Le CGCT comporte, aujourd'hui, de nombreuses dispositions sur les services publics locaux. La présentation qui est faite de ces derniers est très significative et, en dehors de la « liste » de ces services publics locaux, qui n'existe pas, il est possible de faire deux observations sur cette présentation.

D'une part, s'il existe, dans la première partie du code, un livre IV intitulé « Services publics locaux », la commune est la seule catégorie de collectivités territoriales à avoir, dans le livre II de la deuxième partie de ce code, un titre II intitulé « Services communaux ». Pour le département, il existe, dans la troisième partie du code, un livre II qui porte comme intitulé « Administration et services départementaux », les services n'étant pas, ici, distingués de l'administration. Quant à la partie sur la région, elle ne comporte aucun livre spécifique sur les services. On sait qu'aucune présentation n'est neutre, pas plus pour les codes que pour les autres textes[89]. La présentation du CGCT « dit » donc quelque chose sur les services publics locaux, et il en résulte clairement que les services publics locaux par excellence sont les services publics communaux. Cela peut certes changer pour l'avenir, mais telle est encore la situation actuelle.

87. CE 17 oct. 1947, *Commune de Gilly*, *Rec.*, 382.

88. Ou, depuis quelques années, l'échelon intercommunal, le ministère de l'Intérieur ayant pris l'habitude, d'ailleurs quelque peu discutable, de parler de « bloc communal » à propos des communes et de leurs établissements publics, y compris les EPCI.

89. On l'a bien vu pour l'adoption du « Code du patrimoine », dont l'élaboration a pris beaucoup de retard, en raison, notamment, de divergences sur la présentation, cet aspect n'étant pas purement formel mais ayant des incidences de fond.

D'autre part, il est un peu troublant de relever, si l'on s'attache au titre II précité sur les « Services publics communaux », que les dispositions qui y figurent ne concernent en aucune manière la nature des services publics que peut organiser la commune. Il ne s'agit pas, dans ces dispositions, de préciser ce qui peut être service public, dans quelles conditions une commune peut organiser une activité sous forme de service public, les textes ne s'intéressent qu'au mode de gestion de ces services : un premier chapitre est consacré aux « régies municipales », un deuxième aux « concessions et affermage », et ce n'est qu'ensuite que nous trouvons des dispositions consacrées à certains services publics.

La liste de ces chapitres est elle-même significative, et il ne faut pas trop chercher la cohérence dans la présentation qui en est faite. Le premier service traité par le CGCT, dans un chapitre III, est celui des « cimetières et opérations funéraires ». C'est là l'un des services publics les plus traditionnels qui soit, pour des raisons qui n'appellent pas de longue explicitation. C'est un service public obligatoire[90], l'article L. 2223-1 disposant que chaque commune ou chaque EPCI compétent en matière de cimetières doit disposer « d'au moins un cimetière »[91]. Ce service public communal a donné lieu, depuis longtemps, à une jurisprudence relativement abondante, notamment en ce qui concerne les concessions funéraires.

Le chapitre suivant (le chapitre IV) est consacré aux services publics industriels et commerciaux. La première disposition qui leur est consacrée n'est pas pour dire ce qu'est un service public à caractère industriel et commercial (SPIC), ou pour définir les conditions de leur création – ce à quoi l'on pourrait s'attendre – mais est de nature financière : « Les budgets des services publics industriels ou commerciaux exploités en régie, affermés ou concédés par les communes, doivent être équilibrés en recettes et en dépenses »[92]. L'article suivant interdit aux communes de prendre en charge, dans leur budget propre, des dépenses au titre des services publics visés à l'article L. 2224-1, sauf exceptions très précisément décrites dans

90. On pourrait s'interroger sur ce caractère obligatoire, en pensant que les autorités locales vont tout naturellement s'occuper d'en créer un. On peut y trouver une double signification, non exclusive l'une de l'autre : la méfiance des autorités nationales à l'égard des autorités communales, la négligence possible de celles-ci.

91. L'article précise que ce cimetière comprend « un terrain consacré à l'inhumation des morts et, dans les communes de 2 000 habitants et plus ou les EPCI de 2 000 habitants et plus [...] d'au moins un site cinéraire destiné à l'accueil des cendres des personnes décédées dont le corps a donné lieu à crémation ».

92. Art. L. 2224-1 du CGCT

l'article L. 2224-2. Cela signifie, semble-t-il, que le législateur a entériné implicitement la jurisprudence du Conseil d'État, mais, également, qu'elle témoigne d'une méfiance persistante de l'État à l'égard des errements possibles des communes[93].

Le CGCT range dans les SPIC, dans une section 2 de ce même chapitre, l'eau et l'assainissement, qu'en d'autres temps on n'aurait pas considéré comme ayant cette nature. Le service d'eau potable est défini comme « Tout service assurant tout ou partie de la production, du transport, du stockage et de la distribution d'eau destinée à la consommation humaine »[94], le service de l'assainissement n'étant pas défini directement, mais indirectement par les missions confiées aux communes en matière d'assainissement des eaux usées par l'article L. 2224-8. L'article L. 2224-11 précise que les services publics d'eau et d'assainissement « sont financièrement gérés comme des services publics industriels et commerciaux ».

Un autre service public essentiel est celui de la collecte et du traitement des déchets ménagers, qui n'ont cessé d'augmenter au fil du temps. Il présente une particularité – comme, du reste, le service de l'assainissement[95] – celui d'être, tantôt un service public administratif, tantôt un SPIC, selon son mode de financement : c'est un SPIC s'il est financé par une redevance, comme la loi le permet[96], c'est un service public administratif s'il est financé par une taxe[97].

Les halles, marchés et poids publics, figurent, également, parmi les services publics locaux traditionnels[98], de même que l'énergie[99], qui a fait l'objet de dispositions récentes compte tenu des exigences nouvelles en matière de consommation comme de production d'énergie, de recherche d'économies d'énergie et de nouvelles formes de production moins polluantes, de rénovation énergétique.

93. Errements qui se vérifient effectivement quelquefois. Mais il n'y a pas de juge (la Cour des comptes se bornant à des constats) pour sanctionner les errements de l'État qui, parce que politiques, ne sont jamais réprimés.

94. Art. L. 2224-7 du CGCT.

95. Voir CE 20 janv. 1988, *SCI La Colline*, *Rec.*, 21 ; *RFDA* 1988.880, concl. Ch. de la Verpillière ; *CJEG* 1988.328 concl., p. 330 note D. Delpirou ; *AJDA* 1988.407, obs. J.-B. Auby.

96. CE Avis 10 avr. 1992, *SARL Hofmiller*, req. n° 132539, *Rec.*, 159 ; *RFDA* 1994.160 concl. J. Arrighi de Casanova ; *AJDA* 1992.687, note X. Prétot. T. confl. 12 févr. 2007, req. n° C 3526, *AJDA* 2007.653.

97. T. confl. 28 mai 1979, *Syndicat communautaire d'aménagement de l'agglomération nouvelle de Cergy-Pontoise*, *Rec.*, p. 658 et 672.

98. Art. L. 2224-18 du CGCT.

99. Art. L. 2224-31 du CGCT.

Signalons, également, qu'il existe des « régies locales » de production d'électricité ou/et de gaz et que certaines communes se sont engagées activement dans le domaine des énergies renouvelables[100].

Les développements qui précèdent montrent une grande variété possible de services publics locaux, particulièrement communaux. En fait, on peut distinguer, du point de vue qui nous intéresse ici, deux catégories de services publics, les services expressément prévus par la loi, et ceux, dont il n'est pas possible de donner une liste préétablie, des services publics laissés à l'initiative des collectivités territoriales, la liberté de création de ces derniers étant conditionnée par l'existence d'un intérêt public local, contrôlé par le juge. Parmi les exemples que l'on peut citer de cette seconde catégorie de services publics on peut citer, même s'ils peuvent paraître parfois marginaux[101], le cas des services de consultation juridique gratuite, qui ont donné lieu à la décision *Commune de Montmagny*[102], les parcs de stationnement[103], l'ouverture d'un cabinet dentaire municipal[104], la réalisation d'une piscine pour « améliorer l'équipement en piscines de la ville »[105].

Parmi les services publics locaux qui ont connu un fort développement, il faut citer les services publics culturels, souvent liés à un autre service public, celui du tourisme. Ces services publics culturels sont le signe indéniable d'une spectaculaire extension des interventions locales mais, en même temps, montrent que le régime juridique des services publics locaux manifeste une spécificité limitée.

---

100. La matière est très complexe, et également très évolutive. Le CGCT comporte sur ce point un très long article, l'article L. 2224-31, qui a été modifié à de multiples reprises, la question de la distribution d'électricité et de gaz par les communes ou les groupements de communes demeurant délicate et sujette à controverses.

101. À moins de les considérer, lorsqu'ils ont été institués, comme précurseurs d'évolutions qui se sont produites ensuite.

102. CE 23 déc. 1970, req. n° 79410, décision exactement inverse de celle qui avait été rendue avec la décision *Sieur Guillou* du 5 déc. 1941.

103. « En raison de l'intérêt qui s'attache à ce que les propriétaires d'automobiles soient incités à utiliser les parcs municipaux de stationnement au lieu de laisser leurs véhicules sur les voies publiques urbaines », CE Sect. 18 avr. 1959, *Sieur Delansorme*, *AJDA* 1960.213, concl. Mayras.

104. CE Sect. 20 nov. 1964, *Ville de Nanterre*, *Rec.*, 563 ; *AJDA* 1964.686, chron. Puybassetet Puissochet ; *Rev. adm.* 1965.31, note Liet-Veaux.

105. CE Sect. 23 juin 1972, *Sté La Plage de la Forêt*, *Rec.*, 477 ; *RDP* 1972.1259, concl. Bernard ; *AJDA* 1982.452, chron. Labetoulle et Cabanes. Aujourd'hui, s'agissant des piscines, plus personne ne s'interroge, tant cela paraît évident, sur la légitimité de l'intervention locale.

B. Une spécificité juridique limitée quant au régime juridique applicable

Les changements intervenus en un siècle sont considérables : le législateur comme le juge ont reconnu l'existence de services publics locaux, distincts des services publics nationaux et, avec les évolutions de tous ordres qui sont intervenus, avec la décentralisation qui s'est développée, les services publics locaux ont été multipliés. Mais, si l'on s'en tient au plan strictement juridique, la spécificité de ces services publics locaux paraît bien limitée : si elle est perceptible pour une catégorie de services publics, les services publics culturels, le régime juridique n'a rien de spécifique.

1. La situation spécifique des services publics culturels

Pourquoi s'attacher particulièrement aux services publics culturels ? Parce que ce sont ceux qui ont connu l'extension la plus considérable sur un siècle, et parce que ces services publics sont le plus souvent organisés et gérés à l'échelon local[106]. L'attachement à la culture, la demande de services culturels, les efforts des élus locaux pour proposer au plus grand nombre des activités culturelles, sont un phénomène de notre temps : la culture, au sens large du terme, était autrefois réservée à une minorité privilégiée et, de plus, la culture était entendue au sens traditionnel, alors qu'aujourd'hui le champ culturel s'est considérablement élargi[107] : le cinéma, par exemple, n'était pas considéré comme pouvant être un service public, c'était un simple divertissement, bien que le Conseil d'État eût admis, mais sur une période limitée, et en raison des circonstances, qu'une commune pût gérer un cinéma municipal[108]. La remarque vaut également pour la bande dessinée[109], aujourd'hui le jeu vidéo, demain d'autres activités.

---

106. L'intervention de l'État en matière culturelle a été essentielle, nous sommes l'un des États où les actions des pouvoirs publics, en matière culturelle, ont été les plus nombreuses (nous sommes peut-être le premier pays au monde à nous être dotés d'un ministère chargé de la Culture auréolé, dès le départ, par la personnalité de son premier titulaire, A. Malraux), les équipements culturels de l'État sont très prestigieux et les plus visibles, mais les services publics culturels les plus nombreux sont ceux des collectivités territoriales (qui consacrent d'ailleurs, au total, plus d'argent à la culture que l'État).

107. On se borne ici à en faire le constat, mais cela n'a pu qu'aviver les débats et les controverses, parfois vives, sur ce qu'est la culture, sur ce qui peut lui être rattaché et sur ce qui n'en fait pas partie (voir J.-M. PONTIER, « Réflexions discursives sur une catégorie juridique spéculative : les services publics culturels », *op. cit.*).

108. CE Sect. 27 févr. 1931, *Sieur Giaccardi*, *Rec.*, 225.

109. Ainsi, s'agissant d'un festival de bandes dessinées organisé par une commune, le juge déclare : « eu égard à l'intérêt général d'ordre culturel et touristique que présente cette manifestation, l'organisation du festival avait le caractère d'une activité de service public » (CE 25 mars 1988, *Commune*

Quoi qu'il en soit de ces débats, certaines institutions locales assurent des activités qui, de manière incontestable, peuvent être rattachées à la culture. Et c'est à propos de conservatoires municipaux de musique que le Conseil d'État avait développé une jurisprudence qui présentait une réelle spécificité. S'agissant de tarifs différenciés de droits d'inscription à une telle école de musique, variant, tantôt en fonction des revenus de la famille et de l'enfant, tantôt en fonction de l'origine géographique des élèves, le Conseil d'État avait refusé ces discriminations tarifaires[110].

Cependant, dans un second temps, le Conseil d'État est revenu sur cette jurisprudence, et a admis que des différenciations tarifaires puissent être instituées, pour les droits d'inscription des élèves dans une école de musique municipale, en fonction des revenus des familles[111]. Selon certains commentaires, ce revirement a peut-être été justifié par l'idée qu'au fond il n'y avait pas de raison de mettre à part les écoles de musique, c'est-à-dire, donc, les services publics culturels (aucun autre service public culturel ne pouvant prétendre à cette différenciation). Mais on voit mal comment les raisons qui avaient été invoquées précédemment en faveur de la non-discrimination auraient pu disparaître par enchantement, alors que les dispositions applicables n'avaient pas changé[112].

Si cette spécificité a disparu, une autre subsiste, elle est relative aux modes de gestion des services publics culturels[113]. Il est admis que le monde de culture, extrêmement différencié lui-même par toutes sortes d'aspects, présente des particularités qui appellent des modes de gestion adaptés, les modes de gestion classique ne paraissant pas l'être, et se révélant trop rigides pour prendre en compte ces spécificités. Les pouvoirs publics ont donc cherché à adapter certains modes de gestion existants, d'abord les GIP, avec les groupements d'intérêt public culturel (GIPC)[114], puis la formule de l'établissement public. En effet, les GIPC n'ayant

d'Hyères c/Serre, req. n° 61257, *Rec.*, 668).

110. CE Sect., *Ville de Tarbes c/Association des parents d'élèves, anciens élèves de l'école nationale de musique de Tarbes*, concl. Lasserre, *Rec.*, 119.

111. CE 29 déc. 1997, *Commune de Gennevilliers* et *Commune de Nanterre*, *Rec.*, 499 ; voir J.-M. PONTIER, « Les modulations tarifaires des services publics locaux et le principe d'égalité », *Rev. adm* juill.-août 1998, n° 304, p. 510.

112. Il est beaucoup plus probable que le Conseil d'État a préféré « prendre les devants » pour ne pas être désavoué par le législateur, plusieurs propositions de lois, qui auraient eu de grandes chances d'être adoptées, ayant été déposées en vue de permettre la discrimination en fonction des revenus.

113. Voir *infra* les différentes contributions à cet ouvrage.

114. La formule du GIP a été étendue au secteur culturel par la loi du 23 juill. 1987 sur le développement du mécénat, et son décret d'application du 28 nov. 1991.

pas eu le succès escompté, et la demande s'en étant fait sentir, le législateur a créé une catégorie spécifique d'établissements publics, les établissements publics de coopération culturelle (EPCC), cette formule n'étant qu'une adaptation, modeste, de l'établissement public, ayant eu plus de succès que le GIPC, mais sans connaître, pour différentes raisons, de véritable engouement[115] et, enfin, soulevant quelques questions quant à son appartenance aux établissements publics locaux[116].

2. Un régime juridique des services publics locaux identique à celui des services publics

S'il existe bien une catégorie de services publics qualifiés, par la loi, de « services publics locaux », si la multiplication de ces services publics a une signification politique forte, si ces services publics locaux sont désormais une composante essentielle de l'intervention publique locale, en revanche, sur le plan juridique, les services publics locaux ne présentent, en dehors du cas des services publics culturels examinés ci-dessus, aucune originalité notable, parce que les principes qui les commandent, comme les modes de gestion qui leur sont applicables, sont identiques pour tous les services publics.

Les principes dégagés par le juge, et qui commandent l'organisation et le fonctionnement de tout service public, sont applicables aux services publics locaux. Le principe de continuité impose aux responsables du service, à ses agents et à ses collaborateurs contractuels, d'assurer un fonctionnement à la fois matériellement continu et correct du service public[117]. Le principe d'égalité, susceptible de multiples variations, implique une non-discrimination entre les usagers, un égal accès au service, une participation égale aux charges du service[118]. Quant au troisième principe traditionnel[119], le principe de mutabilité, il s'applique également aux services publics locaux, obligeant responsables et agents du service à s'adapter en

115. Sur les raisons, voir J.-M. PONTIER, *La décentralisation culturelle*, LGDJ-Lextenso, 2018, p. 130.

116. La loi prévoit que l'État peut être partie, avec des collectivités territoriales et, éventuellement, d'autres personnes publiques, à un EPCC et, même si ce n'est pas le cas commun, on peut s'interroger, de ce fait, sur l'appartenance de l'EPCC aux établissements publics locaux.

117. Avec, notamment, une réglementation particulière du droit de grève, qui s'oppose directement au principe de continuité et qui a tendance (trop souvent) à l'emporter sur ce dernier.

118. Voir notamment le célèbre arrêt CE Sect. 10 mai 1974, *Denoyez et Chorques*, *Rec.*, 274 ; *D.* 1975.393, note Tedeschi ; *AJDA* 1974.298, chron. Franc et Boyon ; *RDP* 1974.467, note M. Waline ; *Rev. adm* 1974.440, note F. Moderne.

119. D'autres principes ont été dégagés ensuite par le juge. Il n'entre pas dans le cadre de cette contribution de les examiner, mais ils sont évidemment également applicables aux services publics locaux.

permanence, y compris dans leur statut personnel, aux variations dans l'espace et dans le temps comme dans la consistance du service public local. Cette mutabilité s'impose aussi aux usagers, comme aux collaborateurs et aux fournisseurs du service.

Quant aux modes de gestion, ils ne se différencient en rien des modes de gestion que l'on trouve dans les services publics nationaux. Le mode de gestion longtemps privilégié a été l'établissement public, formule pratique et assez souple pour s'adapter à différentes situations, et c'est ce qui justifie l'étude, dans cet ouvrage, des établissements publics locaux, pour s'interroger sur leur éventuelle originalité. Mais la formule de l'établissement public n'est pas suffisamment souple pour répondre à certains besoins. D'où le recours, comme nous l'avons vu, à des formes adaptées de l'établissement public, d'où, également, le recours à des formes très variées de gestion sous des formes de droit privé, l'association étant souvent apparue comme un mode très pratique, donc très répandu, avec, cependant, un certain nombre de risques.

L'établissement public, en tant que structure juridique, est conditionné par le service public : pas d'établissement public sans service public. Celui-ci a longtemps fait les « très riches heures » du contentieux, ce n'est plus le cas aujourd'hui, le service public a été relégué au second plan par de nouvelles étoiles liées au contrat. Mais le service public local a prospéré, et s'il n'a pas présenté, du point de vue juridique, d'originalité marquée, il a pris une place considérable à l'échelon local. L'un de ses modes de gestion privilégié demeure l'établissement public. Reste alors à se demander quelles sont les caractéristiques de ces établissements publics locaux. C'est l'objet des contributions qui constituent cet ouvrage.

LA NOTION D'ÉTABLISSEMENT PUBLIC LOCAL

Jean-Marie PONTIER
Professeur émérite de l'Université d'Aix-Marseille

L'action administrative est finalisée. L'administration, « simple » instrument des pouvoirs publics, doit agir dans l'intérêt général tel qu'il a été défini par les autorités publiques légitimement établies. En France, les activités menées à cette fin sont traditionnellement qualifiées de services publics, cette dernière qualification, si elle n'est pas réservée à la France, présentant, dans notre pays, un rôle plus marqué qu'ailleurs.

Ces services publics sont gérés, non exclusivement, mais principalement, par des personnes publiques. La personne publique par excellence est, en France comme ailleurs, l'État. Si le rôle de ce dernier, son existence même est contestée par un certain nombre de théories, ou d'idéologies politiques, malgré toutes les critiques dont il a fait et continue de faire l'objet, l'État demeure celui qui décide, détermine ou conditionne la vie des autres personnes physiques ou morales existant sur son territoire.

Parmi ces autres personnes figurent, au premier chef, les collectivités publiques appelées longtemps collectivités locales et, désormais, qualifiées par la Constitution, de collectivités territoriales. Les personnes publiques territoriales sont des personnes publiques territoriales reconnues par l'État, dans le cadre de ce qui est appelé, dans notre pays, « décentralisation ». Cette politique de décentralisation territoriale connaît, dans l'histoire de notre pays, des hauts et des bas, elle n'est pas linéaire, mais semble aller, depuis quelques décennies déjà – en fait, depuis le début de la Ve République – dans le sens d'une accentuation des pouvoirs et des compétences de ces collectivités territoriales.

Les collectivités locales ont été représentées, traditionnellement, depuis plusieurs siècles, dans notre pays, par le couple communes/départements. C'était, d'ailleurs, un couple quelque peu déséquilibré, vu sous l'angle de la décentralisation. La première, la plus importante, catégorie de collectivités locales a été, et demeure, celle des communes. Cela ne vaut pas seulement pour la France, mais également pour les autres pays, les appellations et, bien entendu, l'organisation, de ces collectivités, pouvant différer d'un pays à un autre. L'explication de l'importance des communes tient principalement à un ancrage local des populations depuis des siècles, les communes modernes ayant succédé à des communautés qui ont pris, en France, au cours du temps, des formes variables.

Les départements n'ont pas la même légitimité historique que les communes, mais ils l'ont acquise progressivement bien que, aujourd'hui, et de nouveau, cette légitimité ait été mise en cause à plusieurs reprises par les pouvoirs publics, pour d'autres raisons. Quoi qu'il en soit de leur devenir, les départements assurent, à l'heure actuelle, un certain nombre de services publics essentiels, notamment dans le domaine social.

Quant aux régions, troisième catégorie de collectivités « généralistes » sur le territoire métropolitain, elles sont les dernières venues, la longue opposition historique à leur existence ayant cédé la place, à l'inverse, et au moins chez les pouvoirs publics, à une adhésion renforcée, qui s'est traduite par des transferts de compétences de plus en plus importants.

Toutes ces collectivités peuvent gérer leurs services publics directement, avec leur personnel, leurs moyens matériels et financiers. Elles peuvent également, pour différentes raisons sur lesquelles il y aura à revenir, décider de confier l'exécution d'un service public à une personne qui leur est extérieure. De manière très classique, comme il est indiqué dans tous les manuels de droit administratif, les collectivités territoriales, comme du reste l'État, ont le choix entre la délégation à une personne privée, ou à une personne publique.

La délégation à une personne privée ne nous intéresse pas ici, même si nous retrouverons la question des personnes privées de manière adjacente. La délégation à une personne publique est celle qui a été faite, le plus souvent, et jusqu'à présent, à un établissement public. Les établissements publics, auxquels sont attribuées des délégations de compétences par les collectivités territoriales, peuvent être qualifiés d'établissements publics locaux. Mais que recouvre cette qualification, est-elle même recevable sur un plan juridique ? Pour y répondre, nous pourrons observer, dans un premier temps, que la notion d'établissement public local s'est progressivement imposée, mais que cette notion, à peine acceptée, a perdu son homogénéité.

I. Une notion qui s'est progressivement imposée

Qu'est-ce qu'un établissement public local ? La question doit nécessairement être posée, et la réponse est la suivante : il s'agit d'abord d'une personne publique, qui appartient à la catégorie juridique de l'établissement public, ce qui semble aller de soi ; il s'agit, ensuite, d'une sorte d'établissement public présentant un certain nombre de particularités, et ce sont surtout ces dernières qui peuvent susciter des questionnements.

A. L'appartenance de l'établissement public local à la catégorie des établissements publics

La formule « établissement public » est familière à tout juriste, et même à certains nombres de non-juristes. L'étude de l'établissement public figure dans tous les ouvrages portant sur les institutions administratives, l'établissement public est défini comme un mode de gestion des services publics. Cependant, la notion d'établissement public est beaucoup plus originale qu'il n'y paraît, ses caractéristiques découlant de sa définition.

1. L'établissement public, une notion originale

L'image de l'établissement public est une image banalisée et qui n'intéresse plus guère les juristes, en dehors de quelques chercheurs[1] : l'établissement public est vu comme une personne publique non territoriale, appelée à gérer un service public, comme un instrument pratique, sans plus. Il n'en a pas toujours été ainsi. Des débats, aujourd'hui éteints, ont eu lieu sur la distinction de l'établissement public avec les personnes privées, et cette banalisation ne doit pas faire oublier que l'établissement public est une notion juridique bien française.

À la fin du XIXe siècle, on discutait encore des caractéristiques de l'établissement public, et de sa distinction avec l'établissement d'utilité publique, la confusion étant souvent faite entre les deux. Cette confusion tenait à plusieurs facteurs. D'abord, d'un point de vue historique, il n'y avait pas, dans l'ancien droit d'avant la Révolution, de distinction. Ensuite, l'établissement d'utilité publique rend, comme le disaient les auteurs de l'époque, des services au public, tout comme l'établissement public. Ainsi que cela a été dit à maintes reprises, l'État n'a pas le monopole de la satisfaction des intérêts publics. Outre, naturellement, les collectivités locales (ou territoriales), les personnes privées, elles aussi, peuvent, sous certaines conditions, naturellement, satisfaire l'intérêt général. Enfin, à l'époque, un certain

---

1. Voir par ex., pour une recherche récente, J.-H. Barbé, *Nouvelles recherches sur la condition juridique des établissements publics*, LGDJ, 2024.

nombre de règles étaient communes aux établissements d'utilité publique et aux établissements publics, notamment l'incapacité de recevoir sans autorisation de l'État des donations et des legs[2].

L'expression « établissements d'utilité publique » est liée à une époque, elle a quasiment disparu aujourd'hui, on lui préfère des expressions telles que celle de personne privée gérant un service public, ou associée à la gestion d'un service public. Les établissements d'utilité publique étaient extrêmement divers, on rangeait sous cette appellation toutes sortes de personnes : les associations représentaient l'essentiel de ces établissements, tout au moins celles qui avaient reçu la reconnaissance d'utilité publique (qui existe toujours) ; on y trouvait, également, les fondations, beaucoup moins nombreuses, à l'époque, qu'elles ne le sont aujourd'hui, les sociétés mutualistes (pour lesquelles on pourrait faire l'observation inverse). La loi pouvait, elle-même, créer des établissements d'utilité publique. Il en fut ainsi du « Mouvement national d'épargne », créé par une ordonnance de 1945, de même que des Caisses d'épargne ordinaires, créées par décret sur proposition des conseils municipaux.

La distinction entre établissements d'utilité publique et établissements publics est indispensable, parce que les premiers sont des personnes privées, et les seconds des personnes publiques. Même en un temps – le nôtre – où l'on se plaît à relativiser cette distinction, celle-ci continue de produire certains effets non négligeables dans un certain nombre de cas. Reste alors à savoir quels sont les critères à partir desquels il est possible de qualifier une institution d'établissement public. Depuis une décision ancienne et célèbre de 1903[3], le « critère » de l'intervention du législateur n'en est plus un : si le législateur peut, évidemment – mais avec la réserve résultant des dispositions de l'article 34 de la Constitution[4] – créer un établissement public, cela ne veut pas dire que cette qualité ne peut pas être reconnue à des établissements créés par le gouvernement, par les collectivités territoriales, voire être d'origine privée. La décision la plus célèbre est incontestablement celle du Tribunal des conflits du 8 décembre 1899, *Association syndicale du canal de Gignac*[5].

---

2. Cette interdiction résultait des art. 910 et 937 du Code civil.

3. CE 22 mai 1903, *Caisse des écoles du 6e arrondissement*, *S.* 1905.3.33, note Hauriou.

4. Le législateur est seulement compétent, en vertu de cet article, pour créer de nouvelles « catégories » d'établissements publics. Entendue strictement cette disposition aurait eu pour résultat d'exclure dans presque tous les cas la compétence du législateur. Le Conseil constitutionnel a donné une interprétation très compréhensive de la notion de « catégorie », afin de préserver la compétence du législateur.

5. *Rec.*, 731, *S.* 1900.3.49, note Hauriou ; *GAJA* 24e éd., n° 7, p. 47.

Lorsque l'établissement public n'est pas qualifié directement comme tel par le législateur, ce qui est le cas le plus fréquent, en dehors des situations où la nature de la personne en cause est « évidente », c'est lors d'un contentieux que la question peut apparaître. Le juge va alors se référer aux travaux préparatoires, à « l'intention » du législateur, telle qu'elle lui semble résulter de ces travaux et, lorsque cela n'est pas suffisant, le juge recourt à la méthode du « faisceau d'indices ». Mais les difficultés ne manquent pas dans l'appréciation à laquelle se livre le juge. Ainsi, la qualité d'établissement public a été reconnue à l'Institut national des appellations d'origine[6] « après vingt-cinq années de discussions doctrinales et d'hésitations administratives »[7].

Un cas est encore plus spectaculaire. Le Tribunal des conflits a décidé que « si les centres régionaux de lutte contre le cancer assument une mission de service public et sont soumis par l'ordonnance du 1er octobre 1945 à un ensemble de règles d'organisation et de fonctionnement impliquant un contrôle étroit de l'administration sur divers aspects de leur activité, il résulte de l'ensemble des dispositions de cette ordonnance, rapprochées des termes de l'exposé des motifs, que le législateur a entendu conférer à ces centres le caractère d'établissements privés, qui était d'ailleurs celui de ce type d'établissements avant l'intervention des dispositions sus-rappelées »[8]. Le même raisonnement a été tenu pour les fédérations de chasseurs[9]. En fait, il apparaît que les considérations d'opportunité jouent un rôle toujours important.

Il n'est pas nécessaire d'insister longuement sur un autre trait de l'établissement public, mais qu'il convient cependant de souligner : il s'agit d'une notion juridique très française. En d'autres termes, dans un certain nombre de pays, et pour des raisons diverses, cette notion n'existe pas, n'est pas reconnue en droit : il y a des collectivités territoriales, il y a des services qui se voient reconnaître, mais avec des difficultés d'interprétation, la personnalité juridique, mais il n'y a pas la catégorie d'établissements publics telle que nous la connaissons et la consacrons, et cette

6. INAO. Cette institution a changé de dénomination (sans changer de sigle) pour devenir l'Institut national de l'origine et de la qualité.
7. *GAJA* précité, n° 7.5.
8. T. confl. 20 nov. 1961, *Centre régional de lutte contre le cancer « Eugène Marquis »*, *Rec.*, 879, *AJ* 1962.17, chron. Galabert et Gentot ; *D.* 1962.389, note A. de Laubadère ; *JCP* 1962.II.12572, note J.-M. Auby ; *RDP* 1962.964, note M. Waline ; *Rev. adm.* 1961.621, note Liet-Veaux.
9. CE 4 avr. 1962, *Chevassier*, *Rec.*, 244 ; *D.* 1962.327, concl. Braibant.

absence se révèle d'ailleurs gênante, d'où l'intérêt des juristes, dans un certain nombre de ces pays, pour cette notion d'établissement public qu'ils souhaiteraient voir consacrée.

2. Caractéristiques juridiques de l'établissement public

Si la qualification d'une institution en établissement public peut, parfois, poser problème, en revanche l'accord se fait assez facilement sur les caractéristiques juridiques qui découlent de cette qualification, quitte à ce que certaines de ces caractéristiques puissent faire l'objet d'interrogations, qui sont peut-être de nature à remettre en cause la définition. Bien que la liste de ces caractéristiques soit sujette à variation, selon les auteurs, on en retiendra ici trois qui, prises isolément, ne définissent pas nécessairement l'établissement public mais, réunies, permettent de le caractériser.

La première caractéristique est l'attribution de la personnalité juridique, c'est-à-dire de ce que nous appelons la personnalité morale. C'est, là, un thème qui n'intéresse plus guère en France, parce que l'on estime avoir épuisé le sujet, mais qui continue, dans bien des pays, de donner lieu à des débats, parfois passionnés. Quelques rappels sont utiles, car la question de l'attribution de la personnalité juridique a ressurgi, à propos de la reconnaissance de cette personnalité juridique à des éléments naturels (des arbres, des fleuves, voire la nature elle-même).

Reconnaître la personnalité juridique, c'est reconnaître un sujet de droits (et d'obligations). On pense d'abord aux personnes physiques qui, dès lors qu'elles possèdent la personnalité juridique, ont une capacité juridique à agir (capacité qui peut d'ailleurs varier en fonction de plusieurs considérations). Les auteurs du début du XXe siècle ont beaucoup écrit sur la personnalité juridique et la personnalité morale, et la distinction entre ces deux notions : Hauriou, G. Renard (qui fut le disciple d'Hauriou), J. Dabin, par exemple, ont voulu distinguer, mais les critères qu'ils retiennent ne coïncident pas, et Hauriou lui-même a varié dans ses positions[10].

10. Tantôt il considère que la personnalité juridique « n'est qu'un masque *(persona)* posé sur la personnalité morale » (*Précis de droit constitutionnel*, 1923, 2e appendice ; *Précis de droit administratif*, 1927, p. 286 et s.), tantôt il réserve l'expression « personnalité morale » à la personnalité philosophique, la personnalité juridique désignant simplement un sujet de droit (*Leçons sur le mouvement social*, p. 146 ; « De la personne comme élément de la réalité sociale », *Rev. gén. du droit*, 1895, p. 5 et s., p. 119).

Aujourd'hui on a tendance à considérer que la personnalité morale s'applique à des groupements, à des institutions (comment une personne physique pourrait-elle avoir une personnalité morale ?). La reconnaissance de la personnalité morale à un groupement permet de considérer ce dernier comme une entité unique, distincte des personnes physiques qui le composent, un centre d'intérêts. C'est une notion dont on voit bien le côté pratique, « utile » : en cas de dommage causé du fait de l'action de cette personne, c'est – sauf exceptions, notamment la faute personnelle, bien connue – la personne morale qui pourra être poursuivie et éventuellement condamnée, non les personnes physiques qui la dirigent. Les personnes physiques ne s'engageraient pas dans une association (ou une autre forme de groupement), si elles savaient qu'elles sont en première ligne pour la mise en cause de la responsabilité.

L'attribution de la personnalité morale aux établissements publics ne pose plus aujourd'hui, dans son principe, de difficulté, il ne peut pas y avoir d'établissement public si l'institution étudiée ne dispose pas de la personnalité morale. Ceci étant, et plus largement, il n'est pas toujours évident de savoir si une institution a ou non la personnalité morale, parce que les intentions des pouvoirs publics ne sont pas toujours très claires, les formulations peuvent être ambiguës.

Par ailleurs, s'il n'y a pas d'établissement public sans personnalité juridique, l'attribution de cette dernière n'implique pas automatiquement qu'il y a établissement public. Il ne s'agit pas de la distinction avec les collectivités territoriales, distinction première que nous retrouverons plus loin, mais de l'attribution de la personnalité morale à des institutions qui ne sont pas des collectivités territoriales. L'une des illustrations les plus intéressantes est, probablement, celle des sections de communes, qui constituent un « démembrement territorial de la commune »[11], et sont dotées de la personnalité juridique[12], avec des biens qui leur sont propres.

C'est la personnalité juridique qui permet de donner à l'établissement public son autonomie, considérée par un certain nombre d'auteurs comme un trait de l'établissement public. Cette autonomie porte sur l'organisation interne, avec des organes qui sont propres à l'établissement public, elle porte également, et sans doute plus, sur les actes que l'établissement public peut prendre, qu'il s'agisse d'assurer la mission qui lui est confiée, ou d'agir en justice pour intenter des recours

11. J. FERSTENBERG, F. PRIET, P. QUILICHINI, *Droit des collectivités territoriales*, Dalloz, 2e éd. 2016, § 206, p. 135.
12. Art. L. 2411-2, al. 2 du CGCT.

ou se défendre[13]. Cette autonomie est très variable selon les établissements publics, certains disposent d'une large autonomie, d'autres d'une autonomie très réduite. Ces différences soulignent la diversité des établissements publics.

Les établissements publics gèrent un ou plusieurs services publics. La liaison est si forte que certains auteurs, dans le passé, ont défini l'établissement public comme un service public personnalisé. Bien que cela puisse paraître (trop) évident, il faut rappeler ce trait de l'établissement public, puisqu'il conditionne son action. C'est, en partie, parce qu'il ne peut en être autrement que les pouvoirs publics ont créé d'autres structures non soumises à cette exigence.

L'établissement a donc été affecté par les évolutions très importantes qui ont marqué le service public. La reconnaissance, par le juge d'abord, le législateur ensuite, des services publics à caractère industriel et commercial (SPIC) a donné un élan nouveau à l'établissement public, par la diversification des actions que pouvaient désormais mener ces établissements dans le domaine industriel et commercial. Cela a pu nuire, en même temps, à l'établissement public, en lui enlevant de la visibilité et de la clarté, et a pu contribuer à ce que l'on a appelé « la crise du service public ». La reconnaissance de la possibilité, pour des personnes privées, de gérer un service public, a pu, également, inciter les autorités publiques à recourir à des personnes privées, plutôt qu'à un établissement public, pour satisfaire un besoin.

Enfin, la notion de service public a perdu de sa force et de son aura, tout au moins en droit administratif. Il y a même eu une sorte d'opération de vases communicants entre le droit et le politique : si, en droit, le service public semble un peu passé au second plan, les auteurs préférant s'intéresser à d'autres domaines estimés plus « porteurs », en politique le service public est évoqué un peu à tout bout de champ, les uns invoquant une politique de service public, les autres évoquant régulièrement ce qu'ils nomment une « casse du service public ». Cela ne peut pas profiter à l'établissement public, passé de la gloire à une existence plus discrète.

Enfin l'un des traits distinctifs que retiennent tous les auteurs est celui de la spécialité de l'établissement public. La notion de « spécialité » s'oppose à celle de « généralité », c'est l'un des critères de différenciation[14] des compétences des établissements publics et des collectivités territoriales : les collectivités territoriales disposent d'une compétence générale, ou assez large, tout au moins pouvant

13. Le juge admet, mais de manière limitative, qu'une structure non dotée de la personnalité juridique puisse agir en justice, c'est le cas, par ex., des associations non déclarées.

14. Il y a bien entendu d'autres critères, notamment celui de la territorialité. Nous verrons plus loin en quoi ces critères sont aujourd'hui quelque peu « bousculés ».

s'étendre en fonction de la volonté du législateur[15], les établissements publics ne disposent, en principe, que d'une compétence limitée à un ou plusieurs objets, celui, ou ceux, fixés par la décision institutive de l'établissement. En revanche, aucun domaine n'est exclu, et l'on peut donc trouver des établissements publics dans tous les domaines où une personne publique territoriale intervient.

B. Les particularités de l'établissement public local

Il existe des établissements publics à tous les niveaux territoriaux, au niveau national, certes, mais également aux niveaux territoriaux locaux. La question est de savoir s'il existe une catégorie d'établissements publics que l'on peut qualifier d'« établissements publics locaux », et qui présentent des particularités suffisantes pour qu'on puisse les distinguer des autres établissements publics. Les critères de différenciation que l'on peut retenir sont au nombre de deux, la dépendance de l'établissement public à l'égard d'une collectivité territoriale, et la qualification de « local » que l'on peut donner à l'établissement.

1. La dépendance à l'égard d'une collectivité territoriale

L'établissement public « classique », tel qu'il a été pensé et enseigné pendant un siècle, est une institution administrative spécialisée qui n'a pas de ressort territorial, et doit donc être rattachée à une collectivité territoriale. De nombreux établissements publics nationaux existent, ils sont rattachés à l'État, personne publique territoriale par excellence[16]. Les collectivités publiques établies à un échelon local, et reconnues par l'État, peuvent-elles disposer librement de la possibilité de créer un établissement public et, dans l'affirmative, peut-on parler d'établissement public local ?

Pour que cela soit possible, il faut d'abord qu'existent des collectivités territoriales auxquelles puissent être rattachés des établissements publics. Remarquons, au passage, que cette expression collectivité territoriale est un peu gênante, parce qu'elle s'applique également à l'État, et parce qu'elle ne dit rien sur ce qu'est une collectivité territoriale autre que l'État. Nous écarterons, également, du

15. Les communes disposent d'une compétence générale, en vertu de la « clause générale de compétence », les départements et les régions, qui disposaient de la même « clause » se sont vu retirer leur compétence générale par la loi NOTRe, et n'ont plus que les compétences que la loi leur attribue expressément.

16. L'État est défini, traditionnellement, par plusieurs critères, parmi lesquels figure le territoire. On voit bien combien le territoire est une dimension essentielle, avec les multiples conflits territoriaux de par le monde, où l'on voit des groupes humains, ou des peuples, revendiquer la création d'un État basé sur un territoire, ou des États en conflit pour une question de territoire.

raisonnement, les collectivités d'outre-mer, parce qu'elles sont soumises à des législations spécifiques, souvent propres à chaque collectivité, et que les problématiques y sont différentes de ce qu'elles sont sur le territoire métropolitain.

Normalement, il n'y a pas de difficulté pour savoir si l'on a affaire à une collectivité territoriale, puisque la Constitution, la loi parfois, les énumère[17]. Cependant les bizarreries ne sont pas absentes : ainsi, les métropoles sont des établissements publics, sauf celle de Lyon, qualifiée par la loi de collectivité territoriale. Le législateur peut avoir mille et une bonnes (ou mauvaises…) raisons de procéder ainsi, et la différenciation territoriale, désormais très à la mode, plaide en faveur de la diversité, on veut simplement souligner, ici, le fait que la qualification « collectivité territoriale » ne va pas de soi, que la cohérence et la logique juridiques peuvent plier sous les impératifs politiques.

Le rattachement d'un établissement public à une collectivité territoriale « rend compte du lien nécessaire entre les deux institutions : l'un est le prolongement personnalisé de l'autre »[18]. De ce fait, et compte tenu des développements qui précèdent, en nous en tenant aux collectivités généralistes, nous devons trouver, logiquement, des établissements publics communaux, des établissements publics départementaux et des établissements publics régionaux.

Mais avant de s'interroger sur tous ces établissements publics locaux, une question se pose : les collectivités territoriales peuvent-elles créer de tels établissements, ou bien la compétence revient-elle à l'État ? L'autonomie de ces collectivités implique-t-elle qu'elles puissent créer de tels établissements ? Si l'on est tenté de répondre spontanément par l'affirmative, au nom de l'autonomie locale, il faut cependant s'interroger, pour la simple raison qu'en France l'autonomie des collectivités locales a longtemps été limitée, les pouvoirs publics nationaux éprouvant une sorte de méfiance instinctive à l'égard des collectivités locales, suspectées de mal gérer[19] ou, pire, de mettre en cause l'unité de la nation[20].

17. La Constitution énumère un certain nombre de collectivités territoriales, notamment, pour les collectivités que l'on qualifie de « généralistes », les communes, les départements et les régions. Mais ces dernières sont nées de par la volonté du législateur, elles ont conservé, de 1982 à 2003, le statut législatif. Le constituant a mis fin à l'anomalie, tenant à des raisons politiques, d'une région ayant un statut « simplement » législatif, alors que les communes et les départements avaient un statut constitutionnel.

18. J. FERSTENBERG, F. PRIET, P. QUILICHINI, *Droit des collectivités territoriales* précité, § 1085, p. 627.

19. L'histoire montre qu'effectivement c'est souvent la mauvaise gestion locale qui a conduit les pouvoirs publics, à partir de la fin du XIIIe siècle, à s'ingérer dans la gestion locale des communautés.

20. Le long refus de la région, dans notre histoire, est fondé largement sur cette crainte.

Il faut d'abord prendre en compte les dispositions constitutionnelles. Un partage des compétences est consacré par la Constitution entre le législateur et le pouvoir réglementaire, ce qui est une nouveauté de la Constitution de 1958 à laquelle nous sommes désormais bien habitués. Les compétences réservées au législateur sont, notamment, fixées à l'article 34 de la Constitution[21]. Celui-ci réserve à la loi la création des « catégories » d'établissements publics, sans distinguer selon qu'il s'agit d'établissements publics nationaux ou d'établissements publics locaux. La notion de « catégorie » a été explicitée par le Conseil constitutionnel, qui a retenu deux critères : la spécialité analogue, et le même rattachement territorial[22]. Mais le Conseil constitutionnel a donné une interprétation large de la notion de catégorie, afin de préserver la compétence du législateur[23] : ainsi, par exemple, un établissement public peut, à lui seul, constituer une catégorie, ceci ne pouvant valoir, semble-t-il, et au vu de la jurisprudence, que pour les établissements publics nationaux[24].

Ainsi que le font observer les auteurs, le principe de libre administration va dans le sens de la reconnaissance d'une compétence principielle au profit du législateur, en ce domaine comme en d'autres. Les juges, d'ailleurs, privilégient la compétence du législateur pour préserver le principe de la libre administration, qu'il s'agisse du Conseil constitutionnel[25] ou du Conseil d'État[26]. Le législateur « est intervenu systématiquement pour créer ou moderniser des catégories d'établissements publics locaux »[27].

---

21. Au début de la Vᵉ République, on ne parlait que des articles 34 et 37 pour la détermination du partage des compétences. Depuis, et à la lumière, notamment, de la jurisprudence du Conseil constitutionnel, d'autres articles de la Constitution doivent être pris en compte pour cette détermination, en particulier les articles 72 et s.

22. En d'autres termes, il faut, pour appartenir à une même catégorie, qu'un établissement public nouvellement créé soit, en dehors des établissements publics nationaux, ou bien communal, ou bien départemental, ou bien régional.

23. Une interprétation stricte aurait abouti à priver le législateur de compétence parce que, dans la quasi-totalité des cas, un nouvel établissement public entre dans une catégorie existante.

24. C'est le cas, par ex., du Centre national d'art et de culture Georges Pompidou, de la Caisse des dépôts et consignations, du Commissariat à l'énergie atomique (CEA), de l'Institut national de la consommation (INC), de la RATP, de l'ADEME.

25. Celui-ci établit un lien entre la libre administration et la compétence du législateur, voir par ex. Cons. const. 20 janv. 1984, nº 83-168 DC.

26. CE Sect. 14 mai 1971, *Fasquelle*, *Rec.*, p. 360.

27. J. FERSTENBERG, F. PRIET, P. QUILICHINI, *Droit des collectivités territoriales* précité, § 1083, p. 627.

Ces établissements publics locaux sont pluriels, cette diversité découlant de la pluralité de catégories de collectivités territoriales, et de l'élargissement des domaines d'intervention de ces dernières. D'une part, le nombre de catégories de collectivités territoriales reconnues conditionne, naturellement, le nombre d'établissements publics : la création de la région s'est accompagnée nécessairement, au fur et à mesure de l'affirmation de cette collectivité, de celle d'établissements publics régionaux, qui s'ajoutent, sans les remplacer, aux établissements publics des communes et des départements.

D'autre part, le nombre d'établissements publics locaux n'a pu qu'augmenter du fait de l'accroissement des compétences et des moyens des collectivités territoriales. Quant aux compétences, elles ont été étendues, d'abord, en ce qui concerne les communes, dans une moindre mesure, les départements[28] par l'utilisation, par elles, de ce qu'il est convenu d'appeler la « clause générale de compétence »[29], ensuite, par les nombreuses lois, intervenues depuis plusieurs décennies en matière de décentralisation, et qui ont porté, notamment, sur les compétences des collectivités territoriales.

Ce n'est pas seulement l'extension des compétences des collectivités territoriales, ou un plus grand usage de ces compétences, qui a contribué à la multiplication des établissements publics locaux. Les compétences sont relativement vaines si les collectivités concernées ne disposent pas des moyens d'intervenir, en particulier les moyens financiers. Si l'on s'en tient à l'exemple des communes, celles du XIXe siècle disposaient de la compétence générale, mais elles n'avaient guère les moyens financiers, pour la plupart d'entre elles, d'agir. Aujourd'hui, et, quelles que soient les difficultés financières qu'elles peuvent rencontrer, elles disposent, pour nombre d'entre elles, de ces possibilités, si elles le veulent, et cela vaut même pour de petites communes[30]. Cela vaut également pour les départements et, à plus forte raison, pour les régions.

---

28. Il faut cependant souligner qu'à notre époque, sous la Ve République, les départements ont fait preuve, pour certains du moins, d'initiatives dans différents domaines, ce qui s'est traduit par la création d'établissements publics.

29. « Clause » dont j'ai souligné, à plusieurs reprises, qu'elle n'était ni une clause ni générale et que, à tout prendre, et puisqu'elle existe, et qu'elle a un sens, il était préférable de parler de « clause de compétence générale », la compétence de la commune pouvant bien être qualifiée de « générale ».

30. La culture et le tourisme sont désormais, même pour de petites communes, des sources de revenus non négligeables et ont pu transformer certaines communes.

2. La dépendance à l'égard du qualificatif « local »

Le qualificatif « local » donné à un établissement public est, à l'évidence, la caractéristique essentielle car, comme aurait dit un certain Monsieur de La Palice, s'il n'est pas local l'établissement public ne peut être que national. Reste à savoir si cette évidence l'est réellement, et la question se pose, nécessairement, en raison des interrogations qui pèsent sur la notion de « local ». Car si celle-ci est retenue, elle apparaît comme largement problématique, en ce sens qu'elle est une question qui appelle donc des réponses.

Plagiant le titre d'un ouvrage largement oublié aujourd'hui, mais qui eut son heure de gloire, on pourrait dire que les établissements publics locaux existent puisqu'on les rencontre, et le premier lieu de leur consécration est le Code général des collectivités territoriales (CGCT). Celui-ci comporte un nombre conséquent de dispositions portant, par exemple, sur les « établissements publics locaux de coopération éducative » (art. L. 1441-1 et s. du CGCT), les « établissements publics locaux d'enseignement » (art. L. 1611-5-1 du CGCT), et l'article L. 2221-10 de ce code déclare que les régies dotées de la personnalité morale et de l'autonomie financière « sont dénommées établissement public local ».

Le terme de « local » se décline en toute une série d'autres mots, en résonance avec la notion de territoire : on a parlé de « délocalisation » pour désigner le transfert d'entreprises de France vers d'autres pays (avec, depuis peu, le phénomène inverse de « relocalisation »), ou d'administrations qui se trouvaient dans la capitale vers la province, voire simplement la périphérie de Paris. Un autre terme, celui de « localisme », est empreint d'une certaine connotation péjorative, il renvoie à une préférence injustifiée donnée à ce qui émane du local[31].

Un autre terme, proche de celui de « local », et se rapportant à lui, est le terme de « proximité ». Le CGCT évoque à plusieurs reprises cette notion de proximité avec les « services de proximité » développés aux articles L. 2144-2 et s., et l'article L. 1111-9 du même code fait de la commune la collectivité « chef de file » pour les « services de proximité ». La proximité implique la faible distance, et l'expression « à proximité » signifie, selon le Centre national de ressources textuelles et lexicales, « aux environs de ». La notion de proximité paraît être d'un champ plus limité que celle de « local » car, au vu des définitions données, elle ne peut s'appliquer qu'à la commune.

31. On en parle notamment à propos du recrutement de personnels, et les universités, comme d'autres institutions, connaissent bien ce phénomène.

Une expression, qui a longtemps été exclusive, et qui n'a pas disparu aujourd'hui[32], est celle de « collectivité locale ». Elle a été utilisée depuis la Révolution et continue de l'être aujourd'hui. Elle présentait l'avantage de la clarté et d'une relative précision, même s'il n'y a jamais eu de définition donnée par le législateur de ce qu'est une collectivité locale. Les collectivités locales étaient représentées par les communes et les départements. Il est intéressant d'observer que les tentatives pour créer d'autres catégories de collectivités locales – le cas de la région étant mis à part – ont échoué[33].

La distinction qui était couramment faite était celle entre le « central » et le « local ». Le « central » était résumé par Paris, lieu du pouvoir et de la prise de décision. Le local était tout le reste, cela renvoyait parfois à « la province »[34]. Le « local » était, surtout, représenté par les communes, et par des communes principalement rurales. Les départements étaient largement dominés par la figure du préfet, représentant du pouvoir central.

Mais tous ces éléments montrent que la notion de « local » ne présente pas toute la clarté que l'on en aurait escompté *a priori*. Une illustration du trouble que l'on peut éprouver à ce propos est fournie par la région. La région, créée en tant qu'établissement public, en 1972, et en tant que collectivité territoriale en 1982[35], est incontestablement une collectivité territoriale, comme les communes et les départements, en vertu de la Constitution elle-même, mais peut-elle être considérée comme une collectivité « locale » ? C'est plus qu'un doute que l'on peut

---

32. Si, constitutionnellement, il n'existe qu'une expression, celle de collectivités territoriales, l'expression « collectivités locales », d'une part subsiste dans des textes antérieurs à la réforme constitutionnelle de 2003, et qui n'ont pas été modifiés, d'autre part, continue d'être utilisée, notamment dans de nombreuses circulaires.

33. Il y a eu, ainsi, des tentatives pour donner la personnalité juridique à l'arrondissement, et en faire une collectivité locale. Ces tentatives ont fait long feu.

34. La province est à distinguer « des » provinces. Ces dernières renvoient à une organisation territoriale, largement fantasmée, sous l'Ancien Régime. La « province » se définit, négativement, comme étant ce qui n'est pas Paris, ce qui commence au-delà des faubourgs de Paris. C'est peut-être là un trait typiquement français. Le terme de « province » renvoie à toute une série d'images, produites notamment par la littérature, elle est également un paysage mental. La plupart de ces images ne correspondent plus du tout à la réalité.

35. Mais précisons, une fois de plus, que création et naissance ne coïncident pas pour la région : la région est bien créée par le législateur en 1982, mais elle ne naît qu'en 1986, date des premières élections des conseils régionaux au suffrage universel direct, le législateur de 1982 ayant lui-même subordonné la naissance des régions auxdites élections (mais il pensait, ce législateur de 1982, que les élections aux conseils régionaux interviendraient rapidement, ce qui n'a pas été le cas, pour différentes raisons).

éprouver, c'est le contraire que l'on peut penser : la région n'est pas une collectivité locale, sauf à enlever toute signification au qualificatif « local ». La réduction du nombre de régions, qui s'est accompagnée, pour les régions concernées, d'une augmentation de leur territoire, éloigne encore plus les régions de ce qualificatif. Les collectivités locales que sont les communes et les départements sont, en même temps, juridiquement, des collectivités territoriales, mais toutes les collectivités territoriales ne sont pas des collectivités locales, à l'instar de la région.

Cela soulève naturellement un problème pour la qualification des établissements publics de la région : si celle-ci ne peut être qualifiée de collectivité locale, peut-on parler d'établissements publics « locaux » pour leurs établissements publics ? Cela montre que les choses sont loin d'être évidentes. Ce n'est là que l'une des atteintes à la notion d'établissement public local. Cette notion est aujourd'hui ébranlée par des évolutions qui lui ont fait perdre son homogénéité.

II. Une notion qui a perdu son homogénéité

Cela fait près de trois quarts de siècle que l'on parle de la « crise » de l'établissement public[36]. On a parlé de crise, en raison des extensions successives de l'établissement public, avec la multiplication d'établissements publics de toutes sortes, rendant les limites de l'établissement public imprécises. Cependant, quelle que soit l'importance de cette crise, d'ailleurs relativisée aujourd'hui par un certain nombre d'auteurs, d'une part, elle n'exclut pas l'existence de règles spécifiques à l'établissement public, que nous avons vues précédemment, le Conseil d'État ayant, à plusieurs reprises, rendu des rapports sur l'établissement public, preuve que celui-ci présente bien des caractéristiques propres[37] ; d'autre part, les critiques portées contre la notion d'établissement public s'appliquaient principalement, pour ne pas dire exclusivement, à des établissements publics nationaux, qui ont toujours été privilégiés dans l'étude des établissements publics.

Les problèmes qui se posent à propos des établissements publics locaux ne proviennent donc pas de cette « crise » qui a frappé les établissements publics. Mais ces établissements publics locaux ont connu des évolutions, elles aussi spectaculaires, et différentes, même si, inévitablement, ce qui touche les établissements publics nationaux retentit sur les établissements publics locaux. C'est une extension très

36. R. DRAGO, *Les crises de la notion d'établissement public*, Pedone, 1950.
37. Le Conseil d'État a notamment rendu les rapports suivants : *La réforme des établissements publics*, La Doc. Fr., 1972 ; *Les établissements publics nationaux. Catégories et spécificités*, La Doc Fr., 1985 ; *Les établissements publics*, La Doc. Fr., 2010.

particulière qui a caractérisé les établissements publics locaux, et s'y est ajoutée une multiplication d'autres institutions, qui trouble la notion d'établissement public local.

A. Une catégorie juridique désormais divisée

La notion d'établissement public local est désormais ébranlée, et d'une certaine manière disloquée, par un développement, qui s'est accéléré ces dernières décennies, d'une catégorie bien particulière d'établissements publics locaux, celle des établissements publics territoriaux, catégorie qui soulève bien des interrogations.

1. Le développement des établissements publics territoriaux

Un établissement public, a-t-il été dit précédemment, est une institution spécialisée qui n'a pas de territoire et qui, par voie de conséquence, doit être rattachée à une collectivité territoriale. Mais il se trouve que, dans les faits, des établissements publics ont été créés, qui avaient un territoire. Cela s'est fait au départ de manière anodine, avant de connaître, à notre époque, un développement remarquable.

Le point de départ est représenté par les syndicats de communes. Lors des débats relatifs au texte ayant abouti à la loi du 5 juillet 1884 sur les communes, il avait été question de créer des institutions spécialisées de coopération entre les communes, mais l'emploi du temps de l'assemblée ne lui avait pas permis de traiter le sujet, et cette création fut renvoyée à un texte ultérieur. Celui-ci a été représenté par la loi du 22 mars 1890 qui a ajouté à la loi de 1884 un titre VIII permettant l'institution de syndicats de communes pour la gestion de services intercommunaux.

Le syndicat de communes se voyait reconnaître la personnalité juridique. La spécialité du syndicat de communes était clairement consacrée : le syndicat de communes ne pouvait être constitué que pour la gestion d'un service déterminé, ou d'un groupe de services bien déterminés. Il n'était pas nécessaire que les communes fussent contiguës pour créer entre elles un syndicat de communes, elles pouvaient même se trouver sur plusieurs départements différents. Les syndicats de communes étaient administrés par un comité.

Ce procédé est apparu utile à tous les auteurs, qui n'y ont pas vu autre chose qu'un instrument pour les petites communes de gérer en commun un ou plusieurs services essentiels à la population, à commencer par l'entretien des chemins. Ces auteurs d'ouvrages de droit administratif ont seulement regretté que l'usage du procédé soit laissé à la libre initiative des conseils municipaux[38]. Pendant des décennies, en fait jusqu'à la Ve République, on n'a vu dans ces syndicats qu'un « procédé », sans vraiment s'interroger sur leur nature juridique, leur appartenance à la catégorie des établissements publics, et les particularités que cela entraînait. L'expression « établissement public territorial » n'existait pas.

Les choses vont changer progressivement, à partir de 1959. À cette date, une nouvelle forme de syndicat de communes est instituée par le législateur, celle des syndicats intercommunaux à vocation multiple, que l'on prendra rapidement l'habitude d'appeler par leur sigle, SIVOM[39]. Cette réforme est apparue, aux yeux des observateurs, d'une importance considérable, puisque le chroniqueur régulier des questions locales à la *Revue administrative*, J. Hourticq, va en parler comme de l'apport « le plus important et le plus original de la réforme communale »[40]. Les syndicats à vocation multiple s'inscrivent dans la continuité des syndicats créés par la loi du 22 mars 1890, mais avec un objet élargi, puisque le syndicat peut se donner plusieurs finalités simultanément. Le ministère de l'Intérieur a analysé, à l'époque, ces SIVOM, comme une transformation qualitative de la coopération intercommunale[41].

Les SIVOM étaient, non pas un point d'arrivée, mais un nouveau point de départ et, dans les années qui ont suivi, et jusqu'à présent, les législations successives n'ont fait qu'étendre les compétences de ces institutions, renforcer les obligations de transfert pesant sur les communes. Nous ne sommes plus du tout dans la perspective du législateur de 1890. Il paraît inutile de reprendre toutes les étapes qui ont conduit jusqu'à la situation actuelle[42]. L'ampleur du mouvement est telle que deux

---

38. Un auteur tel que M. WALINE écrit, dans son *Traité de droit administratif* : « Le particularisme et l'esprit de clocher sont tels que ce procédé n'est pas encore été utilisé aujourd'hui comme il le devrait. En fait, le procédé créé par la loi de 1890 est resté pendant une trentaine d'années pratiquement sans utilisation ; il a été utilisé ensuite presque exclusivement pour la construction de réseaux de distribution d'électricité à basse tension, et notamment pour l'électrification rurale » (§ 621, p. 368).
39. Ordonnance n° 59-29 du 5 janv. 1959.
40. J. HOURTICQ, *Départements et communes*, avr. 1959, p. 13.
41. « En fait, plus qu'un changement de degré dans la manifestation de la solidarité intercommunale, il s'agit d'un changement de nature : le nouveau syndicat n'est plus un rapprochement passager de quelques communes pour l'amélioration de la gestion d'un service, il constitue normalement une union définitive, correspondant à un "minimum vital" administratif et technique formant le cadre d'une implantation des équipements et de la création de services, s'intégrant dans la politique d'aménagement du territoire précisée jusqu'au niveau communal » (Ministère de l'Intérieur, *Étude des problèmes municipaux*, 4e trim. 1966, n° 12, p. 29).
42. On renvoie pour cela aux manuels d'institutions administratives et de droit des collectivités territoriales, qui développent bien tout cet aspect.

expressions sont utilisées aujourd'hui, et qui n'avaient pas cours précédemment, celle, d'abord, d'établissement public de coopération intercommunale (EPCI), devenue banale et familière, celle, ensuite, d'intercommunalité (au singulier ou au pluriel), pour désigner cet ensemble impressionnant d'institutions de coopération entre les communes.

Mais un autre aspect doit être signalé, qui nous intéresse directement pour appréhender la notion de « local », et son délitement. Les auteurs anciens, même parmi les plus illustres, soit ont étudié ces syndicats de communes, mais en les considérant simplement comme un « procédé » qui ne changeait pas la nature des établissements concernés[43], soit n'ont pas estimé intéressant de les étudier et de s'interroger sur eux[44]. Cela signifie que, pour les uns, les établissements publics intercommunaux ne présentaient guère d'intérêt juridique, pour les autres, que même s'ils étaient importants concrètement, ils n'emportaient pas de changements substantiels quant à la nature des établissements publics. Or, on peut penser que ces auteurs n'ont pas vu qu'en réalité c'était une nouvelle catégorie juridique d'établissements publics qui se développait peu à peu, celle des établissements publics territoriaux. Et ces établissements publics territoriaux ne vont pas sans soulever maintes interrogations.

2. Les interrogations soulevées par l'établissement public territorial

Observons, d'abord, l'ampleur du changement intervenu en quelques décennies. L'établissement public territorial, autrefois inconnu, ne soulève plus guère d'objections chez les auteurs, qui ne peuvent que constater le développement continu de cette institution, laquelle, par ses caractéristiques, revient sur une définition qui paraissait, sur ce point, bien établie : si l'on pouvait s'interroger sur les extensions matérielles de l'établissement public, celui-ci intervenant désormais dans le domaine industriel et commercial, on n'envisageait pas qu'il pût avoir un territoire. Les « avancées » de l'établissement public territorial sont spectaculaires, puisqu'il n'intervient plus seulement comme instrument de coopération entre les communes,

43. C'est le cas, par ex., de M. WALINE qui, dans son *Traité de droit administratif*, consacre tout un chapitre aux établissements publics, et étudie dans le détail les syndicats de communes, mais n'y voit rien d'autre, sur le plan juridique, qu'une technique de coopération.

44. C'est le cas, par ex., de G. VEDEL qui, dans son *Cours de droit administratif*, donné à la Faculté de Droit de Paris (publication ronéotée aux Cours de droit) consacre tout un chapitre aux établissements publics, mais, dans la section relative à « l'extension de la notion d'établissement public » ne consacre pas une ligne aux établissements publics de coopération entre les communes (p. 890 et s.).

mais est appliqué en vue d'autres objectifs. On ne peut, en conséquence, que s'interroger sur l'appartenance de l'établissement public territorial à la catégorie des établissements publics locaux.

Les établissements publics territoriaux se retrouvent, également, en dehors de l'administration décentralisée, dans des domaines particuliers, mais qui ont tendance à se multiplier. Il est possible de citer d'abord les établissements publics territoriaux dont la qualification en tant que telle ne peut être mise en doute puisqu'elle procède du législateur. C'est le cas des « établissements publics territoriaux de bassin »[45]. Selon l'article L. 213-12 du Code de l'environnement, un établissement public territorial de bassin est un groupement de collectivités territoriales constitué en application des articles L. 5711-1 à L. 5721-9 du CGCT en vue de faciliter, à l'échelle d'un bassin ou d'un groupe de sous-bassins hydrographiques, la prévention des inondations et la défense contre la mer, la gestion équilibrée et durable de la ressource en eau, ainsi que les préservations, la gestion et la restauration de la biodiversité des écosystèmes aquatiques et des zones humides et de contribuer, s'il y a lieu, à l'élaboration et au suivi du schéma d'aménagement et de gestion des eaux.

D'autres établissements publics ne portent pas la dénomination d'établissement public territorial, mais on ne voit pas comment on pourrait les qualifier autrement. C'est le cas des agences de l'eau[46], prévues dans les bassins ou groupements de bassins hydrographiques dans lesquels a été institué un comité de bassin[47]. Une agence de l'eau est un établissement public de l'État à caractère administratif, chargé de mettre en œuvre les schémas visés aux articles L. 212-1 et L. 2123 du Code de l'environnement. Les agences de l'eau ne sont pas des établissements publics locaux, puisque la loi déclare qu'il s'agit d'établissements publics de l'État, mais il s'agit bien d'établissements publics territoriaux, l'article L. 212-1 du Code de l'environnement déclarant que l'autorité administrative « délimite les bassins ou groupements de bassins ».

---

45. Sur ces établissements publics, voir J.-L. PISSALOUX, A. WULF, « Les établissements publics territoriaux de bassin ou le bras séculier des rivières », *DGCT 2010, « Les enjeux de la gestion locale de l'eau »*, éd. Le Moniteur, p. 219.
46. Sur ces agences, voir J.-L. PISSALOUX, A. WULF, « Les agences de l'eau : un outil incitatif au service des usagers et du milieu aquatique », *DGCT 2010, « Les enjeux de la gestion locale de l'eau »* précité, p. 203.
47. Comme l'écrivent les auteurs précités, « les agences de l'eau sont un instrument au service des usagers de l'eau, qui s'expriment au sein d'un comité de bassin » (p. 204).

De même, encore, on ne voit pas comment on pourrait éviter la qualification d'établissement public territorial à une institution telle que les parcs nationaux[48]. Ces parcs nationaux sont gérés, chacun, par un établissement public rattaché à l'Office français de la biodiversité, et un décret en Conseil d'État « délimite » le périmètre du parc[49]. Dans la mesure où il y a délimitation d'un périmètre, il y a une étendue, une « surface » et, bien que cela signifie une altération de la notion de territoire[50], la qualification d'établissement public territorial est inévitable.

B. Une notion troublée par la multiplication d'autres institutions

L'établissement public a longtemps été la seule forme de droit public utilisable par les personnes publiques territoriales. Certains ont pu le regretter, parlant de la « pauvreté » des structures en droit administratif. Si tant est que ce jugement fût « vrai » (car l'établissement public est un instrument très souple qui s'adapte à de nombreuses situations), ce ne l'est plus aujourd'hui, où, à l'inverse, le législateur a multiplié les formes juridiques permettant aux personnes publiques, notamment les collectivités territoriales, d'intervenir. Cela ne peut manquer d'affecter l'établissement public local.

1. La diversification des instruments administratifs

Il est possible de parler de « diversification », dans la mesure où les autorités compétentes – législateur principalement – ont créé de nouvelles formes institutionnelles d'intervention, les unes de droit public, les autres de droit privé.

Parmi les institutions de droit public, il faut d'abord compter les groupements d'intérêt public (GIP). Les premiers sont apparus nominalement avec la loi du 15 juillet 1982 sur la recherche[51], sans autre précision, la loi du 26 janvier 1984 sur l'enseignement supérieur[52] déclarant, de manière laconique, que ces GIP sont des

48. Les parcs naturels régionaux, prévus aux articles L. 333-1 et s. du Code de l'environnement, peuvent être créés par une région sur un territoire « dont le patrimoine naturel et culturel ainsi que les paysages présentent un intérêt particulier », la charte qui est adoptée constituant le projet du territoire. L'aménagement et la gestion des parcs naturels régionaux sont confiés à un syndicat mixte au sens du titre II du livre VII de la 5e partie du CGCT.

49. Art. L. 131-2 du Code de l'env.

50. La notion de « périmètre » participe d'une dévalorisation de la notion de territoire. Voir J.-M. PONTIER, « Délimitations fonctionnelles et territoires », *in Mél. S. Regourd*, Institut Varenne, 2019, p. 953.

51. Loi n° 82-610 du 15 juill. 1982 d'orientation et de programmation pour la recherche et le développement technologique de la France.

52. Loi n° 84-52 du 26 janv. 1984 sur l'enseignement supérieur.

« organismes de droit public », ce qui était un peu vague. Des positions différentes ont été soutenues par les auteurs, et plusieurs auteurs ont estimé qu'il n'y avait pas de raison de ne pas les considérer comme des établissements publics[53].

Mais le Conseil d'État a déclaré, dans un avis de 1985[54] : « Il y a lieu d'admettre [...] que les groupements d'intérêt public forment une catégorie de personnes morales de droit public ». Quant au Tribunal des conflits, il a déclaré que ces personnes publiques qu'étaient les GIP étaient « soumises à un régime spécifique »[55] se caractérisant par une « absence de soumission de plein droit » aux lois et règlements régissant les établissements publics. Nous voilà donc avec une nouvelle catégorie de personnes publiques, que les pouvoirs publics ont souhaité appliquer à différents domaines, avec des succès divers[56].

S'il est possible de discuter de l'appartenance des GIP à la catégorie, devenue un peu inconsistante, des établissements publics, ou d'admettre qu'il s'agit d'une catégorie spécifique de personnes publiques, en revanche il est incontestable que les collectivités territoriales ont, également, à leur disposition, des instruments juridiques institutionnels de droit privé. La première sorte de personne privée à laquelle il est possible de penser, pour la mettre en parallèle avec l'établissement public, est celle des sociétés d'économie mixte (SEM). La comparaison est légitime, dans la mesure où le législateur a reconnu officiellement l'existence de sociétés mixtes « locales » (les SEML). La formule de la société d'économie mixte a très vite connu le succès auprès des collectivités locales, à partir du moment où elle a été introduite en France[57]. Il existe aujourd'hui en France environ un peu moins d'un millier de SEML, ce qui est un chiffre conséquent.

53. Par ex. G. VEDEL et P. DELVOLVÉ, en 1992, dans leur manuel de droit administratif, intitulent un paragraphe « Il n'existe pas d'autres personnes publiques que l'État, les collectivités territoriales et les établissements publics », et écrivent, dans ce paragraphe, à propos des GIP : « Finalement leurs particularités ne les empêchent pas d'être rangés parmi les établissements publics, dont on a vu qu'ils constituent un ensemble large et peu homogène », *Droit administratif*, t. II, PUF Thémis, 1992, p. 652 et 653.

54. Avis du 15 oct. 1985, *EDCE* 1986, p. 189.

55. T. confl. 14 févr. 2000, *GIP Habitat et interventions sociales pour les mal-logés et les sans-abri c/Mme Verdier*, *AJDA* 2000, chron. de jurisprudence, p. 410.

56. Le législateur a ainsi créé la catégorie des « groupements d'intérêt public culturels » (GIPC) mais la formule n'a pas connu grand succès, c'est pourquoi le législateur est revenu à la formule de l'établissement public, mais en en créant une sous-catégorie spécifique pour la gestion des activités ou équipements culturels, l'établissement public de coopération culturelle (EPCC).

57. Voir sur le sujet F. BOTTINI, *L'action économique des collectivités publiques*, Légitech-IFJD, 2020, p. 807 et s., § 885 et s.

Selon l'article L. 1521-1 du CGCT, les collectivités territoriales peuvent, « dans le cadre des compétences qui leur sont reconnues par la loi », créer des SEML qui les associent à une ou plusieurs personnes privées et, éventuellement, à d'autres personnes publiques. Une triple finalité peut être poursuivie par ces SEML : réaliser des opérations d'aménagement, de construction ; exploiter des services publics à caractère industriel ou commercial ; « pour toute autre activité d'intérêt général ». Lorsque l'objet de SEML inclut plusieurs activités, celles-ci doivent être complémentaires. En outre, ajoute l'article L. 1521-1 précité, les SML « peuvent réaliser des opérations de conception, réalisation, entretien ou maintenance ainsi que, le cas échéant, de financement d'équipements hospitaliers ou médico-sociaux pour les besoins d'un établissement de santé, d'un établissement social ou médico-social ou d'un groupement de coopération sanitaire »[58].

Plus étonnantes sont les sociétés publiques locales (SPL), structures de droit privé, comme l'indique leur nom de « société », mais à capital entièrement public. Ces sociétés, créées par une loi de 2010[59] en vue de se conformer aux exigences de l'Union, sont un peu « le mariage de la carpe et du lapin », comme l'écrivent des auteurs[60]. Elles sont compétentes, en vertu de l'article L. 1531-1 du CGCT, pour réaliser des opérations d'aménagement, au sens de l'article L. 300 du Code de l'urbanisme, des opérations de construction, ou pour exploiter des services publics à caractère industriel ou commercial « ou toutes autres activités d'intérêt général ». Il ne nous appartient pas, ici, d'analyser ces sociétés, qui ont donné lieu à de multiples publications de la doctrine.

Enfin, parmi les instruments de droit privé, il faut compter les associations. L'association, dont des auteurs, tels que Tocqueville, regrettaient qu'elle ne soit pas plus développée en France, à l'instar des pays anglo-saxons, connaît aujourd'hui un engouement remarquable[61]. La formule associative n'est pas réservée aux simples personnes physiques, les collectivités publiques peuvent également en créer, à commencer par l'État, les motivations pouvant être très diverses, et pas toujours

58. Les groupements de coopération sanitaire, prévus à l'article L. 6133-1 du Code de la santé publique, ont pour objet de faciliter, de développer ou d'améliorer l'activité de ses membres.

59. Loi n° 2010-559 du 28 mai 2010 pour le développement des sociétés publiques locales. Les dispositions figurent à l'article L. 1531-1 du CGCT.

60. N. CHIFFLOT, M. TOURBE, *Droit administratif*, Sirey, 18e éd., 2022, § 436 p. 456.

61. Il y a environ un million d'associations dans notre pays. Il n'est pas possible de donner un chiffre précis, parce que de nouvelles associations se créent constamment, mais d'autres disparaissent, ou n'ont plus d'activité, ce qui n'apparaît pas dans les chiffres.

avouables[62]. Les collectivités territoriales, de leur côté, soit créent directement une association, ce qui est le cas le moins fréquent, soit contrôlent une association qui a bien été créée par une personne privée.

La question que soulèvent toutes ces institutions est de savoir si elles affectent, d'une manière ou d'une autre, l'établissement public local.

2. Les incidences de cette diversification d'institutions sur les établissements publics locaux

En d'autres temps, à partir du moment où une collectivité locale souhaitait intervenir dans un domaine sans directement le gérer en régie, la solution était toute trouvée, c'était celle de l'établissement public. Aujourd'hui, ces mêmes collectivités disposent, dans un certain nombre de cas tout au moins, d'un choix beaucoup plus large. Il en résulte que la formule de l'établissement public à l'échelon local est concurrencée, voire en est obscurcie. Elle n'en demeure pas moins une modalité d'intervention qui est rassurante par son encadrement juridique bien établi, et qui n'a pas toujours de substitut.

Il paraît incontestable que l'établissement public local est désormais concurrencé, d'autres formules sont, pour employer une expression familière, beaucoup plus « dans le vent », à la mode[63]. Le plus souvent, le reproche adressé à l'établissement public a été son manque de souplesse juridique, des règles trop contraignantes. C'est la raison pour laquelle, chaque fois qu'elles l'ont pu, les collectivités territoriales, les communes notamment, ont préféré se tourner vers d'autres formules juridiques, qu'il s'agisse de formules de droit public mais, surtout, des formules de droit privé. Cela explique l'engouement pour les sociétés d'économie mixte. Plus récemment, ce sont les contraintes européennes qui ont incité le législateur à inventer la formule de la société publique locale. Il est d'ailleurs un peu étonnant de constater que, plutôt d'assouplir les formes de droit public, les pouvoirs publics préfèrent, directement ou indirectement, recourir au droit privé[64].

62. Des associations ont été créées par l'État pour échapper aux règles trop contraignantes de la comptabilité publique, et aussi, dans certains cas, pour permettre à des agents détachés d'obtenir de meilleures rémunérations.

63. Il y a, en matière d'institutions administratives, de modes de gestion, des modes comme en d'autres domaines. Par ex. la gestion externalisée de certains services publics fut fort en vogue il y a quelques années, avant que l'on ne s'aperçoive des inconvénients qu'elle présentait.

64. Et l'État, qui se présente volontiers en « donneur de leçons » aux collectivités territoriales, n'est pas le dernier à recourir à des formes de droit privé, et même parfois le premier, les associations étant choisies chaque fois qu'un ministère le peut. Faites ce que je dis, pas ce que je fais…

De ce fait, la formule de l'établissement public local en est quelque peu troublée. Elle ne s'impose plus comme avec l'évidence qu'elle a eue pour les élus locaux, elle fait l'objet d'une certaine déconsidération, qui s'attache peut-être, plus généralement, au droit public[65]. L'image des instruments de droit public est troublée, en partie parce que celle de l'État l'est elle aussi, et c'est même, d'abord, ce trouble éprouvé à l'égard de l'État qui a retenti sur le droit administratif, droit qui est, historiquement, le droit de l'État.

Et cependant cette déconsidération, ce discrédit, qui entourent désormais l'État, quelles qu'en soient les raisons, multiples, ne justifient en aucune manière cette sorte de disgrâce qui, dans les écrits des uns et des autres, semble toucher l'établissement public et, par conséquent, les établissements publics locaux. Les développements qui suivent, et qui sont consacrés à des établissements publics locaux, montrent que, dans la réalité, cette formule conserve tout son sens, toute sa force, toute son utilité.

65. Le droit administratif ne bénéficie plus de la même aura qu'il eut, il y a encore un demi-siècle. Le droit privé, droit commercial avant tout, apparaît, dans un monde ouvert où l'influence anglo-saxonne s'est répandue, plus à même de répondre aux questions qui se posent (même si cela est discutable, voire faux), et les étudiants en droit sont moins nombreux qu'auparavant à se tourner vers le droit public.

LA CRÉATION ET LA SUPPRESSION DES ÉTABLISSEMENTS PUBLICS LOCAUX

Nadine DANTONEL-COR
Professeur de droit public
Université de Lorraine
Directrice adjointe de l'IRENEE
Membre du conseil scientifique du GIS-GRALE

La faiblesse théorique de l'établissement public a été très tôt perçue par la doctrine. Hauriou compare les établissements publics à des « institutions ambiguës » et les stigmatise, même s'il est persuadé que c'est grâce à ces institutions novatrices que « se produisent les grandes transformations sociales ». Le célèbre juriste tente avec difficultés de leur attribuer une qualification globale en lien avec le service public en considérant qu'il s'agit de « services publics spéciaux personnifiés », les premiers établissements publics remplissant des missions d'utilité publique[1].

Aucoc, quant à lui, a tenté également de proposer un fondement théorique à l'établissement public à partir de la constatation de l'importance de la notion de service public. Dans ses *Conférences sur l'administration et le droit administratif* faites à l'École des Ponts et Chaussées, le juriste n'hésite pas à indiquer que les établissements publics sont constitués pour améliorer l'accomplissement de quelques services publics. Aucoc relève que l'établissement public a une existence indépendante et des ressources propres, afin de s'assurer de la gestion d'un service public. Il considère que la dimension fonctionnelle est prépondérante dans la création, l'établissement public devant avoir pour objectif principal de satisfaire un besoin social. « Les établissements publics sont des personnes morales secondaires, instituées par des personnes morales primaires, pour la gestion d'un service public particulier »[2]. Selon Aucoc, les établissements publics gèrent des intérêts spéciaux qui ont « tantôt le caractère général, tantôt le caractère local », ce qui implique la distinction entre les établissements publics nationaux et locaux[3].

1. M. HAURIOU, *Précis de droit administratif et de droit public*, 1re éd., Sirey, 1933.
2. Cité par V. LAUGIER, *Le droit administratif de Léon Aucoc*, Thèse Paris-I, 2022, n° 105.
3. *Ibid.*, n° 106.

Par conséquent, les modalités de création de l'établissement public permettent de déterminer sa spécialité. La spécialité d'un établissement public, comme le soulignait le Professeur René Chapus, ce n'est rien d'autre que son objet, que sa mission[4].

Le Professeur Marcel Waline a également très rapidement perçu l'absence de spécificité et d'homogénéité de l'établissement public. Il considérait que « l'établissement public est une notion générique et non spécifique ; en d'autres termes, il y a diverses sortes d'établissements publics, et autant de régimes juridiques différents qu'il y a d'établissements publics ». Ce point de vue garde toute son exactitude malgré les évolutions.

Sans évoquer les établissements publics nationaux qui ne relèvent pas de cette étude, différentes distinctions peuvent être établies entre les établissements publics locaux : des différences organiques, liées à la catégorie de collectivité territoriale ou aux catégories de collectivités territoriales à laquelle ou auxquelles l'établissement est rattaché, et des différences matérielles, relevant du domaine de spécialité de l'établissement public local et conduisant à une dichotomie quelquefois délicate à apprécier entre les services publics administratifs et les services publics industriels et commerciaux[5]. Relevons également l'existence de sous-catégories d'établissements publics administratifs, tels que les établissements à caractère scientifique, culturels ou sociaux. Il serait peut-être aussi utile de mentionner, sans être exhaustive, la création de catégories de collectivités territoriales sous la forme d'établissements publics. Ce fut le cas de la création des régions par la loi du 5 juillet 1972, après l'échec du référendum de 1969 proposant la création de véritables collectivités territoriales régionales.

Le Professeur émérite Jean-Marie Pontier s'interroge pareillement en relevant l'absence d'unité, voire l'obscurité de la catégorie des établissements publics locaux. Confrontés à cette hétérogénéité incompréhensible, « à la procédure lourde et peu libérale, à la rigidité des règles applicables, les élus locaux ont été tentés de se tourner vers les règles du droit privé, plus souples et plus compréhensives »[6]. De ce fait, selon le professeur, une réforme en profondeur de l'établissement public

4. R. CHAPUS, *Droit administratif général*, t. I, n° 498, 14e éd.
5. J.-F. LACHAUME, « Que reste-t-il de la distinction SPA-SPIC et de ses effets aujourd'hui ? », *AJDA* 2021, p. 60. L'étude, entendue dans sa globalité, ne distinguera pas les deux catégories d'établissements publics ni la gestion des deux catégories de services publics par les établissements locaux.
6. J.-M. PONTIER, « Faut-il créer la catégorie de l'établissement public local ? », *Rev. adm.* 1997, n° 295, p. 78-86.

pourrait s'imposer pendant le XXIe siècle. La proposition de réforme, loin d'être facile, pourrait aboutir à remodeler l'ensemble du régime juridique de création, et éventuellement de suppression, des établissements publics locaux.

En effet, comme le faisait remarquer justement le Professeur Étienne Fatôme, la distinction entre les établissements publics locaux « classiques » et les établissements publics dits « de coopération » est loin d'être évidente. Les premiers sont « créés pour assurer spécifiquement la gestion d'un ou de plusieurs services qui entrent dans les attributions d'une unique collectivité ou d'un unique établissement public de coopération intercommunale, constituant par là même le prolongement de cette institution » (I). Les seconds « ont pour raison d'être de regrouper au sein d'une même structure plusieurs personnes publiques, locales ou nationales, qui collaborent à leur niveau à la gestion d'un service public dépassant le champ de leurs seules compétences »[7]. Ces établissements publics de coopération se caractérisent par leur hybridité : certains établissements publics, qui n'ont pas été qualifiés de locaux, mais dont on peut présumer la qualification d'établissements publics locaux tels que le Service départemental d'incendie et de secours (SDIS), sont des établissements publics inter-collectivités, puisque la coopération est effective entre les services de l'État, du département, des communes et des établissements publics de coopération intercommunale. Les autres se caractérisent par un régime juridique spécifique, tant institutionnel que matériel, lié à l'absence de rattachement à une personne publique : de ce fait, les groupements intercommunaux feront l'objet d'une étude particulière (II)[8].

I. La détermination différenciée des règles de création (et de suppression) des établissements publics locaux dits « classiques »

La création des établissements publics locaux, qui font partie intégrante de la catégorie générale des établissements publics, implique de se pencher sur les règles de compétence. Quelle est la répartition entre le législateur et le pouvoir réglementaire en matière de création, et éventuellement de suppression de ces institutions ? Pour le moment, tant qu'il n'existe pas de catégorie juridique spécifique d'établissement public local, le raisonnement les concernant doit s'intégrer dans le respect des

7. CE 4 févr. 2015, *M. D.E.*, req. n° 382969. À propos du rattachement des établissements publics : E. FATÔME, *Les collectivités locales, Mélanges en l'honneur du Professeur Jacques Moreau*, Economica, 2003, p. 139 à 154.

8. Pour la présentation de ces dichotomies, nous nous référons à la distinction établie par le Professeur E. Fatôme dans l'article précédemment cité, à l'exception des établissements publics dits corporatifs que nous ne développerons pas dans cette étude.

règles constitutionnelles mentionnant les établissements publics dans leur globalité. On peut relever que la répartition entre le pouvoir législatif et le pouvoir réglementaire reste, malgré les tentatives d'éclaircissements, particulièrement floue (A). Cette indétermination organique peut conférer une réelle liberté aux collectivités territoriales dans la création de l'établissement public local (B) ou, au contraire, la restreindre, notamment en cas d'intervention prégnante de l'État (C).

A. Une répartition ambiguë entre le pouvoir législatif et réglementaire

Le législateur a toujours été doté d'une compétence pour créer de nouveaux établissements publics. On peut citer l'article 205 de la loi de finances du 25 juillet 1925 qui obligeait le législateur à autoriser la création de tout établissement public national, même si la compétence a été rapidement partagée entre le législateur et le pouvoir réglementaire. En effet, la loi du 17 août 1948 autorise des modifications du statut des établissements publics de l'État par simple intervention des autorités réglementaires, c'est-à-dire par décret en Conseil d'État[9]. La Constitution du 4 octobre 1958 évoque le terme d'établissement public sans donner de plus amples indications sur son rattachement à telle ou telle personne publique.

En effet, en vertu de l'article 34 de la Constitution, le législateur doit intervenir afin « de fixer les règles concernant la création de catégories d'établissements publics ». Il en résulte *a contrario* que la création même des établissements publics incombe en principe aux autorités dotées du pouvoir réglementaire. Eu égard à la lecture de la disposition de l'article 34 qui nous intéresse, la compétence législative semble limitée puisqu'elle ne concerne que les « catégories », ainsi que la détermination des règles de création de ces catégories.

Toutefois, la répartition de la compétence entre le législateur et le pouvoir réglementaire demeure d'une grande complexité. Les règles de répartition des compétences entre les deux autorités entraînent une réelle rigidité, quelquefois totalement incompréhensible. C'est ce qu'il ressort du rapport d'études du Conseil d'État sur les établissements publics, adopté par l'assemblée générale plénière le 15 octobre 2009[10].

Étant donné les nombreuses incertitudes sur la terminologie utilisée dans l'article 34 de la Constitution, le Conseil constitutionnel a pu fixer une ligne de partage relativement floue entre la compétence législative et réglementaire. Pour le Conseil constitutionnel, les établissements relevant d'une catégorie semblable sont ceux

9. CE 16 déc. 1960, *Sieur L'Herbier*, *Rec. Lebon*, p. 707.
10. CE, *Rapport d'étude sur les établissements publics*, 15 oct. 2009.

« dont l'activité s'exerce territorialement sous une même tutelle administrative » et dont la spécialité est « analogue ou étroitement comparable »[11]. Pour déterminer la compétence législative ou réglementaire, il est donc nécessaire d'avoir une vision d'ensemble et de bien connaître les caractéristiques des catégories d'établissements déjà existants et de celui dont la création est en cours. Il s'avère donc indispensable d'établir des comparaisons.

L'intervention législative est apparue indispensable pour créer plusieurs catégories d'établissements publics locaux, tels que des établissements publics économiques, dont font partie les chambres de commerce et d'industrie et les chambres des métiers[12], des établissements publics fonciers et d'aménagement[13], des établissements publics de coopération culturelle[14], des établissements publics sociaux tels les centres communaux d'action sociale[15], par exemple.

S'agissant des établissements publics locaux, la compétence législative peut être utile, voire indispensable, pour garantir certains principes fondamentaux, comme le principe de libre administration des collectivités territoriales. Les établissements publics locaux sont irradiés par l'intervention du législateur dans leur création, notamment en raison de l'article 72 alinéa 3 de la Constitution selon lequel « les collectivités territoriales s'administrent librement par des conseils élus ». Pour asseoir l'effectivité de la libre administration, l'article 34 de la Constitution dispose, sous l'angle du droit des collectivités territoriales, que le législateur détermine les principes fondamentaux de la libre administration des collectivités territoriales, de leurs compétences et de leurs ressources[16]. Et le Conseil constitutionnel veille au respect du principe de libre administration par le législateur, tant dans le cadre de son contrôle *a priori* que dans celui effectué *a posteriori* par le biais de la question prioritaire de constitutionnalité.

Le principe constitutionnel de libre administration implique ainsi une intervention législative pour déterminer la représentation des collectivités territoriales au sein d'un établissement public local. C'est le cas lorsqu'une région participe à

11. Cons. const. 25 juill. 1979, *Agence nationale pour l'emploi*, n° 79-108, *R.*, p. 45.

12. Loi n° 94-679 du 8 août 1994 portant diverses mesures d'ordre économique et financier, *JORF* 10 août 1994, n° 184.

13. Loi n° 85-729 du 18 juill. 1985 relative à la définition et à la mise en œuvre de principes d'aménagement, *JORF* 19 juill. 1985.

14. Loi n° 2002-6 du 4 janv. 2002 relative à la création d'établissements publics de coopération culturelle, *JORF* 5 janv. 2002, texte n° 2.

15. Loi n° 86-17 du 6 janv. 1986 instituant les centres communaux d'action sociale, *JORF* 8 janv. 1986.

16. Cons. const. 31 mai 1999, *Ordonnance du 7 janvier 1959 relative à l'organisation des transports de voyageurs dans la région parisienne*, n° 99-186, *Rec.*, p. 69.

un établissement public, en étant partie intégrante à la gestion de ce dernier et en contribuant financièrement à son fonctionnement[17]. La compétence législative est également justifiée en cas d'adhésion obligatoire de trois collectivités territoriales à un établissement public local qui ne constitue pas une nouvelle catégorie ; cette adhésion obligatoire des collectivités territoriales affecte leur libre administration, ce qui implique la compétence législative[18].

Le législateur est également compétent pour permettre le recrutement dérogatoire de personnels contractuels pour certains emplois dans les établissements publics locaux. Les agents contractuels des établissements publics administratifs locaux sont des agents de droit public, sauf dérogation législative. Les agents contractuels des établissements publics administratifs locaux sont soumis au même régime juridique que les agents contractuels exerçant leurs missions dans des collectivités territoriales.

La compétence du législateur couvre également la détermination des catégories de personnes extérieures aux collectivités territoriales composant les établissements publics locaux. S'agissant des règles de composition des organes de direction, le Conseil d'État considère que lorsque la détermination des catégories de membres du conseil d'administration d'un établissement relève de la loi, les autorités dotées du pouvoir réglementaire ne sont pas compétentes pour inclure dans la catégorie des personnes qualifiées en matière de politique de la ville, un député et un sénateur. La désignation de ces parlementaires nécessite obligatoirement le recours au législateur[19].

En revanche, relèvent du pouvoir réglementaire des décisions relatives à l'organisation et au fonctionnement proprement dit des établissements, telles que la désignation des personnes *intuitu personae* représentées au sein du conseil d'administration en dehors des collectivités territoriales, la détermination des pouvoirs de tutelle, les modalités non dérogatoires de recrutement des agents

17. Cons. const. 31 mai 1999, *Nature juridique des dispositions de l'ordonnance du 7 janvier 1959 relative à l'organisation des transports de voyageurs dans la région parisienne*, *Rec.*, p. 69.
18. Cons. const. 22 févr. 2007, *Loi relative aux règles d'urbanisme applicables dans le périmètre de l'opération d'intérêt national de La Défense et portant création d'un établissement public de gestion du quartier d'affaires de La Défense*, nº 2007-548 CD, *Rec.*, p. 76 : le Conseil constitutionnel s'est référé aux dispositions des articles 34 et 72 de la Constitution et a contrôlé les dispositions concernant le transfert des biens à ce nouvel établissement, la définition de ses charges et les modalités de leur répartition entre les collectivités territoriales, ses ressources et ses principales règles d'organisation.
19. CE Section des travaux publics 22 juin 2004, req. nº 370.406, *Projet de décret relatif à l'ANRU*, *EDCE* 2005, p. 83.

ou encore l'énonciation des conditions d'éligibilité des membres des conseils[20]. Le juge administratif se livre à une analyse minutieuse, dès lors qu'un projet de création par voie réglementaire lui est soumis. Il vérifie « que l'établissement présente, compte tenu de ses missions et de ses règles constitutives, une analogie suffisante avec des établissements existants pour pouvoir constituer avec eux une même catégorie »[21]. Confronté à un jeu des 7 familles, il vérifie que l'établissement s'apparente bien à une famille déjà existante selon les modalités préalablement déterminées.

Il arrive cependant que le juge administratif soit plus souple afin d'éviter une généralisation de la compétence législative. À titre d'exemple, la création d'un établissement public « spécifique » au sein d'une catégorie créée par une loi peut néanmoins autoriser l'intervention du pouvoir réglementaire. Le juge administratif a ainsi considéré qu'un décret portant création d'un établissement public foncier d'aménagement et déterminant la composition du conseil d'administration de cet organe était tout à fait légal[22]. Il s'agit là d'une jurisprudence déterminée en fonction d'un faisceau d'indices, qui permet d'alléger la tâche du législateur.

Si la création des catégories d'établissements publics relève de la compétence législative, il est possible de constater que la Constitution ne mentionne nullement l'éventualité de suppression des catégories d'établissements publics. Le principe de parallélisme des formes et des procédures ne s'applique donc pas à cette institution spécialisée.

En dehors de la création de catégories d'établissements publics locaux, les collectivités territoriales disposent d'une liberté toute relative pour constituer de tels établissements.

B. La liberté relative des collectivités territoriales en conformité avec les critères législatifs

À l'exception de la catégorie juridique des groupements intercommunaux qui feront l'objet d'une étude séparée dans la seconde partie, on peut d'emblée constater la liberté des collectivités territoriales dans la création des régies pour la gestion des services publics administratifs. Ces régies, dénommées injustement « établissements publics locaux », sont créées par délibération du conseil de la commune. Dans le même sens, leur organisation administrative et financière est déterminée par

20. CE 14 févr. 1973, *Assemblée permanente des chambres des métiers*, *Rec. Lebon*, p. 130.
21. Section de l'intérieur 18 févr. 1993, req. n° 353572.
22. Section des travaux publics 6 oct. 1998, req. n° 362.712, *Projet de décret portant création de l'établissement public foncier de l'Ouest Rhône Alpes*, *EDCE* 1999, p. 103.

le biais d'une délibération de l'assemblée délibérante de la collectivité. Les régies sont considérées comme des entités locales « généralistes »[23] puisqu'elles gèrent à la fois des services publics administratifs ou des services publics industriels et commerciaux. La libre administration est plus restreinte pour les services publics industriels et commerciaux puisque la création d'une régie est obligatoire selon les dispositions de l'article L. 1412-1 du CGCT.

En outre, les collectivités territoriales bénéficient d'une liberté plus ou moins affirmée dans la création de certains établissements publics locaux. Cette gradation dans l'attribution de la liberté dépend généralement de dispositions législatives particulièrement précises. Les autorités territoriales dotées du pouvoir réglementaire retrouvent leur compétence dès lors qu'elles s'intègrent dans le cadre légal préalablement déterminé.

Ainsi, la création de certains établissements publics locaux peut être obligatoire ou facultative. C'est le cas des centres communaux d'action sociale (CCAS), qui doivent être obligatoirement créés dans les communes de plus de 1 500 habitants[24].

En revanche, la loi NOTRe du 7 août 2015 a supprimé le caractère obligatoire de la création d'un centre communal d'action sociale dans les communes de moins de 1 500 habitants. Et lorsqu'un tel centre existe dans ces communes, il peut être dissous sans condition de délai.

La création, qu'elle soit facultative ou obligatoire, doit se conformer aux règles déterminées par le législateur qui laisse plus ou moins de liberté aux autorités territoriales dans la nomination des administrateurs et dans la détermination des compétences.

Le CCAS est constitué sous la forme d'un établissement public administratif local, administré par un conseil d'administration présidé par le maire. Le conseil d'administration, qui élit son vice-président qui le préside en l'absence du maire, comprend également des personnes participant à des actions de prévention, d'animation ou de développement social, nommées par le maire.

23. E. FATÔME, « À propos de l'établissement public culturel : la création de nouvelles catégories », *AJDA* 2000, p. 153.

24. Art. L. 123-4 du Code de l'action sociale et des familles (CASF). Relevons que la constitution d'un CCAS est facultative pour les communes dont la population se situe en dessous de ce seuil. Dans le même sens, la création d'un centre intercommunal d'action sociale est facultative lorsque l'établissement public de coopération intercommunale exerce la compétence en matière sociale d'intérêt communautaire ou qu'il exerce une compétence en matière d'action sociale.

La liberté du maire est quelque peu restreinte car le législateur impose la nomination de certaines catégories de membres ; de ce fait, parmi les membres nommés, doivent figurer un représentant des associations qui œuvrent dans le domaine de l'insertion et de la lutte contre les exclusions, un représentant des associations familiales désigné sur proposition de l'Union départementale des affaires familiales, un représentant des associations de retraités et de personnes âgées du département et un représentant des associations des personnes handicapées du département. Le conseil d'administration comporte également des membres élus par le conseil municipal en son sein à la représentation proportionnelle. Les membres élus et les membres nommés sont en nombre égal au sein du conseil d'administration et le nombre total de membres est déterminé par délibération du conseil municipal.

La création d'un centre communal d'action sociale peut être nécessaire en cas de délégation à la commune de tout ou partie d'une compétence sociale départementale. En effet, l'article L. 1111-8 du CGCT, modifié par la loi n° 2022-217 du 21 février 2022, permet à une collectivité territoriale de déléguer à une autre collectivité territoriale tout ou partie de ses compétences. Les modalités de l'exercice de la compétence figurent dans une convention qui fixe la durée de la délégation, les objectifs à atteindre par la commune et les conditions de contrôle du département sur la commune concernée.

Dans le même sens, il est envisageable pour un groupement intercommunal de créer un centre intercommunal d'action sociale. L'article L. 123-4-1 du CASF apporte tout de même une limite à cette création en la liant à sa compétence en matière d'action sociale d'intérêt communautaire. L'établissement doit alors, s'il envisage une telle création, se prononcer sur son intérêt communautaire, au-delà de l'intérêt particulier de telle ou telle commune. Un tel centre peut revêtir une réelle nécessité, lorsque les besoins sociaux de la population du groupement sont constatés et qu'une politique doit être menée en coordination sur un périmètre étendu.

De même, la création d'un centre social intercommunal peut être justifiée lorsque le groupement s'est vu déléguer des compétences en matière d'action sociale relevant du département. Selon l'article L. 5210-4 du CGCT, lorsqu'il y est autorisé par ses statuts, un établissement à fiscalité propre peut demander à exercer, au nom et pour le compte du département, tout ou partie des compétences dévolues par le législateur à la collectivité départementale. Dans ce cas, le président du conseil départemental a l'obligation d'inscrire cette question à l'ordre du jour de l'assemblée délibérante dans un délai de six mois. En cas de réponse positive, une convention détermine les modalités d'exercice de la compétence sociale départementale par le groupement à fiscalité propre.

Lorsqu'un groupement décide la création d'un tel centre, il exerce à la fois des compétences intercommunales et communales[25]. Les compétences des centres communaux d'action sociale lui sont transférées de plein droit lorsqu'elles relèvent de l'intérêt communautaire. Cependant, les compétences communales qui ne sont pas d'intérêt communautaire peuvent être transférées au centre intercommunal par des délibérations concordantes de l'organe délibérant de l'établissement et des conseils municipaux à la majorité qualifiée.

Si le centre intercommunal exerce la totalité des compétences assurées par un centre communal d'une des communes membres, cela entraîne *ipso facto* la dissolution de plein droit de ce centre communal, dans une optique de rationalisation de l'exercice de la compétence sociale. Le transfert de la compétence s'accompagne du transfert de tout ou partie du service et des biens. De manière similaire à la dissolution d'un centre communal, un centre intercommunal peut être également dissous par délibération de l'organe délibérant de l'établissement public de coopération intercommunale à fiscalité propre.

Les pouvoirs des autorités exécutives et des conseils des communes et des groupements sont importants dans la création, le fonctionnement et la disparition des centres d'action sociale, tant communaux qu'intercommunaux. Quant à leurs missions, elles peuvent varier considérablement d'une institution locale à une autre, en fonction des volontés politiques des élus.

Relevons la particularité du statut dérogatoire des centres communaux d'action sociale des villes de Paris, Lyon et Marseille, qui est fixé par la voie réglementaire et qui renforce la libre administration des agglomérations concernées.

Il paraît enfin utile de relever de nombreux exemples de création, et de suppression d'établissements publics locaux, dans lesquels les collectivités territoriales ne disposent que d'une liberté réduite, en raison de l'intervention partagée ou prédominante de l'État.

C. La liberté limitée des collectivités territoriales en raison de l'intervention étatique prédominante

Les établissements publics locaux ne sont pas toujours créés par la collectivité territoriale de rattachement et l'intervention de l'État reste prégnante, en lien avec la compétence exercée par l'établissement.

25. M. LONG, « L'action sociale entre commune et intercommunalité », *AJDA* 2009, p. 2098 ; R. LAFORE, « Les territoires de l'action sociale : l'effacement du modèle "départementaliste" », *RDSS* 2011, p. 5.

On peut prendre pour exemple les hypothèses de création des collèges, des lycées, et des établissements d'éducation spéciale qui entrent dans la catégorie générale des établissements publics locaux d'enseignement. Ces établissements sont créés par arrêté du représentant de l'État, sur proposition, soit du département pour les collèges, soit de la région pour les lycées, soit du groupement intercommunal, lorsque celui-ci se voit confier la compétence par la voie législative[26]. Dans le même sens, le chef d'établissement est un agent de l'État, le budget est soumis à une tutelle stricte de la part de l'État, et le personnel enseignant et le personnel administratif sont des personnels de l'État. Par exception, les techniciens et ouvriers de service sont des personnels des collectivités territoriales, depuis la loi du 13 août 2004[27].

Cette forte présence de l'État est liée au fait que « l'éducation est un service public national dont l'organisation et le fonctionnement sont assurés par l'État, sous réserve des compétences attribuées aux collectivités territoriales pour les associer au développement de ce service public »[28]. On ne peut que constater très clairement le « partage très déséquilibré » de compétences en faveur de l'État dans l'organisation du service public de l'enseignement du second degré d'une part, et en défaveur du département et de la région d'autre part (et éventuellement de l'intercommunalité, lorsque le législateur l'a décidé). Pour compenser cette inégalité, la collectivité de rattachement de l'établissement a tout de même la possibilité de se prononcer de manière indépendante sur le nom donné à l'établissement et sur son éventuelle modification. La compensation s'avère donc particulièrement réductrice.

Les règles de suppression d'un établissement public local devraient être identiques à celle de la création, en raison de l'application du principe du parallélisme des formes et des procédures. Toutefois, la jurisprudence n'applique pas toujours ce parallélisme intégralement. Dans certaines affaires, la décision de supprimer un établissement public d'enseignement du second degré doit recueillir à la fois l'accord du représentant de l'État et des organes compétents de la collectivité territoriale dont relève l'établissement. Si l'un des deux accords fait défaut, la décision de mettre fin au statut d'établissement public local par l'une ou l'autre

26. Art. L. 421-1 du Code de l'éducation (C. éduc.).
27. Loi n° 2004-809 du 13 août 2004 relative aux libertés et responsabilités locales, *JORF* 17 août 2004, n° 190, texte n° 1.
28. Art. L. 421-1 et s. du C. éduc.

des parties est entachée d'illégalité[29]. Dans ces hypothèses jurisprudentielles, on peut affirmer que la décentralisation fonctionnelle est plutôt une « décentralisation centralisée », « partagée » entre l'État et les collectivités territoriales concernées.

Toutefois, certaines décisions jurisprudentielles sont plus ambiguës et ne placent pas les collectivités publiques sur un même pied d'égalité. Les relations entre État et collectivités territoriales sont déséquilibrées, comme on peut le constater fréquemment dans la mise en œuvre des politiques publiques au niveau local, au sujet desquelles on note une forte prédominance étatique. Ainsi, la décision de fermeture d'un établissement public local d'enseignement par le biais d'un arrêté préfectoral, sur la demande du département par le biais d'une délibération, n'est pas justifiée par l'application de cette sollicitation départementale. L'arrêté préfectoral est adopté de manière totalement indépendante par décision de l'autorité étatique. Le juge administratif n'hésite pas à relever que la délibération départementale « ne constitue pas la base légale de la décision de fermeture de l'établissement prise par l'autorité de l'État »[30]. Il en résulte que le moyen tiré, par la voie de l'exception, de l'illégalité de la délibération du conseil départemental à l'encontre de l'arrêté préfectoral relatif à la fermeture d'un collège, est inopérant. L'interprétation du juge administratif peut prêter à confusion car il cloisonne les compétences de l'État et de la collectivité territoriale, alors même que la décision préfectorale de fermeture d'un collège ne peut intervenir que dans le cadre d'une procédure permettant de recueillir l'accord du département.

Dans d'autres hypothèses de création d'établissements publics locaux, on remarque également que la création législative favorise la participation de plusieurs collectivités territoriales et de l'État dans le conseil d'administration de l'établissement.

On peut citer, à titre d'exemple, l'établissement public local industriel et commercial, intitulé « Paris La Défense », exerçant des missions dans le domaine de l'aménagement foncier[31]. Selon l'article 2 de la loi n° 2017-1754 du 25 décembre 2017, cet établissement public local a pour mission principale de conduire « toute action de nature à favoriser l'aménagement, le renouvellement et le développement urbains et durables dans un périmètre couvrant une partie des communes de La Garenne-Colombes et Nanterre et délimité par décret en Conseil d'État pris après concertation avec ces communes et le département des Hauts-de-Seine

29. CAA Lyon 26 juin 2007, *Association École et Territoire et Commune de Saint-Martin-Valmeroux*, n° 03LY00689.

30. CE 18 juill. 2018, *Commune de Val-de-Reuil*, req. n° 420047.

31. Art. L. 328-1 à L. 328-17 du Code de l'urbanisme.

et avis de ces derniers ». Dans le cadre de ses missions, le président du conseil d'administration est compétent pour adopter des mesures de police et des actes réglementaires généraux à la place des maires. L'établissement public local est composé majoritairement de représentants du département des Hauts-de-Seine, mais il comporte également des représentants des communes concernées, de la région Île-de-France et de la Métropole du Grand Paris. Le conseil d'administration comprend également des personnalités qualifiées nommées par l'État en raison de leurs compétences dans le domaine économique et d'aménagement de l'espace. Le président du conseil d'administration est élu par et parmi les membres de ce conseil et le préfet assiste à toutes les séances du conseil d'administration. La co-construction des politiques publiques peut ainsi favoriser la création d'établissements publics locaux coopératifs.

On constate enfin l'existence d'établissements publics hybrides dont la création est du ressort de l'État, avec une forte présence et association des collectivités territoriales. La liberté juridique de création n'existe plus pour les collectivités territoriales, elles peuvent seulement inciter ou influencer les autorités étatiques. C'est par exemple le cas des établissements publics de santé qui, selon la loi du 26 janvier 2016, sont des personnes morales de droit public, dotées de l'autonomie administrative et financière. Ils sont soumis au contrôle de l'État[32]. Ils bénéficient d'un statut spécifique qui tient compte de leur implantation locale et de leur rôle dans les stratégies territoriales pilotées par les collectivités territoriales. Le ressort des centres hospitaliers peut être communal, intercommunal, départemental, régional, interrégional ou national. Ils sont créés par décret lorsque leur ressort est national, interrégional ou régional et par arrêté du directeur général de l'agence régionale de santé dans les autres hypothèses. La compétence de création relève donc du pouvoir national, que ce soit au niveau du Premier ministre ou du Président de la République ou à l'échelle de l'autorité déconcentrée.

On s'aperçoit ainsi, à l'étude de quelques exemples d'établissements publics classiques, des modulations diversifiées de la liberté des collectivités territoriales dans la création, et éventuellement la suppression, des établissements publics locaux. Les collectivités territoriales ne peuvent intervenir que dans les limites fixées par le législateur. La libre administration peut être plus ou moins limitée selon le domaine d'intervention des collectivités territoriales et selon la catégorie de service public. La mise en œuvre de la différenciation territoriale renforce cependant le pouvoir réglementaire des collectivités territoriales dans la création

32. Art. L.6141-1 du CGCT.

des établissements publics locaux. Elle conforte également la contractualisation entre collectivités territoriales, ce qui laisse à ces dernières la possibilité d'aménager les règles de création des établissements publics locaux afin de les adapter aux circonstances locales.

Il est également possible de s'intéresser à une catégorie juridique bien déterminée, qui connaît des règles spéciales de création et de suppression, les établissements publics de coopération intercommunale.

II. Le constat persistant de la prédominance des autorités nationales dans la création (et la suppression) des établissements publics de coopération intercommunale

Le régime juridique de création des établissements publics de coopération intercommunale ne diffère pas fondamentalement des règles générales de constitution des établissements publics locaux, que ceux-ci aient une fiscalité propre ou qu'ils soient sans fiscalité propre. Toutefois, il est possible de relever des critères distinctifs par rapport aux règles générales de constitution des établissements publics de droit commun : l'absence de rattachement à une personne publique locale, bien que ce soient des établissements publics locaux[33], l'attribution de compétences particulièrement diversifiées, en ressemblance avec les catégories de collectivités territoriales, et l'intervention systématique du législateur dans la création de catégories d'intercommunalités (A). Cette prédominance législative n'empêche pas les autorités exécutives de disposer de pouvoirs *in concreto* non négligeables dans la création et dans la rationalisation de l'intercommunalité (B). On constatera enfin que les règles régissant la suppression des groupements intercommunaux permettent un partage du pouvoir législatif et exécutif (C).

A. L'intervention systématique du législateur dans la création de catégories d'intercommunalités

Il faut remarquer l'intervention systématique du législateur pour définir les règles de création et de fonctionnement, ainsi que pour se prononcer sur les compétences obligatoires devant être exercées par les groupements intercommunaux, que ceux-ci aient une fiscalité propre ou qu'ils soient créés sans l'obtention d'une fiscalité propre, ces derniers dépendant par là même des décisions communales[34].

33. Le rattachement ou l'absence de rattachement ne relève pas de notre étude.
34. Voir sur ce point l'article L. 5212-2 du CGCT.

Dans le même sens, on peut constater que les établissements publics de coopération intercommunale sont autorisés à exercer des compétences différenciées, sur habilitation du législateur. Dans l'application de la différenciation territoriale, le législateur détermine les possibilités de délégation ou de transfert de compétences mais il peut aussi imposer l'exercice d'un panel de compétences dont la détermination résulte d'un commun accord entre les collectivités territoriales et intercommunalités cocontractantes qui sont juridiquement sur un même pied d'égalité, conformément à l'article 72 alinéa 5 de la Constitution selon lequel aucune collectivité territoriale, terme entendu largement, ne peut exercer de tutelle sur une autre. Les communes n'exercent pas de tutelle sur les intercommunalités et inversement, les groupements intercommunaux ne contrôlent pas les communes adhérentes. Seule l'indétermination des compétences enchevêtrées peut engendrer des contentieux liés à la répartition de telle ou telle compétence.

La compétence législative en matière de création des établissements publics de coopération intercommunale est doublement justifiée : d'une part, les groupements intercommunaux, en tant qu'établissements publics territoriaux spécialisés, ne peuvent exercer librement leurs compétences puisqu'ils ne sont pas concernés directement par le principe de libre administration, ni par la clause générale de compétence ; d'autre part, la compétence législative permet une harmonisation institutionnelle et matérielle des compétences des groupements de communes, renforçant de ce fait l'égalité entre les territoires[35].

De ce fait, le législateur intervient de manière prépondérante, non seulement pour créer des catégories d'établissements publics de coopération intercommunale, mais également pour déterminer leur mode de fonctionnement, leurs compétences et leurs ressources.

Ainsi, s'agissant des établissements publics de coopération intercommunale sans fiscalité propre, les syndicats de communes à vocation unique ont été créés par la loi du 22 mars 1890 ; l'ordonnance du 5 janvier 1959, complétée par la loi du 5 janvier 1988, a institué les syndicats à vocation multiple qui peuvent exercer des compétences « à la carte » pour les communes adhérentes.

35. L'harmonisation institutionnelle est beaucoup plus marquée que l'harmonisation matérielle en raison de l'application possible de la différenciation territoriale sur les compétences.

Parallèlement, la constitution de nouvelles catégories d'établissements publics de coopération intercommunaux à fiscalité propre est déterminée par le législateur. Les métropoles ont été constituées par la loi du 16 décembre 2010 de réforme des collectivités territoriales, dans le contexte de la concurrence économique entre les territoires européens.

Par la suite, la loi du 27 janvier 2014 relative à la modernisation de l'action publique et à l'affirmation des métropoles (MAPTAM) modifie l'uniformité précédente en instituant deux catégories de métropoles : les métropoles de droit commun et les métropoles à statut particulier, ces dernières bénéficiant de régimes juridiques législatifs différenciés. Il existe autant de statuts législatifs que de métropoles à statut particulier. Ces métropoles à statut particulier, hormis celle de Lyon, ont un régime législatif assez proche de celui des collectivités territoriales d'outre-mer relevant de l'article 74 de la Constitution. La seule différence entre les deux catégories provient du fait que la loi organique précise les règles générales d'organisation et de fonctionnement des collectivités d'outre-mer précitées alors qu'il suffit d'une simple loi pour déterminer le régime juridique d'une métropole à statut particulier. Dans cette configuration, la métropole à statut particulier exerce les compétences détaillées déterminées par le législateur, qui s'immisce dans l'organisation et le fonctionnement de ces groupements très intégrés.

L'exemple des établissements « poupées gigognes » est particulièrement évocateur de cette boulimie législative, qui complexifie l'organisation de l'intercommunalité. Certains établissements publics locaux s'emboîtant les uns dans les autres peuvent être créés, renforçant la complexité du cadre institutionnel du groupement concerné. L'article 59 de la loi NOTRe du 7 août 2015 institue des établissements publics territoriaux, totalement intégrés dans le périmètre de la Métropole du Grand Paris. Ces établissements publics territoriaux, créés d'un seul tenant et sans enclave, regroupent au moins 300 000 habitants et l'ensemble des communes de la Métropole, à l'exception de la ville de Paris. Ils ne possèdent pas la nature juridique d'un établissement public de coopération intercommunale, tout en exerçant des compétences locales diversifiées. Dans une logique de continuité institutionnelle, les communes appartenant à un même établissement public de coopération intercommunale à fiscalité propre ne peuvent pas appartenir à des établissements publics territoriaux distincts. L'établissement public territorial est organisé en conseils de territoire composé de délégués des communes incluses dans le périmètre de l'établissement, désignés au conseil de la Métropole du Grand Paris. Le périmètre et le siège de l'établissement territorial sont fixés par décret en Conseil d'État, après consultation, par le représentant de l'État de la région Île-de-France, des conseils municipaux des communes concernées, qui disposent alors d'un mois pour rendre leur avis[36].

Relevons également la spécificité de la Métropole de Lyon parmi les métropoles à statut particulier. La Métropole de Lyon, collectivité territoriale à statut particulier, a une nature juridique hybride car le législateur la soumet, d'une part, à des règles liées à sa qualification de collectivité territoriale à statut particulier et d'autre part, à des dispositions assez semblables aux principes juridiques applicables aux intercommunalités.

En dehors des métropoles, les communautés urbaines, qui constituent également une forme très intégrée de coopération intercommunale, ont été créées par la loi du 31 décembre 1966 pour maîtriser le développement urbain et pour coordonner les équipements à mettre en place dans les agglomérations. Le seuil de constitution, de 250 000 habitants, a été modifié à de multiples reprises par le législateur, en fonction des évolutions institutionnelles intercommunales. Les communautés d'agglomération ont, quant à elles, remplacé les communautés de villes instituées par la loi du ATR du 6 février 1992 ; la loi du 12 juillet 1999 leur confère une vocation à associer des communes dans le but de mettre en place un projet de développement urbain et d'aménagement de l'espace dans des agglomérations moyennes. Le double seuil de création est de 50 000 habitants, comprenant une ou plusieurs communes centre de 15 000 habitants. Ces seuils *a priori* cumulatifs font l'objet de nombreuses dérogations législatives. Enfin, les communautés de communes ont été instituées par la loi précitée du 6 février 1992 afin d'associer des communes rurales en vue de l'élaboration d'un projet commun de développement et d'aménagement de l'espace. Le seuil minimal de création de ces groupements est de 15 000 habitants, sauf dérogations législatives.

En dehors des règles juridiques spécifiques relatives aux métropoles à statut particulier dont on vient de constater la rigidité législative, l'intervention du législateur s'arrête très généralement dès lors que telle ou telle catégorie d'établissement a été créée, laissant la place aux autorités dotées du pouvoir réglementaire.

36. Art. L. 5219-2 du CGCT.

B. Le pouvoir discrétionnaire des autorités réglementaires dans la création d'intercommunalités individualisées

Une fois que le législateur s'est prononcé sur la création de catégories d'intercommunalités, il est ensuite possible de constituer par voie réglementaire des établissements publics se conformant aux règles générales de création de telle ou telle catégorie. Cette détermination réglementaire s'inscrit dans le moule édicté par l'article 72 alinéa 3 de la Constitution qui concerne les collectivités territoriales. En d'autres termes, le pouvoir réglementaire des établissements publics de coopération intercommunale ne peut intervenir que dans les conditions prévues par la loi.

Le pouvoir réglementaire s'avère particulièrement poussé dans la catégorie des intercommunalités sans fiscalité propre. La liberté de création individuelle réglementaire de ces groupements est réelle, car le législateur permet une organisation interne prenant en compte les volontés substantielles des communes adhérentes.

Plus généralement, et sur l'ensemble des groupements intercommunaux, les autorités dotées du pouvoir réglementaire sont soit le Premier ministre, soit le préfet. Ainsi, un décret permet la constitution de métropoles de droit commun et un arrêté préfectoral autorise la création de syndicats de communes, de syndicats mixtes, de communauté de communes, de communautés d'agglomération ou encore de communautés urbaines. Ces différences dans l'adoption des actes réglementaires par les différentes catégories d'autorités nationales mettent en évidence le caractère privilégié des métropoles. Seul le Premier ministre peut se prononcer sur l'opportunité de la constitution de telles intercommunalités très intégrées.

Dans certains cas, la création d'un groupement parmi les catégories existantes est de plein droit lorsque les conditions de création répondent aux exigences législatives : le pouvoir réglementaire ne peut qu'entériner la création du groupement concerné. À titre d'exemple, les EPCI qui formaient, au 1er janvier 2015 et à la date de création de la métropole, un ensemble de plus de 400 000 habitants dans une aire urbaine, au sens de l'Institut national de la statistique et des études économiques, de plus de 650 000 habitants, ont été automatiquement transformées par décret[37].

Dans d'autres situations, la création de l'établissement est facultative et dépend du pouvoir discrétionnaire de l'autorité réglementaire habilitée à cet effet, soit le Premier ministre, soit le préfet. À titre d'exemple, dans l'hypothèse de la création d'une communauté de communes, l'initiative peut provenir des communes intéressées ou du préfet. Ce haut fonctionnaire adopte ensuite éventuellement un arrêté

---

37. Art. L. 5217-1 al. 2 du CGCT.

de délimitation du périmètre suivi par un arrêté de création de l'établissement, s'il le juge opportun. Doté d'un pouvoir discrétionnaire, le préfet peut renoncer au projet de création ou inclure des communes hostiles à l'intégration proposée[38].

Le juge administratif n'hésite pas d'ailleurs à rappeler régulièrement que le préfet incarne l'intérêt général et qu'il lui appartient de créer des groupements et de rationaliser la coopération intercommunale dans l'élaboration du schéma départemental de la coopération intercommunale. Les pouvoirs dévolus au préfet par le législateur, que ce soit dans la création ou la rationalisation, affectent la libre administration des communes faisant partie de ces établissements publics. Cela étant, en conférant la possibilité au préfet d'imposer aux communes de faire partie d'un établissement public de coopération intercommunale lorsqu'elles préfèrent appartenir à un autre groupement, le législateur a entendu rationaliser la carte intercommunale[39].

Le pouvoir réglementaire est donc bien renforcé par détermination du législateur qui laisse le soin aux autorités compétentes d'adapter la création et la rationalisation de l'intercommunalité aux besoins des territoires, facilitant la différenciation territoriale. S'agissant enfin de la suppression des groupements intercommunaux, les dispositions la régissant permettent l'intervention des autorités législatives, puis réglementaires.

C. Le partage du pouvoir législatif et exécutif en cas de dissolution de l'établissement public de coopération intercommunale

La suppression des établissements publics de coopération intercommunale prend la forme d'une dissolution. Les hypothèses de dissolution des groupements intercommunaux sont nombreuses et variées.

Cette dissolution peut tout d'abord s'imposer de toute évidence au groupement existant lorsque celui-ci a été institué pour une durée déterminée, tel un syndicat de communes qui prévoit sa durée d'intervention dans la décision institutive. Le groupement peut aussi être dissous de plein droit lorsqu'il a cessé d'exercer toute activité ou par le consentement de tous les conseils municipaux intéressés. Dans le même sens, dans le cas de l'extension d'un groupement voisin attirant de nombreuses communes appartenant à un autre groupement, la dissolution de ce dernier est inéluctable puisqu'il ne saurait subsister uniquement avec la présence

---

38. CE 9 mai 2005, *Ministre de l'Intérieur, de la Sécurité intérieure et des Libertés locales*, req. nº 258441.
39. CE 15 févr. 2016, *Commune d'Arnouville et Commune de Garges-lès-Gonesse*, req. nº 395359.

d'une seule commune[40]. Dans toutes ces hypothèses, le préfet ne fait que prendre acte de la disparition du groupement intercommunal et l'autorité administrative a compétence liée.

L'acte de dissolution peut aussi résulter d'une manifestation évidente de volonté émanant des communes membres. En dehors des métropoles pour lesquelles aucune procédure de dissolution n'a été prévue, chaque catégorie d'intercommunalité se voit appliquer une procédure de dissolution idoine, qui correspond spécifiquement à la configuration de l'établissement. Étant donné les incidences financières, humaines et pratiques consécutives à la dissolution, le législateur Phénix renaît de ses cendres pour imposer des règles plutôt rigides, afin de décourager les initiatives. Toutefois, lorsque la dissolution est actée, le pouvoir réglementaire dispose d'une compétence d'intervention pour la détermination, sous la réserve du droit des tiers, des conditions de liquidation de l'établissement dans le respect des conditions de l'article L. 5211-25-1 du CGCT.

Il semble inutile d'énumérer toutes les procédures de suppression des groupements telles qu'envisagées par le législateur. L'exemple des communautés de communes permet de constater la complexité des procédures qui rendent finalement les velléités de dissolution très réduites, en cas d'impossibilité de fonctionnement de l'établissement public local.

Ainsi, aux termes de l'article L. 5214-28 2e alinéa du CGCT, « la communauté de communes peut être dissoute dans trois hypothèses particulières : *a.* Soit sur la demande motivée de la majorité des conseils municipaux [...] ; *b.* Soit lorsque la communauté de communes a opté pour le régime fiscal défini à l'article 1609 *nonies C* du Code général des impôts, sur la demande des conseils municipaux dans les conditions de majorité requises pour la création [...] ; *c.* Soit d'office par un décret rendu sur l'avis conforme du Conseil d'État ».

Dans le premier cas, il s'agit de permettre aux communes de contourner l'obstacle éventuel que constituerait le *veto* d'une commune hostile à la dissolution de la structure intercommunale. Une majorité de petites communes pourra alors demander la dissolution de la communauté de communes, nonobstant l'opposition de la commune centre. Cependant, la demande de dissolution reste soumise au pouvoir d'appréciation du préfet auquel il appartient de prononcer la dissolution par arrêté. C'est d'ailleurs pour faciliter l'exercice de ce pouvoir d'appréciation de l'autorité préfectorale et en raison de l'acte grave que constitue l'arrêté de dissolution que la demande des conseils municipaux doit être motivée. De ce fait, il

40. CE 13 juill. 2007, *Commune de Pourcieux*, req. n° 270500.

a été jugé que la détermination des conditions de la liquidation d'une communauté de communes dont la dissolution est décidée par arrêté préfectoral relève du seul représentant de l'État et que, par voie de conséquence, la délibération du conseil communautaire se prononçant sur les conditions de sa liquidation est une mesure préparatoire insusceptible de recours[41].

Le second cas constitue un apport de la loi du 12 juillet 1999 relative au renforcement et à la simplification de la coopération intercommunale. La communauté de communes a opté pour un régime fiscal très intégré et la demande doit provenir d'une majorité qualifiée : l'accord doit être exprimé par deux tiers au moins des conseils municipaux des communes intéressées représentant plus de la moitié de la population totale de celles-ci, ou par la moitié au moins des conseils municipaux des communes représentant les deux tiers de la population. Cette majorité doit nécessairement comprendre le conseil municipal de la commune dont la population est la plus nombreuse. Là encore, dans cette hypothèse, le préfet dispose d'un pouvoir d'appréciation. La dissolution ne s'impose pas forcément.

Dans le troisième cas de dissolution d'office de la communauté de communes par décret rendu sur l'avis conforme du Conseil d'État, il convient de préciser que l'avis du conseil départemental antérieurement exigé a été supprimé, ce qui est logique.

Dans les hypothèses de dissolution, le juge administratif n'hésite pas à rappeler que les conditions de répartition du patrimoine entre l'établissement public de coopération intercommunale et les communes membres qui reprennent leurs compétences doivent tendre vers l'équité[42]. Cette situation de dissolution ne s'impose pas très fréquemment, car la plupart des groupements évoluent vers une autre forme juridique au lieu de disparaître purement et simplement.

Les différences en termes de création et de suppression sont finalement majeures dans les différentes catégories d'établissements publics locaux. L'unité catégorielle n'existe même plus dans cette catégorie puisque les dispositions relatives à la répartition des pouvoirs font apparaître de réelles disparités. Un seul constat peut toutefois être relevé : la forte présence de l'État, mastodonte incontournable, dans

41. CE 16 mai 2011, *Commune de Wittelsheim*, req. n° 319619, *AJDA* 2011.1054 ; *AJCT* 2011.352, obs. M. Houser ; *BJCL* n° 6/11, p. 449 ; *JCP A* 2011, Actu. 377, obs. L. Erstein ; *RLCT* 2011, n° 72, p. 38, obs. E. Glaser.
42. CE 21 nov. 2012, *Communauté d'agglomération de Sophia-Antipolis*.

la plupart des catégories d'établissements publics locaux. Cette prédominance étatique, que ce soit sous forme législative ou réglementaire, doit-elle se poursuivre ou serait-il opportun de l'alléger ?

De plus, on constate toujours le recul de l'établissement public comme procédé de gestion publique[43] car de nouvelles formes, tant publiques que privées, permettent d'alléger la gestion des services publics et la mise en œuvre des politiques publiques.

43. R. DRAGO, *Les crises de la notion d'établissement public*, Pedone, 1950 ; F. BÉROUJON, « Le recul de l'établissement public comme procédé de gestion des services publics », *RFDA* 2008, p. 26 ; V. FOUACHE, *Établissement public et société commerciale : le devenir de l'établissement public industriel et commercial*, Thèse Paris-II, 2005 ; M. LOMBARD, « L'établissement public industriel et commercial est-il condamné ? », *AJDA* 2006, p. 79.

LE RATTACHEMENT DES ÉTABLISSEMENTS PUBLICS LOCAUX

François-Xavier FORT
Maître de conférences en droit public
Centre de recherches et d'études administratives de Montpellier (CREAM)
Université de Montpellier

L'évocation de la notion de rattachement des établissements publics locaux renvoie pêle-mêle à de nombreuses notions de droit administratif bien souvent éludées : l'autonomie, le service public local, les prérogatives de la personne publique fondatrice et bien sûr à l'établissement public, toujours en crise[1]. L'établissement public local semble constituer la variété d'établissements publics la plus diffusée, sans pour autant que celle-ci jouisse d'une grande homogénéité. C'est ainsi que la notion n'a jamais bénéficié d'une véritable définition ; dans tous les cas, l'établissement public local est une personne publique dont la forme est exorbitante du droit commun[2].

L'établissement public local se caractérise, selon B. Faure, par la conjonction de trois critères : l'autonomie, la spécialité et le rattachement[3]. L'établissement public s'inscrivant dans la décentralisation fonctionnelle, celui-ci jouit de la personnalité morale, il sera donc reconnu comme autonome. Néanmoins, « l'autonomie ne signifie pas indépendance »[4], c'est ainsi que demeurent des liens entre l'établissement public local et son créateur. Le rattachement s'analyse, alors, comme le contrepoids de l'autonomie dont jouit cette personne publique. Par le rattachement, la collectivité territoriale créatrice garde le contrôle sur l'activité de l'établissement

1. R. DRAGO, *Les crises de la notion d'établissement public*, Pedone, 1950 ; F. MELLERAY, « Une nouvelle crise de la notion d'établissement public », *AJDA*, 2003.711 ; CE, *Les établissements publics*, Étude adoptée le 15 oct. 2009.

2. J.-Cl. DOUENCE, « Le rattachement des établissements publics à une collectivité territoriale », *AJDA* 1971.4.

3. B. FAURE, *Droit des collectivités territoriales*, 7e éd., Dalloz, 2024, p. 523.

4. J. MOREAU, *Droit administratif*, PUF, coll. « Droit fondamental », 1re éd., 1989, p. 89.

public selon deux modalités. Il y a bien entendu la nomination d'élus de la collectivité au sein du conseil d'administration de l'établissement public, il s'agit là du rattachement organique, il convient également de mentionner le droit de contrôle qui peut ressortir à la collectivité territoriale sur les décisions prises, on nomme cette dernière modalité le rattachement fonctionnel. En outre, le rattachement peut être budgétaire et financier, lorsque le budget de l'établissement public ou bien ses comptes doivent être approuvés par l'organe délibérant de la collectivité territoriale ou lorsque celle-ci participe à la dotation ou au financement de l'établissement public.

L'établissement public peut être appréhendé comme une forme d'« externalisation »[5], la collectivité territoriale va, volontairement ou par obligation, donner naissance à un établissement public, afin que celui-ci assure une prestation de service public. Le procédé de l'établissement public conserve, au niveau local, un certain attrait contrairement au niveau national, en raison peut-être de présupposés idéologiques, actuels et négatifs, moins séduisants pour les décideurs locaux. En effet, nombreuses sont les autorités locales refusant de recourir à des personnes privées, ainsi, elles usent de la technique de l'établissement public local qu'elles créent et qui leur est rattaché. C'est ainsi que la dévolution unilatérale du service public a encore cours au niveau local, le rattachement permettant à la personne publique de conserver un pouvoir « limité », par le mécanisme du rattachement, sur sa création. En raison de sa particularité, l'établissement public de coopération intercommunale (EPCI) ne sera pas étudié puisque celui-ci dépend souvent de dizaines de communes, sa procédure de création tout comme les raisons de son existence sont totalement étrangères à la logique de l'établissement public local, la finalité n'étant pas la gestion d'un service public mais la délégation de compétences législativement dévolues aux communes. L'EPCI, à l'instar des établissements publics de nature coopérative, est nécessairement rattaché à des personnes publiques, pas toujours de la même catégorie, sans qu'aucune ne puisse revendiquer des pouvoirs spécifiques ou prédominants[6].

---

5. R. RENEAU, *L'externalisation administrative – Éléments pour une théorie*, Thèse droit Montpellier, 2017.

6. Cons. const. 22 févr. 2007, n° 2007-548 DC à propos de l'établissement public de gestion du quartier d'affaires de la Défense auquel participent deux communes et un conseil départemental : le Conseil y voit un syndicat mixte ouvert à rattachement territorial.

Les établissements publics locaux, sans constituer une catégorie juridique[7], au sens du droit positif, se caractérisent, avant tout, par leur nature fondatrice, s'opposant, de ce fait, aux établissements publics à caractère corporatif. Au-delà du seul lien lié à la création, le rattachement d'un établissement public local à une collectivité territoriale engendre de multiples effets. Il convient ainsi de se pencher sur la notion de rattachement et de voir, en quoi, le rattachement implique le détachement d'une activité.

I. La notion de rattachement d'un établissement public local à une collectivité territoriale

Si les établissements publics de nature « corporative » ne font, habituellement, pas l'objet d'un rattachement, les établissements publics locaux se caractérisent, sauf exception, par un rattachement à une collectivité territoriale. Outre le fait que ce rattachement indique la personne publique à l'origine de cette création, il permet également l'exercice de prérogatives du « créateur » sur l'établissement.

A. La logique du rattachement

Le rattachement doit être distingué de la tutelle bien que les deux logiques puissent être liées, leurs finalités sont divergentes. Le rattachement permet d'identifier le régime de tutelle, lequel sert parfois à déterminer le rattachement. Les deux notions sont d'essence distincte puisque le rattachement est organique alors que la tutelle est fonctionnelle. Cette dernière est liée à l'exercice, par une personne publique, des fonctions ayant fait l'objet d'un transfert : respect de la légalité et de l'intérêt général, pouvoir de surveillance, contrôle des actes. La tutelle, justifiée par le caractère unitaire de l'État, concerne les collectivités publiques décentralisées selon la modalité de la décentralisation fonctionnelle. Ainsi, les établissements publics, locaux ou nationaux, font l'objet d'un contrôle administratif de l'État, les collectivités territoriales de rattachement font, quant à elles, l'objet d'un contrôle de la légalité. Cette idée était déjà mise en exergue par Hauriou qui, à propos des chambres de commerce, affirmait « quelle que soit l'indépendance que le législateur a entendu leur reconnaître pour la gestion des intérêts qu'elles représentent, sont comme tous les établissements publics, soumises au contrôle supérieur du gouvernement »[8]. Le rattachement ne constitue que « l'idée de prolongement

7. J.-M. PONTIER, « Faut-il créer la catégorie d'établissement public local ? », *La Revue Administrative*, vol. 50, n° 295, 1997, p. 78-86.
8. M. HAURIOU, *S.* 1910, 3, p. 17.

personnalisé » selon B. Plessix[9]. La même position est exprimée par R. Chapus lequel considère que le prolongement résulterait du fait que l'établissement public exerce une activité rentrant dans le champ des attributions de la personne publique à l'origine de la création[10]. Les établissements publics locaux d'enseignement (EPLE) expriment cette distinction entre les deux notions, les collèges sont rattachés aux départements, les lycées aux régions, néanmoins, ils demeurent soumis au contrôle de l'État puisqu'ils mettent en œuvre le service public de l'enseignement qui est qualifié de national. Il est possible de s'interroger sur le fonctionnement des EPLE et la portée de leur rattachement, c'est ainsi que R. Schwartz mettait en avant le caractère limité de l'influence de la collectivité territoriale de rattachement en affirmant : « Les établissements du secondaire sont des établissements publics de l'État, nonobstant leur rattachement à une collectivité territoriale [...] le seul pouvoir de tutelle effectif est celui de l'État »[11].

Le rattachement désigne, en ce sens, le rapport structurel impliquant une forme de dépendance, sont ainsi désignés par rattachement des liens organiques étroits entre la collectivité publique créatrice et l'établissement public local qui en constitue le prolongement. Néanmoins, cette dépendance n'implique pas un contrôle sur les actes qui est habituellement la manifestation de la tutelle. Le rattachement prend souvent la forme d'une intervention dans la gestion courante de l'établissement public et parfois une participation au processus décisionnel de ce dernier. Ainsi, il est courant qu'un maire ou l'un de ses adjoints assure la présidence d'un établissement public communal, en revanche le contrôle de la légalité sur celui-ci sera du ressort de l'autorité préfectorale : la présidence est la conséquence directe du rattachement, le second constitue une des modalités du contrôle de l'État.

Le Conseil d'État, dans un avis relativement ancien, a affirmé que « tout établissement public doit être rattaché à une personne morale »[12], en conséquence, le rattachement n'est pas une option, il semble qu'il constitue une condition d'existence de l'établissement public. Le Conseil constitutionnel, quant à lui, considère que les établissements publics relèvent de la même catégorie à la condition qu'ils possèdent une spécialité analogue et aient le même rattachement territorial[13]. Le Conseil a,

9. B. PLESSIX, « Établissements publics », *Juriscl. adm.*, fasc. 135.

10. R. CHAPUS, *Droit administratif général*, Montchrestien, 14e éd., t. I, p. 338.

11. R. SCHWARTZ, concl. sur CE Ass. 2 déc. 1994, *Département de la Seine-Saint-Denis*, *AJDA* 1995.40.

12. CE Avis 16 juin 1992, req. no 351654.

13. Cons. const. 25 juill. 1979, no 79-108 L.

de ce fait, pu juger que la règle rattachant une catégorie d'établissements publics à une personne publique est au nombre des règles constitutives d'une telle catégorie, lesquelles sont, en vertu de l'article 34 de la Constitution, fixées par la loi[14].

Cette position ne s'avère pas partagée par l'ensemble de la doctrine. Pendant de nombreuses décennies, il a été considéré que certains établissements publics ne bénéficiaient pas de rattachement, en particulier les établissements publics de type corporatif qui ne constituent pas un prolongement de personnalité de collectivités publiques mais assurent la défense des intérêts collectifs de leurs membres. C'est ainsi que le droit a artificiellement imposé un rattachement à l'instar des établissements consulaires en raison de son intérêt pratique. Il en est ainsi des chambres professionnelles[15] ainsi que des associations foncières urbaines qui sont rattachées, en ce qui concerne l'application du Code de la commande publique aux collectivités territoriales[16]. En dépit de cette volonté d'instituer un rattachement, certains établissements publics, notamment corporatifs ne bénéficient pas d'un rattachement auprès d'une autre personne publique, il en va ainsi des associations syndicales autorisées[17].

B. Les modalités du rattachement

Le rattachement d'une catégorie d'établissements publics à une personne publique est au nombre des règles constitutives d'une telle catégorie, relevant, selon l'article 34 de la Constitution, de la compétence exclusive du pouvoir législatif. Néanmoins, l'identification du rattachement se révèle parfois complexe ; il convient alors de distinguer deux cas : la présence ou non d'un texte désignant une collectivité de rattachement.

Dans la plupart des situations, un texte normatif désigne de manière explicite la personne publique de rattachement. C'est ainsi que l'article L. 421-1 du Code de la construction et de l'habitation (CCH) désigne les offices publics de l'habitat comme étant « des établissements publics locaux à caractère industriel et commercial » ; cette définition montre l'ancrage territorial de ces établissements, en dépit de la mutation progressive, dans leur fonctionnement, vers le secteur privé. Ils sont obligatoirement rattachés soit à une collectivité territoriale soit à un établissement public de coopération intercommunale. Leur compétence est limitée territorialement par leur rattachement puisque l'article L. 421-5 précise qu'elle s'exerce sur

14. CE 25 oct. 2004, req. n° 258540, *AJDA* 2005.91, concl. M.-H. Mitjaville.
15. CE Sect. 29 nov. 1991, *AJDA* 1991.889, Chron. Maugüé et Schwartz.
16. CE 13 févr. 1995, *Favier*, *CJEG* 1996, p. 17, note Richer.
17. CE 14 juin 2006, *Association syndicale du canal de la Gervonde*, req. n° 294060, *Rec. T.*, p. 891.

le territoire de la région où se trouve la collectivité territoriale ou l'établissement public de rattachement. Afin d'accentuer le lien avec la collectivité de rattachement, la majorité des sièges du conseil d'administration est attribuée à la collectivité de rattachement en vertu de l'article L. 421-8 du CCH. En outre, le président est élu par le conseil d'administration parmi les membres de la collectivité territoriale de rattachement. Il ne semble pas inapproprié, à propos de ces établissements publics, de la qualifier d'émanation de la collectivité de rattachement, ils sont les « opérateurs » de cette dernière.

Il convient de mentionner la situation des établissements d'enseignement secondaire, l'article L. 421-1 du Code de l'éducation énonce : « Les collèges, les lycées et les établissements d'éducation spéciale sont des établissements publics locaux d'enseignement » ; le même article précise que certaines dispositions du CGCT sont applicables à ces établissements publics. La composition du conseil d'administration accorde une place déterminante aux représentants de la collectivité de rattachement comme l'indique l'article L. 421-2 ; la loi du 8 juillet 2013 a même doublé la représentation de la collectivité de rattachement au sein du conseil d'administration. Ce même code, dans son article L. 213-2, proclame que « le département a la charge des collèges », les articles suivants détaillent ses modalités concernant le personnel et les biens affectés, une convention est définie afin d'organiser les rapports entre l'établissement et le conseil départemental. L'article L. 214-6 du Code de l'éducation indique « la région a la charge des lycées ».

À propos des EPLE, il est loisible d'identifier une ambiguïté manifeste dans la mesure où ils constituent une catégorie d'établissements publics locaux[18] avec un rattachement à une collectivité territoriale, ils pourvoient grâce aux moyens mis à leur disposition[19] par celle-ci à la mise en œuvre du service public de l'Éducation nationale. Dans le cas des EPLE, comme le montre très clairement A. Legrand, leur rattachement à une collectivité territoriale n'implique pas une compétence de contrôle de celle-ci sur l'activité de celui-là[20]. Un phénomène de dissociation entre l'établissement et le service est affirmé, dans la mesure où la capacité d'intervention

18. TA Orléans 25 janv. 2007, *Théault*, *AJDA* 2007.923, concl. Mésognon.

19. Les moyens mis à la disposition des EPLE par la collectivité territoriale sont tout à la fois humains, financiers et immobiliers.

20. A. LEGRAND, « Le rattachement des établissements publics locaux d'enseignement à une collectivité territoriale et le contrôle de leurs actes », *AJDA* 2005.825.

de la collectivité de rattachement est limitée à l'établissement mais est exclue à propos de la gestion du service public. Par voie de conséquence, les pouvoirs de la collectivité de rattachement se révèlent extrêmement limités.

Longtemps, les établissements hospitaliers ont été considérés comme des établissements publics locaux et, plus précisément, communaux. Ce rattachement à la commune semble avoir disparu avec la loi HPST du 21 juillet 2009, laquelle met fin à la présidence de principe de l'organe délibérant de l'établissement par le maire de la commune d'implantation[21]. L'article L. 6141-1 du Code de la santé publique ne fait plus référence à la notion de « rattachement », il évoque, en revanche, le ressort territorial de l'établissement public de santé qui peut-être, communal, intercommunal, départemental, régional, interrégional ou national. En outre, la circulaire du 14 février 2012 précise que les établissements publics de santé sont des établissements publics de l'État[22]. Si les établissements de santé jouent un rôle dans la vie locale (attractivité territoriale, emploi, etc.), il n'apparaît, à présent, plus déterminant pour justifier le rattachement à la commune d'implantation[23]. La référence législative à la notion de ressort apparaît plus actuelle, dans une logique territoriale que le rattachement qui semble déconnecté des politiques de santé. Ainsi, d'un rattachement communal ou intercommunal, les hôpitaux sont devenus des établissements publics nationaux. On peut légitimement s'interroger sur l'affirmation du pouvoir réglementaire ne laissant aucune ambiguïté, en qualifiant l'hôpital des Quinze-Vingts de Centre hospitalier national d'ophtalmologie, par l'article R. 6147-58 du Code de la santé publique.

Il est des situations dans lesquelles le législateur n'a pas défini de rattachement, il incombe alors à la juridiction administrative de déterminer le rattachement en se fondant sur le cumul de différents indices. C'est ainsi qu'il se fonde sur les modalités de la création de l'établissement, son organisation administrative et son régime financier, selon B. Plessix[24]. L'objectif de cette démarche jurisprudentielle réside dans la recherche d'indices pouvant indiquer le rattachement de l'établissement public à une personne publique. En conséquence, pourra être qualifié, juridictionnellement, d'établissement public local, un établissement pour lequel, les textes accordent un rôle prépondérant aux collectivités locales dans sa création

21. J.-M. PONTIER, « Une réforme de l'hôpital sous le signe de la modernisation et de l'efficacité », *AJDA* 2009.2205.
22. Rép. Min. 1er mai 2012, n° 118422, *JOAN Q*, p. 3391.
23. V. VIOUJAS, « Les établissements publics de santé de l'État. Brèves considérations sur une révolution silencieuse », *JCP A* 2013.2051.
24. B. PLESSIX, « Établissements publics », *Jurisl.*, *op. cit.*

ou bien décident que les statuts seront insérés au sein du CGCT ou encore que cette catégorie d'établissement se trouve soumise au contrôle financier des chambres régionales des comptes. Le juge semble écarter l'indice géographique puisqu'un établissement public peut avoir une compétence locale mais être un établissement public de l'État.

La question s'est posée à propos des établissements publics de coopération culturelle afin de déterminer qui de l'État ou des collectivités territoriales a la primeur dans la création et l'organisation de l'établissement associant obligatoirement collectivités territoriales et État. Si l'article L. 1431-1 du CGCT offre une option aux fondateurs entre l'EPIC et l'EPA, il reste néanmoins muet quant à la qualification d'établissement public local ou national. Il y a lieu de penser que nous sommes en présence d'établissements publics locaux dans la mesure où le conseil d'administration est en majorité composé de représentants des collectivités territoriales ; lorsqu'il s'agit d'un établissement public administratif, les personnels se trouvent soumis aux règles de la fonction publique territoriale, en outre, les règles relatives aux contrôles de légalité et budgétaire définies par le CGCT leur sont applicables. En l'espèce, c'est en s'appuyant sur le régime de « tutelle » que l'on procède à l'identification du rattachement.

II. Le rattachement comme détachement d'une activité de service public

La création d'un établissement public local répond, en premier lieu, à une nécessité : la gestion d'un service public dont a la charge une collectivité territoriale. Une telle création va ainsi permettre à une collectivité territoriale de ne pas assurer directement la gestion de ce service public ; il s'agit sûrement de la première forme de démembrement administratif. Les établissements publics sont destinés à servir de support juridique à l'exercice autonome d'une activité administrative relevant d'une autorité locale, ainsi selon B. Plessix, en dépit de leur grande variété, « ils répondent au même besoin administratif de créer des prolongements autonomisés des collectivités publiques à compétence générale, libérés de tout pouvoir hiérarchique exercé par les autorités qui les ont créés »[25].

A. Le transfert d'activités de service public

La satisfaction des usagers par le service public constitue la principale finalité de la gestion publique locale, les collectivités territoriales, en tant qu'institution administrative, ont la charge d'en assurer la bonne marche. Afin de satisfaire ces

25. B. PLESSIX, *Droit administratif général*, LexisNexis, 2022, 4e éd., p. 325.

besoins de la population, elles mettent en œuvre des services publics, certains d'entre eux sont imposés par l'État, d'autres, en revanche, relèvent de leur propre initiative. Les services publics mis en œuvre constituent la clé de voûte sur laquelle se fonde la cohésion sociale dans les territoires, Bertrand Faure affirme, à ce titre, que « la solidarité locale est le véritable fondement idéologique du service public local »[26]. Ces prestations mises en œuvre dans le cadre du service public permettent une correction des inégalités sociales et des disparités territoriales, il en est ainsi des services publics sociaux mais également culturels ainsi que des politiques de maintien des activités en milieu rural.

Le statut d'établissement public local fournit, à propos de l'activité de service public transféré, un élément du caractère décisif de l'influence de la collectivité territoriale créatrice sur les objectifs stratégiques de l'établissement ainsi que sur ces décisions[27]. Le rattachement, à propos du service public assuré, s'entend comme un rapport structurel de dépendance de l'établissement public ; la conséquence est finalement une forme d'union entre l'établissement public et la collectivité territoriale par un lien organique[28]. Au regard de ce lien, l'établissement public apparaît comme un prolongement personnalisé et fonctionnel de la collectivité territoriale créatrice. L'établissement public local apparaît, ainsi, comme le prolongement de la collectivité, laquelle conserve de nombreuses prérogatives à son égard, il est possible d'y voir un aménagement de l'administration, un démembrement voire une modalité d'externalisation. Le rattachement implique, *a minima*, la garantie d'un certain contrôle opéré sur l'établissement public, ce qui permet de faire relever cette formule du *« in house »*[29].

En ce qui concerne les activités de service public, les collectivités territoriales bénéficient d'une liberté d'agir trouvant son origine dans l'article L. 1111-2 du CGCT ; sur ce fondement, leurs organes délibérants disposent du droit d'entreprendre dans tous les domaines de la vie publique pour lesquels le législateur leur a reconnu compétence. Cette liberté d'action est avant tout relative à la création des différents services publics mais aussi à l'organisation des services publics en particulier le choix du mode de gestion, parmi lesquels se trouve l'établissement public local. Si cette formule institutionnelle présente des avantages certains, elle

---

26. B. FAURE, *Droit des collectivités locales*, Dalloz, coll. « Précis », 2023, 7e éd., p. 511.
27. N. GABAYET, « L'établissement public, procédé à reconsidérer (1/2) », *JCP A* 2016.2099.
28. Voir en ce sens A. ROUYÈRE, « Les personnes publiques spécialisées », *in* P. GONOD, F. MELLERAY, P. YOLKA (dir.), *Traité de droit administratif*, Dalloz, 2011, p. 363.
29. CJCE 18 nov. 1999, *Teckal*, aff. C-107/98, *Rec. CJUE* 1999, I, p. 8121 ; CJCE 11 janv. 2005, *Stadt Halle*, aff. C-26/03, *Rec. CJUE* 2005, I, p. 1.

n'est pas dépourvue de rigidités. À ce titre, la collectivité territoriale n'a pas de droit à sa création puisque le texte constitutionnel, dans son article 34, réserve à la compétence du législateur la détermination des catégories d'établissement public. La fondation d'un établissement public relève d'une décision de l'organe délibérant de la collectivité concernée[30]. Si le législateur a fait preuve de peu d'audace juridique, dans les premières décennies de décentralisation, il n'en demeure pas moins que les collectivités se sont senties libérées et ont usé du procédé de l'établissement public local, comme le montre l'exemple de la culture. Ce n'est qu'avec les lois du 6 février 1992 et du 12 juillet 1999 qu'une adaptation du cadre juridique a pris en compte ces initiatives locales.

L'établissement public local peut être appréhendé comme un service public personnalisé, néanmoins cette idée de collectivités territoriales puissantes, organisant librement leurs services publics, au besoin par les démembrements que constituent les établissements publics locaux est contredite par Jean-Claude Douence dans un article de référence[31]. Pour celui-ci, « il semble, en effet, que l'érection en établissement public soit un procédé systématiquement utilisé pour soustraire, au moins partiellement, un service à la compétence directe des autorités locales et pour renforcer les possibilités de contrôle et d'intervention des autorités supérieures ». Cette vision doit être tempérée, en raison, notamment de son ancienneté, la politique de décentralisation a, depuis, été largement mise en œuvre et a modifié en profondeur la donne. Une conception décentralisatrice de l'administration prévaut à présent, les compétences reconnues aux collectivités territoriales sont, globalement, garanties que la collectivité les exerce directement ou par l'intermédiaire d'un établissement public. L'attractivité du modèle de l'établissement public réside principalement dans l'autonomie dont il bénéficie vis-à-vis de l'autorité fondatrice. Il est loisible de citer L. Constans qui affirmait, dans sa magistrale thèse, que l'établissement public apparaît « comme la représentation séparée de l'un des intérêts collectifs d'un groupe social déjà organisé et doté lui-même de la personnalité juridique. C'est précisément ce qui explique que tout établissement soit "rattaché" à une collectivité publique »[32].

30. G. J. GUGLIELMI, G. KOUBI, M. LONG, *Droit du service public*, LGDJ, 2016, 4e éd., p. 743.

31. J.-Cl. DOUENCE, « Le rattachement des établissements publics à une collectivité territoriale – Le cas des établissements publics locaux », *AJDA* 1971.4.

32. L. CONSTANS, *Le dualisme de la notion de personne morale administrative en droit français*, Dalloz, 1966, p. 209.

B. Les effets juridiques du rattachement

Le rattachement est, avant tout, une notion administrative, dont l'utilité pratique est essentielle, dans la mesure où l'identification de ce lien de nature organique vise la résolution de nombreuses interrogations. Pour la plupart des établissements, le rattachement permet de déterminer le régime de tutelle applicable ; toutefois, dans certaines hypothèses, en particulier pour les établissements publics locaux d'enseignement, le contrôle peut émaner de plusieurs autorités administratives. Mais plus encore, il entraîne la mise en œuvre de principe du régime juridique de la collectivité de rattachement. En conséquence, un texte applicable à la collectivité territoriale de rattachement l'est également à l'établissement public local. C'est ainsi que l'article L. 1311-4 du CGCT, relatif aux baux emphytéotiques, prévoit que « les dispositions des articles L. 1311-2 et L. 1311-3 sont applicables aux établissements publics des collectivités territoriales ». Selon E. Fatôme, il convient d'insister que sauf disposition expresse contraire ou incompatibilité manifeste avec des dispositions du statut de l'établissement public, « il en est ainsi même dans le silence des textes »[33].

De manière inverse, un texte qui n'est plus applicable à la collectivité de rattachement cesse de l'être pour l'établissement public local. Le Conseil d'État a souhaité, à ce titre, déterminer la nature des chambres d'agriculture afin de connaître le statut applicable à leurs agents. Dans sa décision *Crépin*[34], le Conseil rappelle que le principe selon lequel la règle de droit applicable à la personne publique fondatrice l'est à l'établissement public créé, à moins qu'il existe une disposition spéciale expresse ou une incompatibilité manifeste avec les dispositions du statut de l'établissement public.

Il est loisible, à ce titre, d'évoquer un principe de « rattachement par nature » des établissements publics locaux à une seule collectivité territoriale entraînant par là l'application du droit applicable à la collectivité de rattachement. Il est en la matière probant de se référer à un avis du Conseil d'État rendu par la section des travaux publics[35]. La question était relative à la faculté de recourir à la transaction pour les chambres d'agriculture, sachant que la loi du 2 mars 1982 avait ouvert ce recours pour les communes et leurs établissements publics. Le Conseil estime qu'à partir

33. E. FATÔME, « À propos du rattachement des établissements publics », *in Les collectivités locales, Mélanges en l'honneur de Jacques Moreau*, Economica, 2003, p. 139.
34. CE Sect. 29 nov. 1991, req. n° 86346, *RFDA* 1992.884, concl. Lamy.
35. CE Avis 21 janv. 1997, n° 359-996.

du moment où une disposition cesse d'être applicable à un type de collectivité, elle cesse en quelque sorte de plein droit d'être applicable aux établissements publics rattachés à cette collectivité.

Dans l'hypothèse de la dissolution pure et simple de l'établissement public local, l'identification du rattachement s'avère déterminante pour la dévolution du patrimoine appartenant à l'établissement public dissous : les biens sont alors transférés à la collectivité territoriale de rattachement. Les établissements publics locaux sont présentés comme constituant le prolongement de la personne publique fondatrice, il paraît dès lors logique de considérer que leur patrimoine revienne, en cas de dissolution à la collectivité de rattachement[36] ; à moins, que ces établissements soient remplacés par d'autres structures continuant d'exercer leur activité. Pour les centres communaux d'action sociale, si leur création intervient lorsque la population de la commune est supérieure à 1 500 habitants, leur dissolution peut intervenir, par délibération du conseil municipal, dans l'hypothèse où la population devient inférieure à ce seuil[37]. Les EPCI ont la faculté de créer des centres intercommunaux d'action sociale, une telle érection emporte « le transfert des biens appartenant aux centres communaux d'action sociale des communes membres de l'établissement public de coopération intercommunale à fiscalité propre et nécessaire à la mise en œuvre des attributions transférées au centre intercommunal d'action sociale » selon l'article L. 123-4-1 du CASF.

La notion de rattachement se révèle d'une grande complexité tant dans son identification que dans ses modalités. En citant Étienne Fatôme, il est possible d'affirmer qu'il existe deux grands types de rattachement : le rattachement par nature résultant de l'objet de certains établissements publics et le rattachement technique qui permet d'identifier le droit applicable. Si ce dernier type de rattachement est toujours présent, il n'en va pas de même du rattachement par nature. Il est possible d'affirmer que les deux rattachements ne se conjuguent pas toujours, ce qui ne va pas sans générer davantage de complexité au régime des établissements publics locaux. Ainsi, sans verser dans l'incantation, une simplification de leur régime serait bienvenue afin de faciliter l'action des acteurs publics.

36. E. FATÔME, « À propos du rattachement des établissements publics », *in Les collectivités locales, Mélanges en l'honneur de Jacques Moreau*, Economica, 2003, p. 139.
37. Art. L. 123-4 du Code de l'action sociale et des familles (CASF).

LE PRINCIPE DE SPÉCIALITÉ ET L'ÉTABLISSEMENT PUBLIC LOCAL

Aurore GRANERO
Maître de conférences HDR en droit public
Centre de recherche et d'étude en droit et science politique (CREDESPO)
Université de Bourgogne

Qualifié de « personne morale de droit public à objet spécial »[1], de « personne publique spécialisée »[2] ou encore d'« organisme public, à vocation spéciale, doté de la personnalité morale »[3], le lien qui unit le principe de spécialité à l'établissement public est immédiatement perceptible. Dans son rapport de 2009, le Conseil d'État le définit également comme une « personne morale de droit public à vocation spéciale créée par une autre personne publique » et, plus loin, comme un « mode d'organisation de l'action publique »[4]. D'origine lointaine, le principe de spécialité est appliqué aux établissements publics dès le début du XIXe siècle. Sa première formulation résulte d'un avis du Conseil d'État du 20 décembre 1820 relatif aux fabriques catholiques[5] dans lequel il estime que seuls les bureaux de bienfaisance, créés par la loi du 5 frimaire An VIII, détenaient la possibilité de recevoir des libéralités faites aux pauvres alors que les fabriques n'avaient été « instituées que pour l'administration des frais du culte ». La Haute Assemblée confirma sa position dans un avis du 15 janvier 1837 relatif à la vocation charitable

1. M. ROUGEVIN-BAVILLE, R. DENOIX DE SAINT MARC, D. LABETOULLE, *Leçons de droit administratif*, Hachette, 1989, p. 266.
2. R. CHAPUS, *Droit administratif général*, Montchrestien, 10e éd., 1996, t. I, n° 170.
3. R. CONNOIS, *La notion d'établissement public en droit administratif français*, Thèse, Paris, 1959, p. 21. Voir encore A. GRANERO, *Les personnes publiques spéciales*, L'Harmattan, 2016.
4. CE, *Rapport d'étude sur les établissements publics*, 2009, p. 10.
5. Ces fabriques étaient chargées d'administrer tous les biens de chaque église en assurant l'entretien et la conservation des édifices religieux, et l'administration des aumônes. Elles ont été supprimées par l'article 50 de la loi municipale du 14 décembre 1789 qui a confié aux communes le soin de régir les « biens et revenus communs des paroisses ». Les fabriques ont finalement été rétablies par le Concordat du 26 messidor an IX, J.-H., R. PROMPSAULT, *Dictionnaire raisonné de droit et de jurisprudence en matière civile ecclésiastique*, Paris, Ateliers du petit Montrouge, 1849, p. 386.

des établissements ecclésiastiques. Mais le principe de spécialité a rapidement dépassé le cadre des établissements du culte, le Conseil d'État refusant par exemple dans un avis du 8 février 1833 qu'un hospice puisse recevoir une libéralité pour la fondation d'une école en raison de leur « mission exclusivement charitable »[6]. Au contentieux, il a été consacré par l'arrêt *Caisse des Écoles du 6e arrondissement de Paris* : « Ces institutions ne peuvent, en leur qualité d'établissement public scolaire, que concourir au service de l'enseignement public et, dès lors, elles ne sont pas fondées, en raison de la spécialisation de leurs attributions, à distribuer des secours aux enfants fréquentant les écoles privées »[7] et dispose de la valeur de principe général du droit[8].

Si la spécialité est donc un principe bien établi et intrinsèquement lié à l'établissement public, c'est aussi parce qu'elle est indissociable de la personnalité morale : « À s'en tenir à sa seule définition, la spécialité est conçue comme un principe limitant la liberté d'action des établissements publics : leurs activités ne doivent pas excéder le domaine qui leur a été confié par la loi ou le règlement ; ils ne peuvent pas s'immiscer dans des domaines étrangers à leur vocation et affecter leur patrimoine à d'autres fins que celles qui leur ont été assignées »[9]. Principe venant limiter le champ de compétence des établissements publics, la spécialité a été vivement contestée. Dès 1924, L. Michoud dessinait les dangers d'une interprétation restrictive du principe de spécialité. Celui-ci conduirait à enfermer les missions des personnes morales « dans d'étroits compartiments séparés par des cloisons étanches » et surtout les empêcherait « de donner satisfaction à des besoins nouveaux et imprévus »[10]. Plus récemment, il lui était reproché d'être un obstacle au développement économique des établissements publics, et spécialement, aux entreprises publiques constituées sous la forme d'un EPIC si bien que certains ont vu dans l'application du principe de spécialité une des causes du déclin de la formule. Or, force est de constater que l'établissement public a dépassé de

6. Voir notamment J.-H. BARBÉ, *Nouvelles recherches sur la condition des établissements publics en droit public*, Th. dactyl. Paris-II, 2020.

7. CE 22 mai 1903, *Caisse des Écoles du 6e arrondissement de Paris*, *Rec.*, p. 390, concl. Romieu, *S.* 1905.3. 33, note M. Hauriou.

8. CE Sect. 4 mars 1938, *Cts Le Clerc*, *Rec. CE* 1938, p. 229.

9. G. DUPIELLET, « L'adaptation du principe de spécialité à l'évolution du secteur public », *CJEG* 1985, p. 429.

10. L. MICHOUD, *Théorie de la personnalité morale*, 2e éd., LGDJ, 1924, t. II, nº 252, p. 171.

multiples crises[11] et ce, notamment grâce à une de ses caractéristiques, le principe de spécialité. Ce dernier a en effet été assoupli par deux techniques : l'extension de l'objet statutaire des établissements publics et une conception souple du principe tel qu'il est notamment appliqué par le juge aux EPIC.

Ces assouplissements du principe de spécialité ont pérennisé le recours à l'établissement public et sa dilution a rejailli sur la notion d'établissement public d'une « adaptabilité remarquable »[12]. Rien d'étonnant alors que sur un plan local, les établissements publics demeurent des instruments privilégiés de l'action publique comme l'atteste la diversité des formules que l'on peut rencontrer : centre communal (ou intercommunal) d'action sociale, établissements publics locaux d'enseignement, port autonome, multiples régies, les services départementaux d'incendie et de secours ou encore les centres de gestion de la fonction publique. Cette diversité démontre la permanence de l'établissement public mais elle pose également la question de savoir comment le principe de spécialité s'applique à ces différents établissements publics locaux. Si le principe de spécialité appliqué aux établissements publics locaux constitue un principe de limitation des compétences (I), il n'en reste pas moins vrai que sa plasticité a permis à l'établissement public local de perdurer voire de constituer aujourd'hui un des outils les plus adaptés à une gestion publique locale sécurisée et opérante (II).

I. La spécialité, un principe de limitation et de protection des compétences

Avec le rattachement, le principe de spécialité constitue un critère de définition de l'établissement public (A) mais également une règle d'interprétation des compétences (B).

A. La spécialité, élément de caractérisation de la formule de l'établissement public

Si le principe de spécialité s'est construit à propos des libéralités accordées aux établissements du culte, la loi de séparation de l'Église et de l'État du 9 décembre 1905 a fait craindre à sa disparition. Au contraire, le principe a connu une extension considérable, dépassant le cadre des établissements ecclésiastiques pour s'étendre à

11. Pour n'en citer que quelques-uns : R. DRAGO, *La crise de la notion d'établissement public*, Thèse droit, Paris, 1948, Pédone, 1950 ; F. MELLERAY, « La nouvelle crise de la notion d'établissement public », *AJDA* 2003, p. 711 ; F. BÉROUJON, « Le recul de l'établissement public comme procédé de gestion des services publics », *RFDA* 2008, p. 27.

12. J.-M. PONTIER, « L'établissement public, instrument irremplaçable de l'action publique », *Droit Administratif* févr. 2021, n° 2, étude 3.

toutes les personnes morales[13]. Pour de nombreux auteurs, le fondement juridique du principe de spécialité réside en effet dans la notion de personnalité morale. Inspirée du droit privé, cette conception de la spécialité signifie que « les droits des personnes morales sont nécessairement assignés à des objets déterminés : ceux pour lesquelles elles ont été créées »[14]. La conséquence de cette analyse implique que toutes les personnes morales de droit public soient soumises à l'application du principe de spécialité. Ainsi, L. Michoud affirmait que « l'État est, comme les autres personnes morales, soumis au principe de spécialité »[15]. Toutefois, l'auteur admettait que « l'État souverain diffère des êtres juridiques en ce qu'il n'a au-dessus de lui aucune autorité qui puisse lui commander et l'obliger à respecter ce principe »[16]. Le juge administratif a adopté cette conception dans l'arrêt *Unipain* de 1970 et a plus récemment affirmé que le respect du principe de spécialité ne saurait être invoqué en qui concerne l'État. S'il n'est applicable à l'État, le principe de spécialité a également été utilisé pour différencier les collectivités territoriales des établissements publics. Selon M. Hauriou, « les collectivités locales ont la plénitude de représentation des intérêts collectifs de leurs ressortissants. Leurs attributions ne sont certes pas sans limites mais du moins il est bien certain qu'elles ne sont point dominées, comme les établissements publics, par le principe de spécialité »[17]. Les compétences des collectivités territoriales sont liées à la notion d'affaires locales ou d'intérêt local alors que la compétence des établissements publics est délimitée par le principe de spécialité. Dans le même ordre d'idée, les collectivités territoriales représentent un groupement d'individus alors que les établissements publics sont créés afin de gérer un service ou une activité de manière personnalisée. Pour F.-P. Benoît[18], les établissements publics correspondent à des exigences techniques d'aménagement de l'action administrative très éloignées des préoccupations engendrées par la décentralisation territoriale. L'établissement public ne serait alors qu'un procédé d'organisation administrative qui ne dispose de compétences que celles qui lui sont attribuées par les textes institutifs. Au contraire, la collectivité locale représente un groupement d'individus et doit gérer leurs intérêts communs. En cela, elle se rapproche de l'État étant susceptible d'accomplir diverses missions telles qu'« assurer des services de transport en commun, de voirie, de lutte contre l'incendie, de vaccination, de voiture d'ambulances et de pompes funèbres ; ouvrir

13. CE 29 avr. 1970, *Société Unipain*, *Rec.*, p. 280 ; *AJDA* 1970, concl. Braibant, p. 430.
14. M. CHÉTY, *La nature juridique du principe de spécialité*, p. 32.
15. L. MICHOUD, *Théorie de la personnalité morale* précité, p. 255.
16. *Ibid.*
17. Note M. Hauriou sous CE 2 déc. 1908, *Labastide-Saint-Pierre*, *S.* 1903, 3, 1.
18. F.-P. BENOÎT, *Le droit administratif français*, Dalloz, 1968, p. 36.

des écoles, des abattoirs, des piscines et des bibliothèques »[19]. La collectivité territoriale détient une vocation multiple pour ne pas dire générale puisqu'elle a en charge la « plénitude de représentation des intérêts » de sa communauté. Ainsi, l'établissement public n'a qu'une compétence d'attribution qui lui est limitativement fixée par l'acte institutif alors que la collectivité territoriale est compétente pour toute affaire d'intérêt public dans sa circonscription. S'il est vrai que ce critère de distinction a été largement remis en cause par la suppression de la clause générale de compétence des départements et des régions et la multiplication des EPCI[20], le principe de spécialité demeure un élément déterminant de la définition de l'établissement public tout comme celui du rattachement.

Dans sa décision du 25 juillet 1979 *Agence nationale pour l'emploi*, le Conseil constitutionnel fait de l'identité de rattachement territorial (national, départemental, régional...), l'un des deux éléments caractérisant une catégorie d'établissements publics, avec la règle de la spécialité. Pourtant, il n'est pas toujours facile de connaître la collectivité de rattachement notamment sur le terrain de l'établissement public local. Il revient alors au juge, dans le silence des textes, de désigner une collectivité « responsable » de l'établissement[21] dans la mesure où « tout établissement public doit être techniquement rattaché à une personne morale »[22]. Le rattachement permet notamment de connaître les règles qui régissent le statut des personnels d'un établissement, son régime financier et comptable ou encore le champ du contrôle de légalité. Du principe de rattachement découle encore le fait qu'un établissement public n'a le choix ni de sa création ni de sa disparition. Néanmoins, le lien qui unit la collectivité à un établissement public est extrêmement variable notamment concernant les établissements publics locaux. Ainsi en est-il notamment des établissements publics locaux d'enseignement.

Selon la formule retenue par le président Schwartz dans ses conclusions sur la décision d'Assemblée *Département de la Seine-Saint-Denis*, les collèges ou les lycées seraient en fait des « établissements publics locaux de l'État »[23] (EPLE). Il est vrai que si le Conseil d'État a jugé que le département est la collectivité de rattachement des collèges[24] et la région celle des lycées[25], ces collectivités territoriales

---

19. P. MALTA DI, « La distinction de l'établissement public et de la collectivité territoriale », *Revue juridique et économique du Sud-Ouest* 1962, p. 96.
20. *Infra*.
21. *EDCE* 1997, p. 201.
22. *EDCE* 1992, p. 419.
23. CE 2 déc. 1994, *Département de la Seine-Saint-Denis*, *AJDA* 1995.40, concl. R. Schwartz.
24. CE 2 juin 1995, req. n° 132280.
25. CE 25 avr. 1994, req. n° 99926.

n'ont que très peu de compétences relativement à leur fonctionnement pour une raison simple : l'éducation constitue un service public de l'État. Dès lors, ces EPLE disposent d'une très grande autonomie vis-à-vis de leur collectivité de rattachement et le contrôle sur leur fonctionnement est prioritairement exercé par l'autorité académique, voire le préfet. Néanmoins, la collectivité de rattachement joue un rôle en matière de création ou de suppression des EPLE. Selon l'article L. 421-1 du Code de l'éducation « ces établissements sont créés par arrêté du représentant de l'État sur proposition, selon le cas, du département, de la région ou [...] de la commune ou de l'établissement public de coopération intercommunale intéressé ». En matière de carte scolaire, le législateur reconnaît une compétence au département en disposant « [...] le conseil départemental arrête après avis du conseil départemental de l'éducation nationale, en tenant compte de critères d'équilibre démographique, économique et social, la localisation des établissements, leur capacité d'accueil, leur secteur de recrutement et le mode d'hébergement des élèves »[26]. Dans une décision du 26 juin 2007, le juge administratif a estimé que « la décision de supprimer un établissement public d'enseignement du second degré ne saurait [...], comme celle de le créer, intervenir qu'au terme d'une procédure permettant de recueillir l'accord tant du représentant de l'État que des organes compétents de la collectivité territoriale dont relève l'établissement »[27]. En 2018, le juge des référés s'est prononcé à l'encontre d'une délibération d'un conseil départemental modifiant la localisation des collèges du département conduisant à la fermeture d'un établissement et de l'arrêté préfectoral prononçant sa fermeture. Il a jugé que la délibération du conseil départemental de l'Eure constituait une simple mesure préparatoire de la décision de fermeture du collège et a rejeté les demandes d'annulation à l'encontre de ces décisions. Le Conseil d'État censure la position du juge des référés estimant que la délibération du conseil départemental « revêt le caractère d'un acte faisant grief, susceptible de faire l'objet d'un recours pour excès de pouvoir ». Surtout, il en conclut au regard des compétences départementales que « la décision de fermeture d'un collège ne saurait, dès lors, intervenir qu'au terme d'une procédure permettant de recueillir l'accord tant du représentant de l'État que des organes compétents du département concerné »[28]. Le système ainsi organisé est une codécision « ou plus exactement un schéma qui requiert deux

26. Art. L. 213-1 du Code de l'éducation.
27. CAA Lyon 26 juin 2007, nº 03LY00689, *AJDA* 2007.2167.
28. CE 18 juill. 2018, req. nº 420043.

décisions distinctes et complémentaires, celle du conseil départemental qui fixe la localisation des EPLE et celle du préfet qui décide de la fermeture subséquente de l'établissement »[29].

Au surplus, il convient d'ajouter que le juge administratif a reconnu de longue date l'existence d'établissement public sans rattachement à l'instar des associations syndicales de propriétaires[30] ou encore des établissements publics rattachés à plusieurs collectivités comme les EPCI et leurs communes membres. D'ailleurs, avec le critère du rattachement territorial, la spécialité permet de définir la notion de catégorie d'établissement public. Ainsi, le Conseil constitutionnel a souligné que, « par sa spécialité comme par son rattachement territorial, l'établissement public de gestion du quartier d'affaire de la Défense, qui associe un département et deux communes en vue de gérer des équipements et des services dans une zone urbaine, relève de la catégorie d'établissements publics des syndicats mixtes »[31]. Tel qu'appliqué aux établissements publics, le principe de spécialité dispose donc de plusieurs fonctions mais la principale est celle de délimiter leurs compétences.

B. Une règle d'interprétation des compétences

À la fin du XIXe siècle, Planiol adoptait une conception de la spécialité comme une règle de délimitation matérielle des compétences de chaque personne publique : « La spécialité évite tout empiètement, tout double emploi, elle prévient le désordre qui se glisserait infailliblement dans l'Administration si les attributions de chaque service étaient mal délimitées et pouvaient se rencontrer avec celles d'une autre. Elle est la conclusion nécessaire de l'organisation savante et méthodique des États modernes qui se chargent d'attributions de plus en plus compliquées à tel point qu'on ne sait pas comment on pourrait s'en passer désormais »[32]. Principe de délimitation des compétences, la règle de la spécialité telle qu'appliquée aux établissements publics du culte a historiquement été étendue aux caisses des écoles[33]. Celles-ci étaient qualifiées d'établissements scolaires annexes. Par conséquent, elles ne pouvaient distribuer des secours aux enfants fréquentant des écoles privées. En vertu de la règle de la spécialité, leur mission était uniquement de concourir

---

29. S. DEVIDAS, « Fermeture d'un collège consécutive à une mesure de carte scolaire : compétence partagée entre l'État et le département », *AJCT* 2018.629.

30. Voir notamment, J.-M. PONTIER, « Des institutions mésestimées, les associations syndicales », *Droit Administratif* Août-Septembre 2021, nº 8-9, étude 11.

31. Cons. const. 22 févr. 2007, nº 2007-548 DC, *AJDA* 2007, note J.-E. Schoettl, p. 759.

32. Note *D.* 1895, p. 217.

33. CE 22 mai 1903, *Caisse des écoles du 6e arrondissement de Paris*, *Rec.*, p. 390, *DP* 1904, 3, p. 1, concl. Romieu.

au service de l'enseignement public. Puis, le Conseil d'État a également rappelé que le respect du principe de spécialité, auquel sont soumis les établissements publics, fait en principe obstacle à la création d'activités n'entrant pas dans leur champ de compétences. Ainsi, un bureau de bienfaisance ne peut prendre en charge l'exploitation d'une salle de cinéma municipal[34]. Plus récemment, la règle de la spécialité a été utilisée par le juge administratif pour circonscrire le champ de compétence des centres de gestion (CDG) de la fonction publique territoriale.

Qualifiés par le législateur d'établissements publics locaux à caractère administratif, les centres de gestion constituent pour le Conseil constitutionnel « une catégorie nouvelle d'établissements publics sans équivalent avec les catégories d'établissements publics existantes »[35]. Il est vrai que le caractère « local » de ces établissements a pu être discuté en raison de leur nature « d'établissements publics pluricollectivités »[36] étant constitués des collectivités de toute strate ou d'établissements publics territoriaux qui leur sont affiliés. Nonobstant, le Conseil d'État les a qualifiés d'établissements publics relevant des collectivités territoriales[37], et donc d'établissements locaux.

Les missions des centres de gestion sont définies à l'article L. 452-1 du Code général de la fonction publique selon lequel ils exercent : « Des missions générales concernant le personnel de l'ensemble des collectivités et établissements publics en relevant, y compris leurs propres agents, à l'exclusion du personnel de la Ville de Paris; Des missions particulières concernant le personnel des collectivités et établissements qui leur sont affiliés, y compris leurs propres agents et à l'exclusion du personnel de la Ville de Paris; Des missions complémentaires facultatives concernant le personnel des collectivités et établissements, affiliés ou non, à l'exclusion du personnel de la Ville de Paris ». Cette définition peu précise est encore étendue par l'article L. 452-40 au terme duquel, outre leurs missions précitées, les centres de gestion peuvent à la demande des collectivités affiliées prendre en charge toute « tâche administrative complémentaire ». Autrement dit, « la spécialité » des centres de gestion est conçue de façon particulièrement large. Malgré tout, le juge administratif leur applique strictement le principe de spécialité. Dans une première décision, le Conseil d'État a jugé que si les centres de gestion pouvaient recruter des fonctionnaires en vue de les affecter à des services communs préalablement

34. CE 13 déc. 1939, *Séguinaud*, *Rec.*, p. 388.

35. Cons. const. 20 janv. 1984, nº 83-168 DC; *RDP* 1984.687, chron. L. Favoreu; *AJDA* 1984.258, note J.-Cl. Némery.

36. Voir *Encyclopédie*.

37. CE 24 nov. 2003, *Centre de gestion des Alpes-Maritimes*, req. nº 245025, *Leb.* 2003.

institués par les collectivités ou établissements concernés, ils n'avaient pas la compétence pour procéder eux-mêmes à la création de tels services[38]. Il leur est donc interdit d'exercer des activités étrangères à leur mission, sauf si ces activités constituent, notamment, le complément normal de leur mission[39]. Ainsi, dans une décision du 10 novembre 2014, la cour administrative d'appel de Marseille a rappelé que « le principe de spécialité qui régit les établissements publics leur interdit d'exercer des activités étrangères à leur mission statutaire, sauf si ces activités constituent le complément normal de leur mission et sont directement utiles pour l'amélioration des conditions d'exercice de celle-ci ». En l'espèce, le juge estime illégale la candidature d'un centre de gestion à un marché public d'audit d'organisation pour une commune[40]. Pour les chambres régionales des comptes, de nombreuses irrégularités entourent également le champ des missions des centres de gestion. Selon la CRC Auvergne-Rhône-Alpes, à propos de la création par le CDG de l'Isère d'un service d'archives itinérant, le législateur a fait des centres de gestion de la fonction publique territoriale des établissements publics locaux à caractère administratif qui assurent les missions définies aux articles 23 à 27 de la loi du 26 janvier 1984. Leur compétence a pour « centre de gravité » la gestion du personnel des collectivités territoriales et de leurs établissements publics, ce qui définit une spécialité étroitement focalisée sur ce thème. Or, poursuit la chambre, il est possible de douter que le législateur ait entendu rattacher à la spécialité de ces établissements une compétence en matière d'archivage. Pour pallier cette restriction de compétence, le législateur est intervenu par la loi du 20 avril 2016 qui étend le champ de compétence des centres de gestion aux agents contractuels, ajoute des missions telles que l'archivage, la numérisation, le conseil en organisation ou en conseil juridique. Par ailleurs, cette loi les autorise à exercer la fonction de référent déontologue. Or, c'est précisément à propos de cette dernière fonction que le juge administratif est à nouveau intervenu pour délimiter leur champ d'action.

La loi du 20 avril 2016 a expressément attribué aux centres de gestion la fonction de référent déontologue des agents publics. Quant à la loi « 3DS », loi n° 2022-217 du 21 février 2022 relative à la différenciation, la décentralisation et la déconcentration, elle permet aux élus locaux de consulter un référent déontologue, pour les aider dans l'application de la charte de l'élu local détaillée à l'article L. 1111-1-1 du

38. CE 10 mai 1996, req. n° 126017, *Centre départemental de gestion de Seine-et-Marne*, *Leb.*
39. CE 29 déc. 1999, req. n° 185970, *Leb. ; JCP A*, « Champ de compétence des centres de gestion : gare au principe de spécialité », n° 27, 8 juill. 2024.
40. CAA Marseille 10 nov. 2014, n° 13MA02001, *Centre de gestion de la fonction publique territoriale des Bouches-du-Rhône*, *AJDA* 2015.250.

CGCT. Toutefois, le législateur n'a pas donné compétence aux centres de gestion pour assurer cette mission de conseils déontologiques aux élus contrairement à celle qu'ils assurent auprès des agents publics. Le conseil d'administration du centre de gestion de la fonction publique territoriale de la Meuse avait, malgré tout, décidé de créer un service de déontologie à destination des élus. Le préfet a demandé l'annulation de la délibération instituant ce service arguant que cette délibération est illégale dans la mesure où elle outrepasse les missions du centre de gestion et ne relève pas de sa compétence. Pour le centre de gestion, ce service de déontologie à destination des élus relevait des tâches administratives complémentaires de l'article L. 452-40 du Code général de la fonction publique. Le juge administratif réfute cet argument considérant que « ces tâches administratives complémentaires doivent concerner exclusivement les personnels des collectivités territoriales et des établissements publics en relevant et ne peuvent donc s'adresser aux élus » et annule la délibération du conseil de gestion[41].

Outre la limitation matérielle des compétences, le principe de spécialité limite également le périmètre géographique du champ de compétence d'un établissement public territorial avec ses communes membres ou avec d'autres EPCI[42]. Ce dernier exemple montre qu'aujourd'hui la spécialité englobe deux fonctions : celle de délimiter les compétences mais aussi une fonction protectrice. Autrement dit, s'il est un principe limitant le champ des missions des établissements publics, le principe dispose d'une autre facette puisqu'il permet de garantir le champ de compétence de ces personnes à vocation spéciale. F. Brenet a notamment tenté de démontrer qu'il est important d'examiner le principe de spécialité à la lumière de ses aspects positifs[43] et de le concevoir comme une garantie au champ de compétences des personnes publiques qui « ont aussi le droit au respect de leur spécialité ». Ainsi, la règle de la spécialité s'applique non seulement à l'établissement mais aussi à la personne publique sous la tutelle de laquelle il se trouve placé. Dès lors, si une collectivité décide de créer un EPIC local sous la forme d'une régie, elle devra dans sa délibération portant création de l'établissement, lister le ou les services publics dont cette régie devra assumer la gestion en sachant que cette énumération sera limitative. La fonction protectrice du principe de spécialité permettra à l'établissement local de contester devant le juge administratif toute décision de la collectivité qui consisterait par exemple à attribuer à ses propres organes des

---

41. TA Nancy 11 juin 2024, nº 2303191, *Préfet de la Meuse*.
42. CE 25 mai 1994, *Syndicat intercommunal des eaux de la Gravelotte et de la vallée de l'Ocre*, req. nº 106876.
43. F. BRENET, « La spécialité », *Actes du colloque de l'AFDA « La compétence »*, Litec, 2008, p. 88.

compétences qui ne peuvent être exercées que par les organes de la régie. Au-delà de sa fonction protectrice, les assouplissements de la spécialité ont permis aux établissements publics de se renouveler pour répondre à l'évolution des besoins de l'action publique.

II. La malléabilité du principe de spécialité et la permanence de l'établissement public

Afin de limiter son application rigoureuse et qu'il devienne un obstacle au développement des établissements, spécialement des EPIC, le principe de spécialité a été considérablement assoupli (A) permettant à la formule classique de l'établissement public local de devenir malléable et de demeurer un « instrument irremplaçable de l'action publique »[44] (B).

A. Une conception renouvelée et assouplie

La spécialité n'exige pas que l'organisme considéré réalise uniquement la mission pour laquelle il a été créé, mais au contraire, la règle de la spécialité autorise une pluralité de missions à condition qu'elles entrent dans la sphère de compétences pour lesquelles l'organisme a été institué. La portée du principe de spécialité a dépassé la simple règle de police administrative pour devenir un principe de compétence[45]. La doctrine contemporaine définit également la spécialité comme « une règle d'interprétation des compétences »[46]. Cependant, il convient de souligner que le principe de compétence ne doit pas être confondu avec la notion de capacité. La règle de la spécialité ne saurait être rapprochée de celle de capacité. Une personne publique peut être capable d'agir même si la loi ne lui permet d'accomplir qu'une mission strictement déterminée. Ainsi, une bibliothèque peut accomplir différents actes juridiques comme l'achat de livres, de matériel informatique mais pour accomplir l'unique mission pour laquelle elle a été créée c'est-à-dire une mission culturelle. M. Bèque décrit la capacité d'une personne morale comme étant « les divers actes juridiques que les représentants de cette personne peuvent accomplir valablement au nom de la collectivité ». Alors que la spécialité « est le cercle des buts que peut poursuivre la personne au moyen de l'instrument juridique dont elle dispose et qui constitue sa spécialité ». En d'autres

---

44. J.-M. PONTIER, « L'établissement public, instrument irremplaçable de l'action publique », *Droit Administratif* févr. 2021, n° 2, étude 3.

45. F. BRENET, « La spécialité » précité, p. 88.

46. A. DE LAUBADÈRE, J.-C. VÉNÉZIA et Y. GAUDEMET, *Traité de droit administratif*, LGDJ, 16e éd., p. 317.

termes, la capacité se définit par rapport à un moyen, l'acte juridique, alors que la définition de la spécialité intéresse un but, la mission pour laquelle, la personne morale a été créée. Le contenu juridique de la spécialité a donc évolué et a connu de nombreux assouplissements. L'assouplissement du principe a été rendu possible par deux techniques. Tout d'abord, les autorités publiques ont défini dans les textes institutifs des établissements publics leur spécialité de façon très large. Ensuite, la jurisprudence a rapidement admis que les établissements publics pouvaient mener des activités connexes à leurs missions principales grâce à la théorie des activités accessoires.

Jugé inadapté à la gestion d'activités économiques, le législateur ou le pouvoir réglementaire ont étendu le champ des missions des EPIC pour les rendre plus adaptés à la vie des affaires. Cette pratique, consistant à étendre volontairement le champ des missions des établissements publics, a été contestée devant le juge administratif. Dans l'arrêt du 3 décembre 1993, *Association de sauvegarde du site Alma Champ de Mars*[47], l'association de sauvegarde de ce site a attaqué un décret de 1992 modifiant le décret instituant l'établissement public du Centre de conférences internationales de Paris et l'autorisant à étendre sa spécialité à la réalisation d'un espace vert et d'un parc de stationnement destinés à l'usage du public[48]. Dans cet arrêt, le juge définit la spécialité des établissements publics comme une règle « qui doit s'entendre en ce sens qu'un établissement public ne peut se livrer à des activités excédant le cadre des missions qui lui ont été assignées par les textes qui l'ont institué »[49]. Pourtant, le Conseil d'État va rejeter la demande de l'association en affirmant que le principe de spécialité « ne fait pas obstacle à ce que l'autorité compétente pour créer l'établissement public et définir ses règles constitutives modifie l'étendue de sa mission »[50]. Le juge ajoute que l'élargissement des missions de l'établissement public s'est produit sans modification de la nature et des modalités de la tutelle exercée par l'autorité ministérielle sur l'établissement public en question. Dès lors, et sous réserve que l'extension de la vocation de l'établissement public concerne l'amélioration de ses missions, le gouvernement dispose de la faculté d'étendre sa spécialité. Moins d'un an après cet arrêt, le Conseil d'État a

47. CE 3 déc. 1993, *Association de sauvegarde du site Alma Champ de Mars*, req. n° 139.021.
48. Initialement, la mission de cet établissement public consistait, selon les termes du décret du 22 décembre 1989 à réaliser « les travaux de construction et d'aménagement » des bâtiments du centre, « à la mise en place de leurs équipements ». De plus, le Centre de conférences « pouvait conclure avec d'autres personnes publiques ou privées des conventions de nature à assurer au centre de conférences internationales un environnement approprié ».
49. CE 3 déc. 1993, *Association de sauvegarde du site Alma Champ de Mars* précité.
50. *Ibid.*

consacré la possibilité d'assouplir le principe de spécialité dans un avis du 7 juillet 1994 relatif à EDF-GDF dans lequel il précise que : « Le principe de spécialité [...] signifie que la personne morale [...] n'a pas de compétence générale » au-delà de la mission qui lui a été confiée. Il ne lui appartient pas « d'entreprendre des activités extérieures à cette mission ou de s'immiscer dans de telles activités ». Toutefois, le principe de spécialité « ne s'oppose pas par lui-même à ce qu'un établissement public, surtout s'il a un caractère industriel et commercial, se livre à d'autres activités économiques à la double condition :

– d'une part que ces activités annexes soient techniquement et commercialement le complément normal de sa mission statutaire principale [...] ou du moins connexes à ces activités ;
– d'autre part que ces activités soient à la fois d'intérêt général et directement utiles à l'établissement public »[51].

S'agissant plus particulièrement des établissements publics locaux, le juge administratif a notamment admis qu'un établissement public administratif local puisse élargir ses missions à sa participation à un groupement d'intérêt économique. Ainsi, dans un arrêt du 24 février 2004, la cour administrative d'appel de Paris devait se prononcer sur la légalité de trois délibérations du conseil d'administration de l'office public d'HLM interdépartemental de l'Essonne, du Val-d'Oise et des Yvelines (OPIEVOY) relatives à la création d'un groupement d'intérêt économique dénommé GPIH (Gestion des Prestations Informatiques pour l'Habitat). À cette époque, les OPHLM n'avaient pas encore été transformés en EPIC local par l'ordonnance du 1er février 2007 créant les offices publics de l'État. Dans son arrêt, le juge administratif précise qu'« aucune disposition du Code général des collectivités territoriales, du Code de la construction et de l'habitation régissant les établissements publics d'habitations à loyer modéré, ni de l'ordonnance du 23 septembre 1967 sur les groupements d'intérêts économiques, ne fait obstacle à ce qu'un établissement public administratif tel que l'office public d'HLM interdépartemental de l'Essonne, du Val-d'Oise et des Yvelines participe à un groupement d'intérêt économique » mais également « que sa création et son exploitation ne sont par suite pas contraires à la spécialité de l'établissement public »[52].

51. CE Section des travaux publics 7 juill. 1994, « EDF-GDF », Avis de l'Assemblée générale, nº 356089, *Grands avis du Conseil d'État*, 2e éd., nº 31.
52. CAA Paris 24 févr. 2004, nº 99PA04030, publié aux tables du *Recueil Lebon*.

Il est également possible d'évoquer l'exemple des agences départementales chargées d'apporter, aux collectivités territoriales et aux EPCI qui le demandent, une assistance d'ordre technique, juridique ou financier[53]. Créées dans un cadre local, ces agences ne disposent pas des mêmes compétences puisque leur intérêt réside notamment dans l'adéquation de leurs missions avec les besoins de chaque territoire. Si les agences assurent des missions classiques d'ingénierie locale, elles peuvent également exercer, au nom d'une conception large de la notion d'assistance, des missions pouvant aller jusqu'à la « maîtrise d'œuvre » en passant par « l'assistance à maîtrise d'ouvrage » ou la « maîtrise d'ouvrage déléguée » dans les domaines de l'urbanisme, du bâtiment, de l'aménagement, de la voirie, de l'eau, de l'assainissement, des énergies renouvelables ou de l'informatique[54]. Le principe de spécialité s'est dilué, contribuant ainsi à la pérennisation de la formule de l'établissement public. La dilution du principe a permis à l'établissement public de se renouveler, voire de se démultiplier.

B. Un principe concurrencé mais adapté aux nouveaux besoins de l'action publique locale

Malgré son apparente désuétude, le principe de spécialité demeure un élément indispensable à la définition de l'établissement public. Cette liaison entre spécialité et établissement public est d'autant plus perceptible que la souplesse de la spécialité a pénétré la formule même de l'établissement public. En effet, l'assouplissement de la règle de la spécialité permet une nouvelle conception du principe, moins rigide et qui n'isole plus l'établissement public au sein de sa mission. Alors que certains pensaient le principe de spécialité concurrencé voire qu'il constituait une des causes du déclin de l'établissement, force est de constater la permanence de l'établissement public voire une résurgence de l'établissement public local.

Pour certains, la spécialité est éclipsée par la libre concurrence en raison de la nature même de la procédure du référé précontractuel[55]. Plusieurs arrêts[56] du Conseil d'État appuient cette position en démontrant que dans le cadre de

53. Art. L. 5511-1 du CGCT.

54. Z. KAMBIA, « Les agences départementales : zoom sur des établissements publics locaux peu connus », *JCP A* 2 mai 2023, n° 17.

55. F. BRENET, « La spécialité » précité, p. 87.

56. CE 21 juin 2000, *Syndicat intercommunal de la Côte d'Armor et de la Presqu'île Guérandaise* : « Considérant toutefois qu'il n'appartient pas au juge, statuant sur le fondement de l'article L. 22 précité, de contrôler le respect, par un syndicat intercommunal à vocation multiple soumis aux dispositions de l'article L. 1411-1 du Code général des collectivités territoriales, du principe de spécialité des établissements publics mais le seul respect des obligations de publicité et de mise en

l'attribution des marchés publics à un établissement public, le juge administratif utilise le critère de la libre concurrence au détriment du principe de spécialité pour une raison purement technique. En effet, l'article L. 551-1 du Code de justice administrative précise que le juge « ne peut être saisi que d'un moyen tiré de la méconnaissance des obligations de publicité et de mise en concurrence », ce qui exclut par définition tout moyen tiré de la violation du principe de spécialité. Dans l'arrêt *Compagnie méditerranéenne d'exploitation des services d'eau* du 16 octobre 2000, le Conseil d'État confirme le principe selon lequel, le juge administratif, dans le cadre du référé précontractuel, n'est pas en mesure de « contrôler le respect, par le candidat à l'obtention d'un marché public ou d'une délégation de service public, de son objet social ou, lorsqu'il s'agit d'un établissement public, du principe de spécialité auquel il est tenu »[57]. Or, le Conseil d'État a procédé à un revirement de jurisprudence dans un arrêt du 18 septembre 2015. Dans un premier temps, le juge rappelle « qu'il appartient au juge du référé précontractuel, saisi de moyens sur ce point, de s'assurer que l'appréciation portée par le pouvoir adjudicateur pour exclure ou admettre une candidature ne constitue pas un manquement aux obligations de publicité et de mise en concurrence ». Ensuite, il ajoute que « lorsque le candidat est une personne morale de droit public, il lui incombe de vérifier que l'exécution du contrat en cause entrerait dans le champ de sa compétence et, s'il s'agit d'un établissement public, ne méconnaîtrait pas le principe de spécialité auquel il est tenu »[58]. Cette décision a été confirmée par un arrêt du 18 septembre 2019 dans lequel le Conseil ajoute une condition pour qu'un établissement public puisse valablement candidater à un marché public. Le candidat évincé soutenait notamment que l'autorité concédante avait méconnu son obligation de vérifier que l'offre de l'établissement public ne bénéficiait pas de ressources ou de moyens attribués au titre de sa mission de service public. Le Conseil d'État estime également qu'il « incombe au juge du référé précontractuel, saisi d'un moyen en ce sens, de vérifier que le contrat n'a pas été attribué à une personne publique qui a présenté une offre qui, faute de prendre en compte l'ensemble des coûts exposés,

concurrence auxquelles cet établissement est soumis ; qu'ainsi, en se fondant sur la seule circonstance que la commission de délégation avait été amenée à porter une appréciation sur des offres dont le contenu répondait à une variante méconnaissant le principe de spécialité des établissements publics, le juge des référés du tribunal administratif de Nantes a entaché son ordonnance d'une erreur de droit », *RFDA* 2000, p. 1031.

57. CE 16 oct. 2000, *Compagnie méditerranéenne d'exploitation des services d'eau*, *RFDA* 2001, p. 16.

58. CE 18 sept. 2015, *Association de gestion du Conservatoire national des arts et métiers (CNAM) des Pays de la Loire*, req. n° 390041, *AJDA* 2016.153, note T. Rombauts-Chabrol.

a faussé les conditions de la concurrence »[59]. En l'espèce, l'établissement public local proposait des prix globalement plus élevés que ceux du candidat évincé. Dès lors, le juge considère que l'autorité ne saurait être regardée comme ayant retenu une offre qui aurait faussé les conditions de la concurrence. Loin d'être éclipsé, le principe de spécialité permet également en matière de commande publique de neutraliser certaines contraintes issues des règles de publicité et de mise en concurrence.

Pour certains, l'exception dite des « contrats *in house* » pourrait s'appliquer aux contrats passés entre les établissements publics et leur collectivité de rattachement[60]. Pour que cette exception aux règles du droit de la concurrence puisse s'appliquer, deux conditions cumulatives sont exigées : le pouvoir adjudicateur doit exercer sur la personne morale à laquelle il ou elle délègue le service un « contrôle analogue à celui qu'il ou elle exerce sur ses propres services » et que cette personne réalise l'essentiel de son activité avec ce pouvoir adjudicateur[61]. Concernant le critère du contrôle analogue, N. Gabayet estime que « le statut de l'établissement public fournit précisément un élément de preuve du caractère "décisif" de l'influence de la collectivité créatrice sur les "objectifs stratégiques" de l'établissement ainsi que sur ses décisions grâce au principe du rattachement »[62]. Quant au critère de l'essentiel de l'activité, le droit européen fixe à plus de 80 % les activités que la personne morale contrôlée doit exercer dans le cadre de l'exécution des tâches qui lui sont confiées par le pouvoir adjudicateur ou l'entité adjudicatrice qui la contrôle. Ainsi, poursuit l'auteur, « s'agissant d'un établissement public, il n'est pas interdit de penser que le principe de spécialité garantit un pourcentage élevé d'activités réalisées dans le cadre de l'exécution des tâches confiées par la collectivité publique de rattachement ». Si cette conception peut être discutée au regard de la multiplicité des établissements publics, notamment ceux qui ne connaissent pas de rattachement ou qui disposent d'une forte autonomie, reste que la formule demeure un outil privilégié de l'action publique locale comme le démontre encore le recul significatif de la formule associative au profit de l'établissement public à caractère industriel et commercial local pour la gestion des offices de tourisme.

59. CE 18 sept. 2019, req. n° 430368, *AJCT* 2019.569, note J.-D. Dreyfus.

60. N. GABAYET, « L'établissement public, procédé à reconsidérer », *JCP A* 2016.2099, partie I.

61. A. PERGOLA, Concl. sur CJCE 10 nov. 1998, *BFI Holding BV*, *BJCP* 1999, n° 2 ; G. COSMAS, Concl. sur CJCE 18 nov. 1999, *Teckal*, *BJCP* 2000, n° 8, point 53.

62. N. GABAYET précité.

Selon le Code du tourisme, une commune peut, par délibération du conseil municipal, instituer un organisme chargé de la promotion du tourisme, dénommé office de tourisme[63], et déterminer son statut juridique et ses modalités d'organisation. Si le modèle dominant a longtemps été l'association loi 1901, une étude réalisée en Auvergne Rhône-Alpes montre qu'en 2019, le modèle associatif est présent seulement pour 38 % des offices de tourisme, à quasi-égalité désormais avec le statut d'EPIC. Ce regain d'intérêt pour l'établissement public s'explique par plusieurs raisons. Tout d'abord, la formule de l'EPIC local évite l'application de certaines règles jugées trop rigides comme la comptabilité publique ou le recrutement d'agents publics. Dans le même temps, elle permet une gestion souple et sécurisée des missions de service public. Ensuite, l'État semble encourager le développement de l'EPIC en le rendant obligatoire lorsque plusieurs groupements de communes décident de créer conjointement un office intercommunal. Par ailleurs, le recours à cette formule permet « l'affectation automatique du produit de la taxe de séjour et celui de la taxe perçue sur les entreprises exploitant des remontées mécaniques »[64]. Enfin, l'office de tourisme sous la forme d'EPIC est dirigé par un agent contractuel recruté par contrat conclu pour une durée maximale de trois ans renouvelable par reconduction expresse dans la durée maximale de six ans. Cette nomination par contrat permet donc à la collectivité territoriale de voir garantir sa libre administration dont le choix dans le recrutement de ses agents est une des composantes[65]. Nonobstant, l'établissement public permet également à l'État d'assurer un certain contrôle sur les entités locales dans la mesure où « la liberté des collectivités territoriales [...] est relativement limitée : la structure bipartite (avec, le plus souvent, un conseil d'administration et un exécutif) ne peut être remise en cause, les catégories de personnes pouvant faire partie du conseil d'administration sont déterminées par la norme nationale »[66]. Cet encadrement, notamment par les règles de droit public, n'est pas toujours synonyme de carcan rigide dans lequel seraient enfermés les établissements publics. La règle de la comptabilité publique, si contraignante soit-elle, autorise par exemple l'établissement face à un débiteur récalcitrant à « saisir le juge pour obtenir le prononcé d'une décision dont il faudrait ensuite obtenir l'exécution (le cas échéant avec le concours de la

63. *Ibid.*

64. Si la commune ou le groupement de communes choisit la forme d'une régie, voire d'un établissement public administratif ou d'une association loi 1901, ce reversement ne sera que facultatif et ne pourra comporter qu'une partie du produit de la taxe, Cl. DEVÈS, « Les offices de tourisme : quelle forme juridique choisir ? », *Juris tourisme* 2022.20, nº 250.

65. Cons. const. 20 janv. 1984, nº 83-168 DC.

66. J.-M. PONTIER, « L'établissement public, instrument irremplaçable de l'action publique » précité.

force publique) »[67]. Grâce à cet instrument, facilement malléable, les collectivités territoriales ont donc la possibilité de leur attribuer plus ou moins d'autonomie, de leur fixer des compétences plus ou moins étendues pour une gestion simple et sécurisée de missions de service public. L'établissement public n'est donc pas une formule en déclin. Au contraire, sa capacité d'adaptation lui offre la possibilité de répondre à l'évolution des besoins de l'action administrative qu'elle soit nationale ou locale et, preuve de son extraordinaire souplesse, aux nouveaux besoins des politiques publiques. Cette adaptation résulte d'un élément fondamental de son statut : le principe de spécialité.

67. N. GABAYET précité.

LE CONTRÔLE DE LÉGALITÉ DES ACTES DES ÉTABLISSEMENTS PUBLICS LOCAUX, ENTRE DROIT COMMUN ET SPÉCIFICITÉS

Virginie DONIER
Professeure de droit public
Université de Toulon
Présidente du conseil scientifique du GIS-GRALE

L'établissement public local est une formule qui rencontre un succès certain, ainsi qu'en témoigne la diversité des missions pouvant être dévolues à ces personnes publiques, dont la nature peut être administrative ou industrielle et commerciale. Ces missions sont en effet d'ordre social, économique, culturel ou environnemental, et ce, en fonction des compétences dont dispose la collectivité de rattachement. Parmi les établissements publics locaux figurent ainsi les centres communaux et intercommunaux d'action sociale, les musées, certains offices du tourisme, les services départementaux d'incendie et de secours, ou encore, et sans prétendre à l'exhaustivité, les établissements publics locaux d'enseignement tels les collèges ou les lycées. Il existe donc une réelle variété d'objets pouvant être confiés à un établissement public local. Mais au-delà de cet élément variable, trois caractéristiques permettent de maintenir l'unité de la catégorie[1]. La première réside dans l'octroi de la personnalité morale, laquelle lui permet d'adopter des actes en son nom, de disposer d'un patrimoine, d'un budget, de personnels et de dirigeants propres. Dans la mesure où l'établissement public agit en son nom et sous sa responsabilité, cela n'est pas sans conséquence sur le contrôle de légalité exercé sur ses actes. La seconde caractéristique de l'établissement public local réside, comme pour tout établissement public, dans le principe de spécialité. Cette personne publique voit le champ de ses attributions être strictement défini par la décision qui l'institue, ce qui, là encore, n'est pas sans incidence sur le contrôle de légalité. Et enfin, tout établissement public local est rattaché à une collectivité territoriale ou à un établissement public de coopération intercommunale qui conserve un droit de

1. B. FAURE, *Droit des collectivités territoriales*, Précis Dalloz, 7e éd., 2023, p. 523.

regard sur l'exercice de son activité, sur la désignation de son conseil d'administration, et qui exerce un contrôle sur les décisions prises. Pouvant être qualifié de démembrement des collectivités territoriales participant à une mission de service public, l'établissement public reste subordonné à la tutelle de la collectivité, étant cependant précisé que seul le représentant de l'État est habilité à exercer le contrôle de légalité[2]. Dans certains cas, la tutelle est exercée par plusieurs collectivités territoriales, ou par des collectivités territoriales et un EPCI, car s'il existe des établissements publics classiques, rattachés à une seule personne publique, certains disposent d'un rattachement multiple[3]. Cela concerne, par exemple, les services départementaux d'incendie et de secours. S'ils étaient auparavant des établissements publics départementaux, la loi du 3 mai 1996 a modifié leur nature juridique pour en faire des établissements rattachés au département, aux communes et aux EPCI qui en sont membres[4]. À la diversité des missions exercées s'ajoute ainsi, pour certains établissements publics locaux, la pluralité des rattachements, ce qui influe sur les modalités du contrôle de légalité, *a fortiori* si un établissement est aussi rattaché à l'État.

Afin d'éclaircir les règles auxquelles sont subordonnés les actes des établissements publics locaux, il convient en premier lieu d'évoquer le droit commun, ces établissements étant soumis, comme leur collectivité de rattachement, au contrôle du représentant de l'État (I), avant d'évoquer les particularités du régime juridique applicable aux établissements publics locaux (II).

I. La soumission des établissements publics locaux au contrôle de légalité

L'établissement public local étant nécessairement rattaché à une collectivité territoriale et chargé d'une mission de service public qui relève, en principe, de la compétence de celle-ci, il semble cohérent de le soumettre au contrôle de légalité applicable aux collectivités territoriales (A), lequel contrôle se déroule alors selon les règles du droit commun (B).

---

2. U. NGAMPIO-OBÉLÉ-BÉLÉ, « Le contrôle des collectivités territoriales sur leurs démembrements », *in* J.-M. PONTIER et U. NGAMPIO-OBÉLÉ-BÉLÉ (dir.), *Les contrôles en droit administratif*, IFJD, coll. « colloques et essais », 2023, p. 285.

3. E. FATÔME, « À propos du rattachement des établissements publics », *in Mélanges en l'honneur de Jacques Moreau*, Economica, 2003, p. 130.

4. Loi nº 96-369 relative au service d'incendie et de secours, *JO* 4 mai 1996.

A. Une soumission justifiée par le rattachement à la collectivité territoriale

Le principe, qui est énoncé par trois dispositions convergentes du CGCT, est le suivant : les établissements publics locaux sont soumis au même régime juridique que leur collectivité de rattachement. Cela découle explicitement des articles L. 2131-12 du code s'agissant des établissements publics communaux, L. 3241-1 pour les établissements publics départementaux et enfin, L. 4261-1 pour les établissements régionaux.

Toutefois, ce principe n'a vocation à s'appliquer qu'en l'absence de dispositions spécifiques, ce qui implique de ne pas s'en tenir aux seuls articles précités. Pour chaque établissement public local, il convient en effet de rechercher s'il existe une règle particulière. Des tempéraments ont d'ailleurs été introduits dès la loi de décentralisation du 2 mars 1982 puisque deux articles prévoyaient des dérogations temporaires en direction des établissements publics sanitaires et sociaux : les articles 16 et 56 énonçaient ainsi que les règles applicables aux communes ne s'étendaient pas à ces établissements, tout du moins, tant que n'était pas entrée en vigueur la loi relative à l'adoption des compétences devant être adoptée en vertu de l'article 1er de la loi du 2 mars 1982[5]. Dans l'attente de l'adoption de ce texte, les établissements sanitaires et sociaux demeuraient régis par les dispositions antérieures, et notamment par la loi du 30 juin 1975[6]. L'adoption de ces lois de répartition des compétences n'a cependant pas complètement gommé les particularités qui s'appliquent au contrôle de légalité des actes de ces établissements. S'il s'avère qu'ils sont subordonnés à un tel contrôle, la pluralité de leur rattachement influe sur les modalités de celui-ci, le représentant de l'État n'étant pas la seule autorité habilitée à exercer le contrôle de légalité[7].

S'agissant des autres établissements, il convient de se référer aux dispositions définissant leur régime juridique pour déterminer s'ils sont complètement soumis au droit commun ou s'ils relèvent, en partie, de règles spécifiques[8]. Au titre des établissements soumis au régime de droit commun figurent les centres communaux et intercommunaux d'action sociale dont le contrôle relève du représentant de l'État

---

5. Pour mémoire, l'article 1er de la loi n° 82-213 du 2 mars 1982 relative aux droits et libertés des communes, départements et des régions indiquaient que « des lois détermineront la répartition des compétences entre les communes, les départements, les régions et l'État [...] ».
6. Loi n° 75-535 relative aux institutions sociales et médico-sociales.
7. Voir *infra*.
8. E. AUBIN et H. PAULIAT, « Contrôle administratif de légalité. Introduction générale et personnes morales concernées », *Juriscl. coll. terr.*, fasc. 920.

dans le département[9]. D'autres établissements communaux ont cependant parfois évolué en eaux troubles, à l'instar des régies municipales jusqu'à ce que les règles applicables soient clarifiées par un décret du 23 février 2001[10]. Ce texte est venu rattacher explicitement les régies chargées de l'exploitation d'un service public local à la collectivité territoriale l'ayant créée, ce qui a permis de les soumettre au même contrôle de légalité que cette collectivité.

Au niveau départemental, les établissements publics départementaux et interdépartementaux sont eux aussi soumis au contrôle de légalité applicable à leur collectivité de rattachement. Cela concerne les services départementaux d'incendie et de secours, les centres de gestion de la fonction publique territoriale, les collèges (même s'il existe pour ces deux dernières catégories des spécificités), ou encore les offices publics de l'habitat qui peuvent être rattachés à un département, mais aussi à une commune ou à un EPCI. Ces établissements à caractère industriel et commercial sont eux aussi soumis au contrôle de légalité du représentant de l'État, ce qui tend à démontrer que le contrôle est applicable à tous les établissements publics locaux, quelle que soit leur nature.

Concernant le niveau régional, les établissements concernés par le contrôle de légalité sont essentiellement les lycées et les établissements d'enseignement agricole, mais cette soumission de principe au contrôle de légalité dissimule certaines spécificités en raison de la mission qui leur est confiée[11].

La situation des établissements publics de coopération culturelle ou environnementale est en revanche plus claire[12]. Ces établissements, qui peuvent être de nature administrative ou industrielle et commerciale selon leur objet, sont soumis au contrôle de légalité du représentant de l'État en vertu de l'article L. 1431-7 du CGCT. Aucune disposition spécifique, exceptée cette disposition de renvoi, ne leur est applicable.

9. Voir par ex. TA Marseille, 9e ch., 24 mai 2023, nº 22033856 : le préfet des Bouches-du-Rhône avait déféré une délibération du conseil d'administration du CCAS de la commune de Martigues ayant institué un régime indemnitaire des agents de l'établissement contraire aux règles du droit de la fonction publique.

10. Décret nº 2001-184 du 23 févr. 2001 relatif aux régies chargées de l'exploitation d'un service public et modifiant la partie Réglementaire du Code général des collectivités territoriales, *JO* 27 févr. 2001.

11. Voir *infra*.

12. Sur la notion d'établissement public culturel, voir J.-M. PONTIER, « L'établissement public de coopération culturelle, un nouvel outil de coopération culturelle », *AJDA* 2002, p. 430.

Dans certaines hypothèses cependant, il faut se reporter à un autre code pour déterminer les règles régissant le contrôle de légalité. Tel est le cas des centres de gestion de la fonction publique territoriale pour lesquels existe une disposition de renvoi dans le Code général de la fonction publique[13], laquelle disposition énonce leur assujettissement au contrôle de légalité avec quelques spécificités inhérentes à leurs missions.

Il ressort de cet inventaire une impression de complexité car s'il existe dans le CGCT des articles qui énoncent le principe de la subordination des établissements publics locaux au contrôle de légalité, il convient de les combiner avec d'autres dispositions de renvoi pouvant figurer dans d'autres codes. Un travail d'unification pourrait être opportun afin de simplifier l'état du droit, mais ce travail devrait être concilié avec les règles particulières applicables à certaines catégories d'établissements en raison de leur objet ou en raison de la pluralité des collectivités de rattachement. Il n'en demeure pas moins qu'au regard du principe énoncé, les établissements publics locaux sont largement régis par les règles de droit commun du contrôle de légalité.

B. Un contrôle relevant du droit commun

Pour les établissements publics locaux soumis aux mêmes dispositions que leur collectivité de rattachement, le contrôle de légalité ne comporte pas de règles particulières. Dans la mesure où les dispositions régissant ces différents établissements renvoient aux articles du Code général des collectivités territoriales (CGCT) définissant les règles applicables à chaque catégorie de collectivités, le contrôle s'effectue selon le droit commun, c'est-à-dire par le représentant de l'État dans le département pour les établissements rattachés aux communes, aux EPCI ou aux départements, et par le représentant de l'État dans la région pour ceux rattachés à cette catégorie de collectivités.

Le contrôle de légalité obéit ainsi à une partition identique qui repose en premier lieu sur l'obligation de transmission de certains actes au représentant de l'État en vertu des articles L. 2131-1, L. 3131-1 et L. 4141-1 du CGCT. Si la liste des actes concernés par l'obligation de transmission a été progressivement réduite au fil des lois de décentralisation, dans le dessein de concentrer les moyens administratifs disponibles sur les actes les plus importants, le représentant de l'État a toutefois la possibilité d'exercer son contrôle sur l'ensemble des actes administratifs unilatéraux des collectivités territoriales. L'obligation de transmission constitue une

13. Voir en ce sens l'article L. 451-15 du CGFP.

sorte de minimum légal, mais elle n'a aucunement vocation à limiter le champ du contrôle, ainsi que l'a indiqué le Conseil d'État dans son arrêt de section du 28 février 1997, *Commune du Port*[14]. Or ce qui vaut pour une collectivité territoriale vaut pour les établissements publics qui lui sont rattachés. Le représentant de l'État peut ainsi contrôler les actes administratifs adoptés par un tel établissement, même s'ils n'entrent pas dans l'obligation de transmission.

S'agissant plus précisément des contours de cette obligation, la transmission doit être complète. C'est d'ailleurs à compter de la réception de l'ensemble des documents demandés que commencera à courir le délai de deux mois dont dispose le préfet pour exercer son déféré préfectoral[15]. Dans l'hypothèse où un établissement public n'aurait pas procédé à une transmission intégrale, le représentant de l'État devra alors lui demander de la compléter.

Mais avant d'évoquer les autres étapes du contrôle de légalité, il convient de mentionner la nouvelle procédure introduite par la loi du 27 décembre 2019 permettant de saisir le préfet d'une demande de prise de position[16]. Cela constitue un garde-fou à la commission d'illégalités, tout en ayant des conséquences sur le contrôle exercé par le préfet. En vertu du nouvel article L. 1116-1 du CGCT applicable aux collectivités territoriales, à leurs groupements et à leurs établissements publics, il est possible de saisir le représentant de l'État « d'une demande de prise de position formelle relative à la mise en œuvre d'une disposition législative ou réglementaire régissant l'exercice de leurs compétences ou les prérogatives dévolues à leur exécutif ». L'établissement public local a alors la possibilité de sécuriser le contenu de son acte car si ce dernier est conforme à la prise de position du préfet, il ne pourra plus exercer son déféré préfectoral, à deux réserves près : le déféré demeure possible en cas de changement dans les circonstances de droit ou de fait d'une part, et pour un autre motif de droit que celui sur lequel il s'est prononcé d'autre part[17]. À ce jour, cette nouveauté ne semble cependant pas avoir rencontré son public, les collectivités territoriales, comme les établissements publics locaux, y

14. *Rec.*, p. 61 ; *RFDA* 1997, p. 1190, concl. J.-H. Stahl, note J.-Cl. Douence.

15. CE 15 mai 2013, *Office public de l'habitat de Nice et des Alpes maritimes*, *JCP A* 2013.2208, note H. Pauliat.

16. Loi nº 2019-1461 relative à l'engagement dans la vie locale et à la proximité de l'action publique, *JO* 28 déc. 2019, texte nº 1.

17. L. JANICOT, « L'extension du rescrit au profit des collectivités territoriales », *RFDA* 2000, p. 254 ; O. MAGNAVAL et G. GIEN, « Le rescrit préfectoral : une nouvelle garantie pour les collectivités territoriales ? », *JCP A* 2020, Actu. 308.

recourent assez peu[18]. Si le rescrit est un « outil de prévention »[19] des illégalités, sa faible mise en œuvre ne semble pas avoir eu de grandes incidences sur le contrôle de légalité exercé sur les établissements publics locaux.

Outre l'obligation de transmission évoquée précédemment, le contrôle de légalité comporte aussi une phase précontentieuse reposant sur un dialogue entre le représentant de l'État et la personne publique contrôlée. Lors de cette phase, le préfet adresse des observations à la collectivité ou à l'établissement concerné afin de corriger les illégalités relevées. Cette demande de correction est qualifiée de recours gracieux par le Conseil d'État[20], ce qui implique que l'acte qui a été régulièrement notifié ou publié et transmis au représentant de l'État, et qui est donc devenu exécutoire, continue de produire ses effets. Ce n'est qu'en cas de déféré préfectoral devant le juge administratif, éventuellement assorti d'une demande de suspension, que l'acte pourra être remis en cause.

Outre le déféré préfectoral à l'initiative du représentant de l'État, toute personne justifiant d'un intérêt à agir contre un acte administratif d'un établissement public local peut former un recours pour excès de pouvoir, mais il est également possible de solliciter un déféré. En vertu de l'article L. 2131-8 du CGCT, toute personne physique ou morale qui s'estime lésée par un acte pris par une collectivité territoriale peut demander au préfet l'usage de son déféré. Dans la mesure où les établissements publics locaux sont soumis, en principe, au même régime juridique que les collectivités, leurs actes peuvent également faire l'objet d'un déféré sur demande, cette dernière devant être formulée dans le délai de deux mois à compter de la date à laquelle l'acte est devenu exécutoire. Si l'on excepte le domaine de l'urbanisme, qui concerne très marginalement l'activité des établissements publics locaux, l'usage de déféré provoqué demeure très modeste[21]. Tout en étant soumis aux mêmes règles que leur collectivité de rattachement, il apparaît ainsi quelques particularités, les établissements publics locaux n'étant pas nécessairement concernés par toutes les formes du contrôle en pratique. Au-delà de ces premiers éléments de divergence, ces établissements peuvent du reste être soumis à des règles différentes de celles qui régissent les actes des collectivités territoriales.

---

18. K. JEBRANE, « Trois ans de rescrit préfectoral : quand simplification ne rime pas avec application », *Droit administratif* 2023, n° 10.
19. B. FAURE, « Les contrôles de l'État sur les collectivités territoriales », *AJDA* 2024, p. 392.
20. CE Section 6 déc. 1995, *Préfet des Deux-Sèvres contre commune de Neuvy-Bouin*, *Rec.*, p. 425.
21. Tel était le constat dressé par la Direction générale des collectivités locales dans les rapports triennaux du gouvernement au Parlement sur le contrôle *a posteriori* exercé par le représentant de l'État sur les actes des collectivités territoriales, le dernier rapport disponible datant d'avr. 2014.

II. Les particularités du contrôle de légalité exercé sur les établissements publics locaux

Si ces établissements obéissent, en principe, au droit commun, l'exercice de certaines missions induit des règles spécifiques en matière de contrôle (A). À cela s'ajoutent certaines singularités liées à la nature même d'établissement public local (B).

A. Les particularités inhérentes à l'objet de l'activité

Certaines spécificités tiennent à l'existence de dispositions qui, tout en soumettant l'établissement au contrôle de légalité, adaptent ses modalités en fonction des missions exercées. Tel est le cas des actes du Centre national de la fonction publique territoriale dont le contrôle incombe au représentant de l'État situé dans le département où se trouve le siège de l'établissement. Mais l'article L. 451-15 du Code général de la fonction publique dresse une liste particulière des actes devant être transmis au préfet, cette liste étant justifiée par les missions exercées. L'article précité énonce ainsi que doivent être transmis les actes pris par le Centre et ses délégations quant à l'organisation des concours et examens professionnels, à l'inscription des candidats déclarés aptes par le jury sur une liste d'aptitude, à la publicité des création et vacances d'emploi, ou encore les conventions passées avec des tiers. Une liste spécifique des actes soumis à l'obligation de transmission a également été définie pour les centres de gestion de la fonction publique territoriale qui sont des établissements publics administratifs organisés dans chaque département[22].

D'autres établissements publics locaux sont à quant à eux soumis à des règles variables en fonction de leur rattachement. Le cas des établissements sociaux et médico-sociaux illustre de manière significative cette hypothèse dans la mesure où certains de ces établissements sont autorisés par le président du conseil départemental, d'autre par le directeur général de l'agence régionale de santé (ARS), d'autres encore par les deux autorités de façon conjointe[23]. En cas de compétence exclusive du président du conseil départemental, les actes de ces établissements sont logiquement contrôlés par le représentant de l'État, ainsi que l'énonce l'article L. 315-14 du Code de l'action sociale et des familles, étant précisé qu'une liste spécifique des actes soumis à l'obligation de transmission a été définie par

22. En vertu de l'article L. 452-24 du CGFP, sont concernés les actes relatifs à la publicité des créations et vacances d'emploi, à l'organisation des concours, à la liste d'aptitude des candidats admis à un concours, ou encore le budget du centre de gestion.

23. M. BORGETTO et R. LAFORE, *Droit de l'aide et de l'action sociale*, LGDJ, 11ᵉ éd., 2021, p. 242.

l'article L. 315-12 du même code[24]. En revanche, lorsque l'établissement relève de la compétence du directeur général de l'ARS, soit de façon exclusive, soit de façon conjointe avec le président du conseil départemental, le contrôle de légalité n'incombe plus au représentant de l'État. Les actes soumis à l'obligation de transmission, dont la liste est identique, sont alors transmis au directeur général qui exerce les prérogatives du représentant de l'État en matière de contrôle de légalité. Il apparaît ainsi que les particularités applicables aux établissements publics locaux peuvent tenir non seulement dans l'identification d'une liste spéciale d'actes soumis à l'obligation de transmission, mais aussi dans la désignation d'une autorité différente du représentant de l'État pour exercer le contrôle de légalité.

Mais ce sont surtout les établissements publics locaux d'enseignement (EPLE) qui obéissent à un régime singulier en raison de la nature du service public dont ils ont la charge, l'éducation étant un service public national. À cet égard, il existe d'ailleurs une ambiguïté sur la qualification de ces établissements publics locaux, ainsi que l'avait relevé le commissaire du gouvernement Didier Mésognan dans ses conclusions sous le jugement du tribunal administratif d'Orléans du 25 janvier 2007[25]. L'une des questions soulevées dans ces conclusions était de savoir si les EPLE sont des établissements publics locaux des collectivités territoriales ou de l'État. Ainsi que le rappelle le commissaire du gouvernement, ces établissements ont la charge d'un service public national, ils sont par ailleurs créés par l'État, et non par leur collectivité de rattachement, même si ces dernières formulent des propositions. Le conseil d'administration de l'établissement ne comprend que peu de représentants des collectivités territoriales en comparaison du nombre des représentants de l'État. Et le chef d'établissement n'est pas désigné par la collectivité territoriale de rattachement, mais par l'État. Ces différents éléments plaident pour la qualification d'établissement public local de l'État, et ce, en dépit des compétences dévolues aux collectivités territoriales.

Pourtant, l'article L. 421-1 du Code de l'éducation énonce, par renvoi au Code général des collectivités territoriales, que sous réserve de certaines règles particulières, les dispositions relatives au contrôle de légalité sont celles qui sont applicables aux communes. Il existe toutefois des spécificités au-delà de l'énoncé de ce principe général car en vertu de l'article précité du Code de l'éducation, le contrôle de légalité exercé sur les actes des lycées ne relève pas du préfet de

24. Cela concerne notamment le projet d'établissement, les programmes d'investissement, le budget, ou encore le tableau des emplois du personnel.
25. *AJDA* 2007, p. 923.

région, comme on aurait pu légitimement le penser, mais du représentant de l'État dans le département. Il y a ainsi une dissociation entre le niveau de compétence et l'autorité chargée du contrôle de légalité[26].

Outre cette première particularité, il existe également une distinction selon le type d'acte adopté par l'EPLE, laquelle distinction a été précisée par une ordonnance du 1er juillet 2004[27]. S'agissant des actes non budgétaires, il convient de distinguer les actes qui concernent le contenu ou l'organisation de l'action éducative des autres actes. Cette seconde catégorie, qui concerne par exemple les conventions et marchés passés par l'établissement, est transmise au représentant de l'État dans le département, ou à l'autorité académique en cas de délégation entre ces deux autorités. Ces actes n'ont cependant pas à être transmis à la collectivité de rattachement, même si cette dernière est tenue informée, au même titre que le recteur, de la situation financière de l'établissement.

S'agissant des actes relatifs au contenu ou à l'organisation de l'action éducative, ils ne sont transmis qu'à l'autorité académique. Dans cette hypothèse, les actes obéissent à un régime dérogatoire puisque l'article L. 421-14 II du Code de l'éducation autorise cette autorité à en prononcer l'annulation en cas d'illégalité.

Si ces éléments tendent à démontrer que le représentant de l'État n'est pas la seule autorité habilitée à exercer un contrôle de légalité sur les actes des EPLE, il ressort également des dispositions du Code de l'éducation l'existence d'une réelle tutelle du recteur sur ces établissements, pour une partie des actes adoptés tout du moins. Cela vient renforcer la thèse selon laquelle ces établissements répondent à des caractéristiques singulières et, en ce sens, ne constituent pas des établissements publics des collectivités territoriales, même s'ils sont rattachés à un département ou à une région. Les modalités d'exercice du contrôle de légalité ne sont que le reflet des choix opérés en matière de décentralisation, le service public de l'Éducation nationale demeurant placé dans les mains de l'État.

Mais au-delà de ces particularités entourant les règles de déclenchement du contrôle, il s'avère que la nature même d'établissement public produit également des effets sur l'exercice de celui-ci.

---

26. CAA Bordeaux 10 oct. 2006, *Préfet de la région Aquitaine*, n° 04BX00354, *AJDA* 2006, p. 2301 : dans cette décision, la cour rejette la compétence du préfet de région pour contrôler les actes émanant d'un lycée en rappelant les dispositions de l'article L. 421-1 du Code de l'éducation.

27. Ordonnance n° 2004-631 relative à la simplification du régime d'entrée en vigueur, de transmission et de contrôle des actes des autorités des établissements publics locaux d'enseignement, *JO* 2 juill. 2004, texte n° 12 ; A. LEGRAND, « Le rattachement des établissements publics locaux d'enseignement à une collectivité territoriale et le contrôle de leurs actes », *AJDA* 2005, p. 825.

B. Les particularités inhérentes à la nature même d'établissement public local

Ces établissements étant régis par le principe de spécialité, le contrôle de légalité devra s'assurer que leurs actes se limitent effectivement à leur champ de compétence, ce qui constitue, d'une certaine façon, une particularité par rapport au contrôle exercé sur les actes des collectivités territoriales. Le principe de spécialité est un principe général du droit[28] qui s'applique à tous les établissements publics, qu'ils soient locaux ou nationaux. Le préfet peut ainsi user de son déféré lorsque l'acte outrepasse les compétences de l'établissement, la jurisprudence étant parfois encline à retenir une interprétation étroite de ce principe. Dans une décision du 29 mars 2000, la CAA de Nantes a ainsi considéré qu'un établissement hospitalier ne pouvait passer un marché avec une clinique privée en vue d'assurer un service de blanchisserie pour cette personne privée[29]. Pourtant, dans son avis du 7 juillet 1994, le Conseil d'État, après avoir rappelé le principe de spécialité qui interdit aux établissements publics d'exercer des activités étrangères à leur mission, avait admis certains tempéraments lorsque la diversification est « le complément normal de leur mission » et s'avère utile « pour l'amélioration des conditions d'exercice de celle-ci »[30]. D'autres exemples prêtent cependant moins à discussion, à l'instar de la décision rendue par la CAA de Marseille considérant que la candidature d'un centre de gestion à un marché public visant la réalisation d'un audit de l'organisation d'une commune était contraire au principe de spécialité[31].

Lorsque le juge administratif doit se prononcer sur la légalité d'un acte d'une collectivité territoriale, il doit certes s'assurer que celui-ci n'outrepasse pas le champ de ses compétences, mais ce contrôle est plus contraignant dans l'hypothèse d'un établissement public local puisque sa mission est strictement définie par la décision qui l'institue et se limite généralement à la gestion d'un service public clairement identifié. On pourrait probablement objecter que certains établissements publics exercent des missions variées, à l'image des centres de gestion de la fonction publique territoriale ou des CCAS, mais il n'en demeure pas moins que l'éventail de leurs compétences est conçu de façon plus restrictive si on le compare à celui d'une collectivité territoriale, même si cette dernière ne dispose plus de la clause générale de compétence à l'image des départements et des régions.

28. CE Sect. 4 mars 1938, *Consorts Leclerc*, *Rec.*, p. 229.

29. CAA Nantes 29 mars 2000, *Centre hospitalier de Morlaix*, *Droit administratif* 2000.211.

30. CE Avis de la Section des travaux publics 7 juill. 1994, « Diversification des activités d'EDF-GRDF », n° 356089, *RFDA* 1994, p. 1146, note S. Rodrigues.

31. CAA Marseille 10 nov. 2014, n° 13MA02001, *AJDA* 2015, p. 250.

Une autre particularité du contrôle de légalité exercé sur les actes des établissements publics locaux réside dans l'application de l'exception *« in house »* aux contrats passés entre la collectivité de rattachement et l'établissement[32], exception qui permet à ces contrats d'échapper aux règles de la commande publique. C'est ainsi qu'une collectivité territoriale peut confier à une régie municipale, chargée de la gestion du stationnement payant, la construction d'un parc de stationnement tout en bénéficiant de cette exception[33]. L'application de cette dérogation influera nécessairement sur l'exercice du contrôle de légalité par le représentant de l'État, mais aussi par le juge administratif, puisque les règles du Code de la commande publique visant à préserver la libre concurrence n'auront pas vocation à s'appliquer.

Il ressort de ces différents éléments que le contrôle de légalité exercé sur les actes des établissements publics locaux n'est pas en tout point semblable à celui exercé sur les actes des collectivités, même s'il existe de nombreuses similitudes. Au-delà des règles de la commande publique qui considèrent l'établissement comme un démembrement de la collectivité, il nous semble que ce sont surtout les conséquences attachées au principe de spécialité qui contraignent le contrôle. Loin d'obéir à des règles uniformes, le contrôle de légalité s'inscrit ainsi dans des modalités variables selon la nature de la personne publique contrôlée, c'est-à-dire selon qu'il s'agit d'une collectivité ou d'un établissement public local, et plus encore, à l'intérieur même de cette dernière catégorie, selon la mission exercée. Comme souvent en droit des collectivités territoriales, le juriste se trouve ainsi placé face à une mosaïque qui contribue à entretenir la complexité de la matière.

32. B. FAURE, *Droit des collectivités territoriales*, *op. cit.*, p. 524.

33. M. DREIFUSS, « Stationnement payant : modes de gestion », *Encyclopédie des collectivités locales*, Dalloz, folio n° 6320, § 174.

ÉTUDES SPÉCIFIQUES

ENTRE L'ADMINISTRATION CENTRALE ET LES COLLECTIVITÉS TERRITORIALES, LES ÉTABLISSEMENTS PUBLICS LOCAUX D'ENSEIGNEMENT À LA RECHERCHE DE LEUR IDENTITÉ

Florence CROUZATIER-DURAND
Professeure de droit public
Centre d'études et de recherche en droit administratif, constitutionnel, financier et fiscal (CERDACFF)
Université Côte d'Azur

Un établissement public local d'enseignement, dit EPLE, est un établissement scolaire d'enseignement secondaire, il s'agit précisément d'un établissement public administratif, doté de la personnalité morale et chargé d'une activité de service public dont la spécialité est l'enseignement. Créé par le décret du 30 août 1985, il a progressivement pris une place décisive au sein du système éducatif[1]. Parmi les EPLE, citons les collèges, les lycées d'enseignement général et technologique ainsi que les lycées professionnels et polyvalents, les établissements régionaux d'enseignement adapté et les écoles régionales du premier degré.

Initialement les établissements scolaires du second degré étaient, en vertu de la loi Haby de 1975[2], des établissements publics nationaux pour lesquels l'État prenait en charge l'ensemble des dépenses. Le processus de décentralisation a transformé ces établissements en établissements publics locaux d'enseignement ; gérés auparavant par le ministère de l'Éducation nationale, ils dépendent désormais en partie des collectivités territoriales.

En 1982, la première loi de décentralisation a attribué des compétences aux collectivités territoriales en matière de financement et de gestion du système éducatif. D'où la création, dès 1983[3], et surtout par le décret précité de 1985, des EPLE

1. Décret n° 85-924 du 30 août 1985 relatif aux établissements publics locaux d'enseignement.
2. Loi dite Haby n° 75-620 du 11 juill. 1975 relative à l'éducation.
3. Loi n° 83-633 du 22 juill. 1983 portant répartition de compétences entre les communes, les départements, les régions et l'État.

dont le statut a par la suite été modifié, à plusieurs reprises, notamment par les décrets de la loi d'orientation de 1989 et de la loi d'orientation de 2005. En 2004, le deuxième acte de la décentralisation a transféré aux collectivités locales la propriété des immeubles, l'accueil, la restauration, l'hébergement et l'entretien général et technique des établissements ainsi que le recrutement et la gestion des agents chargés de ces missions[4]. Par la suite le législateur a instauré les contrats d'objectifs tripartites entre État, collectivité territoriale et EPLE, qui visent à clarifier le rôle de chacun[5]. Ce partage de compétences prévoit que l'État dispose de prérogatives nationales en termes d'enseignement et de délivrance des diplômes, alors que les collectivités territoriales sont propriétaires des locaux des EPLE et, à ce titre, il leur appartient notamment de gérer la construction et l'entretien outre l'attribution d'un budget de fonctionnement.

Le régime juridique des EPLE est aujourd'hui codifié au sein du titre II du livre IV de la partie réglementaire du Code de l'éducation. Ce sont juridiquement des personnes morales de droit public, ayant le statut d'établissements publics à caractère administratif, placées sous la responsabilité d'un chef d'établissement et gérées par un conseil d'administration.

Dans un rapport récent, la Cour des comptes a constaté que « notre système éducatif souffre en particulier d'un pilotage très centralisé, même si les lycées et les collèges ont le statut d'établissements publics locaux »[6]. Or, dès 2006, une mission de l'Inspection générale de l'éducation nationale avait proposé un recadrage de l'action des EPLE mettant en avant quatre axes principaux censés permettre de clarifier et donc de rendre plus effectives leurs missions[7] : reconnaître les EPLE comme un espace autonome de l'action pédagogique, respecter le principe de spécialité, organiser les services académiques dans une perspective de service effectif aux établissements, et enfin aider les EPLE à s'organiser pour assurer de manière plus efficace leurs tâches pédagogiques et administratives. Ces « axes » rendent compte des difficultés rencontrées par ces établissements dans la mise en œuvre de leurs missions et dans la reconnaissance de leur autonomie et de leur spécialité. Presque 20 ans après sa publication, il apparaît que la clarification souhaitée dans le rapport rendu en 2006 ne s'est pas réalisée. Au contraire, les

4. Loi n° 2004-809 du 13 août 2004 relative aux libertés et responsabilités locales.
5. Loi n° 2013-595 du 8 juill. 2013 d'orientation et de programmation pour la refondation de l'école de la République.
6. C. comptes, « Mobiliser la communauté éducative autour du projet d'établissement », 24 janv. 2023.
7. Inspection générale de l'éducation nationale, rapport 2006-100, « L'EPLE et ses missions ».

EPLE continuent d'être sollicités pour des tâches nouvelles portant atteinte au principe de spécialité, en particulier de la part des collectivités territoriales, et leur autonomie reste corsetée principalement par l'administration centrale.

Après quarante ans d'existence et de fonctionnement, *quid* de ces établissements publics ? Se pose certes la question de leur efficacité, au-delà, peut-on véritablement considérer que ce sont des établissements publics au regard des deux caractéristiques de cette notion, spécialité et autonomie ? L'EPLE n'est-il pas en réalité une forme de déconcentration aux mains du ministère ? Il semble que la notion même d'EPLE doive être remise en cause. Cette remise en cause sera étudiée, quant au principe de spécialité dans un premier temps, et quant à celui d'autonomie dans un second temps.

I. Une remise en cause de la notion au regard du principe de spécialité

Le décret du 30 août 1985, modifié à plusieurs reprises, codifié dans le Code de l'éducation, a pour objet l'organisation et le fonctionnement de l'établissement public local d'enseignement. La désignation de l'entité « établissement public local d'enseignement » fournit une indication utile de sa vocation, en effet aucun autre texte n'explicite les missions de l'établissement public local d'enseignement. Il en découle que l'établissement public local d'enseignement est un établissement public à caractère administratif dont la spécialité est l'enseignement. Les textes donnent au conseil d'administration de l'établissement public local d'enseignement une autonomie pédagogique et administrative, dans le respect des règles fixées par l'État à l'enseignement public.

A. Une remise en cause par l'administration centrale

La principale mission des EPLE demeure l'enseignement et, selon le Code de l'éducation, cette mission d'enseignement comprend la transmission des connaissances, l'éducation, la formation, l'orientation et l'insertion des élèves, enfin la formation continue des adultes. À cela, il convient d'ajouter la mission de socialisation, qui vise la cohésion sociale, l'éducation à la citoyenneté et la transmission des valeurs de la République. Certes, cette seconde mission n'est pas dissociable de celle principale d'enseignement ; néanmoins, depuis deux décennies, elle a pris une importance particulière. La loi d'orientation et de programme pour l'avenir de l'école du 21 avril 2005 affirme dans son article 2 : « Outre la transmission des connaissances, la Nation fixe comme mission première à l'école de faire partager aux élèves les valeurs de la République. Dans l'exercice de leurs fonctions, les personnels mettent en œuvre ces valeurs ». Pourtant, il faut reconnaître que, dans le contexte actuel, les EPLE et leurs personnels rencontrent des difficultés à accomplir cette mission de transmission et de partage des valeurs, les établissements étant souvent submergés par l'ampleur que peuvent prendre les problèmes de vie scolaire. La mission principale des EPLE est constante et, malgré l'évolution du statut, elle n'est pas remise en cause : enseigner en préservant l'égalité des chances par la transmission des connaissances et des compétences, l'orientation, la préparation à la vie professionnelle et l'éducation à la citoyenneté. En revanche, les modalités de mise en œuvre se sont multipliées et reposent sur des dispositifs de plus en plus variés, de plus en plus complexes également. Les directives du ministère de l'Éducation nationale sont, à ce titre, un facteur de remise en cause du principe de spécialité.

Les EPLE sont, depuis leur création, confrontés à des sollicitations et tâches nouvelles sous les termes les plus divers et selon les textes : « mission », « fonction » ou encore « tâche ». La gestion des ressources humaines en est un exemple révélateur. L'affirmation au sein de l'Éducation nationale, en 1994, de la notion de « gestion des ressources humaines » a incité les différents niveaux, dont les EPLE eux-mêmes, à entrer dans une approche plus qualitative de la gestion des personnels, particulièrement des personnels enseignants. Relèvent ainsi de la responsabilité du chef d'établissement l'organisation des services, les horaires de travail, la fixation d'objectifs individuels et collectifs, les entretiens annuels en vue de la notation et la formation continue. Les EPLE sont également chargés d'organiser les remplacements de courte durée, ils sont à la fois employeur de droit privé à travers le recrutement de contractuels tels que les CES-CEC, aides éducateurs, ou encore emplois vie scolaire ; et employeur de droit public pour des personnels tels que les assistants d'éducation ou les assistants pédagogiques. En outre, la deuxième phase de décentralisation en 2004 ayant confié la responsabilité des personnels TOS (agents techniques du ministère de l'Éducation nationale, les techniciens, ouvriers et de service), les EPLE ont dû gérer la phase de transition faisant suite à cette décision. Dans une logique de prestation de services, les collectivités se voient confier la gestion des personnels qui mettent en œuvre, sur le terrain, les politiques qu'elles financent. Plus de 75 000 agents sont transférés, ce qui donne lieu dans les années 2006-2007 à une hausse substantielle des effectifs. Ce transfert massif a, de plus, supposé la création d'un mode de gestion spécifique, la double tutelle : l'autorité hiérarchique revient à la collectivité de rattachement qui gère le recrutement, l'affectation, la carrière et la rémunération des personnels ; le chef d'établissement exerce l'autorité fonctionnelle sur ces agents et organise leur travail. La loi 3DS a, par la suite, prévu que l'instauration de cette double tutelle se fasse dans le respect de l'autonomie de l'établissement laquelle demeure fondée sur le respect du principe de libre administration des collectivités territoriales.

La mise en place de cette double tutelle doit toujours faire l'objet d'une convention entre les parties.

De nouvelles tâches se sont ainsi ajoutées à la mission traditionnelle et fondamentale d'enseignement, notamment à la suite de l'adoption des lois d'orientation pour l'école de 1989 et de 2005, des lois de décentralisation de 1993 et de 2004, de la loi organique sur les lois de finances de 2001, de la loi de programmation pour la cohésion sociale de 2005, jusqu'à la loi pour une école de la confiance promulguée le 28 juillet 2019. Au point que les personnels, notamment de direction, ont exprimé leur inquiétude devant l'accumulation des charges. Autant d'obligations nouvelles qui remettent en question la spécialité des EPLE.

B. Une remise en cause par les sollicitations des collectivités locales

La loi du 2 mars 1982 relative aux droits des communes, des départements et des régions, a permis aux collectivités territoriales de participer à la gestion du système éducatif[8]. La loi du 22 juillet 1983 porte répartition de compétences entre les communes, les départements, les régions et l'État, et cela notamment à l'égard de l'établissement public local d'enseignement qui, aux termes de l'article L. 421-1 du Code de l'éducation, comprend les collèges, les lycées et les établissements d'éducation spéciale[9].

Le partage des compétences mis en place s'est inspiré du système imaginé pour les écoles primaires au début de la IIIe République en vertu duquel l'État conserve la maîtrise de la mission d'enseignement. Il est fondé sur les dispositions du Préambule de la Constitution du 27 octobre 1946, reprises à l'article L. 141-1 du Code de l'éducation[10]. L'enseignement constitue un service public de l'État, celui-ci conserve la définition de l'action éducatrice et la responsabilité de l'ensemble des personnels qui y contribuent. Les collectivités territoriales sont, quant à elles, responsables de la construction des établissements scolaires, de la rénovation et de l'entretien des bâtiments et participent au fonctionnement des établissements.

Ainsi pensé par le législateur, le partage de compétences a permis aux collèges et lycées de devenir des EPLE qui sont, depuis la loi du 13 août 2004, propriétés des collectivités territoriales. De plus, cette loi leur a transféré la compétence d'accueil, de restauration, d'hébergement et d'entretien technique des établissements, avec

8. Loi n° 82-213 du 2 mars 1982 relative aux droits des communes, des départements et des régions.
9. La loi n° 83-633 du 22 juillet 1983 porte répartition de compétences entre les communes, les départements, les régions et l'État.
10. Art. L. 141-1 du Code de l'éducation : « L'organisation de l'enseignement public gratuit et laïque à tous les degrés est un devoir de l'État ».

pour conséquence le transfert des personnels TOS. Enfin, la loi du 21 février 2022 relative à la différenciation, la décentralisation, la déconcentration et portant diverses mesures de simplification de l'action publique locale a instauré une autorité fonctionnelle des présidents des collectivités territoriales sur les adjoints gestionnaires des EPLE, au titre de leurs compétences en matière de restauration, d'entretien général et de maintenance des infrastructures et des équipements.

Il en découle que les compétences des collectivités territoriales à l'égard des EPLE de rattachement sont essentiellement financières et matérielles. Elles soutiennent les actions entreprises par les EPLE (communication, vie culturelle et sportive, ouverture internationale) au-delà de leur stricte compétence, y compris s'agissant d'une éventuelle offre culturelle en faveur des élèves de l'établissement. En outre, sous leur impulsion, l'action sociale des EPLE s'est développée depuis plusieurs années autour de trois axes principaux : les difficultés sociales des familles (chômage, ruptures familiales), la santé des élèves (addictions, obésité, nutrition), leur mal-être (refus de l'école, du dialogue, voire attitudes suicidaires). La spécialité des EPLE s'en trouve indiscutablement affectée.

II. Une autonomie limitée

L'autonomie d'action est une composante fonctionnelle de tout établissement public ; il en découle que, sans autonomie, l'établissement scolaire serait un service déconcentré. Il appartient à l'administration centrale et aux responsables académiques de s'assurer que la diversité des approches ne dérive en disparités non compatibles avec le principe d'unité du service public. L'autonomie des EPLE est cependant limitée tant par l'échec de la contractualisation avec l'État que par le défaut de la coordination avec les collectivités territoriales.

A. Un échec de la contractualisation avec l'État

La loi d'orientation de 1989[11], confortée par la loi d'orientation et de programme pour l'avenir de l'école de 2005[12], a créé la notion de projet d'établissement, processus de contractualisation sur des objectifs définis et partagés entre l'autorité académique et les EPLE. Le projet d'établissement doit mobiliser l'ensemble des acteurs de la communauté éducative, sachant que le rôle des représentants de l'administration centrale *via* les circulaires ministérielles est essentiel. Selon le

11. Loi n° 89-486 du 10 juill. 1989 d'orientation sur l'éducation.
12. Loi n° 2005-380 du 23 avr. 2005 d'orientation et de programme pour l'avenir de l'école.

rapport rendu par la Cour des comptes en 2023, « la moitié des établissements ne sont pas dotés d'un tel projet, et, parmi ceux qui le sont, la qualité de la démarche et la portée du document sont très inégales »[13].

Le projet d'établissement a été créé pour assurer une égalité des chances possiblement permise par l'uniformité des établissements. Les différents rapports de l'Inspection générale de l'éducation nationale montrent que, à situations environnementales, sociales, économiques et culturelles comparables, et à moyens d'enseignement analogues, deux établissements peuvent avoir des résultats différents. De fait, la réalité des établissements scolaires est très diversifiée : ils ont certes un statut identique d'EPLE dans lequel ils accomplissent leur mission, mais les approches sont différentes en fonction du contexte. Les facteurs à considérer sont la différence de taille des établissements, la distinction lycée général et technologique ou lycée professionnel, l'environnement urbain ou rural, le caractère de quartier périphérique ou d'établissement de centre-ville, mais sont aussi retenus d'autres facteurs liés à l'établissement très attractif ou établissement éprouvant de la difficulté à recruter des élèves, l'établissement proposant des solutions alternatives de formation (établissements privés) ou encore la qualité de la desserte de l'établissement par les transports collectifs.

L'obsession égalitaire de l'administration centrale explique sa politique, une politique de soutien aux plus défavorisés qui s'emploie aussi à ce que les établissements soient toujours plus homogènes ; *in fine*, l'égalité des chances est moins recherchée que l'uniformité des situations. Pourtant, il n'est pas certain que la solution réside dans la perpétuation d'un « modèle de gestion rigide et très centralisé où peu de place est laissée à l'appréciation des équipes éducatives face à une administration ancrée dans une culture de gestion descendante » souligne la Cour des comptes.

En 2022, dans un rapport relatif à l'articulation des relations entre l'État et les collectivités territoriales dans la mise en œuvre des politiques nationales et territoriales d'éducation, l'Inspection générale de l'éducation, du sport et de la recherche souligne que la répartition des rôles entre les principaux acteurs demeure complexe[14]. La situation décrite pose plusieurs questions, d'abord celle du périmètre des compétences des acteurs, qui a fait l'objet d'évolutions constantes et parfois contradictoires ; ensuite, celle du financement du système éducatif, dont

13. *Op. cit.*

14. Rapport à Monsieur le Ministre de l'Éducation, de la Jeunesse et des Sports – Rapport thématique 2021 : « Articulation des compétences des collectivités territoriales et de l'État dans les politiques nationales et territoriales de l'enfance, de l'éducation et de la jeunesse », n° 2021-207, mars 2022.

les collectivités territoriales assument une part croissante ; enfin, celle de la gouvernance d'un système où les acteurs locaux revendiquent que l'État leur délègue davantage de compétences.

L'autonomie des EPLE est également corsetée sur le plan financier. Leurs moyens financiers sont constitués de dotations (la dotation horaire globale, la globalisation des crédits pédagogiques, l'appel d'offres globalisé), mais ce sont aussi des moyens pédagogiques mis en œuvre dans le cadre de la scolarité (en collège, les itinéraires de découverte et les horaires non affectés ; en lycée, les modules ou l'aide individualisée). Contrairement au discours dominant qui privilégie l'autonomie, on observe une double tendance à re-concentrer (retour à une dotation à la structure) et à prescrire aux établissements ce qu'ils doivent faire et comment ils doivent le faire à travers une multiplication des circulaires et instructions.

Les chefs d'établissement estiment ne plus disposer de marges de manœuvre dans le calcul des dotations ; des dispositifs tels que le regroupement d'élèves de langues rares sur plusieurs niveaux ou le regroupement des élèves suivant une langue vivante à faible effectif sur plusieurs filières sont désormais anticipés par les rectorats et pris en compte, dès l'amont, dans le calcul des dotations horaires globales.

Pour finir, rappelons que le Préambule de la Constitution de 1946 précise que « L'organisation de l'enseignement public gratuit et laïque à tous les degrés est un devoir de l'État » ; si les collectivités viennent en appui de l'Éducation nationale, il s'agit d'une répartition des compétences garantissant un monopole étatique avec des politiques éducatives impulsées au niveau national. La contractualisation est à cet égard un échec.

B. Un défaut de coordination avec les collectivités territoriales

Les EPLE représentent une ressource culturelle et de socialisation à travers des actions menées en partenariat avec les collectivités territoriales. Le défaut de coordination entre celles-ci et les services de l'État est lié à l'imprécision du partage des compétences mais aussi à l'absence de concertation dans les financements. Les contradictions ne sont pas rares entre le projet d'établissement, conclu avec l'administration centrale, et la convention locale d'établissement. À partir de 2015, les contrats d'objectifs tripartite associant l'administration déconcentrée, la collectivité et l'EPLE sont conclus afin d'améliorer cette situation[15]. Ces contrats d'objectifs tripartite ne se substituent pas à la convention bilatérale entre l'EPLE

15. Circulaire n° 2015-004 du 14 janv. 2015 relative au contrat d'objectifs tripartite.

et la collectivité territoriale de rattachement qui précise les modalités d'exercice de leurs compétences respectives. Il est précisément destiné à regrouper les thématiques pour lesquelles l'État et les collectivités locales agissent ensemble au service de la réussite des élèves.

La volonté des collectivités territoriales de considérer les EPLE comme des instruments de leurs politiques locales est ainsi affirmée. Cela pourrait néanmoins conduire à remettre en cause l'autonomie de ces établissements. Pour l'État, l'autonomie doit être limitée afin d'éviter que la diversité des approches n'entraîne des disparités incompatibles avec le principe d'unité du service public. Moins soucieuses de l'unité, les collectivités territoriales auxquelles sont rattachées les EPLE peuvent prendre des initiatives qui sont susceptibles de remettre en cause leur autonomie et leur spécialité.

La loi 3DS, accédant à cette demande constante des collectivités territoriales, leur a confié une autorité fonctionnelle sur les adjoints gestionnaires des collèges et lycées, « au titre des compétences qui lui incombent en matière de restauration, d'entretien général et de maintenance des infrastructures et des équipements »[16]. Entre autres missions, ces personnels sont chargés de la gestion matérielle, financière et administrative des bâtiments et des services de restauration scolaires, lesquelles dépendent du financement des conseils départementaux et régionaux.

Ainsi, avec l'évolution du processus de décentralisation, les collectivités territoriales apparaissent comme étant des partenaires incontournables dans la mise en œuvre des politiques décidées par l'État et justifiant la création de structures de concertation.

Il résulte de ces développements que les EPLE demeurent à la recherche de leur identité. Malgré un bilan contrasté, deux formes nouvelles d'EPLE ont été envisagées par le législateur au cours des années 2019 et 2020, l'école du socle et les établissements publics locaux d'enseignement international. Pour lutter contre l'échec scolaire et atténuer les inégalités entre établissements, plusieurs dispositifs ont été mis en place depuis les années 1980. Les zones d'éducation prioritaire, devenues réseaux d'éducation prioritaire (REP et REP+), situées en milieu urbain, ont présenté des résultats décevants. En 2019, la loi « Pour une école de la confiance » a créé les établissements publics des savoirs fondamentaux en vue de répondre à un besoin identifié par certaines collectivités en zones rurales, pour l'optimisation de la réussite des élèves et la continuité des parcours et des

16. Loi du 21 févr. 2022 relative à la différenciation, la décentralisation, la déconcentration et portant diverses mesures de simplification de l'action publique locale.

apprentissages. Les initiatives d'écoles du socle se sont multipliées, notamment dans l'enseignement privé[17]. Dans une question au gouvernement, la secrétaire d'État chargée de l'Éducation prioritaire a rappelé leur utilité et a constaté la diminution de la part des élèves ayant une maîtrise insuffisante ou fragile des acquis. Malgré cela, elle a conclu que la création d'établissements publics locaux des savoirs fondamentaux n'est pas à l'ordre du jour des travaux en cours au sein du ministère de l'Éducation nationale[18].

Dans la même perspective, les établissements publics locaux d'enseignement international ont été créés dans une perspective d'équité sociale et d'ouverture internationale des territoires. Il s'agit de créer, au sein des EPLE, des parcours scolaires plurilingues appuyés sur le dispositif des sections internationales ; cela répond au besoin des écoles européennes et de l'école internationale Provence-Alpes-Côte d'Azur. Ce dispositif ne semble pas non plus devoir être étendu.

Deux exemples spécifiques d'EPLE dont les principes et les objectifs sont indiscutablement intéressants mais pour lesquels il n'a pas été jugé utile ou opportun de les prolonger, confirmant nos propos.

Au terme de cette étude, il s'avère que tant du point de vue de son identité que de son utilité, l'EPLE est une notion qui demeure incertaine et dont l'efficacité n'est pas clairement établie.

17. L'école du socle, regroupant collège et écoles, a été décrite par plusieurs rapports dans les années 2010 (un rapport de Terra Nova la recommandait sous le nom d'école commune en 2014). Voir J.-P. BRIAND et J.-M. CHAPOULIE, *Les collèges du peuple*, Presses universitaires de Rennes, 2012.
18. Sénat, Questions orales, 13 avr. 2021, question du sénateur O. Rietmann.

LES CENTRES DE GESTION DE LA FONCTION PUBLIQUE TERRITORIALE : VRAIS OU FAUX ÉTABLISSEMENTS PUBLICS LOCAUX ?

Jacques FIALAIRE

Professeur émérite de Nantes Université

L'existence des centres de gestion (CDG) découle d'un double choix opéré par le législateur lors de la constitution de la fonction publique territoriale (FPT) sur la base de la loi du 26 janvier 1984.

D'un côté, « la solution qui avait été envisagée dans le passé par le parti socialiste ou le parti communiste de transférer le pouvoir réglementaire à un organisme à compétence nationale émanant des collectivités territoriales[1] n'a pas été retenue »[2].

De l'autre, l'avènement de la FPT a marqué le passage des agents publics communaux d'une fonction publique d'emploi à une fonction publique de carrière, et l'option en faveur d'un principe d'unité de l'ensemble de la fonction publique, en dépit des particularismes reconnus pour chacun de ses trois versants.

Plus profondément, les CDG sont un héritage d'un mouvement qui a vu « le travail municipal donner lieu à un long mouvement d'interférence et d'alignement progressif des modes de gestion de l'espace communal »[3].

1. Ces propositions tendaient vers une « désétatisation du pouvoir réglementaire d'application des lois en matière de collectivités territoriales. Ainsi la proposition de loi du parti socialiste de 1980 allait dans ce sens en confiant à un établissement public inter-collectivités territoriales, le pouvoir réglementaire d'application du statut législatif des personnels locaux » (Association internationale de la fonction publique, *La spécificité du personnel des collectivités locales*, Actes du 7e colloque d'Avignon, 15-17 juill. 1984, éd. de l'Institut international des sciences administratives, 1985, p. 136-137).

2. Association internationale de la fonction publique, *ibid.*, p. 17.

3. E. BELLANGER, « La ville en partage : les "savoir-administrer" dans la conduite des affaires municipales et intercommunales en banlieue parisienne (années 1880-1950) », *Revue d'Histoire des Sciences Humaines* 2005/1, nº 12, p. 79.

L'incorporation des CDG dans la catégorie des établissements publics locaux (EPL) ne s'est pas imposée d'emblée.

Initialement, le titre III du statut général issu de la loi du 26 janvier 1984 avait superposé trois niveaux de gestion mutualisée des fonctionnaires territoriaux, selon une pyramide au sommet de laquelle devait prendre place un centre national, dédié à la gestion du corps d'emploi des administrateurs territoriaux, et à la base de laquelle se situaient les centres départementaux, des centres régionaux occupant une position intermédiaire. Cet édifice avait été critiqué par Jacques Bourdon, estimant alors que « ce système risquait de se révéler lourd et onéreux pour les collectivités qui seront soumises à une cascade de cotisations ou de pénalités pécuniaires, auxquelles doivent s'ajouter les participations financières aux futurs organismes de formation »[4], qui avaient été envisagés aux échelles nationale et régionale.

Dans une seconde phase, une simplification a été réalisée par la loi Galland du 13 juillet 1987 répartissant les fonctions de gestion mutualisée des fonctionnaires territoriaux entre le Centre national de la fonction publique territoriale (CNFPT) et les centres départementaux de gestion. En ressortait une double intention du législateur, considérant que « ces organismes de mutualisation de la gestion des personnels seraient plus propres à garantir le respect des prérogatives des autorités territoriales et à fluidifier les prises de décision »[5]. Nous avions relevé que « le statut de la FPT dans ses dispositions issues de cette loi qualifiait les centres de gestion (de même que le CNFPT) d'établissements publics à caractère administratif, sans précision quant à leur rattachement » ; nous ajoutions que « différents caractères les éloignaient *a priori* du statut de droit commun des établissements publics locaux (EPL) issu principalement de la loi du 2 mars 1982 », parmi lesquels « leur caractère d'institutions collectives ayant un champ d'action général dans l'administration locale »[6].

Une clarification était attendue, qui fut opérée par la loi n° 94-1134 du 27 décembre 1994, selon laquelle les centres de gestion sont des « établissements publics locaux à caractère administratif »[7]. Cette qualification a été par la suite sujette à discussion, le projet de loi à l'origine de la réforme opérée par la loi n° 2007-209

4. J. BOURDON, « Le statut général des fonctionnaires des collectivités territoriales », *AJDA* 1984, p. 239.
5. A. TAILLEFAIT, *Droit de la fonction publique*, précis Dalloz, 2022, 9e éd., p. 706.
6. J. FIALAIRE, « La réforme du statut de la FPT par la loi du 27 décembre 1994 », *Droit administratif*, éd. du Juris-Classeur, mai 1995, p. 2.
7. Art. L. 452-1 du CGFP, anciennement loi n° 84-53, 26 janv. 1984, art. 13.

du 19 février 2007, ayant envisagé la création d'un « Centre national de coordination des centres de gestion », sous la forme d'un établissement public national, solution qui fut finalement écartée[8]. En définitive un mode de coordination plus souple s'est imposé, sous la forme d'une Union nationale des centres de gestion (UNCDG) fédérant les CDG et assurant leur représentation au niveau national auprès des pouvoirs publics[9].

Puis, corrélativement à la réduction de l'amplitude des missions de gestion précédemment assumées par le CNFPT, les CDG ont vu l'éventail de leurs fonctions s'étendre sensiblement par la loi n° 2007-209 du 19 février 2007, en couvrant l'ensemble des agents des catégories A, B et C, ramenant le CNFPT à la gestion des seuls cadres A+.

Les CDG apparaissent aujourd'hui comme une structure de gestion adaptée à la croissance qu'a connue la FPT, qui a vu son effectif augmenter de « 32,6 % entre 2002 et 2013 »[10], à la suite d'une série de transferts de compétences allant de l'État vers les collectivités territoriales et de la montée en puissance des intercommunalités.

Au-delà des techniques de gestion qu'ils incarnent, les CDG sont le produit d'une synthèse entre deux orientations dont la conciliation s'avère délicate.

D'une part, ils assurent la gestion des carrières des agents territoriaux dans le respect de normes législatives et réglementaires nationales. Cette avancée se mesure avec le recul du temps. En effet, lorsque s'engage le processus de réforme donnant naissance à la fonction publique territoriale, « la situation des personnels territoriaux est jugée insatisfaisante à la fois par les élus locaux et par les agents. Pour les premiers, une fonction publique locale qualifiée et forte est une condition même de l'autonomie territoriale »[11]. Pour les agents concernés, leur « fonctionnarisation » a représenté « une conquête importante », « le recrutement des agents communaux et départementaux ayant longtemps ménagé une large place au clientélisme »[12].

---

8. Voir J. BOURDON, « La nouvelle réforme des institutions de la fonction publique territoriale, un acte manqué ? », *AJDA* 12 mars 2007, p. 530.

9. Aujourd'hui dénommée Fédération nationale des centres de gestion (FNCDG).

10. V. AUBELLE, « Notice "mutualisation" », *in* N. KADA *et al.* (dir.), *Dictionnaire encyclopédique de la décentralisation,* Berger-Levrault, 2017, p. 719.

11. Association internationale de la fonction publique, *ibid.*, p. 123.

12. J. FIALAIRE, « La pénétration du droit commun et la problématique des droits fondamentaux applicables aux fonctionnaires territoriaux », *in Mélanges offerts à Jean-Claude Hélin, Perspectives du droit public*, Lexisnexix, 2004, p. 253.

D'autre part, les CDG doivent « respecter l'autonomie dont disposent les collectivités locales pour gérer leurs fonctionnaires au nom du principe de libre administration »[13]. Longtemps on a assisté à un processus « d'étatisation du personnel de services purement locaux », tels que « la police, le service vicinal et les receveurs municipaux »[14], dont il subsiste quelques traces de nos jours. On s'accordera à ce qu'une telle orientation « constitue certainement un des dangers les plus grands pour l'autonomie des collectivités locales et, en définitive, pour la démocratie »[15]. Aussi les CDG résultent d'aménagements apportés au principe de libre administration des collectivités territoriales ; « faute de répartir les compétences de gestion en autant d'autorités qu'existent de collectivités territoriales, la loi les confie à des établissements publics administratifs, dont les conseils d'administration sont uniquement composés d'élus locaux »[16]. L'organisation de ces centres a une base législative[17], précisée par voie réglementaire[18]. Est ainsi déroulée l'option en faveur du statut d'établissement public local (I).

Mais c'est en tant qu'établissements de coopération et organismes de mutualisation de la gestion des ressources humaines que les CDG prennent leur part dans une entreprise « au long cours » de revalorisation de la FPT[19], entamée dès 1984, et tendent à garantir une « bonne administration » de celle-ci. Au vu de cela, on peut penser que le législateur a rangé par commodité les CDG dans la catégorie générique des EPL et que la pertinence de ce classement ne va pas de soi (II).

I. Les CDG, des établissements publics locaux atypiques

Le droit positif, à base législative et jurisprudentielle, a entériné la qualification d'établissement public local donnée aux CDG (A). On relève néanmoins différents particularismes dans le statut des CDG qui en font des établissements publics locaux à part (B).

---

13. Ch. FORTIER, *Droit de la fonction publique*, Mémento Dalloz, 2022, 2e éd., p. 122.
14. G. DAWSON, *L'évolution des structures de l'administration locale déconcentrée en France*, LGDJ, Bibliothèque de science administrative, 1969, p. 209.
15. G. DAWSON, *id.*, p. 204.
16. Association internationale de la fonction publique, *id.*, p. 135.
17. Art. L. 452-34 et s. du CGFP, anciennement loi nº 84-53, 26 janv. 1984, art. 14 et s.
18. D. nº 85-643, 26 juin 1985, modifié.
19. Si Olivier Schrameck évoquait en 1994 une fonction publique « en mal de reconnaissance » (O. SCHRAMECK, *La fonction publique territoriale*, Dalloz, 1995), J.-F. LACHAUME et F. MELLERAY signent encore en 2006 une étude à l'intitulé provocateur « La Fonction publique territoriale est-elle une "sous-fonction publique" ? » *in Mélanges en l'honneur de Jean-Claude Douence, La profondeur du droit local*, Dalloz, 2006, p. 267 et s., mais qui conclut malgré tout en faveur d'une attractivité réelle de la FPT.

A. Les bases de l'affirmation du statut d'EPL

Conforme aux principes et règles constitutionnelles (1), l'adoption de ce statut répond aux « canons » des établissements publics (2) et emprunte des caractères propres aux établissements publics locaux (3).

1. Le statut d'EPL des CDG : un choix conforme à la Constitution

Deux bases constitutionnelles peuvent être invoquées pour justifier ce choix.

D'abord, les CDG maintiennent une gestion de proximité des personnels locaux compatible avec le principe de libre administration des collectivités territoriales. À une époque où l'on a pu penser que le juge constitutionnel, à la faveur de l'introduction de la QPC, pousserait plus loin ses exigences quant au respect de la libre administration, il a confirmé qu'il appartient au législateur d'organiser « les conditions dans lesquelles les communes peuvent ou doivent exercer en commun certaines de leurs compétences dans le cadre de groupements »[20].

Ensuite, les CDG constituent une formule satisfaisante, en ce qu'elle n'anéantit pas l'autonomie financière des collectivités affiliées dans le recrutement de leurs agents et dans la suppression de leurs emplois. La provenance de leurs ressources, issue de cotisations des collectivités affiliées, voire de contributions ponctuelles de collectivités non affiliées, est conforme aux dispositions de l'article 72-2 al. 1er de la Constitution[21], qui exige seulement que ce régime repose sur un cadre légal. Le plafonnement de ces cotisations prévues par le législateur est compatible avec la jurisprudence constitutionnelle selon laquelle toute réduction des ressources propres d'une catégorie de collectivités territoriales ne doit pas aller jusqu'à « entraver leur libre administration »[22].

2. La nature d'établissement public des CDG

La structure des CDG vérifie les caractéristiques essentielles qui en font des établissements publics, à savoir :

– la reconnaissance de la personnalité morale de droit public, et à l'intérieur de cette catégorie de la qualité d'établissement public à caractère administratif[23] ;

20. Cons. const. 26 avr. 2013, *Commune de Puyravault*, n° 2013-303 QPC, § 4 ; 25 avril 2014, *Commune de Thonon-les-Bains*, n° 2014-391, QPC § 4.

21. Selon lequel « les collectivités territoriales bénéficient de ressources dont elles peuvent disposer librement dans les conditions fixées par la loi ».

22. Cons. const. 12 juill. 2000, n° 2000-432 DC, § 5 ; Cons. const. 29 déc. 2009, n° 2009-599 DC, § 76 ; Cons. const. 29 juin 2012, *Départements de la Seine-Saint-Denis et du Var*, n° 2012-255/265 QPC, § 7.

23. Art. L. 452-1 al. 1er du CGFP.

– l'assignation d'une mission statutaire, qui s'agissant des CDG, a une base légale. Un « cœur de métier » des CDG se dessine, autour de « l'organisation des concours et des examens professionnels relatifs aux cadres d'emplois de catégorie A et B »[24] ;
– le respect du principe de spécialité, que satisfait à la fois la définition précise des fonctions remplies par les CDG et la délimitation des frontières de celles-ci, vis-à-vis du CNFPT. Ce principe est appliqué strictement par la jurisprudence, suivant laquelle le périmètre des compétences d'un CDG s'entend strictement de manière limitative[25]. L'histoire récente a révélé une tendance constante à l'extension des missions des CDG. Ainsi un volet de la réforme opérée par la loi n° 2016-483 du 20 avril 2016[26], a pu être considéré par la doctrine comme « autorisant les CDG à sortir du strict champ des ressources humaines », à travers l'exercice de missions comme « l'archivage, la numérisation ou le conseil en organisation »[27]. Mais cet assouplissement apporté à l'effet du principe de spécialité nous semble conforme à la jurisprudence qui énonce que « le principe de spécialité ne s'oppose pas à ce qu'un établissement public puisse exercer une activité qui est le complément de sa mission et présente un intérêt direct pour l'amélioration des conditions d'exercice de celle-ci »[28]. Le juge s'appuie sur la notion de complément pour justifier une interprétation extensive de la mission des CDG, tout comme pour admettre un accroissement de l'assise de la domanialité publique.

3. Des caractéristiques conformes au standard des EPL

Assigner le caractère local à un établissement public suppose que soient satisfaits, outre les caractères se rapportant à tout établissement public, des traits spécifiques supplémentaires. La qualification d'EPL donnée aux CDG dans la loi du 27 décembre 1994 est étayée par :

24. En application de l'article 89 de la loi n° 2019-828 du 6 août 2019 (art. L. 452-34, 1° du CGFP).
25. CE 10 mai 1996, *Centre départemental de gestion de Seine-et-Marne*, req. n° 126017, *Lebon*, p. 172.
26. Art. L. 452-40 du CGFP, anciennement loi n° 84-53, 26 janv. 1984, art. 25.
27. M.-Ch. DE MONTECLER, « La marque du Parlement sur la loi [du 20 avril 2016] », *AJDA* 18 juill. 2016, n° 26/2016, p. 1450.
28. CE Section des travaux publics, avis, 15 juillet 1992, *RATP*, *www.cnda.fr.*

– la soumission au contrôle de légalité et au contrôle budgétaire[29] opéré par les chambres régionales des comptes d'une série d'actes émanant des CDG. Ceci les distingue du statut du CNFPT dont le contrôle des comptes et de la gestion relève de la Cour des comptes ;
– la présence exclusive des élus locaux des collectivités affiliées dans l'administration des CDG, sans adjonction de représentants de l'État.

L'autonomie administrative des CDG s'est trouvée renforcée par le transfert de l'organisation matérielle des élections des représentants siégeant dans leurs conseils d'administration, opéré par l'article 5 de la loi n° 2019-828 du 6 août 2019. La responsabilité en revient désormais au président de chaque CDG et non plus au préfet.

Ajoutons que le statut d'EPL n'est pas dénaturé par les dispositifs de regroupement ou de coordination prévus légalement, dessinant un cadre d'organisation différencié adapté aux spécificités des territoires locaux. Il en va ainsi de :
– la possibilité laissée, « par délibérations concordantes de leurs conseils d'administration, de décider de constituer un centre commun organisé au niveau interdépartemental, auquel ils peuvent confier tout ou partie de leurs missions »[30] ;
– l'orientation vers la formation de « coordinations régionales ou interrégionales des centres de gestion » constituées en vue d'« exercer en commun leurs missions »[31].

Dans l'un et l'autre cas, l'autonomie de gestion est sauvegardée dans la mesure où l'éventuelle fusion de CDG ne s'opère que sur la base de délibérations concordantes de leurs CA respectifs, et que lesdites coordinations ne sont prévues qu'à titre facultatif et sur la base de conventions « fixant les modalités de mise en œuvre de cette organisation et du remboursement des dépenses correspondantes »[32].

29. Art. L. 452-24 du CGFP.
30. Art. L. 452-2 al. 2 du CGFP. Cette voie a été réactivée par l'article 50 de la loi n° 2019-828 du 6 août 2019 (art. L. 452-8 du CGFP), qui dispose que « des centres de gestion de départements limitrophes ou de collectivités régies par les articles 73 et 74 de la Constitution situées dans la même zone géographique peuvent décider, par délibérations concordantes de leurs conseils d'administration et après avis de leurs comités sociaux territoriaux, de constituer un centre interdépartemental unique compétent sur le territoire des centres de gestion auxquels il se substitue ».
31. Art. L. 452-12 al. 1er du CGFP. Il s'agit là d'un apport de la loi n° 2012-347 du 12 mars 2012.
32. Art. L. 452-12 al. 2 du CGFP.

L'autonomie de gestion des CDG est aussi encouragée par le législateur qui lui ouvre l'exercice de missions facultatives diverses au profit de toute collectivité territoriale ou établissement public[33], dans des domaines tels que « les conseils en organisation et les conseils juridiques »[34], le traitement des dossiers de retraite[35], « la gestion de l'action sociale et de services sociaux en faveur des agents »[36], « la gestion administrative des comptes épargne-temps »[37], la gestion de « services de médecine préventive, de médecine agréée et de contrôle ou de prévention des risques professionnels »[38]. Une fraction de ces missions porte sur des sujets hautement sensibles ; il s'agit notamment de « la mise en place du dispositif de signalement » concernant « les agents qui s'estiment victimes d'un acte de violence, de discrimination, de harcèlement moral ou sexuel ou d'agissements sexistes »[39]. Corrélativement, est ainsi favorisée l'autonomie financière des CDG dont les budgets sont abondés par des contributions et des cotisations additionnelles, selon que ces prestations de services sont assurées au profit de collectivités non affiliées ou déjà affiliées.

B. Un statut d'EPL entre particularismes et fragilité

Par comparaison avec d'autres EPL, le statut des CDG révèle des particularités (1). Certains traits atypiques viennent affaiblir la portée de la qualification d'EPL (2).

1. Les CDG, des établissements publics locaux particuliers

Un encadrement légal

Le statut des CDG repose sur une situation où :

– légalement, les collectivités territoriales ne sont pas libres en France d'établir leur propre statut du personnel. Il subsiste que « le statut général continue à être mis en œuvre par la voie de règlements nationaux et seulement à titre subsidiaire par des règlements pris par les autorités locales »[40] ;

– au regard de la clause générale de compétence, la fixation des règles relatives aux personnels locaux n'entre pas dans le champ des « affaires locales ».

33. À l'exception de la ville de Paris (art. L. 452-1, al. 2 du CGFP).
34. Art. L. 452-40 du CGFP.
35. Art. L. 452-41 du CGFP.
36. Art. L. 452-42 du CGFP.
37. Art. L. 452-45 du CGFP.
38. Art. L. 452-47 du CGFP.
39. Art. L. 452-43 du CGFP.
40. J. FIALAIRE, « Notice "Fonction publique territoriale" », *in* N. KADA *et al.* (dir.), *Dictionnaire encyclopédique de la décentralisation*, Berger-Levrault, 2017, p. 558.

Issus d'une création législative, les CDG s'éloignent à la fois :

– de la catégorie des « régies dotées de la personnalité morale et de l'autonomie financière » [qui sont] « créées et [dont] l'organisation administrative et financière [est] déterminée, par délibération du conseil municipal »[41] ;
– des formules où une option est laissée à la collectivité-mère d'adopter le statut d'EPL en concurrence avec d'autres types d'institutions, comme c'est le cas pour les offices de tourisme[42].

Ils rejoignent néanmoins un ensemble d'établissements publics locaux ayant aussi un fondement légal, tels les offices de tourisme[43], les offices publics de l'habitat[44] ou les caisses des écoles[45].

Une assise territoriale spécifique

Les centres de gestion sont créés en principe dans chaque département[46].

Mais l'inscription dans une aire départementale des CDG connaît des exceptions qui s'allongent au fil du temps.

Les exceptions concernaient initialement l'Île-de-France où il existe deux centres interdépartementaux de gestion : le CIG Petite Couronne (Hauts-de-Seine, Seine-Saint-Denis, Val-de-Marne) et le CIG Grande Couronne (Essonne, Val-d'Oise, Yvelines)[47].

Des règles particulières ont été introduites, consécutives à la loi n° 2014-58 du 27 janvier 2014, concernant :

– l'affiliation volontaire de la métropole du Grand Paris au Centre interdépartemental de gestion[48] ;
– la constitution d'un centre de gestion unique sur les territoires du département du Rhône et de la Métropole de Lyon, solution adoptée à compter du 1er janvier 2015[49].

41. Art. L. 2221-10 du CGCT.
42. Voir art. L. 133-2 du C. tourisme.
43. Art. L. 133-2 du C. tourisme.
44. Art. L. 421-1 du CCH.
45. Art. L. 212-10 du C. éduc.
46. Art. L. 452-2 du CGFP.
47. Art. L. 452-3 et L. 452-4 du CGFP, anciennement loi n° 84-53, 26 janv. 1984, art. 14, al. 2).
48. Art. L. 452-21 1° a du CGFP, issu de la loi n° 2014-58, 27 janv. 2014, art. 13 VIII modifiant l'article 17 de la loi n° 84-53 du 26 janv. 1984.
49. Art. L. 452-7 du CGFP, issu de la loi n° 2014-58, 27 janv. 2014, art. 31 et 36 modifiant l'article 14 et insérant l'article 18-1 dans la loi n° 84-53 du 26 janv. 1984.

En lien avec des réformes territoriales opérées à partir de 2015, des règles particulières s'appliquent également concernant :

– le maintien de deux CDG en Corse : celui de Haute-Corse et celui de Corse-du-Sud en dépit de la suppression de ces deux départements[50] ;
– le maintien de deux CDG en Alsace : celui du Haut-Rhin et celui du Bas-Rhin, en dépit de la création de la Collectivité européenne d'Alsace[51].

2. Les CDG, établissements publics locaux factices ?

L'absence de collectivité de rattachement

Les CDG regroupent seulement une partie des collectivités qui leur sont affiliées sur une base obligatoire ou volontaire[52]. Cela fait de ces centres des organisations inter-collectivités, dont les conditions d'affiliation suivent une règle de subsidiarité par degré.

L'autonomie locale est préservée à travers la possibilité d'affiliation volontaire prévue pour les collectivités dépassant le seuil d'effectif prévu pour une affiliation obligatoire, sauf opposition manifestée par une majorité qualifiée des collectivités et établissements publics déjà affiliés[53].

Mais le régime des CDG vient à se complexifier, étant conduit à ménager un équilibre entre les droits des collectivités obligatoirement affiliées et ceux de celles qui y prétendent volontairement. Cette complexité a appelé des précisions apportées par le législateur qui, afin de faciliter l'adhésion, laquelle est facultative, des collectivités comptant plus de 350 agents, depuis la loi n° 2012-347 du 12 mars 2012, a prévu qu'un collège spécifique représente au sein du conseil d'administration les collectivités et établissements non affiliés qui ont choisi de déléguer au CDG un bloc de missions indivisibles[54].

Un contrôle limité des CDG par les collectivités membres

Certes, les conseils d'administration sont composés exclusivement de « représentants élus des collectivités territoriales et des établissements publics affiliés, titulaires d'un mandat local »[55], leur composition allant de 15 à 30 membres[56].

50. Art. L. 452-9 du CGFP.
51. Art. L. 452-10 du CGFP.
52. Art. L. 452-13 du CGFP, anciennement loi n° 84-53, 26 janv. 1984, art. 14, al. 1.
53. Art. L. 452-20 et L. 452-21 du CGFP, anciennement loi n° 84-53, 26 janv. 1984, art. 15, al. 3.
54. Art. L. 452-1 al. 3 du CGFP.
55. Art. L. 452-22 du CGFP, anciennement loi n° 84-53, 26 janv. 1984, art. 13, al. 2.
56. Loi n° 2007-209 du 19 févr. 2007, art. 13.

Mais il n'existe pas de mécanismes de contrôle des collectivités adhérentes sur les CDG comparables à ceux à la disposition des collectivités mères vis-à-vis des EPL qui en dépendent. On ne discerne en effet aucun contrôle portant sur les actes émis par les CDG, volet essentiel selon la doctrine[57].

Le Conseil d'État veille pour le moins à ce que la nature d'EPL d'un CDG ne soit pas gravement transgressée au point que soit instauré un contrôle inversé du centre sur les collectivités affiliées. Ainsi, un centre de gestion ayant contesté la constitutionnalité de l'ajout des missions supplémentaires résultant de l'article 113 de la loi nº 2012-347 du 12 mars 2012, le Conseil d'État écarte le renvoi au Conseil constitutionnel de la question prioritaire de constitutionnalité invoquée, l'un des motifs retenus tenant dans la non-méconnaissance de la libre administration des collectivités territoriales et dans l'absence « d'instauration d'une tutelle des centres de gestion sur les collectivités territoriales »[58]. Pour autant, il est clair que le lien de rattachement CDG/commune est inversé par rapport au standard des EPL.

Des collectivités en position d'usager

S'il est établi que les CDG, en tant qu'établissements publics, accomplissent une mission de service public, on peut se demander quels en sont les usagers ?

Ne peuvent être considérés comme usagers les personnels pris en charge par les CDG, la jurisprudence retenant plutôt pour eux un lien d'employeur à agents. C'est le cas dans la gestion des incidents de carrière, où il se noue une relation triangulaire entre la collectivité employeur initial, le CDG et l'agent. La jurisprudence assimile artificiellement les CDG à des employeurs territoriaux, alors que l'activité de ces centres est plus comparable en réalité à celle de Pôle emploi[59].

Ne restent, pour tenir lieu d'usagers des CDG que les collectivités affiliées.

3. Un pragmatisme fonctionnel indifférent au statut d'EPL

La gestion des personnels territoriaux n'a pas échappé à la diffusion des « théories économiques du nouveau management public », véhiculées principalement par l'école du *« public choice »*, dont le postulat consiste à faire reposer l'action

---

57. Voir U. NGAMPIO-OBÉLÉ-BÉLÉ, « Le contrôle des collectivités territoriales sur leurs démembrements », *in* J.-M. PONTIER, U. NGAMPIO-OBÉLÉ-BÉLÉ (dir.), *Les contrôles en droit administratif*, Institut francophone pour la Justice et la Démocratie, coll. « colloques et essais », 2023, p. 294.

58. CE 27 janv. 2014, *Centre de gestion de la FPT de l'Oise*, req. nº 373218.

59. Voir CE 6 févr. 2019, *Communauté d'agglomération du Nord Grande-Terr*e, req. nº 414066. La loi nº 2023-1196 du 18 déc. 2023 pour le plein emploi a remplacé Pôle Emploi par l'opérateur national « France Travail ».

publique sur « une nouvelle légitimité, celle de l'efficacité et de la performance »[60]. Au début des années 2000, nous relevions que, « s'agissant de la relation entre les employeurs locaux et les CDG, le paramètre managérial ne jouait qu'à la marge du fonctionnement des instances inter-collectivités », de telle sorte que, « s'il leur a été donné des missions touchant directement à la gestion prévisionnelle des emplois, et donc favorisant un authentique management des ressources humaines, ces institutions, de même que le CNFPT, conservent une légitimité essentielle consistant à garantir le respect des principes inhérents à une fonction publique de carrière »[61].

Désormais, les effets des doctrines du management public se traduisent dans l'énoncé légal de certaines missions confiées aux CDG. Il fait d'eux, en vue d'une gestion efficace de l'emploi public local :

– une structure adaptée au besoin d'assurer une mobilité effective des agents. Avant 1984, on déplorait que « la mobilité soit freinée par les règles de mutation ; la bourse de l'emploi créée en 1972 était en pratique inopérante »[62]. Depuis lors, entre dans les missions des CDG la gestion de la bourse d'emplois assurant « la publicité des créations et vacances d'emplois de catégories A, B et C »[63]. La jurisprudence précise que cette obligation vaut également pour des agents contractuels, en cas de renouvellement d'un contrat d'engagement transformé en CDI après six années de CDD, l'emploi en cause devant faire l'objet d'une déclaration préalable de vacance, destinée à en informer des candidats potentiels ; à défaut, il y a alors « manquement à une garantie procédurale substantielle de l'égalité d'accès aux emplois publics »[64]. La jurisprudence est venue aussi assurer une garantie d'opérationnalité à cette bourse de l'emploi dans une affaire concernant le recrutement du directeur de deux régies autonomes, la Haute juridiction retenant que, « faute d'avoir informé le centre de gestion compétent de la création de cet emploi afin qu'il en assure la publicité [...] le SIDEN-SIAN avait méconnu une formalité substantielle de la procédure de recrutement »[65]. La loi Engagement et proximité du 27 décembre 2019 et la loi relative à la différenciation, décentralisation,

60. F. DION, *L'emploi public/Organisation – statuts – gestion*, Berger-Levrault, 2014, p. 244.
61. J. FIALAIRE, « L'apport de la réforme des cadres d'emplois de la fonction publique territoriale », *Pouvoirs locaux*, n° 60 I/2004, p. 128.
62. Association internationale de la fonction publique, *id.*, p. 130.
63. Art. L. 452-34, 2 du CGFP.
64. TA Lyon 10 oct. 2012, *Préfet de la Loire*, n° 12001797, *AJFP* mai-juin 2013, p. 155.
65. CE 4 déc. 2023, req. n° 462867.

déconcentration et simplification (dite 3DS) du 21 février 2022 ont « tendu à faciliter les mobilités des agents lorsque les limites géographiques des collectivités territoriales étaient redéfinies, à valoriser les emplois fonctionnels notamment dans les métropoles, à favoriser le passage d'une fonction publique à l'autre par voie de détachement notamment, ou encore à mettre en place une logique managériale liée aux particularismes locaux »[66];

– un « facilitateur » pour la mutualisation de services entre communes et EPCI. L'enjeu est ici essentiel, au regard de la notion de mutualisation, qui a pu être définie comme « une forme technique de coopération et de partage de ressources entre plusieurs personnes morales qui repose sur la mise en commun ou la mise à disposition de services ou de biens pour la réalisation de missions propres à chacune de ces personnes »[67]. Une fonction normative secondaire s'exerce ici dans la mesure où l'on a pu observer que « le cadre législatif est minimal, rappelant pour l'essentiel des règles constituant un "ordre public statutaire", telle que la conservation du régime indemnitaire »[68].

– Un support pour l'accomplissement de la procédure de médiation préalable obligatoire, laquelle, après une phase initiale d'expérimentation, a été pérennisée sous l'effet de la loi nº 2021-1729 du 22 décembre 2021 pour la confiance dans l'institution judiciaire[69]. Entrent dans le champ de cette expérimentation une série de mesures prises à l'égard des agents de la fonction publique territoriale employés dans les collectivités et établissements publics locaux, ayant la nature de décisions individuelles défavorables. Ceci vaut pour les collectivités territoriales et leurs établissements publics ayant préalablement conclu, avec le CDG dont ils relèvent, une convention pour assurer la médiation. L'efficacité de ce dispositif a été démontrée[70].

---

66. N. KADA, « La territorialisation de la fonction publique », *in* O. DUPÉRON (dir.), *Actes 1 et 2 de la décentralisation – Les transferts de compétences de l'État vers les collectivités territoriales ; 40 ans de déplacement des politiques publiques*, L'Harmattan, coll. « GRALE », 2023, p. 72.

67. A. TAILLEFAIT, « Le développement législatif de la mutualisation de moyens : élargissement ou resserrement des possibilités d'intervention locale », *RLCT* 2012/77, p. 98.

68. J. FIALAIRE, « Les interactions entre la recomposition territoriale et la gestion de l'emploi public local », *in* M.-Ch. STECKEL (dir.), *Recomposition territoriale : la décentralisation entre enjeux et obstacles*, L'Harmattan, coll. « GRALE », 2016, p. 99-113.

69. Complétée par le décret nº 2022-433 du 25 mars 2022.

70. Sur la base de statistiques couvrant les champs d'expérimentation relatifs aux contentieux sociaux et de la fonction publique, il ressort que, d'après le bilan dressé par Bruno Lasserre, vice-président du Conseil d'État, « sur près de 1 400 médiations terminées durant la première année de mise en œuvre, 82 % ont abouti à un accord avec l'administration ou à une renonciation à recours après

Ce pragmatisme fonctionnel joue aussi au bénéfice des droits des agents territoriaux, en tant que :

– garantie de sécurité de l'emploi pour les fonctionnaires territoriaux. Ceci se vérifie dans la gestion du reclassement des agents déchargés de leurs fonctions et auxquels la collectivité qui les emploie n'est pas en mesure de proposer une autre affectation correspondant à leur grade. Les CDG répondent ici à une innovation de la loi de 1984, suivant laquelle « la suppression d'emploi décidée par mesure d'économie n'entraîne plus dégagement des cadres, contrairement à ce que prévoyait l'article L. 416-9 du Code des communes ». Désormais, les CDG « interviennent pour la prise en charge et le reclassement des agents privés d'emploi »[71]. En contrepartie, la loi impose à la collectivité employeur, à défaut de pouvoir reclasser un agent dont l'emploi est supprimé, l'acquittement d'une contribution au bénéfice du CDG prenant en charge le fonctionnaire momentanément privé d'emploi[72] ;

– garantie pour le reclassement des fonctionnaires territoriaux reconnus inaptes à l'exercice de leurs fonctions[73], et pour l'aide aux fonctionnaires à la recherche d'un emploi après une période de disponibilité[74].

Au-delà de l'apparence d'EPL donnée par le législateur aux CDG, force est de se demander si l'on ne s'approche pas d'un cadre d'organisation de type coopératif.

II. Les CDG, établissements publics de coopération **ad hoc** *?*

Plusieurs volets structurels des CDG s'inspirent de règles propres à la coopération intercommunale (A). Des liens de solidarité intercommunale transparaissent dans la pluralité des missions remplies par les CDG (B).

---

acceptation de la décision ; et l'on constate effectivement sur les territoires en expérimentation une baisse des recours enregistrés devant les tribunaux administratifs » (Premières assises nationales de la médiation administrative, 18 déc. 2019, *www.conseil-etat.fr* > dossier-participant_mediation).

71. Association internationale de la fonction publique, *id.*, p. 146.
72. Art. L. 452-34, 3° du CGFP.
73. Art. L. 452-34, 4° du CGFP.
74. Art. L. 452-34, 8° du CGFP.

A. Un fonctionnement marqué par une logique de coopération à dominante intercommunale

Héritiers des anciens syndicats de communes pour le personnel communal, les CDG gardent les traces de cette ancienne gestion intercommunale. Des rapprochements encore aujourd'hui peuvent être opérés, tant avec les régimes applicables à l'intercommunalité à fiscalité propre, qu'avec des règles du syndicalisme intercommunal.

1. Des structures empruntant aux règles relatives à l'intercommunalité à fiscalité propre

La composition du conseil d'administration des CDG

Selon cette composition, la répartition des sièges détenus par les représentants élus des collectivités et établissements publics affiliés est pondérée en fonction de l'effectif des fonctionnaires titulaires et stagiaires relevant du centre et affectés dans ces institutions et de la population des communes affiliées[75]. Des parentés peuvent ici s'établir avec les règles de répartition des sièges de conseillers communautaires des EPCI à fiscalité propre, qui sont proratisées « en fonction de la population municipale de chaque commune »[76].

Les missions obligatoires des CDG

L'existence d'un bloc de missions obligatoires confiées aux CDG par le législateur, incluant des « missions générales concernant le personnel de l'ensemble des collectivités et établissements publics en relevant »[77], les rapproche du mécanisme des compétences exercées « de plein droit » par les EPCI à fiscalité propre[78].

2. Des structures empruntant aux formules de syndicalisme intercommunal

Les règles de financement des CDG

Le financement de chaque centre est assuré par une cotisation obligatoire[79], assise sur la masse des rémunérations versées aux fonctionnaires dont la gestion relève des centres[80], « le montant des cotisations dues par les collectivités et les établissements

75. Suivant des règles de calcul fixées dans l'article 8 du décret n° 85-643 du 26 juin 1985.
76. Art. L. 5211-6-1 du CGCT.
77. Art. L. 452-1 du CGFP.
78. Art. L. 5214-16 § I du CGCT pour les communautés de communes ; art. L. 5215-20 § I pour les communautés urbaines ; art. L. 5216-5 § I pour les communautés d'agglomération ; art. L. 5217-2 § I pour les métropoles.
79. Art. L. 452-25 du CGFP.
80. Art. L. 452-28 al. 1er du CGFP.

affiliés » étant fixé par son conseil d'administration[81], « dans la limite d'un taux maximum de 0,80 % » de la masse salariale[82]. Ce régime se rapproche du cadre budgétaire des syndicats de communes. Pour ceux-ci en effet, si en principe la contribution des communes membres est fixée dans leur statut, il appartient dans le silence des statuts au comité syndical d'établir « la répartition des charges syndicales »[83].

Une formule « à la carte » en réponse à un paysage institutionnel local émietté

Les règles d'affiliation aux CDG sont aménagées, s'ouvrant à :

- des affiliations volontaires pouvant accroître le rayon d'action d'un CDG[84] ;
- la possibilité de fournir des prestations de service à des collectivités non affiliées.

Ceci s'apparente à la formule du « syndicalisme intercommunal à la carte »[85] qui prévoit la faculté d'exercer des compétences distinctes selon que chacune des communes membres a prévu de lui transférer ou non les compétences qu'il est habilité, par ses statuts, à exercer.

B. Les CDG, moteurs de la solidarité entre collectivités dans la gestion des ressources humaines

Nous entendrons la notion de solidarité au sens courant, selon lequel elle demande que dans un pays donné existe un système qui assure également le niveau des prestations aux communes qui sont plus faibles économiquement.

Un lien classique s'établit avec la règle de subsidiarité signifiant essentiellement que « les groupes plus grands aident les groupes plus petits à acquérir leurs buts »[86] (1). Mais au fil du temps les liens de solidarité se sont étendus à des échelles variées (2), au point d'estomper fortement les effets de la règle première de subsidiarité (3).

---

81. Suivant des règles de calcul fixées dans l'article 27 du décret n° 85-643 du 26 juin 1985.
82. Art. L. 452-28 al. 1er du CGFP.
83. CE 28 nov. 1962, *Ministre de l'Intérieur c/Commune de Fontanès*, *Rec.*, p. 640.
84. Ainsi le CDG du Nord « conseille et accompagne près de 950 collectivités et établissements publics » (*www.cdg59*).
85. La constitution des syndicats à la carte a été autorisée par la loi n° 88-13 du 5 janv. 1988 d'amélioration de la décentralisation (art. L. 5212-16 et L. 5212-17 du CGCT).
86. A. NOWAK-FAR, « Distribution inter-sectorielle et inter-niveaux des tâches publiques dans l'administration européenne : logique systémique et gestion du personnel », *in* H. PAULIAT (dir.), *L'emploi public en Europe : une ambition pour demain*, PULIM, Entretiens Universitaires Réguliers pour l'Administration en Europe, 2005, p. 131-132.

1. Une solidarité sur une base initiale de subsidiarité

Une subsidiarité légalement établie

Les CDG constituent des structures avant tout adaptées au traditionnel éparpillement communal prévalant en France, les petites collectivités concernées étant supposées ne pas disposer des moyens suffisants pour gérer elles-mêmes leurs agents ; est ici assise une forme première de solidarité intercommunale.

L'affiliation au CDG territorialement compétent est rendue obligatoire depuis le 1er janvier 1995 pour les communes, leurs établissements publics et les EPCI dont l'effectif en personnel est inférieur à 350 agents fonctionnaires et stagiaires à temps complet et pour les communes et établissements publics qui n'emploient que des fonctionnaires à temps non complet[87]. Ce seuil légal a été ici progressivement relevé ; il était :

- de 100 agents pris en charge par les anciens syndicats de communes pour le personnel communal (SCPC), qui étaient des EPCI à vocation spécialisée ayant pour mission générale obligatoire d'aider les maires et présidents d'établissements publics communaux ou intercommunaux à gérer leur personnel[88] ; ces institutions ont été remplacées par les actuels CDG ;
- de 250 agents lors de la constitution de la FPT à partir de 1984.

Sachant que le taux d'administration moyen des collectivités territoriales se situait à 26 agents pour 1 000 habitants en 2020[89], l'obligation d'affiliation au CDG – s'imposant en deçà d'un seuil de 350 agents fonctionnaires et stagiaires à temps complet[90] – pèse en pratique sur les communes de moins de 10 000 habitants, soit 97 % des communes[91].

Le régime applicable aux CDG repose donc sur une règle de subsidiarité légalement établie. La formule du CDG est dictée par l'effet de taille. À l'inverse, pour la fonction publique de l'État et pour le personnel des grandes collectivités territoriales, la gestion de l'emploi public est davantage « internalisée ».

Mais le souci d'assurer une assise financière suffisante aux CDG a conduit le législateur à élargir le champ de l'obligation d'affiliation.

87. Art. L. 452-14 du CGFP, anciennement loi n° 84-53, 26 janv. 1984, art. 15, al. 1 et art. 16.

88. Sous le régime de la loi n° 52-432 du 28 avril 1952 portant statut général du personnel des communes et des établissements publics communaux, complété par l'article R. 411-11 du Code des communes, issu du décret n° 77-373 du 28 mars.

89. Voir rapport 2022 sur l'état de la fonction publique.

90. Art. L. 452-14 du CGFP.

91. Ratio établi d'après le site *Vie-publique.fr* (statistiques datant de juin 2023).

2. Les différents liens de solidarité

Les ressorts de la solidarité entre communes à travers les missions des CDG

Le premier espace de solidarité s'adresse aux petites communes, dont la taille ne leur permet pas d'asseoir une gestion des carrières de leurs agents.

Une aide aux petites communes est traditionnellement fournie grâce à la faculté dont disposent les CDG de « mettre des agents territoriaux à leur disposition pour : 1° remplacer des agents territoriaux momentanément indisponibles ; 2° effectuer des missions temporaires ; 3° pourvoir un emploi vacant qui ne peut être immédiatement pourvu ; 4° effectuer des missions permanentes à temps complet ou non complet »[92]. Cette dernière finalité résulte d'une extension opérée par la loi n° 2007-209 du 19 février 2007, de la vocation donnée au service de remplacement assuré par les CDG. Ce dernier trouve une utilité particulière lorsqu'il porte sur « le conseil de la mise en œuvre des règles d'hygiène et de sécurité par la mise à disposition d'agents chargés de la fonction d'inspection des collectivités territoriales et établissements publics qui en font la demande »[93].

Le législateur a aussi intégré la configuration particulière de la FPT, qui compte un nombre important d'agents contractuels et de fonctionnaires à temps non complet[94], en disposant que « les communes et leurs établissements publics qui n'emploient que des fonctionnaires territoriaux à temps non complet sont obligatoirement affiliés aux centres de gestion »[95]. Au départ, étaient seuls visés les fonctionnaires territoriaux. Pour cela, les CDG assurent notamment le fonctionnement des commissions administratives paritaires, des conseils de discipline[96] ainsi que la publicité des tableaux d'avancement[97]. Puis la loi n° 2016-483 du 20 avril 2016, dite loi « déontologie », étend ces missions au secrétariat des commissions consultatives paritaires compétentes pour apprécier la situation individuelle des agents contractuels[98].

---

92. Art. L. 452-44 du CGFP.
93. Art. L. 452-44, al. 2 du CGFP, anciennement loi n° 84-53, 26 janv. 1984, art. 25.
94. Ainsi à l'aube de la réforme de 1984, « près de 38 % des agents (communaux à l'époque) étaient employés à temps non complet » (Association internationale de la fonction publique, *id.*, p. 127).
95. Art. L. 452-18 du CGFP.
96. Loi n° 84-53, 26 janv. 1984, art. 23, 9.
97. Loi n° 84-53, 26 janv. 1984, art. 23, II, 4.
98. Loi n° 84-53, 26 janv. 1984, art. 25 modifié. Pris en application de cette loi, le décret n° 2016-1858 du 23 déc. 2016 prévoit la mise en place d'une commission consultative paritaire par catégorie A, B et C, avec des missions calquées sur celles des CAP.

Le primat de la solidarité intercommunale se manifeste encore à travers le pouvoir d'opposition conféré, à l'encontre de toute demande d'affiliation volontaire, lesquelles concernent les grandes collectivités, manifesté : « 1° Soit par les deux tiers des collectivités et établissements déjà affiliés représentant au moins les trois quarts des fonctionnaires concernés; 2° Soit par les trois quarts de ces collectivités et établissements représentant au moins les deux tiers des fonctionnaires concernés »[99].

Les ressorts élargis de la solidarité entre collectivités : l'extension des missions obligatoires des CDG

Les mécanismes classiques de solidarité ont pu atteindre certaines limites, que le législateur a tenté de dépasser en renforçant l'assise et les procédés de mutualisation. Des élargissements peuvent résulter :

- de l'exercice d'une série de missions obligatoires, accomplies par les CDG pour les collectivités non affiliées, tenant principalement dans la gestion de la bourse d'emplois et des incidents de carrière[100];
- d'aménagements prévus pour l'exercice de certaines missions facultatives confiées aux CDG par de grandes collectivités. Une possibilité est laissée à ces collectivités de confier aux centres de gestion, par voie de convention, des missions portant sur l'organisation des concours et examens propres à ces collectivités ou de concours communs aux collectivités affiliées et non affiliées[101];
- de la possibilité d'affiliation volontaire aux CDG offerte aux régions et aux départements, pour la gestion de leurs personnels techniciens ouvriers et de service des collèges et des lycées[102];

Un renforcement important du poids des CDG a résulté de la réforme opérée par la loi n° 2007-209 du 19 février 2007, actant de ce que « les centres de gestion assurent dans leur ressort, une mission générale d'information sur l'emploi public territorial »[103], au moyen de la gestion de l'observatoire régional de l'emploi[104].

99. Art. L. 452-20 du CGFP.
100. Art. L. 452-35 du CGFP.
101. Art. L. 452-46 du CGFP; anciennement loi n° 84-53, 26 janv. 1984, art. 26.
102. Art. L. 452-20 al. 2 du CGFP.
103. Loi n° 84-53, 26 janv. 1984 modifiée, art. 23.
104. Art. L. 452-34, 5° du CGFP.

S'ajoute dans le prolongement des missions précédentes, l'établissement sous la responsabilité des employeurs territoriaux, du « rapport social unique »[105], dont le contenu a été enrichi par l'article 5 de la loi n° 2019-828 du 6 août 2019, applicable depuis le 1er janvier 2021.

Les ressorts élargis de la solidarité entre collectivités : l'appui technique indivisible à la gestion des ressources humaines

La loi n° 2012-347 du 12 mars 2012 a permis à une collectivité ou un établissement non affilié au centre de gestion de demander, par délibération de son organe délibérant, à bénéficier de l'ensemble des missions suivantes, en tant qu'elles « constituent un appui technique indivisible à la gestion des ressources humaines » ; il s'agit :

- du « secrétariat des conseils médicaux » ;
- d'« une assistance juridique statutaire ». Un CDG ne peut décider de s'abstraire de l'exécution de cette mission en invoquant un manque de moyens adéquats, une telle décision étant annulée par le juge de l'excès de pouvoir, au motif que « cette obligation est fondée sur un objectif d'intérêt général visant à accorder des garanties communes à l'ensemble des fonctionnaires territoriaux »[106] ;
- d'« une assistance au recrutement et un accompagnement individuel de la mobilité des agents hors de leur collectivité ou établissement d'origine » ;
- d'« une assistance à la fiabilisation des comptes de droits en matière de retraite »[107].

La référence législative à la notion d'« appui technique indivisible à la gestion des ressources humaines » a pour effet d'empêcher que « la collectivité ou l'établissement concerné exclue une ou plusieurs de ces missions »[108], réputées inséparables.

Les mécanismes de solidarité financière

Ici la solidarité sera d'autant mieux établie que seront favorisés dans le fonctionnement des CDG les mécanismes de mutualisation des moyens.

Les recettes de l'établissement sont principalement constituées par une cotisation obligatoire d'un taux maximum de 0,80 % de la masse salariale des collectivités territoriales et établissements affiliés[109].

105. Art. L. 231-1 et s. du CGFP ; art. L. 452-37 du CGFP.
106. CAA Douai 1er déc. 2014, n° 14DA01256.
107. Art. L. 452-39, al. 1er du CGFP.
108. Art. L. 452-39, al. 2 du CGFP.
109. Art. L. 452-25, L. 452-27 du CGFP et art. L. 425-28 du CGFP, anciennement loi n° 84-53, 26 janv. 1984, art. 22 ; loi n° 88-13, 5 janv. 1988, art. 48.

En outre, les ressources des CDG sont abondées, en lien avec l'élargissement de leurs missions. Elles sont ainsi alimentées :

– par les contributions des collectivités et établissements non affiliés, calculées en rapport avec « le coût réel des missions »[110] transférées aux CDG, selon un taux maximum de 20 %[111] ;

– par les contributions des départements et des régions affiliés volontairement pour la gestion d'une partie de leurs agents, calculées suivant un ratio de leurs rémunérations[112] ;

– par les contributions des collectivités et établissements publics ayant confié des « missions complémentaires à caractère facultatif » aux CDG[113].

Une montée en puissance des CDG s'observe sur le terrain, puisque « près de 78 % des CDG sondés en 2022 (par leur Fédération nationale) comptent au moins une collectivité ou établissement affilié volontairement »[114].

L'activation de dispositifs de solidarité à l'échelon régional

Depuis la loi n° 2007-209 du 19 février 2007, complétée par la loi n° 2019-828 du 6 août 2019, une nouvelle organisation a pris forme au niveau régional ou interrégional[115], conséquence de la reprise par les CDG de missions précédemment exercées par les délégations régionales du CNFPT. Les relations entre les CDG et le CNFPT en sortent clarifiées. La coordination des centres de gestion a été également renforcée par la loi n° 2012-347 du 12 mars 2012.

À ces échelons, la loi prévoit qu'« ils élaborent un schéma régional ou interrégional de coordination, de mutualisation et de spécialisation, qui désigne parmi eux un centre chargé d'assurer leur coordination »[116]. Des conventions particulières peuvent être conclues entre les CDG dans des domaines non obligatoirement couverts par le schéma. À défaut d'accord dans un délai légal, le CDG du département où se situe le chef-lieu de la région devient le centre coordonnateur.

---

110. Art. L. 452-26 du CGFP.
111. Art. L. 452-28 al. 2 du CGFP.
112. Art. L. 452-27 al. 2 du CGFP.
113. Art. L. 452-30 du CGFP.
114. G. Ginibrière, « CDG, élargir l'offre pour assurer l'avenir », *revue du FNCDG* 3 oct. 2023.
115. Suivant des préconisations présentées par l'IGA et le Contrôle général économique et financier (« Rapport sur la rationalisation et les économies en matière de gestion des ressources humaines des collectivités territoriales », 15 nov. 2017, *www.interieur.gouv.fr*) dans le cadre des revues des dépenses prévues par la loi de programmation des finances publiques 2014-2019.
116. Loi n° 84-53, 26 janv. 1984, art. 14, mod. par loi n° 2019-828, 6 août 2019 ; art. L. 452-11 du CGFP.

Compte tenu des limites de l'exercice de fonctions mutualisées au niveau départemental, le législateur a élargi les fonctions remplies par les CDG, en y incluant toute une gamme de missions, des plus lourdes, telle que « l'organisation des concours et examens professionnels »[117], à des fonctions plus ponctuelles[118]. Un enjeu essentiel réside dans le bon déroulement des concours de catégorie A, dont l'organisation se place au niveau régional ou interrégional.

Cette coopération régionale connaît un essor depuis une dizaine d'années[119].

3. Le dépassement de la règle de subsidiarité et ses effets potentiels

Ce débordement résulte de la multiplication des échelles de fonctions mutualisées prises en charge par les CDG, que nous avons relevée précédemment.

Cette tendance extensive est constante. Issue d'une proposition de loi[120], la loi nº 2023-1380 du 30 décembre 2023 visant à revaloriser le métier de secrétaire de mairie ajoute encore une mission obligatoire nouvelle à exercer par les CDG au profit des collectivités et établissements qui leur sont affiliés ; il s'agit de « l'animation du réseau des secrétaires généraux de mairie dans leur ressort territorial ». En multipliant leurs fonctionnalités au fil du temps, le législateur a transformé les CDG en véritables « couteaux suisses » !

---

117. Art. L. 452-34, 1° du CGFP.

118. Il s'agit dans ce dernier registre :
- de « la gestion de l'observatoire régional de l'emploi » (art. L. 452-34, 5° du CGFP) ;
- de « la mission générale d'information sur l'emploi public territorial » (art. L. 452-34, 6° du CGFP) ;
- d'apporter « une assistance juridique statutaire, y compris pour la fonction de référent » (art. L. 452-34, 9° du CGFP) ;
- de « la désignation d'un référent laïcité » (art. L. 452-34, 10° du CGFP) ;
- d'une « assistance à l'établissement des comptes de droits en matière de retraite, dans des conditions assurant leur fiabilité » (art. L. 452-34, 11° du CGFP).

119. Ainsi « les centres de gestion de Normandie ont signé le 18 déc. 2020 une convention de coopération régionale concentrée autour de quatre axes :
- la préparation des candidats aux concours et aux examens professionnels ;
- la coordination des actions permettant l'accès aux usagers des emplois territoriaux ;
- la promotion de ces derniers ;
- et le développement de l'apprentissage dans la fonction publique territoriale.

Plus récemment encore, les centres de gestion de la Nouvelle-Aquitaine ont créé le 1er janvier 2021 un service mutualisé pour l'organisation des concours et examens professionnels afin de diminuer et rationaliser les coûts » (M. BEAULIER, « La mutualisation au sein des CDG », *revue de la FNCDG* 23 févr. 2021).

120. Sénat, nº 133, session ordinaire 2022-2023, Proposition de loi visant à revaloriser le métier de secrétaire de mairie, Art. 2 *bis* A, texte adopté en 1re lecture, 14 juin 2023.

Ce déclin de la règle de subsidiarité appliquée aux CDG peut être rapproché du « recul du modèle de la subsidiarité intercommunale »[121], qui fut la marque traditionnelle des syndicats intercommunaux.

Un cap a été franchi pour que renaisse le projet de création d'un Centre national de gestion, initialement prévu par la loi du 26 janvier 1984 mais non mis en œuvre, puis écarté par la suite. Un projet de « transformation de la FNCDG, actuellement sous statut associatif, en établissement public administratif national » a été approuvé lors de son dernier congrès[122].

La nature d'établissement public local donnée par le législateur en 1994 aux CDG deviendrait alors une pure fiction.

Il s'impose que les CDG sont loin d'être une superstructure superflue. On perçoit toute l'importance du soutien logistique qu'ils apportent aux employeurs locaux dans la gestion des carrières des agents.

Leur existence traduit une spécificité de la fonction publique locale en France. Aucune étude comparée ne pourrait être entreprise en ignorant la variété des périmètres de la FPT selon les pays. On devrait alors prendre en compte :

– la séparation entre les institutions de gestion du personnel situées dans le champ de la FPT et de la fonction publique hospitalière (FPH). Alors qu'en France le personnel soignant en poste dans les établissements publics de santé relève de la FPH, « en Italie, le personnel des Autorités Sanitaires Locales est comptabilisé dans le personnel des collectivités locales »[123] ;
– les positionnements distincts des instances de gestion des personnels enseignants. Agents publics de l'État en France, ils font partie en Grande-Bretagne des personnels dépendant des autorités locales d'éducation (LEA).

Parmi les voies d'évolution possibles affectant les CDG, on pourrait aller vers un approfondissement de la « mixité territoriale »[124], en phase avec la poussée managériale vers une « conventionnalisation du droit de la fonction publique »[125].

121. Voir A. DURANTHON, « Le déclin du syndicat de communes ou l'effacement contraint du modèle de la subsidiarité intercommunale », *RFAP* 2019, nº 172, p. 905 et s.

122. Voir G. GINIBRIÈRE, *ibid.*

123. M. LECERF, « La mesure de l'emploi dans les administrations publiques locales en Europe », *in* H. PAULIAT (dir.), *L'emploi public en Europe : une ambition pour demain*, PULIM, Entretiens Universitaires Réguliers pour l'Administration en Europe, 2005, p. 61.

124. Concept emprunté à : *Mélanges en l'honneur du professeur Claude Devès, La mixité territoriale dans tous ses états*, Contributions réunies par Christèle Eyraud, L'Harmattan, 2021.

125. M. MORAND, « La conventionnalisation du droit de la fonction publique », *in Mélanges Devès, id.*, p. 182 et s.

Serait alors élargi l'espace ouvert à la conclusion d'accords négociés, en permettant aux employeurs territoriaux de « négocier des accords dérogatoires au cadre de la fonction publique sur l'ensemble des points du statut (rémunération, temps de travail, mobilité, etc.) et de mettre en place des accords sociaux locaux, y compris d'intéressement collectif ». Les CDG entreraient alors pleinement parmi les procédés d'ingénierie publique. Des précautions s'imposeraient pour surmonter les contradictions de cette ingénierie, « écartelée entre une logique d'entreprise, d'efficacité d'une part, et le désintéressement qui doit caractériser l'action d'intérêt général, d'autre part »[126]. Les CDG érigés en EPL ne signent sans doute pas « la fin de l'histoire ».

126. J.-D. DREYFUS, « L'ingénierie publique à la croisée des chemins », *in Mélanges en l'honneur de Franck Moderne, Mouvement du droit public*, Dalloz, 2004, p. 541.

LES CAISSES DES ÉCOLES

Émilie MOYSAN
Maître de conférences HDR en droit public
Chaire Droit et transitions sociétales
Le Mans Université

À l'instar du service public de l'enseignement primaire, les caisses des écoles sont apparues dans le courant du XIXe siècle, à une époque où l'État a consenti des « sacrifices […] en faveur de l'instruction », bravant l'idée alors répandue selon laquelle « l'intervention de la puissance publique […] n'était pas légitime et il s'agissait […] d'un domaine où la liberté absolue doit être laissée à chaque citoyen »[1]. L'enjeu est à l'époque d'importance : comme l'affirmait J. Ferry : « On peut réduire les travaux d'un chantier, on peut diminuer les travaux d'un chemin de fer, mais arrêter le mouvement moral et social de la démocratie rurale vers la lumière et le savoir, ce serait un crime de lèse-nation, un crime d'État[2] ! »

La première caisse des écoles à avoir été créée est celle du IIe arrondissement de Paris, à l'initiative des gardes nationaux à destination des enfants pauvres de leur quartier pour récompenser leur travail et venir en aide financièrement à leur famille.

Créées d'abord sous forme d'association[3], le législateur les a introduites dans l'ordonnancement juridique en 1867. Il était alors prévu qu'une délibération du conseil municipal, approuvée par le préfet, « peut créer, dans toute commune, une caisse des écoles, destinée à encourager et à faciliter la fréquentation de l'école par des récompenses aux élèves assidus et par des secours aux élèves

1. J. DOUCE, *Du développement des constructions scolaires en France (enseignement primaire)*, Thèse pour le doctorat en droit, Paris, A. Rousseau, 1902, p. 1.
2. Discours de Jules Ferry dans le cadre de la discussion sur la loi du 20 mars 1883 qui augmente le fonds de subventions et d'avances mis à la disposition de la Caisse des lycées, collèges et écoles primaires *in* P. ROBIQUET, *Discours et opinions de Jules Ferry*, Paris, Armand Colin, 1896, t. IV, p. 274.
3. A. VAVASSEUR, *Une caisse des écoles à Paris*, Paris, Alcide Picard et Kaan, 1901, p. 5.

indigents »[4]. Facultatives, les caisses des écoles seront rendues obligatoires dans chaque commune, en même temps que la scolarité, en 1882 lorsque le législateur a posé que « la Caisse des Écoles, instituée par la loi du 10 avril 1867, sera établie dans toutes les communes »[5].

À partir de la fin du XIXe siècle, les missions des caisses des écoles n'ont cessé de se diversifier. Chargées de distribuer aux enfants des vivres, des vêtements, des chaussures, elles ont assumé des services de cantine scolaire et ont alloué des subventions et rémunérations diverses[6] ; certaines caisses des écoles allant jusqu'à créer au début du XXe siècle des dispensaires gratuits pour les enfants malades et les nourrissons[7], d'autres organisant le placement des enfants « infirmes »[8]. Cette diversification n'a cessé de prendre de l'ampleur après la Seconde Guerre mondiale[9].

Fruit de cette construction historique, l'article L. 212-10 du Code de l'éducation prévoit que les caisses des écoles sont destinées à faciliter la fréquentation de l'école par des aides aux élèves en fonction des ressources de leur famille. Elles s'occupent notamment de financer et d'organiser des classes de découverte, des activités sportives complémentaires, des spectacles, des animations, des expositions, des manifestations. Elles peuvent aussi attribuer des prix, équiper les écoles (en livres ou matériels informatiques) ou encore inviter des intervenants (théâtre, musique, arts plastiques, etc.).

Le caractère plastique des missions dévolues aux caisses des écoles ne doit toutefois pas occulter la stabilité de leur nature juridique. Les caisses des écoles sont des établissements publics communaux, disposant d'une personnalité juridique distincte de celle de leur commune de rattachement. Leur nature juridique a été posée par le Conseil d'État dès 1903 : « Considérant que les caisses des écoles ont été instituées comme établissements publics, facultatifs à l'origine pour les communes autorisées à les créer dans le but d'encourager et de faciliter la fréquentation des écoles primaires ; que, leur fonction consistant à distribuer, soit des

4. Art. 15 de la loi du 10 avr. 1867 sur l'enseignement primaire.
5. Art. 17 de la loi du 28 mars 1882 portant sur l'organisation de l'enseignement primaire.
6. A. VAVASSEUR, *Une caisse des écoles à Paris*, Paris, Alcide Picard et Kaan, 1901, p. 6.
7. Voir, par ex., A. CAREL, *Les dispensaires gratuits de la caisse des écoles du VIIe arrondissement*, Paris, éd. G. Steinheil, 1907, 34 p.
8. Voir, par ex., *Notice sur la caisse des écoles du IIIe arrondissement*, Paris, Imprimerie Félix Malteste et Cie, 1853, p. 4.
9. Voir, par ex., Cl. CHAUMET-RIFFAUD, *La caisse des écoles*, éd. du Papyrus, coll. « Fonctions territoriales », 2002, 160 p.

récompenses, soit des secours, aux élèves indigents, ces distributions ne sont que le moyen d'assurer la fréquentation de l'école, but unique de leur institution, qu'à ce titre, elles sont, non des établissements de bienfaisance, mais des établissements scolaires annexes »[10].

La nature du service public qu'elles assurent a toutefois pu interroger. Il a pu être admis qu'il s'agissait là d'un service public administratif, en raison de la nature de leur activité[11]. Mais la question a pu se poser de savoir si elles ne remplissent pas également une mission de service public social ; concept dégagé par le Tribunal des conflits en 1955 dans un arrêt *Naliato* dans une espèce concernant la responsabilité de l'État dans l'accident survenu sur un enfant en colonie de vacances[12]. En 1983, le Tribunal des conflits a toutefois abandonné cette jurisprudence relative aux services publics d'intérêt social dans une affaire portant sur « le village de vacances de Caprone, qui appartient à la commune de Puteaux [et qui avait] été créé par une délibération du conseil municipal qui en assure l'organisation et le fonctionnement ; [...] il ne possède pas de personnalité juridique distincte de celle de la commune et constitue un service public, directement placé sous l'autorité du maire »[13]. Cette décision referme ainsi une vague d'interrogations sur la nature du service public fourni par les caisses des écoles qui « comme les œuvres d'assistance [...] ont si bien servi l'intérêt général qu'elles apparaissent désormais sans conteste comme "un organisme administratif" [...] requalifié[e]s comme établissements publics »[14].

L'intensité de ces questions contentieuses le prouve : les caisses des écoles occupent une place particulièrement importante dans les communes. Mais surtout, il apparaît que ce service public a d'abord été pensé comme participant au service public de l'enseignement primaire, en facilitant la fréquentation de l'école par les enfants, ce qui justifie qu'elle dispose d'une autonomie en matière d'organisation administrative et de moyens financiers propres (I). Cela dit, dans un contexte persistant de raréfaction des deniers publics, où l'objectif de réussite éducative occupe une place prépondérante, les caisses des écoles sont mues par de nouveaux objectifs (II).

10. CE 22 mai 1903, *Caisse des écoles du 6e arrondissement*, comm. M. Hauriou, *Revue générale du droit on line* 2014, n° 13959. Voir aussi, CE 24 mai 1963, *Fédération nationale de conseils de parents d'élèves des écoles publiques*, *Lebon*, 321.

11. T. confl. 4 nov. 1991, *Mlle de G...*, req. n° 2669.

12. T. confl. 22 janv. 1955, *Naliato c/État*, req. n° 1511.

13. T. confl. 4 juill. 1983, req. n° 2306.

14. C. GABORIAUX, « L'émergence d'un intérêt général d'origine privée » *in L'intérêt général en partage. La reconnaissance d'utilité publique des associations en République (1870-1914)*, Paris, Presses de Sciences Po, 2023, p. 181-209.

I. Un dispositif administratif et financier concourant au service public de l'enseignement primaire

On l'a dit, la mission initiale des caisses des écoles a longtemps été définie comme l'accessoire financier du service public de l'enseignement primaire : « Voyant que les besoins intellectuels de l'enfance étaient largement satisfaits par l'administration publique [la caisse des écoles] s'appliqua plus spécialement à donner satisfaction aux nécessités matérielles »[15]. En clair, il s'agit de « faciliter la fréquentation de l'école par des aides aux élèves en fonction des ressources de leur famille »[16] ; ce qui la conduit souvent à assurer la restauration scolaire et le périscolaire (accueil du matin et du soir).

Dans cette perspective, la caisse des écoles est formellement créée par le conseil municipal, « dans un souci d'individualisation fonctionnelle »[17]. La loi ne conférant pas de compétences obligatoires pour la caisse des écoles, la seule obligation étant d'en créer une, une commune peut décider de gérer en régie ou d'externaliser certaines activités confiées à la caisse, ou de lui en confier de nouvelles auparavant assurées en interne ou externalisées. C'est la commune qui, dans tous les cas, fixe les tarifs des services proposés, tels que ceux de la cantine scolaire. Cette organisation est loin de relever de l'évidence lorsque l'on songe que le conseil municipal de Paris avait délégué cette compétence aux caisses des écoles des arrondissements pour fixer les tarifs des repas, par une délibération de décembre 1961 et qu'un tel dispositif a été effectif jusqu'à une délibération des 10 et 11 mai 2010. Toutefois, il apparaît que l'article R. 531-52 du Code de l'éducation n'attribue cette compétence qu'à la commune et non aux caisses des écoles, en posant que « les tarifs de la restauration scolaire fournie aux élèves des écoles maternelles, des écoles élémentaires, des collèges et des lycées de l'enseignement public sont fixés par la collectivité territoriale qui en a la charge »[18].

Si l'on met de côté ces questions relatives à l'articulation des compétences dévolues aux caisses des écoles et aux communes, il est surtout intéressant de relever que les caisses des écoles disposent d'une autonomie d'organisation (A) et de moyens financiers propres (B).

---

15. L. LUCIPIA, *La caisse des écoles de Montmartre (histoire-organisation-fonctionnement)*, Paris, Imprimerie de la société de typographie, 1889, p. 10.
16. Art. L. 212-10 du Code de l'éducation (C. éduc.).
17. M. LONG, « Le conseil de Paris est compétent pour fixer les tarifs de la restauration scolaire », *AJDA* 2014, p. 2137.
18. CE 11 juin 2014, *A*, *AJDA* 2014, p. 2137.

A. *Une autonomie d'organisation administrative*

Les conditions d'organisation et de fonctionnement des caisses des écoles échappent aux autorités communales[19] et relèvent du Code de l'éducation.

En premier lieu, le comité de la caisse comprend le maire (président), l'inspecteur de l'éducation nationale chargé de la circonscription ou son représentant, un membre désigné par le préfet, deux conseillers municipaux désignés par le conseil municipal, trois membres élus par les sociétaires réunis en assemblée générale ou par correspondance s'ils sont empêchés[20]. De plus, le conseil municipal peut, par délibération motivée, « porter le nombre de ses représentants à un chiffre plus élevé, sans toutefois excéder le tiers des membres de l'assemblée municipale. Dans ce cas, les sociétaires peuvent désigner autant de représentants supplémentaires que le conseil municipal en désigne en plus de l'effectif normal »[21].

Il est à noter que des dispositions dérogatoires s'appliquent à Paris et dans les arrondissements de Lyon et Marseille où le comité de la caisse comprend, dans chaque arrondissement ou groupe d'arrondissements, des représentants de la commune[22], des membres élus par les sociétaires et des membres de droit[23] et des personnalités désignées[24]. Le nombre des membres de chacune de ces catégories est égal au tiers du nombre des membres du conseil d'arrondissement sans pouvoir excéder douze[25].

En second lieu, les caisses des écoles disposent d'une personnalité juridique distincte de celle des communes[26], ce qui leur permet de recruter leur personnel (qui relève du statut de la fonction publique territoriale), de posséder leur propre patrimoine, de souscrire des contrats et des marchés publics[27] et d'avoir la qualité de pouvoir adjudicateur. C'est le président du comité de la caisse qui est chargé

19. CE Ass. 24 mai 1963, *Fédération nationale des conseils des parents d'élèves des écoles publiques et autres*, req. nº 52358, *Rec.*, p. 321.
20. Art. R. 212-26 du C. éduc.
21. Art. R. 212-26 du C. éduc.
22. Soit le maire d'arrondissement (président) et les membres du conseil d'arrondissement désignés par lui.
23. Soit les membres de l'Assemblée nationale élus dans les circonscriptions de l'arrondissement ou du groupe d'arrondissements et les inspecteurs de l'éducation nationale chargés de l'inspection des écoles de l'arrondissement ou du groupe d'arrondissements.
24. Choisies pour moitié par le maire d'arrondissement et pour moitié par le préfet du département.
25. Art. R. 212-27 du C. éduc.
26. CE 20 oct. 1976, *Caisse des écoles d'Alfortville*, req. nº 95452.
27. Voir, par ex., 23 mars 2012, *Caisse des écoles de Six-Fours-les-Plages*, req. nº 355439.

de l'exécution des décisions de ce comité[28]. Dans les arrondissements de Paris, le président peut déléguer sa signature au chef des services économiques de la caisse des écoles de l'arrondissement.

Ce cadre juridique, qui en première approche apparaît comme lisible et stabilisé, a toutefois pu soulever la question de l'autorité compétente lorsqu'une commune décide d'aider financièrement des enfants des écoles primaires dont les parents sont en difficulté financière. Le Conseil d'État a eu l'occasion de juger que si cette aide prend la forme d'une subvention, cela n'empiète pas sur les compétences de la caisse des écoles en admettant qu'« aucune disposition de loi ne fait obstacle à ce que le conseil municipal, qui règle les affaires de la commune, vote un crédit destiné à allouer des secours en nature aux élèves indigents de toutes les écoles privées et publiques et mette cette somme à la disposition du maire, appelé à exécuter ses délibérations. Cette délibération n'empiète pas sur les attributions de la caisse des écoles ou du bureau de bienfaisance »[29]. Il n'en va différemment que si la commune finance directement une classe de neige, lorsque cette compétence avait été préalablement transférée à la caisse des écoles[30].

Il faut en outre ajouter que cette autonomie de gestion n'est pas, parce que l'autonomie n'est jamais synonyme d'une liberté absolue, sans limites. Si la création d'une caisse des écoles est obligatoire, l'article L. 212-10 du Code de l'éducation prévoit que « lorsque la caisse des écoles n'a procédé à aucune opération de dépenses ou de recettes pendant trois ans, elle peut être dissoute par délibération du conseil municipal ».

Au fond, parce qu'elle leur permet de se présenter comme l'un des pivots de l'action sociale sur le territoire de la commune et de conduire « un travail de territorialisation des politiques publiques »[31], l'autonomie d'organisation administrative que le Code de l'éducation confère aux caisses des écoles leur permet d'assurer au quotidien des missions de plus en plus nombreuses. Cette action nécessite le maniement d'un certain nombre de moyens financiers.

B. Des moyens financiers propres

Le cadre financier auquel sont soumises les caisses des écoles est fixé par le Code de l'éducation. Les recettes des caisses des écoles sont constituées des cotisations de ses adhérents, des paiements des frais de cantine ou de garderie, mais aussi de

28. Art. R. 121-30 du C. éduc.
29. CE 26 juin 1914, req. n° 53751.
30. Voir TA Lille 15 déc. 1992, *Segard c/C. de Sangate*, *Lebon T*, 1009.
31. Y. COLMOU, « Les collectivités locales : un autre modèle », *Pouvoirs* 2006/2, n° 117, p. 27-37.

subventions communales ; le paiement du service par les usagers ne suffisant pas à équilibrer le budget. Le budget peut, plus ponctuellement, être alimenté par des dons et legs venant de personnes physiques ou morales, généralement grevés de conditions (les biens ou fonds devant être affectés à des activités au bénéfice des enfants scolarisés dans les écoles publiques)[32].

Ensuite, il faut relever que les comptes des caisses des écoles sont arrêtés par son comité puis annexés au budget primitif de la commune. Pour les caisses dont les recettes annuelles ne dépassent pas 15 000 euros, le comité des caisses des écoles peut décider que leurs opérations ne seront pas retracées dans un compte distinct ; elles font ainsi l'objet d'une comptabilité annexée à celle de leur commune de rattachement[33]. C'est le receveur municipal qui exerce gratuitement les fonctions de comptables des caisses des écoles[34] ; un régisseur d'avance et de recettes peut être désigné par le comité de la caisse. Le maire de la commune en est l'ordonnateur[35].

D'un point de vue comptable, le budget des caisses des écoles est établi en section de fonctionnement et en section d'investissement, tant en recettes qu'en dépenses et est présenté par nature[36], dans le respect d'un plan comptable propre annexé à l'instruction M14 applicable aux communes. Ce plan comprend des lignes que l'on ne retrouve pas au niveau des communes comme le compte 656 Bourses et prix et 6715 Subventions de fonctionnement aux budgets annexes. À l'inverse, il ne comporte pas certains comptes comme le 73, sur les recettes fiscales. Ce budget est présenté et voté par chapitres, et si le comité le décide, par article[37].

Les obligations d'information et de mise en œuvre des mécanismes patrimoniaux ressemblent à celles appliquées par les communes, reproduisant ainsi la distinction faite traditionnellement entre les communes de plus ou moins de 3 500 habitants. Dans les caisses des écoles des communes de 3 500 habitants ou plus et dans les caisses des écoles intercommunales comprenant une commune de 3 500 habitants ou plus, un système d'amortissement et de provision doit être mis en place. En outre, les documents budgétaires sont assortis en annexe des données synthétiques retraçant les dépenses réelles de fonctionnement rapportées à la population, les recettes réelles de fonctionnement rapportées à la population et l'annuité de la

32. Voir art. L. 212-10 du C. éduc.
33. Art. R. 212-32 du C. éduc.
34. Art. L. 212-12 du C. éduc.
35. Art. R. 212-32 du C. éduc.
36. Art. R. 2311-10 du Code général des collectivités territoriales (CGCT).
37. Art. R. 2312-2 du CGCT.

dette rapportée aux recettes réelles de fonctionnement[38]. Les caisses des écoles des communes de moins de 3 500 habitants ont quant à elles des obligations d'information et de mise en œuvre des mécanismes patrimoniaux plus limitées[39].

On notera que les règles d'exécution des recettes et des dépenses et les règles du contrôle budgétaire sont celles qui s'appliquent aux communes[40].

Tous ces éléments pourraient laisser à penser que les règles de fonctionnement des communes et de leur caisse des écoles sont étroitement liées. Pourtant à notre sens, la situation est plus complexe et il est difficile d'affirmer « qu'au-delà de l'élan initial, fondé sur une volonté de libertés locales, les caisses des écoles sont devenues aujourd'hui de simples outils de gestion rattachés à la commune »[41]. Au contraire, les caisses des écoles bénéficient de marges de manœuvre pour mettre en œuvre la mission de service public qui leur est confiée et sont libres des moyens utilisés pour favoriser la fréquentation de l'école.

Plus encore, les caisses des écoles deviennent des parties prenantes de la réussite éducative et de la rationalisation des deniers publics.

II. Un dispositif mû par de nouveaux objectifs

Lors de la création des caisses des écoles, le ministre Victor Dury affirmait qu'il ne suffit pas d'ouvrir les portes de l'école à tous les enfants pour qu'ils la fréquentent et qu'au fond, les plus pauvres « y sont admis à cette condition de dispenser d'y paraître, ou y paraissent si irrégulièrement qu'ils n'en profitent réellement pas »[42]. En ce sens, la mission originelle des caisses des écoles reste de favoriser la fréquentation de l'école par les élèves de condition modeste. Mais les caisses des écoles suivent aussi les évolutions et besoins de la société grâce à la souplesse de leur organisation, ce qui conduit les pouvoirs publics à adapter leur rôle (A). Par ailleurs, dans un contexte budgétaire de plus en plus contraint, les caisses des écoles participent de l'effort de rationalisation des deniers publics (B).

---

38. Art. R.2313-7 du CGCT.
39. Voir par ex., *Encyclopédie des collectivités locales*, « Les caisses des écoles », p. 586 et s.
40. Art. R.212-31 du C. éduc.
41. M. LONG, « Le conseil de Paris est compétent pour fixer les tarifs de la restauration scolaire », *AJDA* 2014, p. 2137.
42. E. CADET, *Les caisses des écoles*, Paris, Imprimerie nationale, 1889, p. 2.

A. Un dispositif de réussite éducative

La loi du 18 janvier 2005 a procédé à l'extension des compétences des caisses des écoles[43]. L'article L. 212-10 affirme ainsi que « les compétences de la caisse des écoles peuvent être étendues à des actions à caractère éducatif, culturel, social et sanitaire en faveur des enfants relevant de l'enseignement du premier et du second degrés. À cette fin, la caisse des écoles peut constituer des dispositifs de réussite éducative ». Le changement de finalité est manifeste : les caisses des écoles ne sont plus seulement des éléments visant à favoriser la fréquentation de l'école. Parce que la pauvreté n'est pas seulement financière, elles interviennent dans les champs éducatif, culturel, social et sanitaire ; ce qui se traduit par différents éléments.

D'une part, le Code de l'éducation autorise les caisses des écoles à remettre aux personnes en difficulté des chèques d'accompagnement personnalisé, distribution qui s'inscrit dans le cadre des actions sociales portant notamment sur l'alimentation, l'hygiène, l'habillement et les transports et dans celui des actions éducatives, culturelles, sportives ou de loisirs[44]. Les caisses des écoles (mais aussi les collectivités territoriales ou les centres communaux d'action sociale) peuvent en outre remettre aux personnes en difficulté sociale des titres pour acquérir des biens et services, et ce dans le champ de catégories définies par elle-même. Un réseau de prestataires de biens, produits ou services est ainsi mis en place et les bénéficiaires du chèque doivent le dépenser chez eux, à l'exclusion de tout remboursement en numéraire, total ou partiel[45].

D'autre part, le décret du 31 mai 2005 a prévu la mise en place d'un conseil consultatif de réussite éducative, par délibération du comité de la caisse[46]. Ce conseil consultatif rassemble le maire (président), le président du conseil départemental, le directeur académique des services de l'éducation nationale, deux représentants de l'État désignés par le préfet de département, un médecin, le président de la caisse d'allocations familiales, un directeur d'école de la commune, un chef d'établissement, un représentant des parents d'élèves siégeant au conseil d'école d'une école de la commune, un représentant des parents d'élèves siégeant au conseil d'administration d'un établissement public local d'enseignement et enfin, à leur demande, un représentant des associations œuvrant dans les domaines

---

43. Art. 130 de la loi n° 2005-32 du 18 janv. 2005 de programmation pour la cohésion sociale.
44. Art. L. 1611-6 du CGCT.
45. Art. L. 1611-6 du CGCT.
46. Art. R. 212-33-1 du C. éduc.

éducatif, périscolaire, culturel, sportif, social ou sanitaire[47]. Le décret pose que la région peut, à sa demande, être associée aux travaux du conseil consultatif de réussite éducative.

Ce conseil consultatif de réussite éducative est chargé de donner, au moins deux fois par an, un avis sur toutes questions relatives aux projets de réussite éducative[48]. Il est réuni à l'initiative du président du comité de la caisse ou sur demande de la majorité des membres de ce conseil. Ce comité consultatif est aussi chargé de proposer au comité de la caisse des écoles la répartition des crédits affectés aux dispositifs de réussite éducative. Il évalue enfin les résultats des actions mises en œuvre.

Tous ces éléments font que les caisses des écoles se présentent désormais comme des organismes de réussite éducative, intervenant dans les champs éducatif, culturel, social et sanitaire. Si elles interviennent depuis l'origine dans ces secteurs, le législateur l'indique aujourd'hui sans ambages et leur donne des instruments juridiques nouveaux pour y parvenir. En parallèle, une autre mutation affecte les caisses des écoles qui participent aussi à une rationalisation des deniers publics de plus en plus nécessaire.

B. Un dispositif concourant à une rationalisation des deniers publics

S'il appartient en principe à chaque conseil municipal de créer une caisse des écoles, « plusieurs communes peuvent se réunir pour la formation et l'entretien de cette caisse »[49], permettant ainsi la création de caisses des écoles intercommunales. Leurs règles de composition permettent à chaque commune d'y être représentée selon les mêmes principes que pour les caisses des écoles communales. À l'image des règles particulières régissant la composition des caisses des écoles des communes associées ou déléguées, le comité comprend des représentants de la commune, des membres élus par les sociétaires et des membres de droit (dont les inspecteurs de l'éducation nationale chargés de l'inspection des écoles concernées) et des personnalités désignées (notamment par le préfet du département)[50]. Le nombre des membres de chacune de ces catégories est égal au tiers du nombre des

47. Art. L.212-33-1 du C. éduc.
48. Art. R.212-33-2 du C. éduc.
49. Art. L.212-10 du C. éduc.
50. Art. R.212-28 du C. éduc.

membres du conseil consultatif ou de la commission consultative sans pouvoir excéder dix personnes. Lorsque ce tiers n'est pas un nombre entier, le nombre des membres est porté au nombre entier supérieur[51].

En outre, la pratique montre que, si l'objet du contrat est en adéquation avec ses statuts, sous le contrôle du juge du référé précontractuel, la caisse peut répondre à des procédures de passation de contrats de la commande publique. Elle peut ainsi fournir des repas pour les écoles d'une commune voisine.

Plus encore, la loi du 7 août 2015 a modifié les relations existantes entre communes et caisses des écoles dans l'exercice de services en commun. Alors que les caisses des écoles n'entraient pas dans l'exception *in house* en cas de mise à disposition de services par la commune, le législateur a posé qu'« en dehors des compétences transférées, un établissement public de coopération intercommunale à fiscalité propre, une ou plusieurs de ses communes membres et, le cas échéant, un ou plusieurs des établissements publics rattachés à un ou plusieurs d'entre eux, peuvent se doter de services communs, chargés de l'exercice de missions fonctionnelles ou opérationnelles »[52].

Ces éléments traduisent la volonté des acteurs publics locaux « d'associer [les caisses des écoles] aux grandes tendances impactant le bloc communal, auxquels ces établissements municipaux ne peuvent évidemment pas échapper »[53].

Les transformations de la gestion financière des caisses des écoles ne sont pas exemptes de critiques. La chambre régionale des comptes d'Île-de-France a ainsi encouragé la mutualisation des marchés pour réduire le coût d'un repas et faire converger les statuts et les régimes indemnitaires des agents qui sont souvent très épars[54]. À cela s'ajoutent les avis des chambres régionales des comptes rendus par suite de saisines préfectorales pour déséquilibre budgétaire qu'il soit constaté au stade de l'exécution du budget[55], ou plus surprenant, au stade du budget primitif, en

51. Art. R. 212-28 du C. éduc.
52. Art. L. 5211-4-2 du CGCT.
53. O. DIDRICHE, « Les caisses des écoles. Bilan et perspectives d'un vieux satellite municipal », *AJCT* 2018, p. 12.
54. CRC Île-de-France, *La gouvernance des caisses des écoles et de la restauration scolaire par la Ville de Paris – Exercices 2014 et s.*, Rapport d'observations définitives, 25 févr. 2021.
55. CRC Martinique, *Caisse des écoles du diamant*, avis n° 2023-0056 portant sur le compte administratif de 2022, 1er déc. 2023.

prévision[56]. Certains avis montrent aussi que des dysfonctionnements internes aux caisses des écoles conduisent à ce que le budget ne soit pas adopté dans les délais ce qui conduit les chambres à autoriser le préfet à le régler et le rendre exécutoire[57].

Au terme de ce panorama général, les caisses des écoles constituent des établissements publics locaux participant désormais tout à la fois à la réussite éducative des enfants scolarisés dans les écoles publiques et à une rationalisation des dépenses ainsi destinées. Si les missions dévolues aux caisses des écoles ont évolué et le cadre juridique, administratif et financier a été adapté à la réalité locale, on peut toujours leur attribuer l'objectif initial et louable que leur a accordé le législateur au XIXe siècle, à savoir « combattre l'ignorance et […] diminuer le nombre des illettrés »[58]. Dans de telles conditions, on ne peut toujours affirmer sans commettre d'anachronisme que « par ses ressources, par l'importance de son but, surtout par sa constitution et son fonctionnement, qui, sans l'absorber par la commune, unissent l'action personnelle des bons citoyens et celle de la Municipalité, la Caisse des Écoles apparaît comme le type le plus complet de l'institution destinée à consolider l'œuvre de l'école publique en favorisant l'épanouissement de ses bienfaits »[59].

56. CRC Martinique, *Caisse des écoles de Marigot*, avis n° 2023-0036 portant sur le budget primitif de 2023, 30 nov. 2023.

57. Voir, par ex., CRC Île-de-France, *Caisse des écoles de la commune de Châtillon*, avis n° 10/11, 20 oct. 2020.

58. V. DURUY, « Instruction générale pour l'exécution de la loi du 10 avril 1867 », *Bulletin administratif de l'instruction publique* année 1867, n° 141, p. 502.

59. A. CHAPEY, *Étude sur les caisses des écoles en France*, Imprimerie Eugène Prost, Rennes, 1910, p. 7.

LES CAISSES DE CRÉDIT MUNICIPAL, DU GRIFFON À LA CHAUVE-SOURIS

Didier GUIGNARD
Professeur de droit public
Institut du droit de l'espace des territoires, de la culture et de la communication (IDETCOM), EA 785
Université Toulouse 1 Capitole

Les Monts-de-Piété, dénommés depuis le décret du 24 octobre 1918 caisse de crédit municipal, sont une institution séculaire apparue originellement en Italie. Le premier d'entre eux fut fondé en 1462 par Barnabé de Terni à Perouse « afin d'aider les pauvres »[1], il « fera école dans d'autres villes d'Italie grâce au franciscain Bernardin de Feltre […] à la fin du XVe siècle, on compte environ quatre-vingts Monts-de-Piété en Italie »[2]. Il s'agissait *via* ces structures de prêts sur gage à un taux très bas, de « combattre l'usure » *(sic)*. Au concile de Latran, le pape Léon X, « dans sa bulle du 9 mai 1515 […] considère que la perception d'intérêts dans le but de couvrir les dépenses d'administration n'est pas usuraire »[3]. En France, le premier Mont-de-Piété ouvrit en 1637, à la suite de la présentation d'un projet au roi Louis XIII par Théophraste Renaudot. En septembre 1643, des lettres patentes prévoyaient 58 Monts-de-Piété, mais « à la mort de Louis XIII et du Cardinal de Richelieu, les opposants de Théophraste Renaudot, dont les usuriers, obtiennent la fermeture des Monts-de-Piété »[4]. Selon les analyses de M. Halay, « Il y eut donc pendant plus d'un siècle une absence d'institution officielle de prêt sur gages dans la capitale. Les usuriers profitaient largement de la situation : il était fréquent de

1. T. HALAY, *Le Mont-de-piété des origines à nos jours*, L'Harmattan, Paris, 1994, p. 11.
2. *Ibid.*
3. *Ibid.*, p. 12.
4. « Trésor – Crédits municipaux et monts-de-piété », Service des archives économiques et financières, avr. 2012, *https://www.economie.gouv.fr/saef/tresor-credits-municipaux-et-monts-piete*.

voir des taux d'intérêt de 10 % par mois »[5]. À l'angoisse pour les débiteurs, il convenait d'ajouter des pratiques fort malhonnêtes[6]. Face à l'éveil des esprits et des protestations contre de telles pratiques et comportements, en décembre 1777, Louis XVI signa les lettres patentes et « l'histoire des Monts-de-Piété français est liée dans une large mesure avec celle du Mont de Paris [...] comme ces prédécesseurs, le Mont de Paris est créé pour lutter contre l'usure »[7]. Mais, il était dit que cette institution devait présenter un tour mythologique, passant du griffon, sur lequel il conviendra de revenir, au phénix. En effet, il renaquit de ses cendres en 1777, il disparut lors de la Révolution en 1796[8], pour ressurgir avec la loi du 26 pluviôse an XII dont l'article premier « est ainsi conçu » *(sic)* : « Aucune maison de prêt sur nantissement ne pourra être établie qu'au profit des pauvres et avec l'autorisation du Gouvernement »[9].

Avant 1851, la période se caractérisait par « l'absence de textes généraux sur les Monts-de-piété. Chaque établissement est organisé avec un règlement particulier selon les idées du moment et les conditions locales [...] (si) les principes sont les mêmes [...] cette diversité est très préjudiciable au contrôle des pouvoirs publics qu'elle rend très compliqué »[10]. Progressivement et avec quelques chaos, l'idée d'une unification des Monts-de-Piété chemina, elle se traduisit par la loi du 24 juin 1851, « ces maisons de prêt sur nantissement seront instituées comme établissements d'utilité publique, et avec l'assentiment des conseils Municipaux, par des décrets du Président de la République »[11].

---

5. *Op. cit.*, p. 21.

6. « Les prêteurs sur gages, outre le taux de l'intérêt énorme exigé [...] employaient tous les petits procédés malhonnêtes du métier pour accroître leurs bénéfices : faux registres, changements, substitutions, soustractions d'effets, négations des dépôts qu'on leur avait confiés, etc. », C. EYRAUD, *Caisses de crédit municipal et Monts-de-Piété*, Librairie technique et économique, Paris, 1935, p. 15.

7. « Son institution [déclare le préambule des lettres patentes de 1777] nous a paru le plus capable de faire cesser les désordres que l'usure a introduits », *ibid.*, p. 16.

8. « La Révolution de 1789 devait donc être fatale au Mont-de-Piété de Paris... », *ibid.*, p. 18.

9. *Ibid.*, p. 20. L'auteur évoque également deux ordonnances de 1831, la première du 12 janvier, « rompant avec la tradition retire au Directeur le maniement des deniers, il devient fonctionnaire purement administratif. Elle décide que les comptes seront soumis à l'avenir à la juridiction de la Cour des Comptes. La seconde du 3 novembre met l'administration entre les mains du Directeur sous la surveillance du Conseil d'administration... », *ibid.*, p. 21.

10. *Ibid.*

11. « Leurs conseils d'administration doivent être présidés par le maire de la commune et à Paris par le Préfet de la Seine. Les membres des Conseils sont nommés par le Ministre de l'Intérieur en ce qui concerne le Mont-de-Piété de Paris et par le préfet dans les départements », T. HALAY, *op. cit.*, p. 89.

Le décret du 24 octobre 1918 marqua tout d'abord le changement de dénomination; fut retenu par le gouvernement celle proposée « par le Conseil de surveillance du Mont-de-Piété de Paris dans sa séance du 10 octobre 1918 "Caisse de Crédit municipal de…", suivie du nom de la ville concernée[12] […] (ensuite) l'article 2 confirme que les Monts-de-Piété sont autorisés à se constituer un fonds de roulement, au moyen de l'ouverture de compte de dépôt »[13].

Dans les années 1920, il s'agira de coordonner l'action des caisses, explique M. Halay, ainsi la « conférence permanente des Caisses de Crédit municipal et Monts-de-Piété voit le jour en 1928 »[14]. Un décret du 30 décembre 1936 réglementa l'organisation des caisses de crédit municipal et des Monts-de-Piété.

Dans les années 1950, la loi de finances de 1954 autorisa les caisses de crédit municipal « à accorder des prêts aux fonctionnaires et assimilés sur nantissement de leurs revenus »[15] et le décret du 20 mai 1955 précisa : « Les caisses de crédit municipal sont des établissements publics d'aide sociale dotés de la personnalité morale et de l'autonomie financière. Ils sont rattachés soit à une ou plusieurs communes, soit à un syndicat de communes. Ils ont pour mission de combattre l'usure par l'octroi de prêts sur gages »[16]. La loi du 24 janvier 1984 « les intégra dans le système bancaire, et la loi du 15 juillet 1992 les confirma dans leur statut d'établissements publics communaux de crédit et d'aide sociale »[17].

Ce dernier énoncé peut surprendre, laissant transparaître quelques singularités. Selon l'article L. 511-9 du Code monétaire et financier (CMF) : « Les établissements de crédit sont agréés en qualité de banque, de banque mutualiste ou coopérative, d'établissement de crédit spécialisé, d'établissements de crédit et d'investissement ou de caisse de crédit municipal ».

Il ne s'agit nullement de structures obsolètes, même si les auteurs s'accordent pour souligner que ces caisses ne sont pas nombreuses sur le territoire français (17) et que « l'homme de la rue » *(sic)* « […] ignore tout au sujet de ces dernières »[18].

12. « Ce n'est toutefois qu'après avis conforme du Conseil municipal que le changement peut effectivement avoir lieu. Cette disposition permet d'appeler l'attention des municipalités sur leur devoir maintenu de surveillance envers les établissements de prêt sur gages », *ibid.*, p. 142.
13. « La loi de 1851 et le règlement de 1865 avaient déjà prévu cette possibilité, mais elle n'avait été que peu utilisée jusqu'alors », *ibid.*
14. *Ibid.*, p. 144.
15. *Ibid.*, p. 156.
16. *Ibid.*
17. « Trésor – Crédits municipaux et monts-de-piété », *op. cit.*
18. J. LASSERRE CAPDEVILLE, G. FISCHER, « La commune prêteuse : le cas des caisses de crédit municipal », *AJCT* 2012, p. 81.

Pourtant ces établissements ont été actifs notamment lors de la crise de la Covid-19. Certaines personnes les méconnaissent sous cette dénomination, d'aucuns les connaissent sous celle du « clou » ou « chez ma tante », d'autres ne les distinguent pas des établissements de crédit classiques. Selon l'article L. 514-1 I du CMF : « Les caisses de crédit municipal sont des établissements publics communaux de crédit et d'aide sociale ». Les études, commentaires et autres observations traduisent les incertitudes et particularités de ces structures : « [...] établissements ô combien particuliers »[19], « la nature même du Crédit Municipal est donc ambiguë »[20], « les crédits municipaux sont des ovnis administratifs »[21].

De tels énoncés sont une demi-surprise. Peut-il en être autrement pour des entités qui, non seulement ont pris pour emblème le Griffon, hommage à la ville de Pérouse et au premier Mont-de-Piété, mais s'efforcent de faire mentir l'assertion selon laquelle « on ne prête qu'aux riches » ? Le choix de cet animal mythologique à la tête et aux ailes d'aigle et au corps de lion « surveillant les mines d'or Apollon... »[22] pouvait laisser présager de quelques difficultés à déterminer la réalité de ces caisses. Les divers textes réglementaires et législatifs n'ont guère dissipé les doutes organiques et matériels entourant ces structures. Le décret n° 55-622 du 20 mai 1955 les qualifia d'établissements publics d'aide sociale, traduction ou prolongement de la jurisprudence *Naliato*, dont la consécration fut de courte durée et la détermination de la consistance ô combien délicate. La loi précitée de 1992 et l'article L. 514-1 I du Code monétaire et financier par la qualification d'« établissement public communal de crédit et d'aide sociale » n'ont pas répondu à toutes les questions. Un article des années 2000 évoquait une « véritable crise existentielle » traversée par les caisses de crédit municipal qui « s'interrogent ainsi sur les bienfaits de la diversification entamée depuis 1984. Nombre d'entre eux ont alors profité de l'autorisation d'exercer le métier de banque, offerte par la loi bancaire, pour s'éloigner de leurs missions d'origine [...] »[23]. La diversification matérielle s'accompagne d'une diversification territoriale. Au-delà d'être

19. *Ibid.*

20. Réponse du directeur général du crédit municipal de Paris, *https://www.ccomptes.fr/sites/default/files/2017-07/IFO17040201.pdf.*

21. F. LATRIVE, « "Ma tante" prend un coup de jeune », *Libération économie* lundi 23 sept. 2002, p. 23-24.

22. HALAY, *op. cit.*, p. 13.

23. « [...] les activités bancaires, centrées sur les prêts à court terme et les crédits à la consommation, représentent désormais près de 50 % de l'activité globale à Nantes, Lille ou Lyon », A. MICHEL, « Les crédits municipaux se cherchent une place sur l'échiquier bancaire », *Industrie financière* 4 janv. 2000, L'AGEFI.

un établissement de prêt sur gage, le crédit municipal est également ou peut être un organisme de crédit et aussi un établissement bancaire. Cette singularité s'accompagne d'une pluralité territoriale car il convient d'utiliser la formulation « crédits municipaux ». « Chaque crédit municipal est différent et peut tenir des rôles et des missions complémentaires »[24], « les caisses dépendent de la stratégie du maire de leur commune d'implantation, à qui il revient de décider de l'avenir de l'institution »[25]. Le cas par cas tend à prévaloir, mais généralement l'équilibre financier s'avère fragile. Pour les communes et les élus, il s'agit d'un savant dosage, digne du travail d'alchimiste, pour parvenir au dosage de l'offre bancaire sans prise de risque excessif pour « avoir des ressources permettant de refinancer les prêts sur gage »[26].

Si les caisses de crédit municipal font parfois parler d'elles pour des raisons financières, elles donnent lieu à des contentieux fort instructifs, soulignant malgré leur âge avancé que des interrogations demeurent, démontrant comme certains ont pu l'écrire, qu'à l'emblématique griffon pourrait être substitué celui de la chauve-souris[27]. Établissement spécialisé communal (I), l'essor des activités accessoires au monopole du prêt sur gage interpelle sur cette hybridité reflétée par leur dénomination « établissements publics communaux de crédit et d'aide sociale » et interroge sur l'étendue de leur mission de service public (II).

I. Monts-de-Piété et caisse de crédit municipal, un établissement spécialisé aux mains des communes

Les incertitudes entourant les Monts-de-Piété - caisse de crédit municipal ont initialement porté sur leur nature juridique et ce, malgré l'énoncé de l'article 1 de la loi de 1851. Si le lien avec les conseils municipaux (B) n'est pas sujet à discussion, il en va autrement de leur nature publique ou privée (A).

24. « Crédit municipal », *https://etablissements-publics.com/credit-municipal.*
25. « […] les établissements peuvent s'appuyer sur leur actionnaire unique, la commune », C. VILLEDIEU, « Crédits municipaux : un équilibre financier sur le fil », *la gazette des communes* 12 sept. 2023.
26. *Ibid.*
27. T. SAMIN, « Caisse de crédit municipal de Toulon : le Conseil d'État confirme la première décision de la commission des sanctions de l'ACP », *Bull. Joly Bourse* sept. 2013, p. 402 et s.

A. Les caisses de crédit municipal, établissement public ou établissement d'utilité publique

L'énoncé de l'article 1 de la loi de 1851 ne fit nullement consensus[28] et cette question – structure publique ou personne privée spécialisée « a agité le forum des juristes pendant plus d'un demi-siècle »[29].

1. Les positions doctrinales

En 1912, dans une étude intitulée « De la nature juridique des Monts-de-Piété », M. Plytas exposait l'état des positions doctrinales : « [...] les auteurs sont loin d'être d'accord sur la nature juridique qu'il convient de reconnaître à ces établissements.

Les uns les rangent parmi les établissements publics charitables. D'autres estiment, au contraire, "que les monts-de-piété constituent des établissements d'utilité publique et qu'ils ne possèdent pas la qualité d'établissements de bienfaisance" »[30].

Dans la première catégorie, l'auteur mentionnait MM. Ducrocq et Barilleau, ou encore Michoud; dans la seconde, Duguit, Hauriou et Théodore Tissier.

L'étude s'avérait d'autant plus intéressante que, selon son auteur, à l'époque de sa rédaction, « il ne semble pas » *(sic)* que « la jurisprudence administrative ou judiciaire [...] ait eu l'occasion de se prononcer définitivement sur cette question »[31].

Généralement, la doctrine évoque la jurisprudence de la Cour de cassation de 1856, en tant que marque de la distinction parmi les établissements spécialisés entre les établissements publics et les établissements d'utilité publique. Ainsi, sous la plume de René Chapus, il est loisible de lire : « Dans l'état du droit, tel qu'il s'est fixé en 1856, trois hypothèses doivent être distinguées »[32] ; dans son étude, M. Plytas ne convoquait pas la jurisprudence sur les caisses d'épargne, mais il mentionnait la loi du 23 juin 1862[33] « relative aux emprunts à faire par les départements, les communes, les hospices et autres établissements ».

---

28. « Il convient de se demander dans quelle catégorie, établissements publics ou établissements d'utilité publique doivent être classées les caisses de crédit municipal. Il est bien probable que cette question n'aurait pas fait de difficultés si la loi du 24 juin 1851 avait été muette sur ce point... », EYRAUD, *op. cit.*, p. 53.

29. *Ibid.*

30. T. PLYTAS, « De la nature juridique des Monts-de-Piété », *Revue générale d'administration* 1912, *gallica.bnf.fr*.

31. *Ibid.*

32. *Droit administratif général*, 14e éd., Montchrestien, Paris, 2000, p. 178.

33. « Faut-il rappeler aussi que, pendant toute la première partie du dix-neuvième siècle et même jusqu'en 1862, le législateur n'a pas fait la distinction entre les établissements publics et d'utilité publique et qu'il a souvent employé les termes "établissements publics" pour désigner des

M. Eyraud écrit : « La discussion doctrinale n'est donc guère probante et les auteurs sont, comme toujours, partagés. La jurisprudence antérieure à 1919 n'est pas plus nette […] avant-guerre, l'imprécision planait donc autant sur la jurisprudence que sur la doctrine. Il en est différemment aujourd'hui »[34].

2. L'arrêt *Brincat*

Dans la présentation précitée du Professeur R. Chapus, « la troisième hypothèse est celle du silence des textes »[35], l'éminent auteur y adjoint le cas où « un établissement tiendrait sa qualification d'un texte même législatif antérieur à 1856, c'est-à-dire remontant à une époque où les expressions d'établissement public et d'établissement d'utilité publique n'avaient pas de signification technique déterminée »[36] ; R. Chapus évoque non seulement l'arrêt du Conseil d'État du 20 juin 1919 *Brincat*, mais il l'explique en y transposant les « indices du caractère public d'une institution » *(sic)*.

Sans ambages, le Conseil d'État indiqua : « La qualification d'établissements d'utilité publique qui leur a été donnée par l'article 1er de la loi du 24 juin 1851, à une époque où la distinction entre ces deux sortes d'établissements n'était pas encore nettement précisée, ne saurait faire obstacle à cette interprétation »[37]. Dans sa note, le Professeur Gaston Jèze mentionnait le point de vue « d'un certain nombre de savants, en particulier du Professeur Hauriou et du Professeur Duguit » *(sic)*.

Explicitant la solution et méthode de la haute juridiction administrative, après que cette dernière ait écarté « l'argument du texte » *(sic)*, il précisait, « Il faut s'attacher à l'origine et à l'ensemble des règles d'organisation et de fonctionnement de l'établissement »[38]. Revenant sur certains éléments mobilisés et ceux écartés par le juge administratif, le Professeur Jèze concluait :

> « […] je crois que le Conseil d'État a raison et que les Monts-de-piété sont bien des établissements publics au sens technique du mot.

établissements d'utilité publique et réciproquement. Ce n'est qu'à partir de 1862, avec la loi du 23 juin […] que la distinction entre les deux catégories d'établissements sera consacrée par un texte législatif et maintenue définitivement dans les lois qui vont intervenir », *op. cit.*

34. *Ibid.*, p. 57 et 58.
35. *Op. cit.*, p. 179.
36. *Ibid.*, p. 180.
37. CE 20 juin 1919, *La notion d'établissement public*, *RDP* 1920, § 2, note G. Jèze, p. 80 et s.
38. « *a)* L'origine : elle est légale : "D'après les articles 1, 2, 3 de la loi du 24 juin 1851, les monts-de-piété ont été organisés…"

b) Les monts-de-piété ont un monopole : "Les monts-de-piété ont été organisés pour l'exercice du monopole établi par la loi du 16 pluviôse an XII et sanctionné par l'article 411 du Code pénal".

Ce sont des établissements donnant satisfaction à un besoin d'intérêt général, la chose n'est pas douteuse. Leur création par la loi, leur organisation par la loi, le monopole dont ils sont investis, l'intervention de l'autorité publique à tous les moments de leur vie juridique, tout cela peut être interprété comme la manifestation de la volonté du législateur de faire des monts-de-piété des établissements publics [...] Tout compte fait, je crois que le Conseil d'État, dans son arrêt du 20 juin 1919, Brincat, a bien jugé »[39].

Cette solution était d'autant plus importante, qu'elle intervint quelques mois après le changement de dénomination.

Dans l'arrêt *Caisse départementale d'assurances sociales de Meurthe-et-Moselle*, le Conseil d'État leva les incertitudes[40].

B. Un établissement public communal

À la suite de la jurisprudence *Brincat*, la nature publique de l'institution caisse de crédit municipal ne souleva pas de difficulté ; l'arrêt précité de 1946 leur conféra la qualité « d'établissements publics communaux »[41]. Le décret n° 55-622 du 20 mai 1955 disposa que « les caisses de crédit municipal sont des établissements publics d'aide sociale [...] rattachés soit à une ou plusieurs communes, soit à un syndicat de communes ». Puis, l'article 1er de la loi n° 92-518 du 15 juin 1992, modifiant le décret précité, énonça « les caisses de crédit municipal sont des établissements publics communaux de crédit et d'aide sociale ».

Désormais, les dispositions quant à leur fonctionnement sont mentionnées à l'article L. 514-2 du Code monétaire et financier (1). Les divers alinéas le composant mettent en avant le rôle clé des communes et conseils municipaux (2).

---

c) Un mont-de-piété particulier est institué dans une localité déterminée par l'autorité publique : "Ils sont institués par décret, avec l'assentiment des conseils municipaux et leurs conseils d'administration sont nommés à Paris, par le ministre de l'Intérieur, et dans les départements, par le préfet et présidés par le maire".

De cet ensemble de constatations, le Conseil d'État, par son arrêt du 20 juin 1919, *Brincat,* tire la conclusion que les monts-de-piété sont des établissements publics.

"Dans ces conditions, ils constituent des établissements publics" », *ibid.*, p. 83.

39. *Ibid.*, p. 85.

40. « Le statut d'établissement public des caisses de crédit municipal (monts-de-piété) ne fait pas de doute : il est expressément reconnu par les textes [...] et a déjà été affirmé par la jurisprudence (par ex. CE 29 mars 1946, *Caisse départementale d'assurances sociales de Meurthe-et-Moselle*) », P. DELVOLVÉ, T. confl. 15 janv. 1979, *Caisse de crédit municipal de Toulon c/Creus, Informations rapides Dalloz* 1979, p. 264.

41. *Les grands arrêts de la jurisprudence administrative*, 24e éd., Lefebvre Dalloz, n° 51, p. 339 et s.

1. Les organes

Selon l'article L. 514-2 alinéa 2, « Les caisses sont administrées par un directeur, sous le contrôle d'un conseil d'orientation et de surveillance ».

Le premier organe évoqué fait office d'exécutif de la structure, il est selon l'alinéa 3 de l'article précité « nommé par le maire de la commune où la caisse a son siège, après avis du conseil d'orientation et de surveillance »[42]. Ce dernier a été institué par les travaux parlementaires[43] de la loi du 15 juin 1992. « Organe délibérant des caisses de crédit municipal »[44], il est tenu de se réunir au moins une fois par trimestre.

La chambre régionale des comptes Nouvelle-Aquitaine dans son rapport d'observations définitives sur la Caisse de crédit municipal de Bordeaux de 2021 rappelle : « L'article L. 511-13 du CMF contient une obligation supplémentaire : la présence au moins de deux dirigeants effectifs (DE) disposant "de l'honorabilité, des connaissances, des compétences et de l'expérience nécessaires à l'exercice de leurs fonctions", au regard de l'ampleur des champs de responsabilité, l'article L. 532-2 subordonnant la délivrance de l'agrément bancaire par l'autorité de contrôle prudentiel et de résolution (ACPR) à leur présence »[45].

La chambre insiste sur l'impossibilité « de confier l'un de ces mandats au président de l'organe délibérant, première instance de contrôle, mais à des cadres en poste dans l'établissement »[46].

42. Pour une illustration récente, TA Rouen, 4e ch. 17 juill. 2024, nº 2104208 et la question du refus de la protection fonctionnelle.

43. « […] le projet déposé par le Gouvernement instituait un conseil d'administration ayant notamment une mission "d'assistance" du directeur de la caisse, le Parlement, dès la première lecture, devait tirer toutes les conséquences de l'affirmation de la responsabilité de la commune de rattachement en imposant la notion de "contrôle" du directeur par l'organe délibérant de l'établissement devenu du coup "un conseil d'orientation et de surveillance" », F. LINDITCH, « La réforme du crédit municipal, nouveaux pouvoirs ou nouvelle responsabilité des communes », *Actualités législatives Dalloz* 1993, 7e cahier, p. 76 et s.

44. Chambre régionale des comptes (CRC) des Pays de la Loire, « Observations définitives concernant la gestion du Crédit municipal de Nantes », 28 juill. 2009, années 2002 et s., p. 3.

45. CRC Nouvelle-Aquitaine, « Observations définitives caisse de crédit municipal de Bordeaux exercices 2014 et s, délibéré par la Chambre le 7 septembre 2023 », p. 13 et s, *https://www.ccomptes.fr*.

46. « Un document public de l'ACPR du 20 juin 2014 précise que les deux postes de DE doivent revenir, dans un établissement tel qu'un crédit municipal, au directeur général et à un autre cadre supérieur. Leur nomination et le renouvellement de leur mandat sont soumis à l'autorisation de l'ACPR qui vérifie leur compétence et leur honorabilité », *ibid.*, p. 14.

Le comité d'orientation et de surveillance (COS) est « composé du maire de la commune siège de l'établissement, président de droit, et, en nombre égal, de membres élus en son sein par le conseil municipal de la commune siège de l'établissement et de membres nommés par le maire de la commune siège de l'établissement en raison de leurs compétences dans le domaine financier ou dans le domaine bancaire » (art. L. 514-2 al. 4). Cette composition ressort de la loi du 15 juin 1992 ; elle renforce les fonctions et la « responsabilité » *(sic)* de la commune siège. Antérieurement, le conseil d'administration comportait « deux catégories de membres instituées par le décret n° 83-914 du 7 octobre 1983, à savoir les élus des communes accueillant une succursale de la caisse de crédit municipal, ainsi que les "citoyens compétents de la commune siège" »[47].

Cette nouvelle composition s'avère loin d'être négligeable ; concernant la Caisse de crédit municipal de Bordeaux, la CRC Nouvelle-Aquitaine relève « l'implantation dans onze villes en plus de Bordeaux après la reprise en 2014 de la caisse de crédit municipal de Dijon et de ses six agences »[48].

2. Le rôle clé des communes et de leurs conseils

Les annotateurs du Code monétaire et financier[49] notent que le COS est un « organe essentiel » *(sic)*, son rôle est fondamental ; il lui revient de définir les orientations générales ainsi que « les règles d'organisation de la caisse de crédit municipal et exerce le contrôle permanent de la gestion de l'établissement par le directeur » (art. L. 514-2, al. 5). Ces compétences découlent notamment de la loi précitée de 1992[50].

---

47. F. LINDITCH, *op. cit.*, p. 78.

48. Le rapport d'observations définitives établi par la chambre régionale des comptes le 22 mars 2010 signalait que « Depuis 2002, la caisse du crédit municipal de Bordeaux a mené une politique très dynamique de ses activités qui l'a conduite à s'implanter sur les territoires "abandonnés" par d'autres crédits municipaux à la suite de l'arrêt de tout ou partie de leurs activités ».
Ainsi, en 2008, elle rayonnait sur 35 départements essentiellement répartis sur la partie ouest de la France avec depuis 2005 une extension à la région Alsace et aux départements des Alpes-Maritimes, des Hautes-Alpes et des Alpes-de-Haute-Provence.
Par tradition, les quatre départements d'outre-mer étendus en 2008 à l'île de Mayotte font aussi partie de son champ d'action. « [...] La CCMB est aujourd'hui implantée dans onze villes en dehors de Bordeaux, couvrant plus de la moitié de la France : Agen, Auxerre, Belfort, Besançon, Dijon, Limoges, Nevers, Orléans, Pau, Périgueux et Poitiers... », *op. cit.*, p. 15.

49. J. LASSERRE CAPDEVILLE, M. STORCK, E. CHEVRIER, P. PISONI, *Code monétaire et financier*, 2024, 14e éd., Dalloz.

50. « À ce titre, le législateur reconnaît à la nouvelle instance des responsabilités étendues. Trois missions lui sont reconnues, l'organisation de la caisse, les orientations générales, ainsi que "le contrôle permanent de la gestion de l'établissement par le directeur" [...] le texte prévoit encore que le

Selon l'article L. 514-2 alinéa 8, « La commune où la caisse a son siège est considérée comme l'actionnaire ou le sociétaire unique de l'établissement pour l'application des dispositions de l'article L. 511-42 ». Cette disposition a été introduite par la loi de 1992 ; M. Linditch après avoir souligné la « hardiesse » *(sic)* de « la formule » *(sic)* « au regard du régime des établissements publics »[51] considérait que « le texte paraît donc mettre en place un dispositif purement incitatif, dépourvu de sanction »[52]. Toutefois il s'agit, explique l'auteur, selon les termes de l'article 52 de la loi bancaire, d'une invitation du gouverneur de la Banque de France « aux actionnaires ou sociétaires de l'établissement à fournir à celui-ci le soutien qui lui est nécessaire » *(sic)*. Cette invitation n'en est pas moins fondamentale. Dans son rapport précité sur la Caisse de crédit municipal de Bordeaux, la chambre régionale des comptes pointe les enjeux de cet actionnariat ou sociétaire unique :

> « Considérée au 8e alinéa de l'article L. 514-2 du CMF comme "l'actionnaire ou le sociétaire unique" d'un établissement dont elle accueille le siège, la ville de Bordeaux se trouve, en plus, exposée, à un risque financier important pour des activités qui ne concernent ni son territoire, ni ses habitants : en cas de difficultés financières graves, elle pourrait ainsi être appelée par le gouverneur de la Banque de France, président de l'ACPR, à lui fournir seule "le soutien qui lui est nécessaire" »[53].

---

conseil "veille au respect des réglementations générales de la profession bancaire et des dispositions législatives et réglementaires" », F. LINDITCH, *op. cit.*, 78. Sur ce dernier point, voir art. L. 514-2 al. 7 du CMF : « Le conseil d'orientation et de surveillance veille au respect des réglementations générales de la profession bancaire et des dispositions législatives (ord. n° 2014-158 du 20 févr. 2014, art. 3) "réglementaires ou européennes directement" applicables aux caisses de crédit municipal. À cette fin, il opère les vérifications et les contrôles qu'il juge opportuns et se fait communiquer les documents qu'il estime utiles à l'accomplissement de sa mission ».

51. « Il est en ce domaine peu courant d'assimiler la collectivité publique de rattachement à l'actionnaire de la société anonyme, ne serait-ce que parce que la notion d'établissement public apparaît exclusive d'un quelconque capital à souscrire », *ibid.*, p. 79.

52. « En aucun cas ladite disposition ne crée *ab initio* d'obligation pour les actionnaires ou les sociétaires d'intervenir pour garantir les engagements contractés par l'établissement financier », *ibid.*

53. Rapport précité, p. 19. « En cas de coups durs, les établissements peuvent s'appuyer sur leur actionnaire unique, la commune. "Nous sommes en déficit depuis trois exercices et nous équilibrons notre budget avec la subvention de la ville de Reims [...] reconnaît la directrice du Crédit municipal de la Marne..." », « Crédits municipaux : un équilibre financier sur le fil », *op. cit.*

Cette formulation issue de l'article L. 511-41 du CMF, reprise par MM. Lasserre Capdeville et Fischer, est la raison pour laquelle, expliquent-ils « la commune se voit reconnaître par la loi un droit de regard »[54]. De l'énoncé de l'alinéa 8 découlent les trois derniers alinéas de l'article L. 514-2[55].

La qualité d'établissement public communal ne semble guère souffrir de problème, leur domaine d'activité à savoir de crédit et d'aide sociale est plus sujet à débat.

II. Des activités « en-quête » d'identité

Depuis le décret du 24 octobre 1918, les caisses de crédit municipal peuvent au-delà du monopole du prêt sur gage, proposer des services et activités bancaires[56] qui furent confortés[57] par le décret de 1955 ; ces établissements sont-ils administratif ou industriel et commercial, voire à double visage (A) ? Quant au champ de l'activité de service public attribué à ces caisses, il se réduit comme peau de chagrin (B).

A. Un visage à dessiner

L'article premier du décret de 1955 énonçait : « Les caisses de crédit municipal sont des établissements publics d'aide sociale ». En 1979, Jean-Marie Pontier soulignait : « Le débat n'était pas clos pour autant car s'agissait-il d'établissements

54. J. LASSERRE CAPDEVILLE, G. FISCHER, *op. cit.*
55. « Le budget annuel de la caisse de crédit municipal ainsi que les budgets supplémentaires et le compte financier, après leur adoption par le conseil d'orientation et de surveillance, sont transmis pour information au conseil municipal de la commune siège de la caisse.
Un rapport annuel relatif à l'activité et à la situation financière de la caisse de crédit municipal est présenté par le maire devant le conseil municipal au cours de la séance qui précède celle où doit être adopté le budget primitif de la commune.
Tout projet tendant à modifier le champ de l'activité bancaire de la caisse de crédit municipal ainsi que les actes de disposition sur son patrimoine dont la liste est fixée par décret en fonction de critères de seuil ou d'importance font l'objet d'une information préalable au conseil municipal par le maire, qui en précise les motifs (décret n° 55-622 du 20 mai 1955, art. 2) ».
56. « Les réformes de 1918-1919 permettent à ces caisses d'émettre des emprunts ou des bons de caisse et surtout de "conserver ou recevoir, en excédent sur les besoins de leurs opérations courantes et dans les limites des réserves nécessaires au développement éventuel de l'établissement, les dépôts de fonds fait à l'intérêt de leur caisse, soit à terme, soit à vue" », T. confl. 15 janv. 1979, *Caisse de crédit municipal de Toulon c/Sieur Creus*, note J.-M. Pontier, *AJDA* 20 oct. 1979, p. 33 et s.
57. *Ibid.*, p. 34.

publics administratifs, à caractère industriel et commercial, voire d'une autre nature ? la formule "établissement public d'aide sociale" n'apporte aucune indication sur ce point »[58].

1. Des expressions sources d'interrogations

L'arrêt du 15 janvier 1979 conduit le Tribunal des conflits à considérer que « "ces établissements publics d'aide sociale" chargés d'un service public qui, ayant pour objet de combattre l'usure par l'octroi désintéressé de prêts sur gage et par d'autres procédés charitables, est exclusif de tout caractère industriel ou commercial »[59]. Le répit quant aux incertitudes fut de courte durée. Concluant sur l'arrêt du Tribunal des conflits *Lebret c/crédit municipal de Toulon*[60], le commissaire du gouvernement Baudoin évoqua concernant ces institutions qu'elles étaient chargées « d'une mission de service public à caractère social (et que) ces établissements ont été autorisés par la suite à recevoir et conserver des dépôts de fond […] cette dernière activité que l'on peut qualifier d'accessoire » *(sic)*. Les conclusions comme l'arrêt considèrent que les personnes qui déposent des fonds auprès de ces établissements et disposent de possibilité de paiement par chèque sont contractuellement liées à ces établissements, mais ces contrats « ne comportent pas pour les parties des obligations différentes de celles qui peuvent exister dans des contrats analogues passés avec des banques ou des établissements financiers (de plus) ces contrats de dépôt de fonds […] ne paraissent pas pouvoir être considérés comme ayant pour objet l'exécution même du service public… »[61]. Toutefois la fin des conclusions du commissaire du gouvernement incitait à la réflexion[62].

58. *Ibid.*, p. 33.

59. *Ibid.*

60. T. confl. 6 juill. 1981, conclusions de M. l'avocat général Baudoin, commissaire du gouvernement, n° 19637, *JCP* II 1981 ; P. DELVOLVÉ, *IR*, sommaires commentés, *D.* 1981, p. 525.

61. Le commissaire du gouvernement poursuit : « La mission sociale de lutte contre l'usure de ces caisses ne concerne que leur rôle de prêteur sur gage et leur activité accessoire quasi bancaire de dépositaire de fonds échappe à cette mission de service public », *JCP* II 1981.

62. « Sans doute l'activité de dépositaire de fonds des Caisses leur procure-t-elle des ressources, dont une partie est affectée à des prêts et donc à l'accomplissement de leur mission de service public ; mais on ne peut considérer cet effet second, comme une véritable participation à l'exécution même du service social de lutte contre l'usure », *ibid.*

L'article 77 de la loi du 22 juillet 1983 reprit, selon l'exposé du rapporteur M. Simonnet[63], la solution du tribunal des conflits de 1979 et modifia le décret précité de 1955, indiquant à l'article 1er alinéa 1 : « Les caisses de crédit municipal sont des établissements publics communaux d'aide sociale à caractère administratif dotés de la personnalité morale et de l'autonomie financière »[64]. M. Simonnet soulignait : « Jusqu'en 1983, le législateur n'a pas précisé le caractère des caisses de crédit municipal »[65]. Au-delà du prêt sur gages, les autres activités sont « des activités bancaires » *(sic)* régies « par le droit des sociétés »[66]. Cette nouvelle rédaction du décret de 1955 fit « l'objet de la demande de déclassement »[67], celle-ci s'inscrivait, comme l'exposait le rapporteur, dans un contexte particulier. La diversification des fonctions des caisses était relativement ancienne, toutefois l'article 18 de la loi du 24 janvier 1984 intégra les caisses de crédit municipal à la catégorie des établissements de crédit[68]. Un stade supplémentaire fut franchi avec l'article 52 de la loi du 13 juillet 1987, modifiant le décret de 1955, aux termes desquels : « Les caisses de crédit municipal sont des établissements publics communaux de crédit et d'aide sociale »[69]. Cette adjonction à la formule « établissements publics d'aide sociale » participa à semer le trouble car le genre – administratif, industriel et ou

63. Compte rendu de la séance du 17 mars 1987. Décision 87-150 L, 17 mars 1987, « Nature juridique des dispositions de l'article 77 de la loi n° 83-663 du 22 juillet 1983 concernant les caisses de crédit municipal ». – Réglementaire, *https://www.conseil-constitutionnel.fr*.

64. « Elles ont pour mission de combattre l'usure par l'octroi de prêts sur gages corporels, dont elles ont le monopole, d'avances sur titres et valeurs mobilières, d'avances sur pensions et de prêts nantis sur le traitement des fonctionnaires et assimilés. Leurs activités peuvent s'étendre à d'autres formes de prêts et avances dans des conditions qui seront précisées par décret en Conseil d'État », al. 2, *https://www.legifrance.gouv.fr/loda/id/LEGIARTI000006727867/1983-07-23/*.

65. *Op. cit.*

66. *Ibid.*, p. 2. Le rapporteur écrivait : « De ce fait, les caisses de crédit municipal exercent à la fois une mission de service public et ont une activité industrielle et commerciale ».

67. *Ibid.*

68. « Les caisses de crédit municipal ont donc une double activité, une activité à caractère sociale et une activité industrielle et commerciale », *ibid.*

69. Art. 1 du décret modifié de 1955, « […] Elles ont notamment pour mission de combattre l'usure par l'octroi de prêts sur gages corporels dont elles ont le monopole. Elles peuvent réaliser toutes opérations avec les établissements régis par la loi n° 84-46 du 24 janvier 1984 relative à l'activité et au contrôle des établissements de crédit, recevoir des fonds des personnes physiques et des personnes morales, mettre à la disposition de ces personnes des moyens de paiement et réaliser avec elles des opérations connexes au sens de l'article 5 de la même loi.

Elles exercent leur activité après avoir obtenu l'agrément du comité des établissements de crédit. Cet agrément peut prévoir, en fonction des capacités techniques et financières de la caisse, que celle-ci est, en outre, habilitée à exercer les activités suivantes ou l'une d'entre elles :

1° L'octroi de crédits aux personnes physiques ;

commercial – n'était pas précisé. Toutefois, l'article 53 de la loi du 13 juillet 1987 indiquait : « I- Les agents titulaires des caisses de crédit municipal en fonctions lors de la transformation de celles-ci d'établissements publics administratifs en établissements publics à caractère industriel et commercial, conservent leur qualité de fonctionnaire ».

L'article reconnaissait que les caisses de crédit municipal avaient une activité pouvant intégrer le giron du service public industriel et commercial. Expliquant la loi n° 92-518 qui reprenait la formulation de la loi de 1987, M. Linditch écrivait : « […] Par contre, le développement d'activités de crédit au-delà de cette action (sociale) les conduit à demander l'autorisation, donnée par décret, de se transformer en établissement public industriel et commercial »[70]. L'auteur relevait qu'en 1992 aucune des caisses n'avait « fait l'objet de la transformation par décret » *(sic)* tout en ayant « déjà étendu leurs activités au-delà du simple prêt sur gage […] En d'autres termes, à défaut d'une adéquation de la procédure de transformation et de l'activité effectivement poursuivie, les caisses pourraient se voir rangées […] dans la catégorie des établissements publics à double visage »[71].

Sous la décision de la cour d'appel de Paris du 7 septembre 2000, Mme Avéna-Robardet rappelait que :

> « […] les caisses de crédit municipal […] présentent des aspects ambivalents. Leur rôle premier est de consentir des prêts sur gage corporel, dont elles ont le monopole. En cela, elles demeureraient des établissements publics administratifs […]. Mais elles peuvent également avoir des activités bancaires, d'abord considérablement étendues par la loi du 24 janv. 1984, puis

---

2° L'octroi de crédits aux établissements publics locaux et aux associations régies par la loi du 1er juillet 1901 relative au contrat d'association dont l'activité s'exerce dans la zone d'activité habituelle de la caisse et dont l'objet présente un intérêt social ou culturel.

Elles peuvent, seules ou conjointement avec d'autres caisses, détenir des parts sociales ou participer au capital de sociétés ainsi que créer des associations concourant respectivement au développement des activités qu'elles sont habilitées à exercer.

Les caisses de crédit municipal peuvent librement céder les biens, droits et obligations correspondant aux activités autres que le prêt sur gages […] ».

70. *Op. cit.*, p. 76. Voir le décret n° 89-79 du 8 févr. 1989, « Sont seules autorisées à effectuer ces opérations les caisses de crédit municipal qui disposent d'un capital au moins égal à celui qui est exigé des banques en application de l'article 33 de la loi du 24 janvier 1984 susvisée. L'autorisation est donnée pour chaque caisse par un décret qui constate, après avis de l'organe central des caisses de crédit municipal, la transformation de cette caisse d'établissement public administratif en établissement public à caractère industriel et commercial », *https://www.legifrance.gouv.fr/loda/id/LEGIARTI000006725706/1989-02-10/*.

71. F. LINDITCH, *op. cit.*, p. 76.

> sensiblement restreintes par la loi du 15 juin 1992 […]. Pour ces nouvelles activités, les caisses seraient considérées comme des établissements publics à caractère industriel et commercial »[72].

Ambiguïté de la situation juridique dont certaines observations définitives des chambres régionales des comptes auprès des directeurs généraux de caisse de crédit municipal soulignèrent et soulignent cet état de fait.

Après la loi du 15 juin 1992, un décret n° 92-1294 du 11 décembre 1992 abrogea ainsi le décret précité du 8 février 1989 et la transformation en EPIC, sans pour autant que ces établissements soient qualifiés d'EPA. Au fil du temps demeura l'énoncé « établissement public communal de crédit et d'aide sociale »[73]. À la fin des années 1990, un conseiller maître à la Cour des comptes relevait au titre des « ambiguïtés de la loi de 1992 » *(sic)* : « Dans un établissement public qualifié tantôt d'administratif […] et tantôt d'industriel et commercial (art. 4 du décret n° 93-445 du 23 mars 1993) […] »[74]. Décret d'autant plus surprenant d'une part, au regard des observations précitées de M. Linditch quant à l'absence de transformation en EPIC de la moindre caisse et d'autre part, du décret du 11 décembre 1992.

L'article 4 du décret n° 2000-954 du 22 septembre 2000 énonce : « Les caisses de crédit municipal qui ont la qualité d'établissement public à caractère administratif sont assimilées à des communes de 20 000 habitants à 40 000 habitants ». Par ailleurs, le Conseil d'État dans un arrêt du 13 janvier 1995 déclarait : « Considérant que M. Granero a été lié à la caisse de Crédit municipal qui est un établissement public à caractère administratif »[75]. Cette solution sera confirmée par le tribunal des conflits dans l'arrêt du 22 septembre 2003, *M. Thomas c/Crédit municipal de Dijon*. Le tribunal des conflits prend soin de délimiter cette activité et qualité d'établissement à caractère administratif :

> « Considérant que les caisses de crédit municipal, établissements publics communaux de crédit et d'aide sociale, ont reçu de la loi la mission de combattre l'usure par l'octroi de prêts sur gages corporels dont elles ont le

72. V. AVENA-ROBARDET, « Les contrats de prêt sur gage sont des contrats de droit privé non soumis au Code de la consommation et dont le contentieux relève des tribunaux judiciaires », *D.* 2000, p. 425.
73. Le directeur général du Crédit municipal de Paris écrit : « Je tenais à revenir sur l'incertitude affectant le statut juridique de l'établissement […] La nature même du Crédit Municipal est donc ambiguë. La dualité des missions qu'il assure permet de penser qu'il s'agit d'un établissement public à double visage », *https://www.ccomptes.fr/sites/default/files/2017-07/IFO17040201.pdf.*
74. Rapport d'observations définitives, J. BELLE, « Relevé d'observations définitives relatives à la caisse de crédit municipal de Lyon », sept. 1998, *https://www.ccomptes.fr/fr/publications/credit-municipal-caisse-de-credit-municipal-de-lyon-rhone* et *https://www.ccomptes.fr/fr/documents/20469.*
75. CE 13 janv. 1995, *M. Granero*, req. n° 147235.

monopole et d'assurer, sous le contrôle de la commune, un service public à vocation principalement sociale et locale; qu'elles sont dans ces conditions des établissements publics de caractère administratif »[76].

2. Un établissement hybride[77]

Des étapes supplémentaires devaient être franchies avec entre autres deux jurisprudences du Conseil; d'une part l'arrêt du 28 juillet 2004, *Caisse de crédit municipal de Strasbourg*[78], d'autre part, l'arrêt n° 265089 du 28 décembre 2005, *Caisse de crédit municipal de Reims*[79]. Dans ce dernier, le Conseil d'État jette une nouvelle pierre dans le jardin de la gestion managériale des personnes publiques[80] et de la privatisation du droit qui lui est applicable :

> « Bien qu'elles aient le caractère d'établissements publics administratifs à vocation sociale, les caisses de crédit municipal constituent des établissements du secteur bancaire soumis aux règles générales des établissements de crédit et au contrôle de la commission bancaire; que celle-ci peut adresser une injonction à une caisse de crédit municipal dès lors que les informations dont

76. Selon les Professeurs D. R. MARTIN et H. SYNVET, « le Tribunal des conflits a introduit les caisses, décrites par la loi comme des établissements publics communaux de crédit et d'aide sociale, dans les catégories du droit public, en les qualifiant d'établissements publics de caractère administratif », note sous civ. 1re 20 févr. 2007, n° 06-15.074, *Droit bancaire* déc. 2006-déc. 2007, *D.* 2008, p. 871.

77. « L'origine des difficultés réside dans la nature hybride des caisses de crédit municipal, qui trouve un écho dans la dualité des sources de leur régime juridique : la loi bancaire du 24 janvier 1984 en fit des établissements de crédit, tout en laissant subsister un statut spécial marqué par le rôle social qui leur était confié », *ibid.*

78. « Les caisses de crédit municipal sont des établissements publics communaux de crédit et d'aide sociale. Elles ont notamment pour mission de combattre l'usure par l'octroi de prêts sur gages corporels dont elles ont le monopole. Elles peuvent réaliser toutes opérations avec les établissements de crédit, recevoir des fonds des personnes physiques et des personnes morales, mettre à la disposition de ces personnes des moyens de paiement et réaliser avec elles des opérations connexes au sens de l'article L. 311.2. […]; qu'il résulte de l'ensemble de ces dispositions ainsi que de celles de l'article L. 613-1 du Code monétaire et financier que, bien qu'elles aient le caractère d'établissements publics administratifs à vocation sociale, les caisses de crédit municipal constituent des établissements du secteur bancaire soumis aux règles générales des établissements de crédit et au contrôle de la commission bancaire », CE 28 juill. 2004, req. n° 261301, *JCP A* n° 39, 20 sept. 2004.1597.

79. CE 28 déc. 2005, *Caisse de crédit municipal de Reims*, req. n° 265089 : *Juris-Data* n° 2005-069430; *DA* 2006, comm. 125, obs. M. Bazex et S. Blazy; voir également, « Caisse de crédit municipal – Injonction de la Commission bancaire », comm. F.-J. Crédot et T. Samin, *Revue de Droit bancaire et financier* 1er sept. 2006, n° 5, 150.

80. Selon F. LINDITCH, « l'évolution générale des collectivités locales et de leurs établissements publics vers une nouvelle politique de gestion qui désormais intégrerait les préoccupations signalées par la doctrine comme se rattachant directement au "modèle managérial" repris de l'entreprise privée », *op. cit.*, p. 76.

elle dispose font apparaître que son équilibre financier est compromis ou que ses méthodes de gestion ne sont pas satisfaisantes ».

Certains membres de la doctrine y ont vu une marque jalonnant le processus d'unification de « la législation issue du Code monétaire et financier [...] de plein droit applicable aux caisses de crédit municipal [...] (qui) n'exclut pas que l'on prenne en considération, dans l'application de la règle, les particularités du statut et du fonctionnement de la caisse de crédit municipal »[81]. Dès cette époque, chacun pouvait choisir sa formulation : « entre-deux », « ni-ni », « en même temps » ; à tout le moins, elle laisse pour le moins perplexe quant à la présence de colonne vertébrale, la terminologie établissement public s'avérant générique. Quelques années plus tard, le Conseil d'État eut à se prononcer sur « la sanction infligée par la commission "banque" du collège de l'Autorité de contrôle prudentiel à la Caisse de crédit municipal de Toulon »[82]. Dans ces conclusions, le rapporteur public rappelle que les caisses sont régies par des dispositions du Code monétaire et financier selon lesquelles « elles ont la nature "d'établissements publics communaux de crédit et d'aide sociale" »[83], sans convoquer la qualité d'établissement public administratif. Toutefois, le rapporteur public mentionne la jurisprudence *Thomas* du 22 septembre 2003 et explique « qu'elles ont pour mission de combattre l'usure [...] et d'assurer, sous le contrôle de la commune, un service public à vocation principalement sociale et locale »[84]. La présentation se poursuit : les caisses, pour leurs activités bancaires et de crédits, « sont soumises à la loi bancaire », comme

81. « Ainsi, le Conseil d'État admet-il que la Commission bancaire, dans l'examen de la situation financière de l'établissement, doit, compte tenu de sa vocation exclusivement sociale, prendre en compte le montant des subventions publiques versées le cas échéant à cet effet [...] Toutefois, le juge admet avec la Commission bancaire qu'il peut être tenu compte de la particularité des missions de l'établissement en retenant un coefficient d'exploitation moins strict que celui exigé des établissements de crédit de plein exercice, puisque la Commission n'a enjoint à la caisse de crédit municipal que de revenir à un coefficient inférieur à 100 % (au lieu des 80 % exigés habituellement par les règles prudentielles) ». M. BAZEX et S. BLAZY, « L'application de la réglementation bancaire aux caisses de crédit municipal », *DA* juill. 2006, n° 7, comm. 125 ; voir également F.-J. CRÉDOT et T. SAMIN, « Caisse de crédit municipal. Injonction de la Commission bancaire – Commentaire », *Revue de Droit bancaire et financier* 1er sept. 2006, n° 5, 150.

82. CE 9e et 10e SSR réunies 30 janv. 2013, req. n° 347357, concl. de Mme C. Legras, *Banque & Droit* mars-avril 2013, n° 148, p. 10 et s.

83. *Ibid.*

84. *Ibid.*

la Haute juridiction a déjà eu « l'occasion de l'affirmer »[85]. La nature juridique des caisses de crédit municipal ne constituait pas le cœur du contentieux, cela explique l'économie de développements qui lui est consacrée.

Cet état du droit quant aux caisses de crédit, dont ses effets, est présenté par M. Samin en convoquant un mammifère de l'ordre des chiroptères : « Il s'agit donc d'une variété d'établissement de crédit marquée, comme la chauve-souris du fabuliste, par son hybridité : je suis établissement de crédit, voyez mes activités bancaires ; je suis établissement public administratif vivent les missions d'intérêt général et sociales ! Ce qui ne manque évidemment pas de poser des problèmes d'articulation des deux statuts »[86].

L'image de la chauve-souris s'avère on ne peut plus pertinente. Ainsi après les visages inversés, place aux établissements renversants[87], mais à force de renversement, que reste-t-il de leur mission de service public ?

B. Une mission de service public de plus en plus circonscrite

L'article L. 514-1I du CMF indique que les caisses de crédit municipal, établissements publics communaux de crédit « ont notamment pour mission de combattre l'usure par l'octroi de prêts sur gage corporels dont elles ont le monopole », c'est leur fonction originelle et la mission de service public confiée[88]. Pour autant le régime juridique administratif applicable à l'activité de prêt sur gage s'avère très réduit.

1. Une application du droit administratif très circonscrite

Dans l'arrêt *Granero*[89], le requérant lié par trois contrats au crédit municipal d'Avignon travaillait comme « auxiliaire de bureau, il était notamment chargé de l'estimation des gages et contribuait à l'octroi des prêts aux usagers de la caisse », le Conseil d'État considère qu'il « participait ainsi directement à l'exécution du

85. Les jurisprudences CE 28 juill. 2004, *Caisse de crédit municipal de Strasbourg* et CE 28 déc. 2005, *Caisse de crédit municipal de Reims* sont mentionnées, *ibid.*, p. 11.
86. T. SAMIN, « Caisse de crédit municipal de Toulon : le Conseil d'État confirme la première décision de la commission des sanctions de l'ACP », *Bull. Joly Bourse* sept. 2013, p. 402 et s.
87. À deux exceptions près, les chauves-souris dorment la tête en bas, voir notamment : L. COCHET, « Pourquoi les chauves-souris dorment-elles la tête en bas ? », 8 mars 2022, *https://lemagdesanimaux.ouest-france.fr*.
88. Voir en ce sens entre autres, T. confl. 12 févr. 2018, *Pierre c/Crédit municipal de Paris*, req. n° 4108 ; P. DEVILLERS, « Mise en vente aux enchères publics de biens déposés en gage auprès de caisses de crédit municipal », *Contrats et marchés publics* avr. 2018, n° 4, comm. 90.
89. CE 7/10 SSR 13 janv. 1995, req. n° 147235.

service public et avait, dès son premier engagement, la qualité d'agent public »[90]. Tel est également le cas pour l'appréciateur et, conséquemment, la mise en jeu de leur responsabilité à la suite de cette évaluation relève de la juridiction administrative[91].

Selon la formule de M. Devillers, « cette "administrativité" qui imprègne le fonctionnement des caisses de crédit municipal donc directement liée au service public qu'elles assurent, y attrait les personnes et mécanismes qui concourent à son exécution »[92] s'avère délimitée. Ainsi, concernant les contrats de prêts sur gage,

> « alors que les caisses de Crédit Municipal sont des établissements publics d'aide sociale chargés d'un service public qui [...] a pour objet de "combattre l'usure par l'octroi de prêts sur gages, d'avances sur titres et valeurs mobilières, d'avance sur pensions et de prêts" ; que, toutefois, le juge administratif n'est pas compétent pour connaître d'un litige relatif au remboursement d'un prêt consenti par une Caisse de Crédit Municipal, dès lors que ce contrat ne peut être regardé comme ayant pour objet de faire participer son bénéficiaire à l'exécution du service public, et ne contenait aucune clause exorbitante du droit commun »[93].

Certaines présentations voient dans cette jurisprudence *Colonna* du Tribunal des conflits l'adoption de la même analyse que la jurisprudence *Lebret* du 6 juillet 1981. Or, dans cette dernière espèce, et cela a été dit, le commissaire du gouvernement

---

90. Voir également, T. confl. 22 sept. 2003, *Thomas c/Crédit municipal de Dijon*, req. nº 3349 : « Considérant que les caisses de Crédit municipal, établissements publics communaux de crédit et d'aide sociale, ont reçu de la loi la mission de combattre l'usure par l'octroi de prêts sur gages corporels dont elles ont le monopole et d'assurer, sous le contrôle de la commune, un service public à vocation principalement sociale et locale ; qu'elles sont dans ces conditions des établissements publics de caractère administratif ; que les agents contractuels qu'elles emploient sont en conséquence des agents de droit public ; que le litige relève donc de la compétence de la juridiction de l'ordre administratif ».

91. « Une personne ayant besoin rapidement d'argent va se rendre au guichet d'une caisse de crédit municipal avec un bien mobilier corporel ayant "une valeur appréciable et en bon état de conservation" (art. D. 514-1) (bijoux, équipements ménagers, bouteilles de vin de valeur, etc.). Le bien sera expertisé et un prêt représentant un pourcentage de sa valeur (le plus souvent entre 30 et 60 %) sera proposé au propriétaire du bien. On notera qu'en évaluant de la sorte les biens, pour le compte d'une caisse de crédit municipal, l'appréciateur participe à l'accomplissement de la mission de service public de prêts sur gages corporels », T. confl. 11 janv. 2016, req. nº 4039, comm. sous art. L. 514-1 du Code monétaire et financier, J. Lasserre Capdeville, M. Storck, E. Chevrier, P. Pisoni, *op. cit.* ; voir également les conclusions du rapporteur public M. Duval-Arnould, *http://www.tribunal-conflits.fr/PDF/4039_Commentaire*.

92. *Op. cit.*

93. T. confl. 24 juin 1996, *Colonna*, req. nº 02959, *https://juricaf.org/arret/FRANCE-TRIBUNALDESCONFLITS-19960624-02959*.

qualifia les activités de dépôt de fonds « d'accessoires » ; le contentieux ne résidait nullement dans un contrat de prêt sur gage. L'intéressé, M. Lebret, était titulaire de deux comptes distincts, un compte sur livret et un compte de dépôt à vue. Le tribunal des conflits considéra que « les personnes qui déposent des fonds auprès de ces caisses et qui bénéficient [...] de possibilités de paiement [...] ne sont pas directement associées à l'exécution du service public qu'assurent les caisses de crédit [...] ; que ces dépôts de fonds n'assujettissent les déposants à des obligations exorbitantes du droit commun [...] ». Comme l'invitait le commissaire du gouvernement, il aurait pu être envisagé que ces sommes déposées procuraient des « ressources dont une partie est affectée à des prêts et donc à l'accomplissement de leur mission de service public » *(sic)*. Or dans le contentieux *Colonna*, il s'agit bel et bien d'un usager du service de prêt sur gage. Le contrat ne permet-il pas à la caisse de crédit de remplir sa mission même de service public ou ne participe-t-il pas de la mission de service public attribuée aux caisses de crédit municipal ? Concernant l'arrêt de la 8e chambre de la cour d'appel de Paris du 7 septembre 2000, Mme Avena-Robardet écrit :

> « La cour d'appel de Paris rejette l'exception d'incompétence soulevée par le crédit municipal. Pour ce faire, elle se fonde sur la décision du 6 juillet 1981 précitée et conclut à la compétence des tribunaux d'instance, les prêts litigieux n'ayant absolument pas pour objet l'exécution d'un service public. Les contrats de prêts sur gage seraient donc des contrats de droit privé. Il ne nous appartient pas d'approuver ou non la décision de la cour d'appel. Simplement, si une telle compétence ne peut guère être contestée pour les prêts personnels classiques, le crédit municipal agissant alors en tant qu'établissement public à caractère industriel et commercial sans participer à l'exécution même du service public [...] en revanche, il faut bien admettre que le prêt sur gage présente quelques spécificités liées à sa raison d'être : la lutte contre l'indigence »[94].

2. La vente aux enchères est exclue de l'activité de service public

Le Tribunal des conflits eut à connaître d'un contentieux relatif à la dernière étape des contrats de prêt sur gages corporels, celle concernant la fin du contrat et l'éventualité d'un non-remboursement du prêt par le client. Dans un tel cas, le bien sera vendu aux enchères publiques. Dans l'arrêt du 12 février 2018, no 4108, il a été considéré que « la mise en vente aux enchères publiques des biens remis

94. « D'aucuns en ont d'ailleurs déduit que "les contestations intéressant le monopole qui leur est confié du prêt sur gage, et plus généralement les activités se rattachant à leur mission d'aide sociale", devraient relever de la compétence des juridictions administratives, "tandis que les autres litiges reviendraient au juge judiciaire" (F. LINDITCH, *op. cit.*) », *op. cit.*

en gage ne participe pas à l'accomplissement de cette mission de service public de prêts sur gages corporels ; qu'une telle vente par la voie d'enchères publiques constitue un contrat de droit privé et les contestations qui s'y rapportent relèvent de la compétence de la juridiction judiciaire »[95]. La solution ne surprend-elle pas, « ce contrat pouvant être regardé comme étant conclu pour l'exécution du service public du service public assuré par la caisse »[96] ? Le Tribunal des conflits a préféré s'inscrire dans l'analyse développée lors de l'arrêt *Colonna* donnant ainsi une unité au régime juridique des contrats de prêt sur gage, faute d'une cohérence au regard de cette mission de service public[97].

L'hybridité a parfois conduit ces établissements dans la tourmente[98], l'activité de crédit prenant le dessus sur l'activité sociale, même si, officiellement, les activités bancaires devant contribuer à leur permettre d'assurer le financement des prêts sur gage[99].

Les caisses de crédit municipal sont probablement le reflet d'une époque et de l'action économique publique locale[100]. Parce qu'elles sont pour reprendre les termes de MM. Capdeville et Fischer des « établissements inclassables » *(sic)*, elles doivent être comme les chauves-souris, protégées. Il est possible de percevoir cet

---

95. T. confl. 12 févr. 2008, *Pierre c/Crédit municipal de Paris*, req. n° 4108 ; P. DEVILLERS, *op. cit.*
96. *Ibid.*
97. « … la vente par la caisse de crédit municipal de l'objet déposé en gage est le seul moyen pour celle-ci de rentrer dans ses frais quand le propriétaire de l'objet ne peut, ou ne veut, rembourser le prêt qui lui a été accordé […] Le Tribunal des conflits, considérant peut-être que la vocation normale du prêt est d'être remboursé sans qu'il soit besoin de vendre l'objet remis en gage, fait cesser la mission de service public au moment où le prêt est consenti ». L'auteur poursuit « Assurément, les éventuels litiges entre le propriétaire de l'objet et la caisse à propos du remboursement du prêt relèvent du service public. Aussi n'existe-t-il aucune contradiction entre la présente décision et des jurisprudences antérieures qui attribuent à la juridiction administrative la connaissance des litiges entre la caisse et les commissaires-priseurs appréciateurs… », G. EVEILLARD, « L'étendue des activités de service public des caisses de crédit municipal », *DA* juill. 2008, n° 7, comm. 36.
98. H. LERIVRAIN, « Le crédit municipal de Bordeaux veut sortir de la tourmente », 1er juill. 2021, *https://www.lagazettedescommunes.com*.
99. « On développe ces activités pour justement avoir des ressources permettant de refinancer les prêts sur gage », explique le directeur général d'Avignon. « Dijon a dû fermer ses agences et abandonner, à la demande des élus, ses activités bancaires sans avoir aucun souci financier », C. VILLEDIEU, *la gazette des communes* (site web) 12 sept. 2023, *op. cit.*
100. « Elles sont à l'époque actuelle dans cette sorte d'écartèlement juridique, économique… dans lequel se trouvent beaucoup d'institutions – toutes les institutions ? – qui sont à la fois dans le marché et en marge de lui, qui font à la fois "dans l'économique" et "dans le social" », *DA* juill. 2006, n° 7, « Réglementations économiques – "Chez ma tante" – Repère par J.-B. AUBY ».

essai de protection et de résolution « des incertitudes »[101] dans certaines jurisprudences[102]. Au-delà en se recentrant sur leur objet social, les caisses de crédit municipal protègent leur actionnaire : les communes.

101. « Évidemment, il y a dans tout cela de l'incertitude, et il faut veiller à ce que les caisses de crédit municipal disposent de la souplesse de fonctionnement nécessaire à l'exercice de leurs fonctions propres sans mettre en péril leurs équilibres financiers, ni d'ailleurs leur permettre de concurrencer de façon déloyale les institutions de crédit de pur droit commun », *ibid.*

102. Commentant l'arrêt de la CA de Paris, Mme AVENA-ROBARDET écrit : « Conclusion de tout cela : d'un côté, les juges parisiens écartent l'argument de la présence de clauses exorbitantes de droit commun pour retenir la compétence du juge judiciaire, de l'autre, ils le retiennent pour exclure l'application du code de la consommation. En définitive, les prêts sur gage seraient des contrats de droit privé non soumis au code de la consommation et dont le contentieux relèverait des tribunaux de l'ordre judiciaire », *op. cit.*

LE CENTRE COMMUNAL D'ACTION SOCIALE : UN ÉTABLISSEMENT PUBLIC QUI S'IGNORE ?

Nicolas KADA
Professeur de droit public
Université Grenoble Alpes
Codirecteur du Groupement de recherche
sur l'administration locale en Europe (GIS-GRALE)

L'action sociale, une compétence départementale ? La lecture de l'article L. 121-1 du Code de l'action sociale et des familles semble retranscrire en droit une réalité largement partagée : le département dispose d'un rôle prééminent en matière d'action sociale, sous réserve des compétences confiées aux autres catégories de collectivités territoriales, largement résiduelles, et sous réserve des compétences conservées par l'État. L'action sociale est pourtant mise en œuvre par un véritable système d'acteurs, tant publics que privés. La question des institutions en matière sociale est donc pour le moins éclairante : derrière l'arbre (départemental) se cache en effet une véritable forêt (d'acteurs), à commencer par les individus eux-mêmes… En effet, si toute intervention publique a nécessairement pour vocation de répondre à un besoin, elle demeure limitée par un principe que rappellent fort légitimement M. Borgetto et R. Lafore[1] : la satisfaction des besoins individuels doit avant tout être assurée par le produit du travail ou par la jouissance d'un patrimoine. Le premier acteur en la matière demeure donc l'individu, l'action sociale ne constituant qu'un moyen de lutter contre les inévitables inégalités qui se développent entre les personnes.

1. M. BORGETTO et R. LAFORE, *Droit de l'aide et de l'action sociale*, Paris, Montchrestien, 12e éd., 2024, p. 53.

Pour autant, la loi du 22 juillet 1983[2] a confié aux départements une compétence de droit commun en matière d'aide médicale, d'aide sociale à l'enfance et aux familles, d'aide aux personnes âgées et aux personnes handicapées, et d'aide au logement pour les plus nécessiteux. Le recours, même subsidiaire, aux collectivités territoriales consacrait ainsi une nouvelle répartition des tâches, tout en affirmant ainsi la vocation sociale du département qui n'a jamais été par la suite remise en cause. L'État n'est pas pour autant absent de cette politique, ne serait-ce que parce que celui-ci doit prévenir toute inégalité entre les territoires ainsi qu'entre bénéficiaires des prestations d'aide sociale : l'action sociale demeure donc marquée par le maintien d'un régime juridique fixé au plan national, encadrant inévitablement les marges de manœuvre des collectivités décentralisées. Enfin, à ces premiers acteurs, publics et politiques, il convient de rajouter les organismes de sécurité sociale, les bailleurs sociaux, les nombreuses associations intervenant dans le secteur médico-social, sans oublier les mutuelles et autres partenaires traditionnels en matière d'action sociale. À l'heure de la décentralisation mais aussi de la déconcentration de l'État, parfois sous forme d'agences régionales, qu'en est-il du niveau communal ? L'action sociale des communes, liée aussi à des contingences de gestion de différents équipements (crèches, centre d'hébergement et de réinsertion sociale ou bien encore établissement d'hébergement pour personnes âgées dépendantes), incarne pourtant davantage le type d'intervention publique au quotidien.

Alors que les communes ont pendant longtemps occupé une place primordiale en ce qui concerne l'organisation de l'assistance publique et le secours aux indigents en mettant notamment à disposition des hôpitaux et hospices, l'évolution des politiques sociales au fil du temps a progressivement mis l'accent sur le rôle de l'État, puis des départements et parfois occulté les interventions les plus locales. Or, les compétences communales sont en réalité demeurées importantes en matière d'aide et d'action sociales, même si cela est certes moins vrai en matière sanitaire, comme l'affirment d'ailleurs les premières lignes du Code de la santé publique. Il est vrai qu'une grande diversité domine sur ce point, surtout en fonction de la taille des communes. Faute de moyens principalement, les plus petites communes limitent leur action à leurs seules obligations légales… alors que les communes de taille plus importante élaborent de véritables politiques sociales locales, parfois très novatrices. Les communes jouent ainsi un rôle essentiel dans la mise en œuvre des prestations d'aide sociale, ne serait-ce que parce que ce sont généralement elles qui instruisent les demandes. Mais aussi parce qu'elles prennent en charge

2. Loi n° 83-663 du 22 juill. 1983 complétant la loi n° 83-8 du 7 janv. 1983 relative à la répartition des compétences entre les communes, les départements, les régions et l'État, *JORF* 23 juill. 1983.

une politique d'hébergement des personnes âgées (en maison de retraite) ou de maintien à domicile, parce qu'elles s'occupent de la petite enfance (en créant et gérant des structures d'accueil) et parce qu'elles développent une politique éducative et sociale dans leurs quartiers.

À l'inverse du département, l'échelon communal répond d'ailleurs à un cadre réglementaire et législatif très peu contraint, à une exception près : l'obligation[3] pour toute commune de plus de 1 500 habitants de se doter d'un établissement public singulier : un centre communal d'action sociale (CCAS). Le Code de l'action sociale et des familles est d'ailleurs peu disert sur les compétences obligatoires des CCAS (ou CIAS lorsqu'ils existent à l'échelle intercommunale) : domiciliation, participation à l'instruction des dossiers de demande d'aide sociale légale, analyse des besoins sociaux. Les CCAS peuvent également développer une aide sociale facultative dont les critères d'attribution ou d'éligibilité ne sont pas prédéfinis. Ils peuvent aussi s'engager dans la gestion d'établissements ou de services dans des domaines divers : enfance, insertion, hébergement des personnes âgées ou handicapées, centres sociaux, etc. Plus largement, le législateur place les CCAS en situation d'animation d'une politique de développement social à l'échelle communale ou intercommunale : la marge de manœuvre et d'intervention laissée aux élus est donc considérable, même si régulièrement leur place est remise en cause. « Quant aux Centres communaux d'action sociale, la loi NOTRe est venue remettre en question leur existence en les rendant facultatifs dans les communes de moins de 1 500 habitants. Une première. Et surtout un manque criant de réflexion sur l'impact de cette mesure qui encourage les élus locaux à s'exonérer de la question sociale en se passant d'un outil qui a pourtant fait ses preuves. L'article 79 de la loi NOTRe[4] précise qu'une fois le CCAS dissous, la commune exerce en direct ses attributions ou les transfère au CIAS. Il est utile de rappeler que ce même CIAS peut lui aussi être dissous et que l'action sociale reste une compétence optionnelle des intercommunalités » s'inquiétait par exemple déjà en 2016 Joëlle Martinaux, présidente de l'Union nationale des CCAS (UNCCAS)[5].

Mais pourquoi la formule juridique de l'établissement public est-elle ainsi apparue opportune dans le champ de l'action sociale et médico-sociale ? Est-ce la forme d'organisation la plus appropriée pour garantir une place particulière aux

---

3. Conformément à l'article L. 123-4 du Code de l'action sociale et des familles.
4. Loi n° 2015-991 du 7 août 2015 portant nouvelle organisation territoriale de la République, *JORF* 8 août 2015, n° 0182.
5. Préface de l'ouvrage : A. BARON, N. KADA, *Communes et départements, frères ennemis du social*, Grenoble, PUG, 2016, 160 p.

communes? L'autonomie affichée des CCAS est-elle fictive, relative ou réelle? Quels sont les avantages mais aussi les faiblesses d'un tel choix? Fort d'une assise historique, cet ancrage communal masque parfois l'existence même de l'institution (I) et ne semble pas fondamentalement remis en cause par les dernières réformes de décentralisation (II).

I. Une confusion historique et naturelle avec la commune

Au-delà du niveau départemental repéré comme étant l'échelon territorial privilégié pour la mise en œuvre des principales compétences dans le champ social, le niveau communal constitue toujours une référence historique forte. Cette place singulière éclipse largement l'existence des CCAS, que le statut d'établissement public administratif ne permet pas véritablement de mettre en lumière.

A. Une confusion matérielle avec l'intervention communale

La commune ne bénéficie pas formellement de transferts de compétences dans le domaine social par les lois de répartition des compétences du 7 janvier[6] et du 22 juillet 1983. Néanmoins, elle n'en occupe pas moins une place de choix dans ce domaine. Cette période, couramment et abusivement désignée comme l'acte I de la décentralisation, se traduit en effet essentiellement pour le niveau communal par de nouvelles compétences transférées dans le champ de l'urbanisme (élaboration du plan d'occupation des sols et délivrance des autorisations d'occupation des sols) ou encore de l'enseignement (charge des écoles élémentaires et maternelles). Pour autant, traditionnellement, la commune exerce un rôle et des missions dans le domaine sanitaire et social, pour diverses raisons.

La première explication tient à l'héritage des actions de charité et de bienfaisance des paroisses de l'Ancien Régime. Succédant aux actions des seuls particuliers, l'Église menait alors des actions d'assistance aux populations les plus démunies au travers notamment des paroisses, ancêtres des communes. Une fois celles-ci créées, à la Révolution française, ces activités vont perdurer dans ce même cadre territorial. Si elles restent dans un premier temps à la charge et de la compétence des ordres religieux, elles vont progressivement basculer dans le champ des compétences communales, suivant en cela la progression du processus de séparation des Églises et de l'État.

6. Loi n° 83-8 du 7 janvier 1983 relative à la répartition de compétences entre les communes, les départements, les départements, les régions et l'État, *JORF* 9 janv. 1983.

C'est la loi du 7 frimaire an V, portant création du droit des pauvres et des bureaux de bienfaisance[7], qui symbolise le mieux cette évolution en rapprochant formellement la commune de l'action sanitaire et sociale. Cette loi institue alors dans les communes des bureaux de bienfaisance qui sont chargés de recevoir, gérer et répartir l'aide financière aux indigents. Plus tardivement, en 1893, ce processus se poursuit avec l'instauration de l'assistance médicale gratuite et la création dans chaque commune d'un bureau d'assistance qui a pour mission d'agir en faveur de l'ensemble des populations exclues.

Le décret-loi du 29 novembre 1953[8] réforme les lois d'assistance et porte création des bureaux d'aide sociale (BAS) qui résultent de la fusion des deux bureaux précédemment cités. Outre la participation à la constitution des dossiers d'aide sociale légale, leurs missions consistent en une action de prévoyance, d'entraide et d'hygiène sociale en lien avec les services publics et les institutions privées. Ces bureaux viennent alors directement en aide aux populations ou viennent suppléer ou compléter les initiatives publiques ou privées défaillantes.

L'acte I de la décentralisation, précité, ne marque donc en rien une rupture dans ce domaine et se place à l'inverse dans une longue tradition historique. C'est ainsi que la loi du 6 janvier 1986[9] crée les centres communaux d'action sociale (en remplacement des bureaux d'action sociale) et le décret du 6 mai 1995[10] en précise ultérieurement l'organisation, le fonctionnement et les attributions. Pour le législateur de cette époque, les bureaux d'action sociale sont devenus des partenaires reconnus de l'action sociale locale, mais il est temps d'élargir et de renforcer encore davantage leurs prérogatives. Concrètement, la commune gère ses compétences en matière sociale au travers de services publics qu'elle organise librement et dont elle assume ou délègue la gestion. Mais elle peut aussi préférer recourir à cette structure spécifique obligatoire que constitue le centre communal d'action sociale. La loi précitée du 6 janvier 1986 a introduit dans le code de

7. R. DUPRIET, « Le Centre communal d'action sociale : un organisme souvent contesté et remis en cause », *Vie sociale* 2011/2, n° 2, 2011, p. 105-109.

8. M. THIRE, « L'aide sociale et le décret du 29 novembre 1953 », *La Revue administrative*, 7e année, n° 41, 1954, p. 506-512.

9. Loi n° 86-17 du 6 janv. 1986 adaptant la législation sanitaire et sociale aux transferts de compétences en matière d'aide sociale et de la santé, *JORF* 8 janv. 1986.

10. Décret n° 95-562 du 6 mai 1995 relatif aux centres communaux et intercommunaux d'action sociale ainsi qu'aux sections de centre communal d'action sociale des communes associées et portant dispositions particulières applicables aux centres communaux d'action sociale de Marseille et de Lyon, *JORF* 7 mai 1995, n° 108.

nouveaux articles définissant les missions ainsi que le statut et l'organisation des CCAS avant que ceux-ci ne soient codifiés au sein du Code de l'action sociale et des familles aux articles L. 123-4 à L. 123-9 principalement.

B. Une séparation institutionnelle avec la collectivité communale

Le CCAS constitue un établissement public administratif communal (ou intercommunal) dont le contentieux relève sans surprise de la compétence du juge administratif. Même si son objet est spécialisé, comme tout établissement public, il existe dans l'ombre de la collectivité communale tout en disposant d'une autonomie de gestion. Il s'appuie pour cela sur un conseil d'administration, présidé par le maire (ou président de l'établissement public de coopération intercommunale dans le cadre d'un CIAS) et composé de 4 à 8 membres élus par le conseil municipal (ou communautaire) ainsi que du même nombre de membres nommés par le président. Comme tout conseil d'administration d'un établissement public, celui-ci procède par voie de délibérations. À côté du président, qui siège rarement dans les communes de taille importante, est institué un vice-président (élu par le conseil d'administration) qui remplit l'essentiel des fonctions exécutives par délégation du président. Cette fonction de vice-présidence, qui ne donne lieu ni à rémunération ni même à indemnisation, est généralement assumée par l'adjoint au maire en charge de l'action sociale. Enfin, le président du conseil d'administration nomme un directeur qui a sous son autorité un personnel composé d'agents administratifs et de travailleurs sociaux.

Le CCAS dispose également d'un budget autonome, distinct de celui de la commune et adopté par son conseil d'administration selon les mêmes règles que le budget communal voté par le conseil municipal. Trois sources principales de financement viennent nourrir les recettes du budget du CCAS : les ressources propres (dons, legs, produits de quêtes ou de collectes, etc.), les ressources liées aux activités gérées par le CCAS (participations des familles, subventions de partenaires extérieurs, etc.) et les ressources extérieures non affectées (essentiellement la subvention communale, apport obligatoire au fonctionnement du CCAS). Enfin, pour appliquer les délibérations prises par le conseil d'administration et mener à bien les politiques sociales sur le territoire de la commune, le centre communal d'action sociale dispose d'un personnel qui est soumis aux règles du statut de la fonction publique territoriale.

II. Des compétences essentielles dans un environnement institutionnel en mutation

La méconnaissance de l'organisation administrative des CCAS ne saurait occulter l'importance reconnue des compétences qu'ils exercent. À l'exception de l'intercommunalisation croissante, les réformes territoriales mises en œuvre ces quinze dernières années n'ont eu que très peu d'impact sur cette répartition des tâches.

A. Des compétences stratégiques

Les CCAS ont, pour résumer, une mission simple et globale : définir et mettre en œuvre l'action sociale communale. Pour ce faire, les CCAS se voient attribuer une mission fondamentale d'observation et d'analyse des besoins sociaux de la population de la commune afin de faciliter l'élaboration de la politique municipale décidée par les élus. C'est de ce que mentionne le Code de l'action sociale et des familles : « Ces établissements procèdent annuellement à une analyse des besoins sociaux de l'ensemble de la population (familles, jeunes, personnes âgées, handicapées, personnes en difficulté), qui servira de support aux actions développées par les CCAS ou CIAS »[11]. Cette analyse des besoins sociaux (ABS) doit faire l'objet d'un rapport de présentation auprès du conseil d'administration. Le code reste en revanche peu précis ni contraignant sur la forme ou le contenu de cette analyse. Comportant le plus souvent les rapports d'activité des services et établissements gérés par le CCAS (établissements d'accueil de jeunes enfants, établissements d'hébergement pour personnes âgées dépendantes, services d'accompagnement ou d'insertion, etc.), le rapport d'ABS ne doit surtout pas être envisagé comme une simple compilation de ceux-ci. L'ABS doit en effet assembler des éléments statistiques et d'information sur les activités gérées par les autres partenaires de l'action sociale locale (les équipes du conseil départemental par exemple), ainsi que des éléments statistiques de la caisse d'allocations familiales concernant les allocataires résidant sur la commune et concernés par des allocations sociales (revenu de solidarité active, allocation adulte handicapé, etc.), des chiffres du pôle emploi sur le travail et le chômage, des informations générales, dites aussi « données de cadrages » issues de l'INSEE, notamment à travers les études de recensement…

Les CCAS doivent légitimement exercer leur action en liaison avec les autres services et institutions qui ont une mission à caractère social : ils peuvent, à cet effet, mettre en place des moyens ou des structures de concertation et de coordination.

11. Voir art. L. 123-4 à L. 123-9.

Par ailleurs, le CCAS s'est vu confier un rôle dans la prévention et la suppression des situations pouvant engendrer l'exclusion sociale, en agissant par exemple en matière d'accès au logement des personnes défavorisées.

De plus, les CCAS ont pour mission de recueillir les demandes d'admission, établir les dossiers et participer à leur instruction, en procédant notamment aux enquêtes sociales, même s'il ne leur revient pas d'apprécier le bien-fondé de la demande. Ils sont également compétents, sans en détenir le monopole, pour recevoir les demandes d'admission au RSA et peuvent apporter leur concours aux personnes souhaitant bénéficier de la couverture maladie universelle. En outre, sous réserve qu'une convention ait été signée avec les départements, les CCAS délivrent les dossiers de demande de l'allocation personnalisée d'autonomie. Enfin, les CCAS peuvent exercer des compétences déléguées aux communes par les départements. Par exemple, le législateur accepte depuis 1998 que les CCAS mettent en œuvre l'aide juridique, au travers de conventions passées avec les conseils départementaux de l'accès au droit. Il en va de même pour les mesures d'accompagnement social personnalisé ou l'instruction administrative de la demande de RSA, toujours à condition de formaliser cette délégation dans une convention.

Il y a ainsi quatre principaux avantages pour une commune à créer un CCAS plutôt que de gérer directement en régie un service d'action sociale. D'abord, ces établissements constituent de véritables instances participatives, puisque la moitié des membres du conseil d'administration sont des représentants des associations et de la société civile. Deuxième aspect, la confidentialité dans l'attribution des aides est assurée, les réunions du CCAS n'étant pas publiques à la différence de celles du conseil municipal. Par ailleurs, pour plus de réactivité, le CCAS peut se doter d'une commission permanente habilitée à attribuer des aides d'urgence. Enfin, les CCAS ont la capacité juridique de porter un établissement ou un service social et médico-social (ESMS), tel qu'un service d'aide à domicile, ce que ne peuvent pas directement faire les communes (ou les EPCI en ce qui concerne les CIAS).

Ainsi, depuis l'époque des anciens bureaux d'aide sociale et de leurs colis alimentaires, les centres communaux d'action sociale ont sensiblement élargi et diversifié leur champ d'action. Mais que recouvre ce champ précisément aujourd'hui ?

C'est d'abord la lutte contre l'exclusion qui fonde très majoritairement les services et équipements des CCAS. Ceci recouvre à la fois l'aide alimentaire – laquelle est aujourd'hui encore en tête des actions menées, qu'il s'agisse par exemple de bons alimentaires, de chèques d'accompagnement, ou d'épiceries sociales – et des pratiques plus nouvelles et parfois plus surprenantes : l'accès à la culture et aux loisirs par exemple, ou encore le soutien à la gestion budgétaire, l'insertion professionnelle, l'accès aux soins, le microcrédit ou la lutte contre l'illettrisme.

En deuxième lieu, les CCAS orientent leurs actions vers « l'aide et l'accompagnement des ménages en difficulté » et principalement le soutien en matière de logement et d'hébergement, en sachant qu'il s'agit le plus souvent d'apporter une réponse aux situations d'urgence et, selon l'étude, d'intervenir par « une gestion de dispositifs plutôt que d'équipements ». Ceci n'empêche pas certains CCAS d'être propriétaires ou locataires de logements ou chambres gérés sous le régime de la convention allocation de logement temporaire.

En troisième lieu, les CCAS développent de manière somme toute traditionnelle l'aide à domicile, qui demeure un domaine privilégié puisque plus d'une structure sur deux déclare gérer un ou plusieurs services à domicile. Le portage de repas, les services d'aide et d'accompagnement à domicile (SAAD) et les dispositifs de téléalarme (même si les CCAS ne sont généralement là qu'un partenaire parmi d'autres) occupent largement les services. Mais il faut aussi citer, certes dans une moindre mesure, le transport adapté, l'aide aux petits travaux et les services de soins infirmiers à domicile (SSIAD). Au-delà de l'aide à domicile, en ce qui concerne les services aux personnes âgées, les CCAS pour un bon quart d'entre eux assurent la gestion d'établissements d'accueil (foyers-logements, foyers-restaurants et établissements d'hébergement pour personnes âgées dépendantes – EHPAD), ainsi que diverses activités intergénérationnelles, de soutiens à des clubs d'aînés et autres ateliers divers et variés…

Enfin, le dernier grand champ d'intervention des CCAS est celui de la petite enfance, auquel s'ajoutent parfois des équipements et service enfance ou jeunesse. Près d'un établissement d'accueil de jeunes enfants sur cinq est ainsi géré par un CCAS, sous forme généralement de structures multi-accueil, de relais assistantes maternelles, de haltes-garderies ou encore de crèches familiales.

Pour mener les premières actions énumérées, les CCAS peuvent mettre en place des aides sociales facultatives. Contrairement à l'aide sociale légale définie par le Code de l'action sociale et des familles et qui répond à des critères de ressources, ces aides sont (comme leur dénomination l'indique) facultatives et ne doivent remplir *a priori* qu'un seul critère légal : celui de la condition de résidence ou de lien d'appartenance de son bénéficiaire à la commune. En dehors de cet élément, qui peut être par ailleurs entendu de manière très souple, le CCAS agit selon une compétence discrétionnaire. Chaque CCAS peut fixer des conditions de ressources, un niveau de reste à vivre à partir duquel il interviendra. Il peut également définir avec la même autonomie le montant de son aide en fonction de l'examen de telle ou telle situation. Certains CCAS privilégieront de se doter d'un cadre délimitant leur prise de décision, sous la forme le plus souvent d'un règlement intérieur ; d'autres préféreront ne pas se doter d'un tel outil. Les demandes d'aide ou de secours d'urgence sont adressées à une commission permanente du CCAS, forme d'émanation du conseil d'administration ayant reçu délégation pour prendre en temps réel la décision d'octroyer telle ou telle aide (le conseil d'administration devant davantage être perçu comme un organe de pilotage stratégique du CCAS se réunissant plus irrégulièrement, et ne statuant pas sur des situations individuelles). Les décisions d'aide peuvent même, en fonction du degré d'urgence, être prises par le directeur du CCAS puis régularisées en commission.

En milieu urbain, davantage encore qu'en milieu rural, les limites territoriales des communes ont néanmoins beaucoup perdu de leur signification. L'échelon intercommunal apparaît dès lors comme de plus en plus pertinent pour mener des politiques publiques, mais l'action sociale est encore faiblement menée à cette échelle territoriale.

B. Une intercommunalisation timide

Prenant acte de la réalité des besoins en matière sociale, le législateur a prévu la possible existence d'un centre intercommunal d'action sociale. La coopération de ce type entre différentes communes n'est pas totalement nouvelle dans ce domaine, puisque le décret précité du 29 novembre 1953, créant les bureaux d'aide sociale, prévoyait déjà cette forme d'association de communes dans le cadre d'un bureau intercommunal de l'aide sociale. Il existait donc déjà, avant la loi du 4 février 1995[12], des centres intercommunaux d'aide sociale (CIAS). Mais la loi a facilité leur création et, près de trente années plus tard, il faut constater que l'on trouve bien davantage de CIAS en milieu rural qu'en milieu urbain, en raison d'une volonté plus forte de mutualiser les moyens (compte tenu des coûts importants générés par l'action sociale) et d'une moindre préoccupation concernant les enjeux politiques. Le CIAS constitue un outil efficace pour régler la question de la carence en équipements sociaux des petites communes, ces structures ayant une compétence intercommunale et leurs équipements étant donc accessibles à l'ensemble des habitants des communes membres de l'intercommunalité. Et ce qui était déjà possible pour les communautés de communes et les communautés d'agglomération a été élargi aux communautés urbaines et métropoles depuis la loi 3DS du 21 février 2022[13].

12. Loi n° 95-116 du 4 févr. 1995 portant diverses dispositions d'ordre social, *JORF* 5 févr. 1995, n° 31.

13. Loi n° 2022-217 du 21 févr. 2022 relative à la différenciation, la décentralisation, la déconcentration et portant diverses mesures de simplification de l'action publique locale, *JORF* 22 févr. 2022, n° 0044.

Afin de surmonter les réticences de certains élus locaux, l'UNCCAS plaide régulièrement en faveur de la mise en place un dispositif d'incitation financière, dont nous avons vu qu'elle était jusqu'à présent inexistante, afin d'encourager la création de CIAS, à l'image de celle existant pour la création d'établissements publics de coopération intercommunale dans les années 2000. Selon cette proposition, cette incitation financière pourrait prendre la forme d'une majoration de la dotation globale de fonctionnement dès lors que son montant serait déterminé à partir du nombre de compétences exercées au niveau intercommunal. Est-ce à dire que le niveau intercommunal constitue inévitablement l'avenir de l'action sociale ? Ce serait sans doute aller un peu vite en besogne que de condamner de manière aussi rapide et irrévocable les communes et leurs CCAS. D'abord parce que ceux-ci font de la résistance. Ainsi, depuis l'adoption de la loi NOTRe du 7 août 2015 précitée, les communes de moins de 1 500 habitants ont la possibilité de dissoudre leur CCAS, pour assurer directement la mise en œuvre des compétences concernées ou pour les transférer à CIAS. Mais ce n'est qu'une possibilité et non une obligation : les petites communes ne sont en aucun cas contraintes de dissoudre leur CCAS. Pourtant, dans l'année d'adoption de cette loi, certaines préfectures avaient incité, par courrier, les petites communes de leur département à se saisir de cette possibilité de dissolution de leur CCAS, en indiquant même le 31 décembre 2015 comme préférable date butoir. Quand la possibilité commence à s'apparenter à une obligation, la confusion n'est pas loin et cela peut expliquer quelques dissolutions de CCAS. L'article 79 de la loi NOTRe ouvre également la possibilité à un établissement public de coopération intercommunale de dissoudre son CIAS. Mais, dans un tel cas, l'EPCI ne récupère que « l'action sociale d'intérêt communautaire » et les autres attributions sont restituées aux communes ou aux CCAS.

L'intercommunalité peut en outre revêtir d'autres formes plus douces, moins intégrées, ce que permet par exemple la mutualisation. On peut en effet aujourd'hui mutualiser de façon très approfondie un certain nombre d'établissements publics, dont l'EPCI, ses communes membres et les CIAS, et même avec les CCAS depuis la loi NOTRe et son article 72. L'article L. 5211-4-2 du Code général des collectivités territoriales, modifié par la loi NOTRe, autorise désormais la mise en place de services communs entre un établissement public de coopération intercommunale, une ou plusieurs communes membres et, le cas échéant, un ou plusieurs des établissements publics rattachés à un ou plusieurs d'entre eux. Or les CCAS et CIAS constituent bien des établissements publics administratifs.

En conclusion, le CCAS concentre l'attention davantage pour ses actions que pour son organisation. Placé au cœur de la complexité du jeu d'acteurs (nationaux et locaux) qui se noue autour de la question sociale, cet établissement public administratif demeure singulier et méconnu car généralement placé dans l'ombre de son « tuteur » communal. Or, les communes ont des attributions obligatoires relativement peu nombreuses dans le champ social, ce qui laisse par voie de conséquence une large part à la liberté. Cette situation se traduit ainsi par une grande hétérogénéité dans le champ de compétences et le positionnement des CCAS ou CIAS. Ces écarts dans les périmètres sont encore accrus par les différences qui existent, selon les collectivités, dans la répartition des compétences entre le CCAS/CIAS et les services de la commune ou de l'intercommunalité. Par ailleurs, si de telles actions sociales sont dites facultatives, elles ne se situent finalement qu'à faible distance des compétences obligatoires et s'articulent étroitement avec elles. L'attribution d'une aide sociale est ainsi généralement associée, par exemple, à la mise en œuvre d'un dispositif légal obligatoire. Il naît ainsi un certain nombre de confusions, auprès des acteurs eux-mêmes parfois qui perçoivent l'aide sociale en question comme un devoir, voire une obligation. Ainsi, le plus souvent, les communes – et même les intercommunalités désormais – font ce qu'elles estiment indispensable alors même que rien ne les y contraint. Le caractère facultatif de l'intervention apparaît alors comme singulièrement galvaudé. De plus, la commune est souvent perçue comme l'ultime intervenant auprès des personnes en difficulté, une fois que les autres collectivités ont mis en œuvre leurs politiques et que les usagers restent dans le besoin. La montée en puissance depuis une quinzaine d'années de l'intercommunalité ne semble pas ébranler l'édifice patiemment construit au niveau local. Certes, la compétence sociale ne peut qu'intéresser ce niveau d'administration tant il correspond aux enjeux d'efficacité et de performance. En revanche, il ne faut pas sous-estimer les risques en termes de coopération et de faiblesse du contrôle démocratique, risques dont la réalisation ne pourrait que diminuer la qualité de la prise en charge des besoins sociaux du territoire. Qu'il s'agisse d'un CCAS ou d'un CIAS, la formule juridique semble donc promise à un bel avenir tant elle parvient à conjuguer autonomie et contrôle.

LES CURIOSITÉS DE L'OFFICE DE TOURISME ÉTABLISSEMENT PUBLIC INDUSTRIEL ET COMMERCIAL

Claude DEVÈS

Professeur émérite de l'Université Clermont Auvergne
Avocat honoraire au barreau de Clermont-Ferrand

L'article L. 133-3 du Code du tourisme laisse les communes libres d'instituer un organisme chargé de la promotion du tourisme dans les conditions fixées aux articles L. 133-2 à L. 133-10 de ce même code. Le statut juridique et les modalités d'organisation sont déterminés par le conseil municipal.

D'après une statistique relativement ancienne, l'établissement public industriel et commercial (EPIC) représente guère plus de 15 % des différentes formes juridiques, loin derrière la formule associative[1], malgré les risques juridiques que celle-ci peut présenter.

Formule à part puisque le Code du tourisme[2] consacre une vingtaine d'articles à cette seule forme d'office de tourisme[3] (OT), mais tout en renvoyant aux dispositions du Code général des collectivités territoriales (CGCT) relatives aux régies dotées de la personnalité morale, sous réserve des dispositions spécifiques du Code de tourisme.

Pour le ministère de l'Intérieur dans une réponse ministérielle[4], l'EPIC serait devenu, de par la loi n° 2006-437 du 14 avril 2006[5], « la structure par défaut », en l'absence de toute autre possibilité, notamment dans le cas des offices de tourisme intercommunautaires, en ouvrant la possibilité à deux ou plusieurs groupements de

1. L. JÉGOUZO, *Le droit du tourisme*, 2e éd., LGDJ, p. 141.
2. Cl. DEVÈS, « Les offices de tourisme à la recherche de leur statut juridique », *Juristourisme (JT)* 2008, n° 97, p. 13.
3. J.-P. MARKUS, « Service public du tourisme », *Juriscl. coll. terr.* 2014. Cependant, le Code du tourisme consacre un article réglementaire à la forme d'office de tourisme créé sous forme de société publique locale (R. 133-19).
4. QE avec réponse n° 94286, Sénat, 16 mai 2006, Philippe Armand Martin.
5. Loi n° 2006-437 du 14 avr. 2006 portant diverses dispositions relatives au tourisme, *JORF* 15 avr.

communes de créer conjointement, au moyen d'un syndicat mixte, un seul office de tourisme. Cette mesure se justifiait par la nécessité de donner aux territoires concernés une structure offrant de solides garanties juridiques.

Les professionnels s'étant inquiétés de la rédaction de l'article L. 134-5 du Code du tourisme qui n'autorisait que ce statut d'établissement public industriel et commercial et alors même que celui-ci confirme par ailleurs que c'est la collectivité qui fixe le statut de l'office de tourisme, la loi nº 2009-888 du 22 juillet 2009 (art. 6 III 2°)[6] a supprimé cette obligation lorsque l'office de tourisme rassemble plusieurs groupements. Bien que jugée à l'époque vertueuse, la règle s'était avérée trop contraignante pour nombre de territoires ruraux. Désormais, et selon l'article L. 134-5 résultant d'une ordonnance nº 2015-333 du 26 mars 2015[7], dans les conditions prévues aux articles L. 133-2 à L. 133-10-1, plusieurs groupements de communes désirant s'associer pour la promotion du tourisme peuvent instituer, selon la forme de leur choix, un office de tourisme par délibérations concordantes de leurs organes délibérants.

Nonobstant ce retour au droit commun, la constitution d'un office de tourisme apparaît bien comme un enjeu essentiel pour certaines communes ou certains groupements de communes. Différents textes illustrent cette sorte de « va-et-vient » législatif qui institue un système assez complexe confirmant, malgré les risques de chevauchements de compétence pouvant conduire à la présence de plusieurs offices de tourisme sur un même territoire intercommunal.

On sait depuis longtemps que l'établissement public est en crise et le statut de l'office de tourisme établissement public industriel et commercial ajoute un peu plus au « trouble » né de la disjonction entre son caractère d'établissement public et son activité, faudrait-il peut-être ajouter la diversité de ses activités.

L'office de tourisme établissement public industriel et commercial n'était réservé, jusqu'à la loi du 13 août 2004[8], qu'aux communes du littoral. Désormais, depuis 2004, toute commune ou tout groupement de communes peut utiliser cette possibilité. Depuis cette date, les communes et communautés de communes qui n'étaient ni stations classées, ni communes littorales trouvaient un substitut dans

6. Loi nº 2009-888 du 22 juill. 2009 de développement et de modernisation des services touristiques (art. 6 III 2°), *JORF* 24 juill.

7. Ord. nº 2015-333 du 26 mars 2015 portant diverses mesures de simplification et d'adaptation dans le secteur touristique, *JORF* 27 mars.

8. Loi nº 2004-809 du 13 août 2004 relative aux libertés et responsabilités locales, *JORF* 17 août.

la régie à personnalité morale et à autonomie financière, mais désormais les établissements publics industriels et commerciaux constituent une catégorie juridique et un mode de gestion des offices de tourisme distincts des régies.

Rentrée en quelque sorte dans le rang sans que l'on puisse constater si la formule a néanmoins progressé dans l'intention des élus, la formule établissement public industriel et commercial conserve, comme vu plus haut, certaines garanties ou certains avantages pour se prémunir contre la gestion de fait ou la requalification en association transparente. Cela dit, la garantie est loin d'être totale, ainsi que le montrent deux affaires récentes intéressant des offices de tourisme à statut EPIC qui ont débouché par exemple sur une constatation de gestion de fait, comme dans l'affaire concernant l'office briançonnais du tourisme et du climatisme[9], ou c'est encore la chambre régionale des comptes de Bretagne qui a épinglé récemment l'office de tourisme EPIC du golfe du Morbihan, qui s'était transformé en 2022 d'établissement public en société publique locale, profitant de l'engouement pour cette forme juridique. Ayant procédé au contrôle des comptes de 2018 à 2022, la chambre régionale a pu constater néanmoins la méconnaissance persistante des règles de la commande publique par l'établissement public, exposant de ce fait les dirigeants à des poursuites pénales au titre du délai de favoritisme…

Il n'y a donc pas de formule juridique idéale dans un monde du tourisme tourné vers la promotion touristique, priorité des offices quels qu'ils soient, et qui conduit les élus et la gouvernance de n'importe quelle structure à négliger la gestion administrative.

Cela précisé, le statut d'EPIC « conserve tout son intérêt car il dispose d'un avantage certain »[10], il est le seul mode d'organisation des offices de tourisme permettant le reversement automatique de la taxe de séjour (4° de l'article L. 133-7 du Code du tourisme) et celui de la taxe perçue sur les entreprises exploitant des remontées mécaniques (5° de l'article L. 133-7 du Code du tourisme).

Comme pour beaucoup d'établissements publics, le législateur a entendu lui donner une certaine spécificité résultant d'une volonté d'afficher un certain esprit entrepreneurial, même si, comme on le verra, un tel affichage n'en présente pas moins des limites importantes quitte à jeter un peu plus le flou sur le recours à la notion.

9. Chambre régionale des comptes (CRC) de Provence Alpes-Côte d'Azur, jug. n° 2015-0008 ; C. comptes 17 nov. 2016, arrêt n° S 2016-3755, *www.ccomptes.fr*.
10. P. Levallois, *L'établissement public marchand*, Thèse, Dalloz, 2021, p. 83-85.

Les curiosités de l'office de tourisme établissement public industriel et commercial se manifestent tout d'abord au niveau des compétences ou des missions qui lui sont confiées. Le patchwork des activités telles qu'inscrites dans le Code du tourisme met une fois de plus à mal le principe de spécialité mais aussi le classement des offices de tourisme établissements publics industriels et commerciaux dans l'une des catégories que la doctrine et la jurisprudence se sont ingéniées à déterminer (I).

Par ailleurs, par son régime juridique et financier, l'office de tourisme établissement public industriel et commercial reste profondément identifié par un régime hybride qui doit conduire les élus, mais aussi la gouvernance, à faire preuve de vigilance dans la mise en œuvre des différentes activités (II).

I. Le patchwork des missions de l'office de tourisme établissement public industriel et commercial

L'article L. 133-3 du Code du tourisme définit, pour les offices de tourisme, deux types de missions : une mission, le plus souvent obligatoire, se rattachant à des fonctions administratives, visant à la mise en place des politiques touristiques, qui amène à s'interroger sur sa catégorisation : établissement public à visage inversé, à double visage ou tout simplement à visage administratif dominant ? (A)

Ce même article n'interdit pas toutefois à l'office de tourisme établissement public industriel et commercial de gérer, comme pour toute forme juridique d'office de tourisme, d'autres activités facultatives déterminées finalement par l'appétence des territoires et qui sont plutôt tournées vers des activités marchandes génératrices de ressources (B).

A. L'office de tourisme établissement public industriel et commercial : la prégnance des activités administratives

L'article L. 133-3 précité décrit dans ses premiers alinéas ces missions essentielles qui s'imposent à toute création d'un office de tourisme et qui correspondent clairement à la mission d'un établissement public prolongement de la collectivité de rattachement : « L'office de tourisme assure l'accueil et l'information des touristes ainsi que la promotion touristique de la commune ou du groupement de communes, en coordination avec le comité départemental et le comité régional du tourisme » (al. 1). Il contribue également à coordonner les interventions des divers partenaires du développement touristique local, qu'ils soient publics ou privés.

L'office de tourisme est ainsi clairement au cœur de la politique touristique des collectivités territoriales ou de leurs groupements, visant ainsi à faciliter les échanges entre les différents acteurs mais aussi avec les tiers ou les usagers lorsque l'office réalise une mission d'information ou de promotion à l'intention des différents interlocuteurs.

Comme l'indique le tribunal des conflits, cette mission relève d'un véritable service public administratif[11] lorsqu'il s'agit de promouvoir l'image d'une collectivité, mais la question reste parfois délicate à trancher. Ainsi, à propos d'un office de tourisme à statut d'EPIC, la cour administrative d'appel de Paris, dans sa décision du 23 avril 2019[12] à propos de ses activités, a examiné avec attention la mission qui était dévolue à Fontainebleau Tourisme.

À ce titre, pour la cour administrative d'appel, la mission confiée à Fontainebleau Tourisme consiste à gérer et à faire la promotion de ce lieu historique qu'est le « Grand Parquet » et, par là même, à contribuer à la promotion, en France et à l'étranger, de la commune de Fontainebleau, baptisée la « Ville du Cheval ». La convention conclue le 29 juillet 2011 entre l'office de tourisme et la communauté de communes du pays de Fontainebleau indique que l'office de tourisme doit prendre à sa charge toutes les opérations de communication et qu'il peut soit de son propre chef, soit à la demande de la communauté de communes du pays de Fontainebleau, organiser des rencontres équestres, et si la convention autorise à cette fin l'office à commercialiser le site en procédant à la location de salles ou à la mise à disposition de terrains, l'office de tourisme est contraint d'assurer une politique d'animation en intégrant notamment les publics jeunes et scolaires. L'office de tourisme accueille à ce titre, chaque année, le cross des écoles, les sorties ateliers et découvertes lors de la journée « Été du Grand Parquet », une formation « sécurité routière » de trois jours pour 290 élèves, des interventions mensuelles dans le cadre du cycle « Ouvriers du paysage » et organise annuellement des stages de six semaines au profit des élèves de l'école Saint-Germain Laxis. Enfin, la convention conclue entre l'Office national des forêts et la communauté de communes du pays de Fontainebleau limite à quinze au maximum par an le nombre de manifestations non équestres pouvant être organisées par l'office de tourisme, dont quatre seulement peuvent être lucratives.

11. T. confl. 5 juill. 1999, *Sté international management group*, req. nº 03133.
12. CAA Paris 23 avr. 2019, nº 17PA00362, la gestion d'un site historique par un établissement public industriel et commercial touristique peut être requalifiée en service public administratif, échappant ainsi à la règle de l'équilibre financier, *AJCT* 2019.414.

Pour la cour, il résulte en outre de l'article 7 de la convention que cette dernière « garantit le versement d'une subvention d'exploitation en conséquence d'un déficit lié à l'exercice de ses missions ». Pour la cour, il ressort des pièces du dossier et notamment du budget primitif du « Grand Parquet » et du compte administratif afférents à l'année 2012 que les produits de gestion courante, qui correspondent à des revenus d'immeuble non affectés, constituent 4 % du montant total des recettes. C'est donc uniquement grâce au versement d'une subvention d'équilibre que le « Grand Parquet » parvient à conserver un équilibre budgétaire, étant précisé que la plupart des activités organisées sur place sont gratuites pour le public.

Compte tenu de la nature des activités décrites, de leur financement, ainsi que de leur mode de fonctionnement, la mission « Grand Parquet » confiée à l'office de tourisme Fontainebleau Tourisme est conduite dans des conditions exclusives de tout caractère industriel et commercial et doit, par suite, être regardée comme présentant un caractère administratif.

L'identification d'un service public administratif réalisé à partir des trois critères classiques (objet, fonctionnement, financement) permettant de distinguer entre service public administratif et service public à caractère industriel et commercial repose non seulement sur l'objet mais surtout sur le mode de financement.

Comme vu plus haut, c'est grâce à la présence d'une subvention d'équilibre en raison de la faiblesse des recettes que le juge requalifie l'activité. En conséquence l'office de tourisme, malgré son statut industriel et commercial, peut recevoir une subvention, échappant ainsi à la règle de l'équilibre financier de l'article L. 2224-1 du CGCT qui concerne les services publics à caractère industriel et commercial.

Ajoutons un peu au flou de la distinction que l'expression « promotion de tourisme » est quelque peu ambiguë. Elle renvoie bien à une vision non commerciale de l'activité et la jurisprudence a tenu à préciser ce qu'il fallait entendre par cette expression[13] associée justement à la création d'offices de tourisme.

Le CGCT distingue désormais les missions de promotion de l'office de tourisme de l'animation touristique, qui est une compétence partagée au sens de l'article L. 1111-4 du CGCT.

Pour la cour administrative d'appel de Lyon du 15 janvier 2020 précitée, l'attribution de plein droit de la promotion touristique à un groupement de collectivités fait nécessairement réserve de la gestion des manifestations locales et d'équipements communaux d'accueil tels les campings, gîtes ou bases de loisirs qui relèvent de l'action touristique et qui pourront (voir *infra*) le cas échéant relever

13. CAA Lyon 15 janv. 2020, *Commune d'Excenevex*, n° 19LY00830.

d'une activité marchande, et donc d'un service public industriel et commercial, jurisprudence reprise à l'article L. 5214-16 du CGCT, par exemple pour les communautés de communes : « Sans préjudice de l'animation touristique »[14].

Renforçant ce caractère administratif de l'objet premier des offices de tourisme sous forme d'EPIC, participe également de ces missions administratives, sous réserve bien évidemment d'une analyse au cas par cas, la possibilité et non l'obligation d'être chargé par le conseil municipal de tout ou partie de l'élaboration et de la mise en œuvre de la politique locale du tourisme et des programmes locaux de développement touristique.

Les offices de tourisme intercommunaux ne sont pas cités par l'alinéa 3 et ce dernier demeure aussi bien ambigu, notamment parce que celui-ci renvoie immédiatement à de l'opérationnel pour notamment l'élaboration de services touristiques, l'exploitation d'installations touristiques et de loisirs, des études, l'animation des loisirs, et l'organisation de fêtes et de manifestations culturelles, lesquels peuvent tomber ou pas, en fonction de leur objet, de leur organisation et des ressources déployées, dans le champ des activités concurrentielles.

B. La diversité des activités accessoires

L'article L. 133-3 alinéa 3 laisse un champ ouvert d'activités qu'un office de tourisme est susceptible d'exercer et dès lors, malgré la prégnance des missions administratives, rien n'empêche un office de tourisme EPIC de se retrouver confronté aux réalités de l'économie de marché, et cela à un double titre : soit l'office de tourisme EPIC intervient comme personne publique avec les contraintes qui résultent de sa nature d'établissement public, soit l'office de tourisme établissement public industriel et commercial est lui-même un opérateur économique (L. 1220-1 du Code de la commande publique).

En premier lieu, l'office de tourisme établissement public industriel et commercial sera soumis, pour la passation de ses marchés, aux règles de la commande publique en tant que personne de droit public. Il sera pouvoir adjudicateur, voire entité adjudicatrice s'il est amené à exercer une des activités d'opérateurs de réseaux définies aux articles L. 1212-3 et L. 1212-4 du Code de la commande publique (transports, mobilités).

14. Art. L. 5214-16 du CGCT pour les communautés de communes, L. 5216-5 pour la communauté d'agglomération, L. 5217-2 pour la métropole.

En outre, l'office de tourisme à statut d'EPIC pourra, comme autorité délégante, confier la gestion de certains équipements ou de services dans le cadre d'une délégation de service public (L. 1411-1 du CGCT). Selon l'article L. 1411-4, les assemblées délibérantes des collectivités territoriales, de leurs groupements et de leurs établissements publics se prononcent sur le principe de toute délégation de service public local.

En second lieu, comme vu plus haut, l'office de tourisme établissement public industriel et commercial peut être lui-même l'exécutant de ces différentes missions comme opérateur économique. Pour l'article L. 1220-1 du Code de la commande publique, est un opérateur économique toute personne physique ou morale publique ou privée ou tout groupement de personnes doté ou non de la personnalité morale qui offre sur le marché la réalisation de travaux ou d'ouvrages, la fourniture de produits ou la prestation de services.

L'arrêt de principe du 31 mai 2006, *Ordre des avocats du barreau de Paris*[15], précise que si les personnes publiques entendent prendre en charge une activité économique, elles sont tenues par le respect de la liberté du commerce et de l'industrie, par la limite de leurs compétences et pour satisfaire un intérêt public.

Par ailleurs, lorsque cette intervention est admise, elle ne doit pas être exercée selon des modalités telles qu'elles fausseraient la concurrence. L'office de tourisme à statut d'EPIC peut être ici considéré de surcroît comme une entreprise publique locale[16] et, au même titre que tous les établissements publics industriels et commerciaux, soumis à la règle de l'égale concurrence[17]. Cette décision a été complétée dans des arrêts postérieurs[18]. Ainsi, le prix proposé par la personne publique doit être déterminé en prenant en compte l'ensemble des coûts directs et indirects concourant à sa formation, sans que la collectivité publique bénéficie, pour le déterminer, d'un avantage découlant des ressources ou des moyens qui lui sont attribués au titre de ses missions de service public et à condition qu'elle puisse, si nécessaire, en justifier par ses documents comptables ou tout autre moyen

15. CE 31 mai 2006, req. n° 275531, *AJDA* 2006, p. 1592.

16. COSSALTER, « Les EPIC face au droit de la concurrence », *JCP A* sept. 2009, 2221.

17. M. KARPENSCHIF, « L'égale concurrence et les entreprises publiques locales », *JPC A* 2013, n° 1, 2002.

18. CE Ass. 30 déc. 2014, *SNC Armor*, req. n° 355563 ; voir égal. CE 14 juin 2019, *Sté Vinci construction maritime et fluviale*, req. n° 411444, *JCP A* 7 janv. 2020, n° 1, 2002, note J.-B. Vila ; voir égal. G. CLAMOUR, S. DESTOURS, A. PODLINSKI, « Droit de la concurrence », *Juriscl. coll. terr.*, fasc. 571, 2022.

d'information approprié. Ces règles s'appliquent sans préjudice des coopérations que les personnes publiques peuvent organiser entre elles, dans le cadre de relations distinctes de celles d'opérateurs intervenant sur un marché concurrentiel.

Une difficulté supplémentaire de qualification peut également apparaître si l'on se place, notamment pour les grands offices de tourisme établissements publics industriels et commerciaux, dans le jeu des critères de distinction non plus nationaux mais communautaires, et des conséquences sur le droit de la concurrence. On sait depuis longtemps que les critères de distinction service public administratif/service public à caractère industriel et commercial ne coïncident pas avec l'identification des services d'intérêt économique général (SIEG). Ainsi, l'énumération de l'alinéa 3 de l'article L. 133-3 peut réserver certaines surprises compte tenu du décalage existant entre les deux notions. Dans la liste de l'alinéa 3, qui n'a pas de caractère exhaustif, et en fonction des activités que l'office de tourisme peut prendre en charge, peuvent se cacher différentes activités qui ne relèvent pas forcément d'un service public industriel et commercial mais qui pourraient recevoir la qualification de service d'intérêt économique général susceptible d'échapper à la réglementation des aides, voire d'un service d'intérêt général (SIG).

Ainsi, le rapport d'observations définitives de la commune des Contamines-Montjoie[19] identifie pour la gestion de l'office de tourisme EPIC un certain nombre d'équipements touristiques très variés, allant de l'espace d'animation à la patinoire, la garderie, le parc de loisirs, le parc nordique, l'agence postale, les terrains de tennis, le minigolf, etc. L'office de tourisme à statut d'EPIC en assurait jusqu'en 2019 l'exploitation sans que le détail n'en figure dans un document contractuel. Or, ces équipements touristiques jouent désormais un rôle structurant dans la mise en œuvre de la stratégie touristique des communes pendant l'été dans les stations de moyenne altitude[20].

Ainsi, la commune précitée ne s'est pas trop préoccupée de la base juridique qui en fondait l'exploitation. Depuis 2018, la majorité de ces équipements ont été repris en régie par la commune, évitant ainsi un casse-tête pour l'office de tourisme.

Dès lors, à chaque fois qu'une commune touristique désirera confier à son office de tourisme ces équipements, elle doit les lister et définir les conditions du transfert et de la gestion.

---

19. CRC Auvergne-Rhône-Alpes, exercices 2012/2018, 12 déc. 2019, *www.ccomptes.fr*.
20. Cl. DEVÈS, « Sports d'été », *JT* 2024, n° 276, p. 3.

Pour ces activités accessoires, c'est donc bien à une analyse au cas par cas que la gouvernance communale ou intercommunale devra se poser pour éviter les mauvaises surprises d'un délit de favoritisme ou d'une prise illégale d'intérêt.

Cela dit, la qualification donnée d'industriel et commercial et la référence quelque peu mythique à l'entreprise ne doivent pas faire illusion. Elle ajoute certainement un flou supplémentaire sur la notion d'établissement public industriel et commercial appliqué à l'office de tourisme. Ainsi que l'on va l'examiner, la gestion privée, attribut naturel de cette qualification, comporte également de sérieuses limites.

II. Les illusions de la gestion privée

Établissement public à visage administratif dominant, l'office de tourisme à statut d'EPIC tient néanmoins du législateur le droit de suivre théoriquement des règles de la gestion privée. Pourtant, ces règles de la gestion privée ne sont-elles pas que la portion congrue du régime juridique ? (A).

Financé pour ses missions administratives sur fonds publics et principalement la taxe de séjour lorsque l'établissement ne peut pas trop compter sur des ressources propres, le régime fiscal et financier est spécifique et doit être analysé à l'aune de cette hybridité mélangeant statut de droit public et possible exercice d'activité marchande (B).

A. La gestion privée réduite à la portion congrue

L'office de tourisme à statut d'EPIC, du fait de sa qualification, est en principe soumis à une gestion privée. La première et seule conséquence de cette qualification que l'on pourrait qualifier d'importante concerne les agents contractuels de l'établissement, écartant de ce fait les règles de droit public et notamment celles de la fonction publique territoriale. Malheureusement, cette application trouve rapidement des limites s'agissant notamment du directeur et de l'agent comptable[21] qui ont un statut de droit public[22].

Ainsi, si le maire ou le président de l'intercommunalité préside le comité de direction qui traduit clairement la volonté de l'exécutif de maîtriser les missions touristiques, le législateur a fait en sorte que le directeur ne soit pas un élu, afin d'éviter les conflits d'intérêt et de garantir son autonomie. Nonobstant son statut

21. T. confl. 3 juill. 2000, *Fiat/Office de tourisme et de thermalisme de Vichy*, req. n° 3172 ; T. confl. 5 nov. 2004, *Pons*, req. n° 3425.
22. CE 8 mars 1957, *Jalenques de Labeau*, *Leb.*, p. 158. *D* 1957, concl. Masset, note de Laubadère. Voir T. confl. 13 janv. 2020, req. n° C4177, pour un directeur de régie de remontées mécaniques.

d'agent public, se pose la question du régime juridique qui lui est applicable. Ainsi, plusieurs questions ministérielles ont soulevé la question. Il est effectivement un agent contractuel non titulaire de la fonction publique et plusieurs parlementaires[23] ont alerté les services de l'État sur la précarité résultant de cette situation qui a été ressentie par les directeurs comme une discrimination[24]. Les articles L. 133-4 et suivants précisent le rôle de celui-ci. Il assure le fonctionnement de l'office de tourisme établissement public industriel et commercial sous l'autorité du président. Il est nommé dans les conditions fixées par décret. Il ne peut être conseiller municipal.

Sa situation a été précisée dans plusieurs réponses ministérielles sans apporter jusqu'à présent la sécurité juridique à laquelle les directeurs d'un office de tourisme établissement public industriel et commercial aspirent. Ainsi, dans la réponse ministérielle du 5 février 2015, le ministère des Affaires étrangères et du Développement international et de la Promotion du tourisme, faisant suite à une question restée selon le sénateur J.-L. Masson trop longtemps sans réponse, précise :

> « Le contrat est d'une durée de trois ans, renouvelable par reconduction expresse, conformément à ce que prévoit le Code du tourisme qui étend ces dispositions aux groupements de communes. Le directeur de l'office de tourisme géré sous la forme d'un EPIC est placé dans une situation statutaire et réglementaire de droit commun telle que définie par la loi n° 84-55 du 26 janvier 1984 portant dispositions statutaires relatives à la fonction publique territoriale, loi constituant le volet III du statut général des fonctionnaires de l'État et des collectivités territoriales. Son contrat de travail est passé dans les conditions fixées par son article 3-3 dont la teneur est issue de la loi n° 2005-843 du 26 juillet 2005 portant diverses mesures de transposition de droit communautaire à la fonction publique. Ainsi, de la lecture combinée de ces textes régissant le recours au contrat dans la fonction publique, l'un de nature législative, l'autre de nature réglementaire, il résulte que l'emploi de directeur d'un office de tourisme géré sous la forme d'un EPIC doit donner lieu à la signature de contrats successifs à durée déterminée de trois ans maximum durant les six premières années, lesquels se transforment en un contrat à durée indéterminé en cas de reconduction du salarié sur son emploi au-delà des six premières années. Le ministère des Affaires étrangères et du Développement international a demandé aux services de mettre en cohérence la partie réglementaire du Code du tourisme afférant à l'emploi de directeur d'un office de tourisme sous la forme d'un EPIC avec la loi du 26 janvier 1984. S'agissant

---

23. QE Sénat, n° 12841, J.-L. Masson, 7 août 2014 ; QE Sénat, n° 6659, Y. Krattinger, 30 mai 2013 ; QE Sénat, n° 6089, 2 mai 2013, J.-C. Leroy ; QE Ass. Nat., n° 28695, Branc, 4 juin 2013, etc.
24. J.-P. MARKUS, « Directeur d'office de tourisme, un poste sensible, un siège éjectable », *JT* 2013, n° 150, p. 25.

du rapport entre le décret du 15 février 1988 et la convention collective nationale des organismes du tourisme du 5 février 1996 en ce qui concerne le contrat de travail du directeur d'office de tourisme dans le cas où ce dossier revêt le statut d'EPIC, les conditions de rémunération peuvent être fixées dans un contrat par renvoi à la convention collective nationale sous réserve que ce renvoi soit conforme aux critères d'appréciation de la rémunération déterminés par le Conseil d'État. Les clauses financières du contrat ne doivent pas méconnaître les principes jurisprudentiels qui encadrent la rémunération des agents non-titulaires »[25].

La spécificité du statut a été encore rappelée par une décision du tribunal administratif de Grenoble à propos du licenciement du directeur d'un office de tourisme établissement public industriel et commercial[26]. La question était posée de savoir si les dispositions de l'article L. 133-6 du Code du tourisme étaient suffisantes pour procéder à ce licenciement ou si les dispositions de droit commun applicables aux agents contractuels de la fonction publique territoriale étaient applicables. Le tribunal administratif de Grenoble juge qu'aucune disposition spéciale du Code du tourisme ne déterminant la procédure à suivre pour licencier le directeur, un tel licenciement pour insuffisance professionnelle devait être prononcé dans le respect des dispositions de droit commun applicables aux agents contractuels territoriaux. À ce titre, la commission consultative paritaire aurait dû être préalablement consultée pour avis. L'omission de cette formalité entachait donc d'irrégularité la procédure de licenciement et en conséquence emportait son annulation.

En outre, s'il n'appartient qu'aux juridictions de l'ordre judiciaire de se prononcer sur les litiges portant sur la situation individuelle des agents contractuels de droit privé, reste bien évidemment la question des actes portant sur l'organisation du service public.

Quelle que soit la nature des tâches confiées à l'office de tourisme et selon une jurisprudence constante depuis l'arrêt *Barbier*[27], les actes réglementaires relatifs à l'organisation du service public sont des actes administratifs relevant du juge administratif. Le tribunal des conflits complète récemment la jurisprudence *Barbier* en précisant que relèvent de la compétence administrative les litiges relatifs aux actes unilatéraux régissant la situation des personnels des établissements publics à caractère industriel et commercial.

25. QE Sénat, n° 13963, J.-L. Masson, rép. ministérielle, 5 févr. 2015.
26. TA Grenoble 15 mars 2022, n° 201117.
27. T. confl. 15 janv. 1968, *Époux Barbier*, req. n° 01908, *RDP* 1969, p. 142, concl. Kahn.

En revanche, les contestations portant sur la légalité ou les conditions d'application et la dénonciation des conventions et accords collectifs conclus en application des articles L. 2233-1 et L. 2233-2 du Code du travail, restent, sauf loi contraire, de la compétence judiciaire, hormis le cas où la contestation concerne des dispositions qui n'ont pas pour objet la détermination des conditions d'emploi, de formation professionnelle et de travail ainsi que des garanties sociales des personnels des entreprises et établissements publics visés par ces textes mais qui régissent l'organisation du service public. La compétence judiciaire s'étend aux actes unilatéraux pris par l'établissement public afin de compléter de tels conventions ou accords collectifs, c'est-à-dire de préciser leurs conditions d'application[28].

Étant établissement public à caractère industriel et commercial, dans sa relation avec les usagers, le droit privé devrait s'appliquer à ces relations. Ainsi, récemment, un office de tourisme sous forme d'EPIC avait passé une convention d'usage d'une salle de réunion avec une association pour permettre à ses membres de suivre les débats du conseil municipal. L'établissement public mettait ainsi à la disposition d'organisateurs des salles de réunion équipées de matériel de projection et de vidéo dans les conditions de droit commun. Le litige qui opposait l'office de tourisme établissement public industriel et commercial à l'association locataire, dans les conditions du droit commercial, relevait donc des rapports de droit privé de l'office de tourisme établissement public industriel et commercial et devait être porté devant le juge judiciaire[29].

L'association étant ici assimilée à un usager et les rapports étant régis par le droit commercial, le juge des référés a jugé bon d'écarter la jurisprudence administrative. Auparavant, une décision analogue avait été rendue dans une affaire ancienne. Dans le litige opposant un office de tourisme à statut d'EPIC à l'un des hôtels d'une station climatique, suite à la décision du président de l'office de radier de la liste des hôtels appelés à figurer sur le guide de l'office de tourisme, le Conseil d'État avait estimé qu'il s'agissait bien d'un litige entre un service public à caractère industriel et commercial et l'un de ses usagers[30], donc relevant du juge judiciaire.

Plus globalement et à chaque fois que l'office de tourisme établissement public industriel et commercial, dans le cadre de ses activités accessoires, sera considéré comme gérant un service public industriel et commercial, la compétence du

---

28. T. confl. 22 avr. 2024, req. nº C4303 ; voir G. EVEILLARD, « Service public industriel et commercial, les actes administratifs adoptés par les services publics industriels et commerciaux », *Droit adm.* 7 juill. 2024.
29. TA Grenoble, juge des référés 16 mai 2022, nº 2202968.
30. CE 31 mai 2006, *Office de tourisme de Luchon*, req. nº 287501.

juge judiciaire devra être retenue. En effet, le contrat SPIC-usager est toujours réputé de droit privé alors même qu'il satisfait tous les éléments d'identification jurisprudentiels du contrat administratif, même si ce contrat contient des clauses exorbitantes du droit privé[31].

Cela dit, la question se pose pour la nature des relations contractuelles : eu égard à la nature administrative dominante de l'office de tourisme établissement public industriel et commercial et pour la gestion dans ses activités de ce qui relève d'un service public administratif, mais aussi du fait que l'office de tourisme établissement public industriel et commercial est amené à utiliser des biens immobiliers mis à sa disposition ou dont il est propriétaire et relevant de la domanialité publique, l'attractivité des règles de la domanialité publique vient bousculer cette règle des rapports avec les usagers. Dans une affaire concernant également le stade équestre du Grand Parquet à Fontainebleau, le tribunal des conflits, dans un arrêt du 5 juillet 2021, a été amené à se prononcer sur la qualification du contrat conclu entre l'office de tourisme et une association de droit privé[32]. Celui-ci considère que la convention conclue entre celui-ci et cette dernière ayant pour objet la mise à disposition du site constitue dès lors une convention d'occupation du domaine public et non un contrat de droit privé passé avec un usager du service public. La convention constitue un contrat administratif en application de la loi et relève de la compétence du juge administratif (L. 2331-1 du Code général de la propriété des personnes publiques). La circonstance qu'en l'espèce l'association contestait le refus de renouvellement d'un contrat conclu pour l'organisation de manifestations pour le grand public et mettait en œuvre une politique d'animation sur le fondement d'une rupture brutale des relations commerciales établies n'était pas de nature à remettre en cause la compétence du juge administratif, conformément à la jurisprudence du tribunal des conflits[33].

Certes, l'office de tourisme établissement public industriel et commercial peut conclure des contrats de droit privé. Ainsi, dans une décision du 7 avril 2014, le contrat conclu par un office de tourisme établissement public industriel et commercial pour l'édition d'un guide touristique, ne comportant aucune clause

31. CE 13 oct. 1961, *Ets Campanon Rey* ; T. confl. 12 déc. 1962, *Dame Bertrand*, *Leb.* 1962, p. 831 ; sur la question voir J.-F. LACHAUME, H. PAULIAT, C. DEFFIGIER, A. VIROT-LANDAIS, déjà cité, p. 715-734 ; CE 31 mai 2006, *Office de tourisme de Luchon*, req. n° 287501.
32. T. confl. 5 juill. 2021, req. n° C 4213.
33. T. confl. 8 févr. 2021, *SNCF Réseau*, req. n° 4201, obs. P. Blanquet, *AJDA* 2021, p. 734.

exorbitante et eu égard à son équilibre financier prévoyant une rémunération de la société éditrice par la vente d'espaces publicitaires aux annonceurs, était un contrat de droit privé[34].

Dans cette décision, le tribunal des conflits rappelle que

> « sauf disposition législative contraire, lorsqu'un établissement public tient de la loi la qualité d'établissement industriel et commercial, les contrats conclus pour les besoins de ses activités relèvent de la compétence de la juridiction judiciaire, à l'exception de ceux comportant des clauses exorbitantes du droit commun ou relevant d'un régime exorbitant du droit commun ainsi que de ceux relatifs à celles de ses activités qui ressortissent par leur nature de prérogatives de puissance publique ».

Ces exceptions ne sont pas négligeables pour ramener les contrats conclus vers le droit public. On ne saurait oublier les contrats que l'office de tourisme établissement public industriel et commercial est amené à conclure à chaque fois que ceux-ci font participer le cocontractant à l'exécution même de la mission de service public[35]. On pense bien évidemment à ceux qui sont administratifs par détermination de la loi, à savoir les contrats relatifs à l'exécution de travaux publics que l'office de tourisme EPIC est susceptible de conclure pour assurer l'exécution de certaines missions (ex. : exploitation d'installations touristiques), ceux portant occupation du domaine public[36] ou ceux relevant de la commande publique (marchés publics et contrats de concession)[37].

Enfin, qualifié d'établissement public industriel et commercial par le législateur, le Code du tourisme (art. L. 133-8) ne tire pas toutes les conséquences de cette soumission à une gestion privée. En effet, le budget et les comptes de l'office délibérés par le comité de direction sont soumis à l'approbation du conseil municipal ou de l'organe délibérant de l'établissement public de coopération intercommunale[38]. À ce titre, la comptabilité de l'office de tourisme établissement public industriel et commercial relève d'un plan comptable particulier[39], l'application du plan comptable M4.

34. T. confl. 7 avr. 2014, *SEVP c/Office de Rambouillet*, req. n° 3949, *JT* 2014, obs. Juilles ; CE 31 mai 2006, *Office de tourisme de Luchon*, req. n° 287501.
35. CE 20 avr. 1956, *Époux Bertin*, req. n° 98637, *AJDA* 1956, II, p. 272, concl. Long, note Waline.
36. T. confl. 5 juillet 2021, déjà cité.
37. A. CABANES, M. THIERRY, « Notion de contrat administratif », *Juriscl. contrats et marchés publics*, fasc. 102024, point 8.
38. TA Montpellier 18 oct. 2022, *Commune de Gruissan*, n° 2102783.
39. J.-L. ALBERT, « Budgets et comptes locaux », *Encyclopédie des collectivités locales*, folio n° 7030, mai 2023.

B. Les spécificités du régime financier et fiscal de l'office de tourisme établissement public industriel et commercial : le devoir de vigilance

La clarté de l'exposé et la spécificité de ce régime exigent de distinguer entre le régime financier qui fait largement appel au financement public, et le régime fiscal qui s'éloigne parfois quelque peu du droit commun eu égard aux dispositions s'appliquant aux établissements publics.

Outre les ressources tirées des cotisations, dons et legs reçus des professionnels du tourisme et les ressources pouvant provenir d'exploitations commerciales, les offices de tourisme sous statut d'EPIC sont largement dépendants de diverses subventions[40] mais aussi de différentes taxes qui leur sont affectées de plein droit. Ainsi, très souvent, les principales ressources seront la taxe de séjour prévue aux articles L. 2333-26 à L. 2333-39 du CGCT ainsi que la taxe de séjour forfaitaire des articles L. 2333-40 à L. 2333-47 du CGCT. L'office de tourisme sous forme d'établissement public industriel et commercial bénéficie seul, de droit, de ces ressources fiscales affectées (4° de l'article 133-7 du Code du tourisme). Si elle procède du même fondement légal que la taxe de séjour, la taxe de séjour forfaitaire s'en distingue sur deux points essentiels, à savoir qu'elle est assise sur la capacité d'accueil de l'établissement donnant lieu à versement de la taxe et elle doit être acquittée par le logeur lui-même, alors que la taxe de séjour est perçue par les logeurs, hôteliers et propriétaires sur le séjournant.

Il est à noter que les taxes de séjour ne sont pas obligatoires. Elles sont susceptibles d'être mises en place par délibération des communes touristiques, des stations classées de tourisme, des communes littorales, des communes de montagne, des communes réalisant des actions de promotion du tourisme ou des actions visant à la protection et à la gestion des espaces naturels, ou des communes qui ont adopté la délibération contraire mentionnée au I de l'article L. 5211-21 du CGCT[41].

---

40. Selon la nature de l'activité exercée, les offices de tourisme établissements publics industriels et commerciaux peuvent être soumis ou non au principe de l'équilibre financier entre dépenses et recettes. En effet, comme vu plus haut, lorsque l'office de tourisme établissement public industriel et commercial exerce une activité de service public administratif, il n'est pas tenu par les dispositions de l'article L. 2224-2 du CGCT. En revanche et pour les activités industrielles et commerciales relevant d'un service public industriel et commercial, il devra appliquer les dispositions de l'article L. 2224-1 dudit code qui impose que les budgets des services publics à caractère industriel et commercial exploités en régie, affermés ou concédés, doivent être équilibrés en recettes et en dépenses.

41. Plusieurs textes récents ont rajouté à la taxe de séjour diverses taxes additionnelles. Ainsi, la loi de finances pour 2024 a institué plusieurs taxes additionnelles à la taxe de séjour. Le bénéficiaire n'en est pas de droit l'office de tourisme sous statut d'établissement public industriel et commercial. Ainsi, une taxe additionnelle au profit d'Île-de-France mobilités est prévue par ladite loi de finances. Celle-ci

Par ailleurs, d'autres taxes peuvent être affectées au budget de l'office de tourisme : la partie du produit de la taxe sur les entreprises exploitant des engins de remontées mécaniques, tout ou partie du produit de la taxe additionnelle aux droits d'enregistrement ou à la taxe de publicité foncière exigible sur les mutations à titre onéreux (art. 1584 du CGI).

Ces taxes constituent un enjeu important pour les offices de tourisme sous statut d'EPIC. En bénéficiant du reversement intégral desdites taxes, elles concourent notamment pour ces offices de tourisme à accroître leur autonomie par rapport à la ou les collectivités de tutelle en faisant ainsi de véritables outils de management territorial[42], notamment dans le cas des offices de tourisme communautaires ou d'offices de tourisme de groupements de collectivités territoriales (L. 134-5 et L. 134-6 du Code de tourisme). Dans un premier temps, le législateur avait imposé la création d'un établissement public à caractère industriel et commercial pour ces structures sous la forme d'un syndicat mixte. La loi du 22 juillet 2009 a modifié le dispositif, jugé trop complexe, et depuis l'ordonnance du 26 mars 2015 portant diverses mesures de simplification, la création des offices de tourisme communautaires n'exige plus la création d'un syndicat mixte. Désormais cette création se fait par délibérations concordantes des organes délibérants des groupements de communes concernés (L. 134-5). Comme vu plus haut, désormais les offices intercommunautaires peuvent être créés sous la même forme que les autres[43].

S'agissant du régime fiscal des offices de tourisme établissements publics industriels et commerciaux, le régime se rapproche du régime de droit commun pour les activités donnant lieu à contrepartie. L'office de tourisme établissement public industriel et commercial, à usage administratif dominant, impose donc une certaine vigilance pour déterminer les activités soumises ou non aux impôts commerciaux.

---

s'élève à 200 % de la taxe de séjour et concerne Paris ainsi que les communes et communautés de communes de la région Île-de-France. Elle est établie et recouvrée selon les mêmes modalités que la taxe de séjour à laquelle elle s'ajoute. Par ailleurs, une taxe de même nature peut être instituée par le département dans les communes visées à l'article L. 2333-26 et les établissements publics de coopération intercommunale mentionnés aux 1° et 3° de l'article L. 5211-21. De la même manière, la Métropole de Lyon peut instituer une taxe additionnelle de 10 % à la taxe de séjour ou à la taxe forfaitaire perçue dans le périmètre défini à l'article L. 3611-1 du CGCT, à savoir celui de l'ancien département du Rhône. Voir « Tout comprendre sur les taxes additionnelles, 14 avril 2023, l'actualité de la taxe de séjour en France », 14 avr. 2023, *https://www.taxesejour.fr* ; 17 janv. 2024, *https://www.servicepublic.fr*.

42. F. PERROY, « Taxe de séjour : un moyen d'autonomisation de l'office de tourisme ? », *La lettre du cadre territorial* 13 juin 2016.

43. L. JÉGOUZO, *Le droit du tourisme*, 2e éd., LGJD, p. 141.

Sauf exception voulue par la loi, les établissements publics sont de manière générale soumis à l'impôt sur les sociétés dès lors qu'ils se livrent à une opération ou à des opérations à titre lucratif. À ce titre, la personne publique sera assimilée à une personne privée (art. 1654 du CGI, annexe IV art. 165). À cet égard, l'office de tourisme sera soumis à l'ensemble des impôts commerciaux pour ses activités industrielles et commerciales[44], notamment à l'impôt sur les sociétés. Bien évidemment, l'appréciation du caractère imposable reposera sur le caractère lucratif ou non des opérations concernées. Cette lucrativité s'apprécie eu égard à l'objet du service que l'office gère et non pas eu égard à l'affectation des recettes.

Pour diverses raisons, comme vu plus haut, le visage administratif dominant de l'office de tourisme établissement public industriel et commercial sera susceptible d'entraîner ou non cet assujettissement. Celui-ci ne serait susceptible de bénéficier de cette exonération d'impôt sur les sociétés que s'il avait le devoir d'assurer ce service, c'est-à-dire si ce service était indispensable à la satisfaction de besoins collectifs. Il en résulte qu'il échappera à l'impôt sur les sociétés pour l'ensemble de ces activités relevant notamment de l'article L. 133-3 du Code du tourisme (accueil et information des touristes, promotion touristique). En revanche, l'impôt sur les sociétés lui sera applicable pour la commercialisation de services touristiques ou l'exploitation d'installations touristiques si ces dernières génèrent des bénéfices[45].

L'office de tourisme à statut d'EPIC n'échappe pas non plus à la TVA pour les opérations à titre onéreux (art. 256 du CGI) mais les opérations sans contreparties échapperont à la TVA, comme les conseils prodigués à titre gratuit aux touristes ou la remise gratuite de cartes touristiques ou tout autre support de promotion[46].

Certaines opérations avec contreparties peuvent néanmoins ne pas être assujetties à la TVA au motif de la nature publique de l'opérateur. L'article 256 B du Code général des impôts dispose en effet que les personnes morales de droit public ne sont pas assujetties à la TVA pour l'activité de leurs services administratifs, sociaux, éducatifs, culturels et sportifs si leur assujettissement n'entraîne pas de distorsions dans les conditions de concurrence.

---

44. Sur l'ensemble de la question, L. AYRAULT, « La fiscalité des offices de tourisme », *Juristourisme* 2013, n° 150, p. 29.

45. CE 20 juin 2012, *Commune de La Ciotat, communauté urbaine Marseille, Provence métropole*, req. n° 34140, *AJDA* 2012, 1256 ; *AJCT* 2012, 573, obs. M.-C. Clémence.

46. B. LEFILS, « Organismes de droit public, offices de tourisme et syndicat d'initiative », *fasc.* 6578, 2021 ; voir « BOI-TVA-Champ-10-20-10-20 », 12 sept. 2012.

Porter une telle appréciation repose selon la Cour de justice européenne sur l'activité exercée indépendamment de la présence de concurrents au plan local et pour autant que la possibilité pour un opérateur privé d'entrer sur un marché soit réelle et non purement hypothétique. Pour apprécier cela, le juge administratif se réfère à la nature de l'activité en cause et aux conditions dans lesquelles l'exploitation est conduite[47].

Pour les offices de tourisme sous statut d'EPIC, l'appréciation de cette situation dépend de trois catégories[48] :

– ceux pour lesquels la non-concurrence est présumée : sont visés ici les droits d'entrée au titre de l'exploitation d'une piscine, d'une bibliothèque ou d'un musée ainsi que les droits d'entrée perçus au titre de l'exposition d'intérêt local, ce qui pourra être le cas des offices de tourisme qui organisent des expositions d'artistes locaux de peinture ou de photographie ;
– ceux pour lesquels la concurrence doit être présumée et qui sont placés dans le champ de la TVA : tel sera le cas de l'office de tourisme établissement public industriel et commercial exploitant des installations touristiques, comme le prévoit l'article L. 133-3 du Code du tourisme, qui pourront être en concurrence directe avec des entreprises commerciales qui proposent des services similaires ou les visites guidées dans les monuments historiques dont l'office assure l'exploitation ;
– ceux pour lesquels le régime de TVA doit être déterminé au cas par cas compte tenu de la possibilité ou non pour le secteur privé de satisfaire les besoins concernés dans des conditions similaires. La rédaction de l'article L. 133-3 du Code du tourisme ne facilite pas la tâche compte tenu de la diversité des missions effectuées. Toutefois, les ventes de billets de spectacles, les livraisons de biens (cartes postales, guides et cartes touristiques, produits régionaux), les prestations rendues à des partenaires publics ou privés (prestation de conseils, consultation sur des projets d'équipements collectifs, vente d'une étude de clientèle, élaboration de produits touristiques, etc.), les recettes liées à l'activité d'organisateur ou de distributeur de voyages.

Enfin, les offices de tourisme établissements publics industriels et commerciaux, du fait de leur caractère d'établissements publics, peuvent bénéficier de l'une des exonérations des articles 1449 et suivants du Code général des impôts pour la contribution foncière des entreprises (CFE) pour leurs activités de caractère

47. CE Avis 23 déc. 2010, nº 307856.
48. L. AYRAULT, art. précité ; voir égal. « Offices de tourisme et syndicats d'initiative », *https://www.collectivites-locales.gouv.fr.*

essentiellement culturel, éducatif, sanitaire, social, sportif ou touristique, ce qui ne sera pas tout le temps forcément le cas. Ainsi un office de tourisme sous statut d'EPIC s'était vu concéder par contrat d'affermage l'exploitation d'un palais des congrès, et ce au vu de la nature des activités développées[49], celui-ci a été soumis à ladite CFE, une solution identique pour la contribution sur la valeur ajoutée des entreprises puisque le régime de la CVAE ne prévoit pas d'exonération de plein droit pour les établissements publics et indépendamment des exonérations susceptibles d'être accordées par les organes délibérants locaux.

Cela précisé, l'office de tourisme établissement public industriel et commercial peut être propriétaire de nombreux biens immobiliers. La question peut dès lors se poser de sa soumission aux taxes foncières. L'article 1382 du Code général des impôts exonère de façon permanente de la taxe foncière sur les propriétés bâties « les immeubles des collectivités territoriales lorsqu'ils sont affectés à un service public ou d'utilité générale et non productifs de revenus ». Pourtant, l'office de tourisme sous statut d'EPIC est apparemment soumis à la taxe foncière sur les propriétés bâties puisque celui-ci ne fait pas partie des établissements publics limitativement énumérés à l'avant-dernier alinéa du 1° de l'article 1382 du Code général des impôts définissant ceux qui relèvent de l'exonération[50] et que ses activités sont susceptibles de produire des revenus.

C'est donc bien avec beaucoup de vigilance que doit être examiné le régime fiscal de l'office de tourisme, lequel pratique un mélange des genres qui certes lui permet d'accéder de droit à la taxe de séjour mais l'hybridité de son statut exige beaucoup d'attention. Serait-ce pour cela qu'en raison de ces curiosités juridiques de l'office de tourisme sous forme d'EPIC, ceux-ci restent minoritaires par rapport au régime associatif, voire à celui empruntant des formes de sociétés à capital public (société d'économie mixte, société publique locale, société coopérative d'intérêt collectif)[51] ? Ces formes juridiques, qui connaissent un certain engouement, n'interdisent pas aux collectivités actionnaires d'en reverser une partie ou totalité du produit au profit de ces structures dans le cadre du management de leurs politiques touristiques, mais ne relèvent pas d'une affectation de droit de la taxe de séjour…

49. CAA Bordeaux 23 nov. 2010, *Office de tourisme de Pau*, n° 09BX2947.

50. « BOI-IF-TFB-10-55-30-IF – Taxes foncières sur les propriétés bâties ».

51. « La société d'économie mixte de tourisme, la société publique locale de tourisme », Fédération des élus des entreprises publiques locales, *https://www.lesepl.fr*.

LA QUESTION FONCIÈRE
ET LES ÉTABLISSEMENTS PUBLICS LOCAUX

Florence LERIQUE

Professeure des Universités, UBM
Institut Léon Duguit, UB

Le problème foncier est selon E. Pisani « le problème politique le plus significatif qui soit, parce que nos définitions et nos pratiques foncières fondent tout à la fois notre civilisation et notre système de pouvoir, façonnent nos comportements »[1]. L'actualité de la question ne se dément d'ailleurs pas[2].

La mobilisation du foncier est une priorité pour une politique d'aménagement responsable conduite par les collectivités territoriales. La question foncière est cruciale aujourd'hui au moment où l'État pense à créer une Foncière pour gérer son patrimoine et où une proposition de loi a pu être déposée afin de lever les verrous de la transformation des bureaux en logements[3].

Forme la plus ancienne des démembrements administratifs, l'établissement public incarne la décentralisation fonctionnelle. Si l'on projette l'établissement public local, cela induit que les collectivités territoriales peuvent avoir un fonctionnement décentralisé. Les établissements publics répondent aux « besoins administratifs de créer des prolongements autonomisés des collectivités publiques à compétence générale (État, collectivités territoriales) »[4].

1. E. PISANI, *Utopie foncière*, éd. du Linteau, 1977, 237 p.
2. A. SEVINO, « Foncières publiques, une réponse aux nouveaux enjeux de l'aménagement », *AJDA* 2024, n° 23, p. 1266-1268.
3. Proposition de loi déposée en déc. 2023 à l'Assemblée nationale par R. Daubié visant à la transformation des bâtiments de destination autre qu'habitation en habitations.
4. B. PLESSIX, *Droit administratif général*, 3e éd., Lexis Nexis, p. 320.

La relation des établissements publics avec le service public est étroite au point que pour M. Hauriou l'établissement public est un service public personnifié, pour L. Duguit c'est un service public patrimonialisé et pour L. Michoud c'est un service public doté de personnalité.

À l'instar de J. Caillosse dans son remarquable *Introduire au droit* qui se pose la question « Qu'est-ce que le droit ? » l'objet de cet ouvrage est de se demander qu'est-ce que l'établissement public local ? Pourtant, n'a-t-on pas déjà tout dit sur la notion d'établissement public dont trois rapports du Conseil d'État jalonnent le parcours en 1971, 1987 et 2009 ?

Le qualificatif de local apporte-t-il une couleur spécifique qui justifie cet ouvrage ? Il est clair que depuis quarante ans la décentralisation a fait du chemin. Et si l'établissement public est une formule ancienne[5], elle fait preuve d'une réelle souplesse telle qu'elle s'est adaptée aux exigences du XXIe siècle et fournit encore nombre de services. Ainsi c'est sur la problématique foncière que nous examinerons les établissements publics locaux. En effet, le foncier et le local forment un couple bien naturel pour la formule de l'établissement public.

À l'heure du zéro artificialisation nette (ZAN)[6] et d'une nécessaire sobriété dans la consommation d'espace visant la neutralité foncière en 2050, la question foncière est au centre d'enjeux et de préoccupations multiples essentiels pour la transition environnementale.

Si se pencher sur l'établissement public revient à se tourner vers les racines, les origines du droit administratif et de ses principaux concepts, se pencher sur les relations entre le foncier et les établissements publics locaux permet d'illustrer la vocation d'aménagement des collectivités territoriales. Il s'agit pour ces dernières d'une œuvre d'émancipation qui les autorise à définir des politiques publiques qui définissent les orientations en matière d'aménagement urbain comme en matière de politique du logement.

La conception du foncier est répartie en deux phases, l'une ancienne et classique qui prend appui sur l'établissement public pour lui confier des missions et une organisation en adéquation avec la représentation que l'on se fait de son intérêt dans une politique d'aménagement urbain. C'est ici l'établissement public foncier local qui est désigné pour porter une politique d'aménagement urbain. Dans un deuxième

5. T. confl. 9 déc. 1899, *Association syndicale du canal de Gignac*, *GAJA*, n° 7, p. 48-53.

6. Loi n° 2021-1104 du 22 août 2021 portant lutte contre le dérèglement climatique et renforcement de la résilience face à ses effets. Loi n° 2023-630 du 20 juill. 2023 visant à faciliter la mise en œuvre des objectifs de lutte contre l'artificialisation des sols et à renforcer l'accompagnement des élus locaux.

temps, c'est la fonction qui prime et l'on va chercher une figure d'établissement public préexistante et bien installée pour lui faire jouer un rôle supplémentaire dans la politique locale du logement. C'est ici la mission des organismes de foncier solidaire (OFS), qui pourra être personnalisée sous la forme des offices publics de l'habitat (OPH), établissements publics pouvant être agréés pour porter des baux réels solidaires. Ce qui est ici recherché c'est la souplesse du recours à la formule de l'établissement public. Il s'agit également de conférer aux OPH une nouvelle corde à leur arc leur permettant de répondre à leur vocation originelle qui vise à faciliter le logement des ménages à ressources modestes.

Selon le Conseil d'État, la notion d'établissement public « a d'abord servi de façon plus empirique que juridique, à qualifier et identifier des personnes morales de droit public qui ne relevaient d'aucune catégorie existante »[7]. Avec les nouvelles formes de recours à la formule de l'établissement public, le pragmatisme de cette notion n'est pas démenti.

I. Les établissements publics fonciers locaux

Décentralisation oblige depuis les années 1980 l'organisation administrative a vu apparaître de nouveaux types d'établissements publics, les établissements publics fonciers locaux (EPFL) institués par la loi d'orientation pour la ville du 13 juillet 1991. L'offre d'établissements publics s'est adaptée au nouveau contexte décentralisé des politiques d'urbanisme et plus précisément d'aménagement urbain. Ces établissements publics se distinguent de par leur vocation (A) comme de par leurs conditions de création, leur organisation ainsi que par les missions qui leur sont attribuées (B).

A. Vocation des EPFL

L'EPFL a été conçu sur le modèle des établissements publics fonciers de l'État créés en 1977 pour conduire la politique d'action foncière utile à la concrétisation des grandes opérations d'aménagement. Lui aussi, établissement public à caractère industriel et commercial, l'EPFL a, quant à lui, été institué par la loi d'orientation pour la ville de juillet 1991[8] qui a permis de légaliser les initiatives de certaines collectivités dans le cadre intercommunal ou encore qui avaient également recours à des sociétés d'économie mixte d'action foncière. Les nouveaux EPFL de 1991 avaient pour vocation spécifique de constituer un portefeuille de réserves foncières des collectivités locales et de leurs groupements.

---

7. CE, *Les établissements publics*, Les études du Conseil d'État, 2009, p. 9.
8. Loi n° 91-662 du 13 juill. 1991 d'orientation pour la ville.

Malgré ce premier texte, le succès n'est pas au rendez-vous et deux textes ultérieurs vont venir modifier le régime juridique sans remise en cause de l'économie générale de ce type d'établissement public. Ainsi la loi SRU du 13 décembre 2000[9] et la loi ALUR du 24 mars 2014[10] sont venues simplifier les dispositions afin d'encourager les collectivités territoriales à recourir à cette institution.

La vocation des EPFL est définie par la loi ALUR à l'article L. 324-1 du Code de l'urbanisme et précise que ces établissements sont « créés en considération d'enjeux d'intérêt général en matière d'aménagement et de développement durable ». Ces établissements « mettent en place des stratégies foncières afin de mobiliser du foncier et de favoriser le développement durable et la lutte contre l'étalement urbain. Ces stratégies permettent la réalisation de logements, notamment de logements sociaux, en tenant compte des priorités définies par les programmes locaux de l'habitat. Dans le cadre de leurs compétences, ils peuvent contribuer au développement des activités économiques, à la politique de protection contre les risques technologiques et naturels ainsi que, à titre subsidiaire, à la préservation des espaces naturels et agricoles en coopération avec la société d'aménagement foncier et d'établissement rural et les autres organismes chargés de la préservation de ces espaces au travers de conventions »[11].

Ces établissements constituent également une ingénierie précieuse au service des collectivités territoriales et de leurs groupements en matière d'observation foncière notamment dans le cadre de l'observation foncière prévue à l'article L. 302-1 du Code de la construction et de l'habitation.

Les réserves foncières ainsi constituées sont utilisées pour réaliser les opérations d'aménagement prévues à l'article L. 300-1 du Code de l'urbanisme. De la même manière que les EPF d'État mettent en place des stratégies foncières pour réaliser prioritairement des logements, les EPFL définissent des stratégies foncières en tenant compte des priorités définies dans les programmes locaux de l'habitat (PLH).

B. Création, organisation et missions des EPFL

Alors que dans un premier temps les EPFL devaient être créés sur la base de délibérations concordantes des organes délibérants d'EPCI compétents en matière de SCoT, de réalisation de ZAC et de PLH voire des conseils municipaux de communes non membres de ces EPCI, la loi ALUR de 2014 a souhaité simplifier ces modalités.

9. Loi nº 2000-1208 du 13 déc. 2000 relative à la solidarité et au renouvellement urbains.
10. Loi nº 2014-366 du 24 mars 2014 pour l'accès au logement et un urbanisme rénové.
11. Art. L. 324-1 du Code de l'urbanisme (C. urb.).

Désormais, la création d'un EPFL est réalisée par les délibérations concordantes des organes délibérants des EPCI compétents en matière de PLH uniquement. De simples communes peuvent également y être rattachées par délibération concordante de leur conseil municipal. C'est donc une démarche volontaire[12] qui est à l'origine de ces EPFL, démarche à laquelle peuvent se joindre un département et une région même après la création effective[13]. L'avis du comité régional de l'habitat et de l'hébergement est requis. Le préfet de région prend la décision de création dans les trois mois qui suivent la transmission des délibérations à l'initiative de la demande.

Depuis la loi ALUR, le refus du préfet de procéder à la création de l'EPFL doit être motivé sur les données locales relatives aux périmètres existants ou proposés d'EPF ou de SCoT et à l'évaluation des besoins fonciers correspondant aux enjeux territoriaux en matière d'urbanisme, d'habitat, de développement économique, de déplacements et d'environnement (art. L. 324-2 du C. urb.).

L'organisation de l'EPFL est fixée par les statuts qui s'ouvrent en premier lieu sur la liste des membres de l'établissement, les modalités de fonctionnement, la durée, le siège et la composition de l'assemblée générale.

Selon l'article L. 324-3 du Code de l'urbanisme, chaque membre de l'EPFL est représenté dans une assemblée générale qui élit en son sein un conseil d'administration. L'assemblée générale et le conseil d'administration ne délibèrent valablement que lorsque la majorité de leurs membres sont présents ou représentés. Le conseil d'administration détermine l'orientation de la politique à conduire, vote l'écart prévisionnel des recettes et des dépenses, approuve les comptes et nomme notamment le directeur sur proposition du président.

Quant aux missions, les EPFL doivent se contenter d'être des opérateurs fonciers et ne peuvent exercer la fonction d'aménageur. L'article L. 324-1 du Code de l'urbanisme précise d'ailleurs que les EPFL sont compétents pour réaliser, pour leur compte, pour le compte de leurs membres ou de toute personne publique, toute acquisition foncière ou immobilière en vue de la constitution de réserves foncières [...] ou de la réalisation d'actions ou d'opérations d'aménagement au sens de l'article L. 300-1 du Code de l'urbanisme. Ils sont également compétents pour réaliser ou faire réaliser toutes les actions de nature à faciliter l'utilisation et l'aménagement ultérieur, au sens du même article L. 300-1 du Code de l'urbanisme

12. H. JACQUOT, F. PRIET, S. MARIE, *Droit de l'urbanisme*, Dalloz, 9e éd., p. 97.
13. A. COQUIÈRE, « Établissements publics fonciers », *Droit de l'aménagement*, III, 800, Le Moniteur, 2017.

des biens fonciers ou immobiliers acquis. Pour assurer ces missions, les EPFL peuvent agir par voie d'expropriation, de préemption ou d'acquisitions amiables. Ils peuvent se voir déléguer le droit de préemption urbain, le droit de préemption en ZAD ainsi que le droit de préemption des espaces naturels et agricoles.

Enfin, dans le cadre des communes carencées en logements sociaux, l'EPFL peut intervenir pour le compte du préfet dans le respect d'une convention pour faire réaliser des logements sociaux sur le territoire de la commune déficitaire.

La création des EPFL vient donc combler un besoin de stratégies foncières dans les politiques urbaines d'aménagement depuis que ces dernières ont été décentralisées aux collectivités territoriales. C'est surtout la question du logement qui est le principal objectif de l'aménagement en question. Ce qui permet de rejoindre la vocation des organismes de foncier solidaire (OFS).

II. Les organismes de foncier solidaire

La création des OFS par la loi ALUR de 2014 atteste de la bonne santé de la formule de l'établissement public puisqu'elle a été jugée pertinente pour assurer cette mission nouvelle même s'il a fallu attendre la loi ELAN de 2018 pour que le recours à la formule de l'établissement public local soit ouvert. L'établissement public local permet donc, contrairement à l'image traditionnelle que l'on en a, de s'adapter à de nouvelles procédures.

A. Vocation des OFS

La loi ALUR de 2014 vient créer de nouvelles institutions définies en premier lieu par leur vocation celles que l'on peut retrouver dans le modèle du *communityland trust* des Anglo-Saxons. L'organisme foncier solidaire acquiert des terrains et des biens immobiliers pour les conserver durablement en propriété et les mettre à disposition sur le long terme aux particuliers qui souhaitent devenir propriétaires à des prix abordables.

L'intérêt de l'OFS est donc de neutraliser voire de maîtriser le prix du foncier pour permettre l'accession à la propriété à des ménages à revenus modestes. Selon B. Wertenschlag, « la dissociation du foncier et du bâti permet de réduire la part contributive de l'occupant, qui achète ou loue, non plus la pleine propriété du logement, mais un droit réel attaché au bail qui lui est concédé, le bailleur conservant la propriété du bien au sens strict »[14].

14. B. WERTENSCHLAG, « Le bail réel solidaire et les organismes de fonciers solidaires », *AJDI* nov. 2016, p. 740.

Selon l'article L. 329-1 du Code de l'urbanisme modifié par la loi ELAN du 28 novembre 2018[15], « les OFS ont pour objet, pour tout ou partie de leur activité, d'acquérir et de gérer des terrains bâtis ou non en vue de réaliser des logements et des équipements collectifs, conformément aux objectifs de l'article L. 301-1 du Code de la construction et de l'habitation. Les OFS sont agréés par le représentant de l'État dans la région ».

Peuvent être agréés les organismes sans but lucratif, les organismes d'habitations à loyer modéré et les sociétés d'économie mixte de construction et de gestion de logements sociaux. « L'organisme foncier solidaire reste propriétaire des terrains et consent au preneur, dans le cadre d'un bail de longue durée, s'il y a lieu avec l'obligation de construire ou de réhabiliter des constructions existantes, des droits réels en vue de leur location ou de l'accession à la propriété des logements, à usage d'habitation principale ou à usage mixte professionnel et d'habitation principale, sous des conditions de plafond de ressources, de loyer et, le cas échéant, de prix de cession »[16].

La maîtrise du foncier par ces organismes entend lutter contre la spéculation foncière pour permettre à une frange de la population, qui pouvait en être exclue, d'accéder à la propriété. C'est là encore une politique en faveur du logement et de sa dimension sociale qui est privilégiée.

B. Organismes de foncier solidaire et offices publics de l'habitat

Au départ, dès la loi ALUR de 2014, seuls des organismes à but non lucratif étaient concernés. À partir de la loi ELAN de 2018, l'article L. 329-1 du Code de l'urbanisme est modifié pour y intégrer les organismes d'HLM et les sociétés d'économie mixte de construction et de gestion de logements sociaux.

La loi ELAN de 2018 élargit donc la catégorie des OFS pour l'ouvrir aux établissements publics locaux que sont les offices publics de l'habitat (OPH). « Dans tous les cas, quelle que soit la nature de l'organisme, il doit avoir été agréé par le préfet de région. L'agrément n'est pas limité dans le temps mais déclenche un contrôle qui contraint les organismes à établir un rapport d'activité qui doit être transmis aux services préfectoraux »[17].

---

15. Loi n° 2018-1021 du 23 nov. 2018 portant évolution du logement, de l'aménagement et du numérique.

16. Art. L. 329-1 du C. urb.

17. J.-C. DRIANT, F. LERIQUE, « Le bail réel solidaire, une nouvelle conception de l'accession à la propriété », *BJDU* 2020, p. 409-414.

Depuis la loi ELAN, les logements effectivement sous BRS sont désormais décomptés du quota de logements sociaux exigés par l'article 55 de la loi SRU. Ces logements portés par les OFS sur le plan foncier sont, depuis le 1er janvier 2019, assimilés à des logements locatifs sociaux et entrent dans les politiques urbaines en faveur de plus de mixité sociale.

Alors que la loi ALUR était muette à l'égard de la personnalité juridique susceptible de porter un BRS, la loi ELAN vient élargir le *panel* et intègre les OPH. L'OPH est un EPIC qui participe à la mise en œuvre des politiques d'habitation des collectivités territoriales ou des EPCI à travers la construction, l'aménagement, l'attribution et la gestion de logements locatifs sociaux à destination des ménages à faibles ressources ou défavorisés.

En mai 2024, 143 organismes de foncier solidaire ont déjà fait l'objet d'un agrément :

– 54 OFS (26 à statut coopératif, 12 à statut associatif, 8 en GIP, 6 EPFL, 1 fondation et 1 régie) ;

– 89 organismes de logement social (42 ESH, 29 OPH, 17 Coop'HLM, 1 Sem).

13 OFS sont agréés pour plus d'une région administrative.

Ce n'est que dans un deuxième temps que le bail réel solidaire (BRS) sera institué et confié aux OFS par une ordonnance du 20 juillet 2016. C'est aujourd'hui l'article L. 255-1 du Code de la construction et de l'habitation qui définit ce BRS comme « le bail par lequel un organisme d'OFS consent à un preneur [...] pour une durée comprise entre 18 et 99 ans des droits réels en vue de la location ou de l'accession à la propriété de logements, avec s'il y a lieu obligation pour ce dernier de construire ou réhabiliter des constructions existantes. Ces logements sont destinés, pendant toute la durée du contrat, à être occupés à titre de résidence principale ».

Les OPH vont donc pouvoir être agréés OFS et porter des BRS. Mais pour le moment ce n'est pas la formule d'OFS la plus répandue puisque 29 OPH ont été agréés et 42 entreprises sociales pour l'habitat (ESH) sur 89 organismes HLM agréés OFS. Le croisement avec la catégorie de l'EP ne s'arrête pas là puisqu'il y a également 6 EPFL qui ont fait l'objet d'un agrément en tant qu'OFS. Ces OFS peuvent donc prendre la forme d'un EPL, soit en tant qu'EPFL soit en tant qu'OPH. Cela confère aux collectivités et à leurs groupements des leviers d'intervention spécialisés sur la dimension logement avec un *focus* particulier sur les politiques sociales en faveur du logement.

L'intérêt de l'établissement public par rapport aux OFS est de leur conférer une densité juridique éprouvée qui fait, à la base, défaut aux OFS. Au terme de cette étude, il est possible de considérer que les collectivités territoriales ont vu leurs moyens d'intervention dans les politiques du logement renforcées grâce à la formule de l'EPL. Surtout, c'est la preuve que, comme le soulignait le Conseil d'État en 2009, la formule de l'établissement public garde tout son intérêt[18].

En effet, la plasticité de l'établissement public permet une adaptation rapide aux réformes administratives et autorise une transformation, une transition de l'action publique aux nouvelles réponses administratives conditionnées par l'agenda des politiques publiques.

Pour le Conseil d'État, « l'autonomie et la souplesse qui caractérise la formule de l'établissement public lui permettent de répondre de façon adéquate, aux besoins, croissants, de cadres institutionnels permettant de réunir plusieurs acteurs autour d'une action »[19].

Ce n'est pas le débat soulevé par le ZAN qui démentira la pertinence des politiques publiques locales en faveur de la maîtrise foncière. Les collectivités territoriales et leurs groupements sont outillés pour répondre à un certain nombre d'injonctions concernant l'action foncière préalable à toute politique d'aménagement urbain.

Pour synthétiser, le Conseil d'État estime que l'intérêt administratif de cet outil juridique qu'est l'établissement public ne se dément pas, bien au contraire : « La plasticité de ce régime, les atouts qu'il représente tant pour l'administration que pour l'organe ainsi créé, rencontrent bon nombre des attentes les plus contemporaines en matière de gestion publique »[20].

18. CE, *Les établissements publics*, *op. cit.*, p. 27.
19. *Ibid.*, p. 29.
20. *Ibid.*, p. 61.

L'ÉTABLISSEMENT PUBLIC LOCAL DE RÉNOVATION URBAINE : CHRONIQUE D'UN ÉCHEC

François CAFARELLI
Maître de conférences en droit public
Centre Michel de l'Hospital (CMH), UR 4232
Université Clermont Auvergne

La notion de rénovation urbaine a été consacrée par la loi n° 2003-710 du 1er août 2003 d'orientation et de programmation pour la ville et la rénovation urbaine, quelques années après que la loi relative à la solidarité et au renouvellement urbains (SRU) du 13 décembre 2000 a valorisé et mis en exergue le concept de renouvellement urbain. Ces deux idées se rejoignent pour l'essentiel. Il est en effet possible de considérer que le renouvellement urbain tout comme la rénovation urbaine sont inhérents à la vie d'une cité qui évolue au cours du temps, au gré des aléas ou des réaménagements des activités humaines. Il faut reconstruire la ville sur elle-même après qu'elle a été détruite par la guerre ou une catastrophe, ou encore lorsqu'il est nécessaire de renouveler les modalités d'usage d'un espace contraint par une géographie intransigeante. Ainsi envisagés, le renouvellement et la rénovation urbains ne présentent aucune spécificité : ils se confondent avec le cheminement historique de la ville ; ils sont le simple résultat de politiques urbaines pragmatiques. Impensés, l'un et l'autre ont même été totalement occultés durant le XXe siècle, les politiques publiques privilégiant l'étalement pour faire face à l'augmentation de la population urbaine[1].

Dans le courant des années 1990, alors qu'émerge la conscience de l'entrée de l'humanité dans une ère anthropocène et que s'affirme la notion de développement durable, ces stratégies d'étalement urbain sont remises en question, en France notamment, à travers la promotion du « renouvellement urbain ». Même si

1. Cet étalement a été rendu possible et soutenable par le développement des moyens de locomotion collectifs ou individuels ainsi que par l'industrialisation de l'agriculture permettant une production intensive sur des surfaces plus réduites. Voir Y. JÉGOUZO, « La notion de renouvellement urbain », *Les Cahiers du GRIDAUH* 2014/4, n° 27, p. 13-24.

l'expression semble renvoyer à la politique de l'*« urban renewal »* mise en œuvre aux États-Unis dans les années 1950 et 1960, elle se veut beaucoup plus ambitieuse. Là où il s'agissait seulement, outre-Atlantique, de rénover des quartiers en cours de paupérisation afin de maintenir leur attractivité économique, il s'agit, en France[2], de penser l'aménagement urbain dans sa globalité en envisageant notamment ses aspects et enjeux économiques, sociaux et environnementaux. La mise en œuvre d'une politique de renouvellement urbain exige donc de concevoir des solutions spécifiques, propres à un contexte donné, ayant des objectifs pluriels et imbriqués d'utilisation économe des sols, de densification, de développement économique, de mobilité durable, d'amélioration de l'habitat et de cohésion sociale, à travers des interventions publiques, mais aussi privées[3]. La loi SRU portera cette vision toujours très actuelle du renouvellement urbain à travers ses quatre titres : renforcer la cohérence des politiques urbaines et territoriales; conforter la politique de la ville; mettre en œuvre une politique de déplacements au service du développement durable; assurer une offre d'habitat diversifiée et de qualité.

C'est la loi n° 2003-710 du 1er août 2003 qui remettra en avant la notion de « rénovation urbaine ». Elle en propose une définition qui ne s'affranchit pas de la logique du renouvellement urbain au sens où la rénovation urbaine a pour objectifs la mixité sociale et le développement durable[4]. Son champ d'application semble cependant plus étriqué, moins global, cantonné aux zones les plus sensibles et impliquant des opérations limitativement énumérées[5] : aménagement urbain; réhabilitation, résidentialisation, démolition et production de logements; création,

---

2. La conception française du renouvellement urbain se place dans le prolongement de l'expérience lilloise de la « ville renouvelée » et du programme « Renouvellement urbain » de la Caisse des dépôts qui dépasse le diptyque démolition-reconstruction. Voir H. JACQUOT, « Origines, enjeux et encadrement juridique des politiques de renouvellement urbain », *Les cahiers du GRIDAUH* 2004, n° 10, p. 7-18.

3. Selon Jean-Pierre Demouveaux, le concept de renouvellement urbain désigne « non pas un type particulier d'opération mais un projet politique visant, par une série d'actions coordonnées, à revaloriser un site urbain dégradé, désaffecté ou paupérisé en y mettant en œuvre les principes de mixité sociale et de diversité urbaine. Lesquelles opérations peuvent toucher à divers domaines (l'urbanisme, la construction, le logement, le domaine public, la politique de la ville, la promotion immobilière), relever d'une initiative tant publique que privée et être d'une importance variable » : J.-P. DEMOUVEAUX, « La notion de renouvellement urbain », *Droit de l'aménagement, de l'urbanisme et de l'habitat (DAUH)* 2002, éd. Le Moniteur, Études, p. 125 et s.

4. Art. 6 de la loi n° 2003-710 du 1er août 2003 d'orientation et de programmation pour la ville et la rénovation urbaine définissant le programme national de rénovation urbaine.

5. J.-P. BROUANT, « À propos de la rénovation urbaine », *AJDA* 2003, p. 2198.

réhabilitation et démolition d'équipements publics ou collectifs ; réorganisation d'espaces d'activité économique et commerciale ; tout autre investissement concourant à la rénovation urbaine.

Ce resserrement que suggère la formule « rénovation urbaine » ne réduit pas pour autant la complexité et la transversalité des opérations qu'elle implique. Rénover l'urbain exige d'abord de mobiliser une diversité d'acteurs. Si les habitants et les propriétaires sont sollicités, la puissance publique occupe une place prépondérante. L'État, les communes et leurs établissements publics locaux de coopération intercommunale disposent de compétences explicites en la matière. Le premier définit une politique nationale du logement ; les deuxièmes déterminent les modalités d'aménagement de leur territoire à travers les documents d'urbanisme, et jouent un rôle de premier plan sur l'ensemble des problématiques urbaines ; les derniers contribuent à élargir la focale pour adapter les réponses à un territoire intercommunal plus cohérent. Rénover l'urbain exige ensuite que ces collectivités réalisent des opérations concrètes de rénovation, soit directement en assumant leur maîtrise d'ouvrage, soit en s'appuyant sur un cadre conventionnel pour confier la réalisation de l'opération à un tiers à travers une concession d'aménagement[6], soit en s'appuyant sur des structures spécifiquement conçues pour porter la maîtrise d'ouvrage de ces missions ambitieuses et que le Code de l'urbanisme nomme les « organismes d'exécution »[7].

Ces structures sont nombreuses, diversifiées (établissements publics fonciers et d'aménagement de l'État, associations foncières urbaines, établissements publics fonciers locaux, sociétés publiques locales d'aménagement, sociétés d'économies mixtes locales, GIP de développement social urbain[8], etc.) et incluent les établissements publics locaux d'aménagement également désignés « établissements publics locaux de rénovation urbaine »[9]. Ces derniers ont été conçus pour répondre au besoin de soutien technique exprimé par les communes pour faire face aux enjeux de la rénovation urbaine. De ce point de vue, l'objectif est atteint, le législateur ayant créé un outil aux qualités indéniables (I). Pour autant, en dépit de ces qualités, cet outil ne séduit pas les collectivités qui privilégient d'autres structures (II).

---

6. Art. L. 300-4 du Code de l'urbanisme (C. urb).
7. Art. L. 321-1 à L. 32-10-1 du C. urb.
8. N. BUCHOUD, « Les GIP de développement social urbain », *Les cahiers du GRIDAUH* 2004, n° 10, p. 51-60.
9. Art. L. 326-1 à L. 326-7 du C. urb.

I. De l'intérêt de l'établissement public local de rénovation urbaine

L'établissement public local de rénovation urbaine a été pensé pour répondre de la manière la plus directe aux attentes des collectivités locales confrontées aux difficultés de la rénovation urbaine (A). Son régime juridique a ainsi été conçu pour faciliter sa mise en place ainsi que son fonctionnement, permettant aux collectivités d'exploiter pleinement leurs compétences (B).

A. Une réponse aux attentes des territoires

Si la catégorie des établissements publics locaux de rénovation urbaine apparaît en 2006 avec la loi portant engagement national pour le logement (ENL)[10], elle n'est pas tout à fait nouvelle et n'est qu'une reformulation de la catégorie des établissements publics locaux d'aménagement (EPLA) apparue trois ans auparavant, avec la loi du 1er août 2003 d'orientation et de programmation pour la ville et la rénovation urbaine[11].

Le projet de loi d'orientation et de programmation pour la ville et la rénovation urbaine ne comportait initialement aucune référence à cette nouvelle catégorie d'établissement public, l'essentiel de ses apports institutionnels tenant à la création de l'ANRU dont la mission était alors de contribuer à la réalisation des politiques de rénovation urbaine dans les zones urbaines sensibles (ZUS) en accordant des subventions aux collectivités territoriales et aux organismes publics ou privés qui y assurent la maîtrise d'ouvrage d'opérations de rénovation urbaine. L'établissement public local alors « d'aménagement » doit son apparition au sénateur Jean-Paul Alduy à l'origine de l'amendement[12] créant le chapitre du Code de l'urbanisme consacré à cette nouvelle catégorie. Ce faisant, le parlementaire a répondu aux préoccupations formulées par le Conseil économique et social (CES) dans le cadre de son avis rendu à propos du projet de loi[13]. Ce dernier s'était en effet interrogé sur la capacité de l'Agence nationale pour la rénovation urbaine (ANRU), établissement public national, à répondre à la multiplicité et à la diversité des situations locales en se bornant à financer des opérations devant être mises en œuvre par d'autres, ou en intervenant directement, à titre subsidiaire, en cas de carence des collectivités

10. Loi nº 2006-872 du 13 juill. 2006 portant engagement national pour le logement (ENL).

11. Loi nº 2003-710 du 1er août 2003 d'orientation et de programmation pour la ville et la rénovation urbaine.

12. *Https://www.senat.fr/amendements/2002-2003/398/Amdt_182.html.*

13. Conseil économique et social, « Avis sur le projet de loi d'orientation et de programmation pour la ville et la rénovation urbaine », 14 juin 2003 : *https://www.lecese.fr/sites/default/files/pdf/Avis/2003/2003_11_pierrette_crosemarie_frederique_rastoll.pdf.*

locales concernées[14]. Pour le CES, les élus locaux devaient pouvoir s'appuyer sur des opérateurs économiques spécialistes de ces problématiques multifactorielles pour leur confier sereinement la maîtrise d'ouvrage des opérations. Or, de tels opérateurs étaient alors très peu nombreux au niveau local. Le Conseil rappelait opportunément que la restructuration urbaine était une spécialité réclamant des compétences diverses, et que les opérateurs assistant les collectivités locales disposaient très rarement à eux seuls de l'ensemble des compétences nécessaires. Ce constat justifiait la mise en place, pour autant que nécessaire, d'opérateurs spécialisés, complémentaires de l'action de l'ANRU. La proposition fut alors faite de s'inspirer des établissements publics nationaux intervenant en matière de rénovation urbaine et de développement social depuis le pacte de relance pour la ville de 1996[15], et de les décliner à l'échelon local. Cette proposition a été reprise par l'article 61 de la loi du 1er août 2003 permettant aux collectivités qui le souhaitaient de créer des établissements publics industriels et commerciaux destinés à conduire, pour le compte exclusif de leurs membres, des opérations de rénovation urbaine et de développement économique et social, en élargissant la palette des outils à leur disposition dans un contexte où le déficit d'opérateurs qualifiés était un facteur de blocage pour des opérations souvent très complexes.

Cette nouvelle possibilité institutionnelle n'a toutefois pas été exploitée pleinement, de sorte que, trois années plus tard, à l'occasion de l'examen du projet de loi ENL, les députés ont constaté qu'aucun établissement public local d'aménagement n'avait été créé. Selon eux, la formulation restrictive du champ d'intervention de ces structures était en cause[16]. En effet, aux termes de L. 326-1 du Code de l'urbanisme dans sa version alors applicable, l'action des EPLA était cantonnée aux zones urbaines sensibles, les empêchant d'embrasser des projets plus étendus[17]. Il est ainsi apparu nécessaire de réécrire cet article afin d'élargir le

14. J.-P. BROUANT, art. cit.

15. Avec l'article 19 de la loi n° 96-987 du 14 nov. 1996 relative à la mise en œuvre du pacte de relance pour la ville, les établissements publics d'aménagement de l'article L. 321-1 du Code de l'urbanisme sont devenus compétents pour procéder à des opérations de restructuration urbaine pour réaliser ou faire réaliser toutes opérations ou actions ou tous aménagements ou équipements de nature à favoriser une politique de développement social urbain.

16. G. MAMEL, « Rapport fait au nom de la Commission des affaires économiques, de l'environnement et du territoire sur le projet de loi adopté avec modifications par le Sénat en deuxième lecture, portant engagement national pour le logement (n° 3072) », 17 mai 2006 : *https://www.assemblee-nationale.fr/12/rapports/r3089.asp*.

17. Le sénateur Jean-Pierre Cantegrit relevait ainsi dans le cadre des débats : « La mise en œuvre des projets de rénovation urbaine peut impliquer d'intervenir au-delà des limites de ZUS, notamment pour les opérations de reconstruction. En outre, un certain nombre de projets de rénovation urbaine

champ d'intervention de ces établissements publics locaux et de les rendre plus clairement identifiables par les collectivités locales dans le cadre de la définition de leurs politiques de renouvellement urbain. L'article 17 de la loi ENL de 2006 supprimera ainsi toute référence aux ZUS et renommera ces établissements publics locaux qui seront désormais « de rénovation urbaine » et non plus « d'aménagement », leur permettant d'intervenir sur l'intégralité du périmètre géographique de l'ANRU. Notons que le travail de légistique n'a pas été mené à son terme dans la mesure où seul l'article L. 326-1 fait aujourd'hui référence à la notion d'établissement public de rénovation urbaine, les suivants continuant à faire référence aux établissements publics d'aménagement.

B. Une structure entre les mains du territoire

Le régime juridique des établissements publics locaux de rénovation urbaine a été pensé pour en faire des structures attractives de coopération territoriale, au sens le plus large du terme. Ainsi le Code de l'urbanisme ne fixe-t-il aucune restriction quant à la qualité des collectivités créatrices. Il importe uniquement qu'elles soient compétentes en matière d'aménagement urbain dans la mesure où elles doivent régulièrement délibérer sur le principe et les modalités de la création de l'établissement public[18]. Cette règle de compétence est évidemment et clairement satisfaite par les communes et les établissements publics de coopération intercommunale, mais elle peut l'être aussi par d'autres collectivités telles que les départements, compétents en matière de logement social, ou les régions en charge du développement économique. De plus, le texte ne formule aucune restriction géographique, bien au contraire, l'établissement public de rénovation urbaine pouvant associer des collectivités appartenant à des départements différents. Il résulte de ces dispositions que le périmètre d'intervention de ces établissements publics peut et doit être déterminé de manière pragmatique pour correspondre au bassin d'habitat nécessitant son intervention. Il est même judicieux de le définir en tenant compte du nombre d'opérations à atteindre pour lui permettre l'amortissement de ses investissements[19]. Cette liberté permet donc de construire un outil sur-mesure, répondant de manière idoine à un projet de rénovation à l'échelle d'un territoire. Cet outil est encore plus complet depuis 2009, ses compétences ayant

---

concernent, par dérogation, des territoires qui ne sont pas situés en ZUS » : compte-rendu intégral de la séance du 6 avr. 2006, *https://www.senat.fr/seances/s200604/s20060406/s20060406_mono.html*.

18. Al. 1er de l'article L. 326-2 du C. urb.

19. A. COCQUIÈRE, M. MACARIO, F. ZITOUNI, « La création ou l'adaptation d'établissements publics spécialisés », *Les cahiers du GRIDAUH* 2004, n° 10, p. 43.

été élargies[20]. L'établissement public local de rénovation urbaine peut ainsi se voir déléguer l'instruction et le traitement des demandes d'aides à la réhabilitation de l'habitat privé[21] ou encore la gestion comptable des fonds locaux de requalification des quartiers anciens dégradés[22], lorsqu'ils sont créés, de même que l'instruction et le traitement des demandes d'aide qu'ils reçoivent.

Les établissements publics locaux de rénovation urbaine ont par ailleurs un caractère industriel et commercial qui leur confère une plus grande souplesse, leurs personnels relevant, à l'exception du directeur[23] et de l'agent comptable[24], d'un statut de droit privé et son fonctionnement étant tourné vers l'équilibre économique.

La procédure de création de l'établissement public est également marquée au sceau de la simplicité, gage de réactivité face à une situation urbaine parfois des plus critiques. Pour autant que les collectivités rassemblées ont délibéré en ce sens, un arrêté préfectoral suffit à instituer l'établissement public. Il doit être conjoint lorsque les collectivités appartiennent à des départements différents.

Toutefois, en l'absence de dispositions réglementaires, les textes restent très taiseux à propos des statuts de l'établissement public, renvoyant pour l'essentiel à la liberté des collectivités dont les délibérations doivent fixer la liste des membres de l'établissement, les modalités de fonctionnement, les conditions de modification statutaire, la durée, les modalités de dissolution, le siège et la composition du conseil d'administration de l'établissement[25].

Les compétences du conseil d'administration sont malgré tout précisées[26] conformément à la répartition habituelle des rôles entre l'organe exécutif et l'organe délibérant d'un établissement public local. Le conseil d'administration doit donc, sans surprise, déterminer l'orientation de la politique à suivre, voter l'état prévisionnel des recettes et des dépenses, autoriser les emprunts, approuver les comptes et se prononcer sur l'affectation du résultat. Il lui revient en outre d'élire en son sein un président et un ou plusieurs vice-présidents, et de nommer le directeur général

20. Al. 2 de l'article L. 326-1 du C. urb.
21. Art. L. 321-1-3 du Code de la construction et de l'habitation.
22. Art. 10-2 de la loi nº 2003-710 du 1er août 2003 d'orientation et de programmation pour la ville et la rénovation urbaine.
23. CE Sect. 8 mars 1957, *Jalenques de Labeau*, req. nº 15219, *Rec.*, p. 158.
24. Aux termes de l'article L. 321-7 du Code de l'urbanisme, le comptable de l'établissement public est un comptable public de l'État nommé par le préfet après avis conforme du directeur départemental des finances publiques.
25. Al. 2 de l'article L. 326-2 du C. urb.
26. Art. L. 326-3 du C. urb.

sur proposition dudit président et après avis du préfet. De son côté, le directeur[27] est ordonnateur des dépenses et des recettes. Il représente l'établissement en justice et dans tous les actes de la vie civile, passe des contrats et signe tous les actes pris au nom de l'établissement, prépare et exécute les décisions du conseil d'administration, recrute le personnel et a autorité sur lui. Évidemment, les actes et délibérations de l'établissement public sont soumis au contrôle de légalité[28].

Les dispositions budgétaires et comptables[29] permettent quant à elles de garantir la viabilité financière des établissements publics locaux de rénovation urbaine en leur appliquant pour le vote, le règlement et l'exécution des recettes et des dépenses, les règles générales régissant le fonctionnement des collectivités locales[30], éliminant ainsi toute difficulté d'acclimatation. Mais surtout, les recettes que ces établissements publics peuvent collecter sont très diversifiées. Elles incluent naturellement les contributions accordées par l'État, les collectivités territoriales et les autres établissements publics ainsi que toutes autres personnes morales publiques ou privées intéressées, les emprunts et le produit des dons et legs. Elles incluent aussi, ce qui est indispensable pour un EPIC devant réaliser des opérations extrêmement coûteuses, la rémunération de ses prestations de services, les produits financiers, le produit de la gestion des biens entrés dans son patrimoine et le produit de la vente des biens et droits mobiliers et immobiliers.

II. Du désintérêt pour l'établissement public local de renouvellement urbain

La recherche d'établissements publics locaux de renouvellement urbain existants, c'est-à-dire ayant été effectivement créés, s'est révélée ardue. Au jour de la présente contribution, le site *Pappers Entreprises* ne fait apparaître aucune occurrence pour les recherches « établissement public local de rénovation urbaine » ou « établissement public local d'aménagement ». La recherche « établissement public » et « rénovation urbaine » fait émerger une seule occurrence : l'ANRU. La recherche « établissement public d'aménagement » mène à 58 occurrences, pour l'essentiel les établissements publics d'aménagement de l'État et des offices publics de l'habitat. Pour le reste, se réduisant au seul Établissement public d'aménagement et de développement Ouest Provence, il apparaît que, contrairement à ce que suggère son nom, il ne relève pas de l'une des catégories d'établissements publics

27. Art. L. 326-5 du C. urb.
28. Art. L. 326-7 du C. urb.
29. Art. L. 326-4 du C. urb.
30. Art. L. 1611-1 et s. du Code général des collectivités territoriales.

d'aménagement relevant du Code de l'urbanisme. La recherche de décisions visant les dispositions du Code de l'urbanisme relatives à ces établissements *via Légifrance* et *PappersJustice* est tout aussi infructueuse et *Google* n'est d'aucun secours. Cette situation révèle le désintérêt manifeste des collectivités locales pour cette formule institutionnelle qui souffre en définitive d'une double concurrence : celle des établissements publics d'aménagement de l'État d'une part (A), et celle les sociétés locales à capitaux publics d'autre part (B).

A. La concurrence des établissements publics d'aménagement de l'État

Les établissements publics d'aménagement de l'État[31] concurrencent très directement les établissements publics locaux de rénovation urbaine. La mission des premiers inclut et dépasse celle des seconds. Ils ont en effet la charge de conduire toute action de nature à favoriser l'aménagement, le renouvellement urbain et le développement économique de leur territoire, dans le respect de la diversité des fonctions urbaines, de la mixité sociale dans l'habitat ainsi que de la protection de l'environnement[32]. En outre, tout comme les établissements publics locaux de rénovation urbaine, l'établissement public d'aménagement de l'État peut se voir déléguer l'instruction et le traitement des demandes d'aides à la réhabilitation de l'habitat privé ou encore la gestion comptable des fonds locaux de requalification des quartiers anciens dégradés[33].

Le territoire est également associé à la création de ces établissements, celle-ci intervenant certes par décret en Conseil d'État, mais après avis des collectivités locales et groupements de collectivités situés dans leur périmètre de compétence[34]. Surtout, la gouvernance de ces établissements fait une large place à ces acteurs locaux dont les représentants sont majoritaires (au moins 50 %) au sein du conseil d'administration[35]. Cette formule a donc l'intérêt non négligeable pour les collectivités d'instituer une collaboration avec l'État qui peut apporter sa compétence et ses moyens, notamment sur les aspects techniques inhérents à la rédaction des statuts de l'établissement ou à leur mise en œuvre, tout en leur garantissant un réel pouvoir de décision. Ces premiers éléments constituent à eux seuls un avantage concurrentiel pour l'établissement public d'aménagement de l'État, mais il faut encore ajouter qu'il répond aux besoins les plus marqués en matière de rénovation.

---

31. Art. L. 321-14 à L. 321-28 et art. R. 321-1 à R. 321-22 du C. urb.
32. Art. L. 321-14 du C. urb.
33. *Ibid.*
34. Art. L. 321-15 du C. urb.
35. Art. L. 321-21 du C. urb.

L'intérêt de l'établissement public d'aménagement de l'État aurait pu être interrogé au regard de son périmètre d'intervention strictement encadré. En effet, aux termes de l'article L. 321-14 du Code de l'urbanisme, un tel établissement ne peut être créé que sur des territoires présentant un caractère d'intérêt national. Ce caractère d'intérêt national n'est pas défini. Il résulte en définitive de l'appréciation de l'État qui choisira de porter attention à un territoire donné en raison d'une pluralité de facteurs[36]. Le rapport de 2022 du Bureau des aménagements d'intérêt national[37] fait le point sur l'activité des établissements publics d'aménagement de l'État : 14 de ces établissements répartis sur tout le territoire national[38] gèrent 258 opérations concernant 11 millions d'habitants. Ils engagent ensemble 429 millions d'euros de dépenses d'aménagement et réalisent un chiffre d'affaires de 385 millions d'euros. La multiplicité des établissements publics d'aménagement de l'État et leur répartition sur le territoire suggèrent une conception relativement lâche de l'intérêt national. Ces établissements sont donc facilement créés et couvrent une bonne part des besoins les plus cruciaux en matière de rénovation urbaine, annihilant le besoin des collectivités locales de créer un établissement public local de rénovation urbaine qui ne serait qu'un inutile doublon.

B. La concurrence des sociétés locales à capitaux publics

Outre la concurrence d'autres établissements publics, le recours à l'établissement public local de rénovation urbaine est entravé par la mise à disposition des collectivités de formules sociétaires d'économie mixte ou à capital totalement public. Ainsi, bien avant 2003, les collectivités locales ont constitué des sociétés d'économie mixte locales ayant au cœur de leur objet social l'aménagement de leur territoire, et partant, le renouvellement ou la rénovation urbaine. L'annuaire de la

36. À titre d'ex., à propos de Grand Paris Aménagement, le rapport établi par Thierry Lajoie, président-directeur général de l'Agence foncière et technique de la région parisienne (AFTRP) et remis à la ministre du Logement, de l'Égalité des territoires et de la Ruralité le 7 sept. 2015 met en évidence une intervention légitime pour des enjeux d'intérêt national : T. LAJOIE, *Mission de préfiguration de Grand Paris Aménagement*, Rapport remis à Sylvia Pinel, 7 sept. 2015 ; *https://www.vie-publique.fr/files/rapport/pdf/154000631.pdf.*

37. Ministère de la Transition écologique et de la Cohésion des territoires, *Les établissements publics d'aménagement – Les démarches exemplaires des EPA pour construire une ville désirable*, 2022, *https://www.ecologie.gouv.fr/sites/default/files/documents/les_etablissements_publics_d_amenagement_edition_2022.pdf.*

38. Grand Paris Aménagement ; EPA Mantois Seine Aval (EPAMSA) ; EPA Marne ; EPA France ; EPA Orly ; Rungis Seine Amont (EPA ORSA) ; EPA Paris-Saclay (EPAPS) ; EPA Sénart ; EPA Alzette-Belval ; EPA Bordeaux Euratlantique ; EPA Euroméditerranée ; EPA Nice Eco-Vallée ; EPA Saint-Étienne ; EPFA Guyane ; EPFA Mayotte.

Fédération des entreprises publiques locales[39] permet ainsi de dénombrer 240 SEM intervenant en matière d'aménagement et d'immobilier d'entreprise pouvant être chargées de missions de rénovation urbaine dans le cadre de concessions d'aménagement. Il faut y ajouter 3 SEM d'aménagement à opération unique[40].

Surtout, la loi ENL du 13 juillet 2006, tout en renforçant l'attrait de la formule de l'établissement public local d'aménagement/rénovation urbaine, a créé la formule concurrente de la société publique locale d'aménagement (SPLA)[41]. Cette création est intervenue, d'abord à titre expérimental pour une durée de cinq ans[42]. L'arrêt *Sodegis* de 2004[43], l'avis motivé de la Commission européenne de février 2004, et la loi n° 2005-809 du 20 juillet 2005 relative aux concessions d'aménagement avaient remis en cause l'attribution de gré à gré des conventions publiques d'aménagement et imposaient, pour l'attribution des nouvelles concessions d'aménagement, le respect d'une procédure de publicité et de mise en concurrence. Afin de permettre aux collectivités de pouvoir continuer à attribuer ces contrats à des sociétés locales de gré à gré, mais dans le respect du droit de la commande publique, il était nécessaire de garantir l'inscription de l'opérateur bénéficiaire du contrat au sein de l'exception *in house* autorisant à se dispenser desdites procédures. La SPLA présentait ainsi toutes les garanties requises, encourageant les élus locaux à maintenir leur intérêt pour les structures sociétaires, mais à l'abri de tout délit de favoritisme[44]. L'outil a ensuite été simplifié[45] et pérennisé[46] pour devenir une structure fréquemment choisie par les collectivités locales pour prendre en charge leurs opérations d'aménagement, avant d'être décliné par la loi n° 2017-257

---

39. *Https://www.lesepl.fr/le-mouvement/annuaire-entreprises-publiques-locales/.*
40. Art. L. 32-10-1 du C. urb.
41. Aux termes de l'article L. 327-1 du Code de l'urbanisme, les SPLA ont compétentes pour réaliser, outre toute opération d'aménagement, les opérations de requalification de copropriétés dégradées, réaliser des études préalables, procéder à toute acquisition et cession d'immeubles, procéder à toute opération de construction ou de réhabilitation immobilière, ou procéder à toute acquisition et cession de baux commerciaux, de fonds de commerce ou de fonds artisanaux.
42. Art. 20 de la loi ENL.
43. CAA Bordeaux 9 nov. 2004, *Sté Sodegis c/Cne de Cilaos*, n° 01BX00381, *Lebon*; *AJDA* 2005.257, note J.-D. Dreyfus.
44. Art. 432-14 du Code pénal.
45. L'article 33 de la loi n° 2009-323 du 25 mars 2009 de mobilisation pour le logement et la lutte contre l'exclusion a ramené de sept à deux le nombre minimal d'actionnaires présents au capital de la SPLA, facilitant sa constitution.
46. Art. 1er de la loi n° 2010-559 du 28 mai 2010 pour le développement des sociétés publiques locales; S. NICINSKI, « La loi du 28 mai 2010 pour le développement des sociétés publiques locales », *AJDA* 2010.1759.

du 28 février 2017 relative au statut de Paris et à l'aménagement métropolitain pour prendre en charge les aménagements d'intérêt national[47]. L'annuaire de la Fédération des EPL recense aujourd'hui 26 SPLA et 6 SPLA-IN.

Un tel engouement pour les SPLA, aux dépens de la formule de l'établissement public local de rénovation urbaine, n'était pas nécessairement prévisible. La formule de l'établissement industriel et commercial permet en effet de bénéficier de tous les avantages inhérents à la personnalité morale de droit public, et notamment les prérogatives de puissance publique. L'EPIC d'aménagement peut ainsi, c'est essentiel dans le cadre de ses missions, avoir recours à l'expropriation[48] ou émettre des titres exécutoires. Son patrimoine est mieux protégé, ses biens étant insaisissables ou pouvant intégrer le domaine public. Il peut aussi bénéficier de la déchéance quadriennale. Face à cela, le modèle sociétaire, articulé autour d'un capital, autorise un financement externe (augmentation de capital) autrement que par l'endettement ou l'augmentation des dotations, et permet la distribution de dividendes. Il privilégie également des outils de gestion propres aux sociétés commerciales[49] dont la souplesse supposée apparaît souvent comme une réponse systématique aux pesanteurs administratives.

Est-ce suffisant pour expliquer le choix prépondérant en faveur de la SPLA et au détriment de l'établissement public manifestement en crise[50] ? Sans doute pas. Mais c'est sans compter sur le législateur qui a œuvré afin de rendre les SPLA encore plus attractives, notamment en les autorisant à exercer, par délégation de leurs titulaires, les droits de préemption et de priorité et à agir par voie d'expropriation. La SPLA pouvant ainsi exercer des prérogatives de puissance publique essentielles pour mener à bien ses missions, il ne reste plus beaucoup d'arguments à faire valoir au profit de l'établissement public local de rénovation urbaine. Il est donc très probable qu'une prochaine loi de simplification tirera tous les enseignements de ce constat et fera disparaître cette catégorie d'établissement public local, certes bien née, mais pas à la bonne époque.

---

47. J.-M. PEYRICAL, « La société publique locale d'aménagement d'intérêt national », *AJDA* 2018.672.
48. Art. L. 1112-1 du Code général de la propriété des personnes publiques.
49. Pour un panorama plus détaillé des avantages de ce modèle, voir A. VIGOUREUX, « Les avantages de la société publique locale », *RFDA* 2012.1075.
50. CE, *Les établissements publics*, Les études du Conseil d'État, 2009.

L'ÉTABLISSEMENT PUBLIC DE COOPÉRATION CULTURELLE : UN DÉSIR DE CULTURE EN COMMUN ?

François BENCHENDIKH

Maître de conférences HDR en droit public
Sciences Po Lille
Centre d'études et de recherches administratives, politiques et sociales (CERAPS), UMR CNRS 8026

Créé par l'intermédiaire de la loi nº 2002-6 du 4 janvier 2002[1] et codifié aux articles L. 1431-1 et suivants du Code général des collectivités territoriales, l'établissement public de coopération culturelle (EPCC) s'est imposé comme un « nouvel outil juridique pour la culture »[2] dans le but de « faire plus et mieux de culture »[3]. Organiser la mise en œuvre d'un service public culturel en commun, entre différents membres, correspond bien à l'objectif assigné lors de la création de cet établissement public.

L'idée d'associer l'État et des collectivités décentralisées, au sein d'un EPCC, n'était pas nouvelle en 2002. Il est par exemple possible de faire référence aux maisons de la culture qui jadis associaient l'État et la commune, dont l'inauguration de la maison de la culture d'Amiens est demeurée célèbre grâce au discours d'André Malraux prononcé le 19 mars 1966[4].

1. *JO* 5 janv. 2002, texte nº 2.

2. J.-M. PONTIER, « L'établissement public de coopération culturelle. Un nouvel outil juridique pour la culture ? », *AJDA* 2002, p. 430.

3. Rapport d'information fait au nom de la commission des affaires culturelles du Sénat sur l'application de la loi nº 2002-6 du 4 janvier 2002 relative à la création d'établissements publics de coopération culturelle (EPCC), nº 32 (2005-2006), déposé le 19 oct. 2005, par M. Ivan Renar.

4. Discours d'André Malraux le 19 mars 1966 à Amiens : « Maintenant, Mesdames et Messieurs, c'est à cela que je fais appel : il n'y a pas, il n'y aura pas de Maisons de la culture sur la base de l'État ni d'ailleurs de la municipalité ; la Maison de la culture, c'est vous. Il s'agit de vouloir si vous voulez le faire ou si vous ne le voulez pas. Et, si vous le voulez, je vous dis que vous tentez une des plus belles choses qu'on ait tentées en France, parce qu'alors, avant dix ans, ce mot hideux de province aura cessé d'exister en France ».

Un projet culturel serait-il trop ambitieux pour le laisser aux mains d'une seule collectivité décentralisée ? Ou serait-il trop dispendieux à l'égard des budgets locaux pour permettre à une seule et même personne publique locale de le mener à bien ? C'est ainsi que la loi du 4 janvier 2002 a permis à l'État et aux gouvernements locaux de se réunir par l'intermédiaire de la création d'un établissement public de coopération culturelle.

Depuis 2002, le statut des EPCC a évolué puisque seulement quatre ans après son entrée en vigueur, la loi n° 2006-723 du 22 juin 2006 est venue apporter quelques modifications à ces établissements publics, ce que fera également plus récemment la loi n° 2016-1087 du 8 août 2016 pour la reconquête de la biodiversité, de la nature et des paysages qui permit, en son article 56, la création d'un établissement public de coopération environnementale sur le même modèle que l'EPCC[5].

Les deux textes de 2002 et de 2006 disposent de la même caractéristique d'être d'initiative parlementaire, plus précisément sénatoriale, et présentent la particularité d'avoir été adoptés à l'unanimité par chacune des deux assemblées.

L'EPCC démontre ainsi la volonté pour les collectivités territoriales et leurs groupements de procéder à la création d'une personne publique spécialement compétente en matière culturelle dans un objectif de gérer la culture en commun. La décision d'avoir recours à une institution culturelle *ad hoc*, comme un EPCC, témoigne pour les collectivités décentralisées de la nécessité d'arbitrer leur choix organique à l'aune de la diversité des différentes structures publiques ou privées (association, syndicat mixte, groupement d'intérêt public, société d'économie mixte, etc.) auxquelles elles peuvent avoir recours pour développer des actions et des projets culturels sur leur territoire. Il faut bien avouer que la décision de création d'une structure juridique spécifique est le résultat de la prise en compte d'un ensemble de critères (financiers, politiques, économiques, etc.) de la part des gouvernements locaux.

Le choix organique n'est donc pas anodin car il revêt une importance considérable en ce sens où la production culturelle peut être influencée par le type de structures créées. Pour le dire autrement, la programmation des spectacles vivants serait-elle plus ou moins impactée par le type de personne morale publique ou privée créé ?

En ce qui concerne l'EPCC, c'est bien le conseil d'administration, dirigé par un directeur, qui détermine le projet de l'établissement (art. R. 1431-13 du CGCT). Le rôle de ce dernier s'avère donc être important dans le fonctionnement

5. *JO* 9 août 2016.

de l'établissement public en ce sens où c'est lui qui, sous le contrôle du conseil d'administration, élabore et met en œuvre le projet artistique, culturel, pédagogique ou scientifique de l'établissement et assure la programmation de l'activité de l'établissement dans ces matières. Il est nommé après appel à candidatures, au vu des projets d'orientations artistiques, culturelles, pédagogiques, environnementales et scientifiques présentés par les candidats.

Les établissements publics de coopération culturelle recèlent la particularité de procéder à la création d'un projet culturel en commun par l'intermédiaire de ces différents membres (I). Il s'avère par ailleurs qu'il n'est pas toujours possible d'assigner les EPCC classiquement à l'une de deux catégories, administrative ou industrielle et commerciale en tant qu'établissement public (II) et cela d'autant plus que leur domaine de compétence apparaît nettement empreint d'hybridité (III).

I. Objectifs et modalités de création d'un EPCC composé de différents membres

Les objectifs et les modalités de création d'un EPCC sont riches d'enseignement pour comprendre ce désir de culture en commun. Ainsi, les collectivités territoriales et leurs groupements peuvent créer un EPCC afin de développer sur leur territoire un projet culturel en commun (art. L. 1431-1 du CGCT). Vont être membres du conseil d'administration selon les cas, pour la majorité de ses membres, des représentants des collectivités territoriales ou de leurs groupements désignés en leur sein par leurs conseils ou leurs organes délibérants, de représentants de l'État et, le cas échéant, de représentants d'établissements publics nationaux. Le conseil d'administration est également composé de personnalités qualifiées désignées par les collectivités territoriales, leurs groupements, l'État et, le cas échéant, les établissements publics nationaux, de représentants du personnel élus à cette fin et cas échéant, de représentants de fondations ou d'associations.

Le conseil d'administration des EPCC, dont l'objet est de dispenser des enseignements ou des formations professionnelles artistiques, comprend en outre des représentants élus des étudiants.

Il est à noter que le maire de la commune siège de l'établissement peut depuis la loi de 2006, à sa demande, être membre du conseil d'administration alors que sous l'empire de la loi de 2002 le maire était membre de droit du conseil d'administration. L'objectif de la proposition de loi du 27 février 2006 était d'assouplir la composition du conseil d'administration. Il s'avère en effet qu'on ne retrouve plus systématiquement au conseil d'administration la commune, sur laquelle est situé l'équipement culturel, et l'EPCI à fiscalité propre, sauf si la commune a participé à la création de l'EPCC, s'ajoute fréquemment la région, et plus rarement le département et l'État, dont la présence de ce dernier n'est plus obligatoire. On notera que lorsque l'État est présent, c'est-à-dire lorsque l'EPCC n'est pas exclusivement composé de bénéficiaires du fonds de compensation pour la taxe sur la valeur ajoutée (FCTVA), les dépenses réalisées par ce dernier ne peuvent être éligibles au bénéfice du FCTVA[6] ce qui peut avoir des répercussions importantes sur le plan de l'équilibre budgétaire de l'EPCC.

Dès lors, la création d'un EPCC est un choix politique des gouvernements locaux, dont l'origine de la création provient exclusivement de la demande de l'ensemble des collectivités territoriales ou des groupements intéressés, de sorte que l'initiative de leur création est réservée à ces derniers (art. L. 1431-2, al. 1er du CGCT). L'État ne peut donc pas imposer cette structure à des collectivités décentralisées qui ne le souhaiteraient pas. La création d'un EPCC ne peut être que le résultat d'un projet culturel entre différents acteurs locaux.

Le choix de créer un EPCC permet également aux gouvernements locaux de mutualiser les frais de fonctionnement de ce type d'établissement public comme le précisent Emmanuel Négrier et Philippe Teillet : « Enfin, le mode de gestion de ces équipements, lorsqu'il s'agit en particulier d'EPCI, induit en réalité moins un transfert de pleine responsabilité qu'un partage des charges avec d'autres collectivités publiques »[7].

La souplesse statutaire de l'EPCC a permis le regroupement de plusieurs structures au sein d'un seul établissement public de coopération culturelle dans un objectif de rationalisation. Ainsi, l'EPCC Chemins du patrimoine en Finistère regroupe cinq sites patrimoniaux auparavant séparés, et d'autres structures pourraient rejoindre l'établissement prochainement.

La création d'un EPCC impose une véritable coopération entre ses membres. C'est ainsi qu'en cas de difficultés, les textes offrent la possibilité pour les membres d'un EPCC de se retirer assez facilement de l'établissement public qu'ils ont créé (art. R. 1431-19 du CGCT). On peut ainsi faire référence à la fermeture de l'EPCC Arcadi Île-de-France dissous depuis le 1er janvier 2019 dont la cause est notamment des tensions concernant la nomination du directeur de la scène nationale

6. QE nº 00580 *JO Sénat* 20 juill. 2017, p. 2324 et Rép. min. *JO Sénat* 31 janv. 2019, p. 544.

7. E. NÉGRIER et Ph. TEILLET, « Les métropoles et la culture. Transfert et entrelacs », *L'Observatoire* 2019/2, nº 54, p. 46.

d'Évreux-Louviers. À l'inverse, il a pu être observé, de manière anecdotique, que certains EPCC n'ont été créés « […] que dans le but d'évincer les directeurs de structures culturelles existantes »[8].

L'absence de volonté politique de la part des collectivités décentralisées de créer un EPCC est aussi en sens inverse l'existence d'un véritable choix politique correspondant à un impensé. Tel est l'exemple du Musée des civilisations de l'Europe et de la Méditerranée (MuCEM) qui a été créé par l'État[9] et non pas par la volonté des collectivités territoriales et de leurs groupements. Le MuCEM est donc un établissement public national à caractère administratif placé sous la tutelle du ministre chargé de la Culture. Dès lors, parmi les 17 membres qui composent le conseil d'administratif : six représentent l'État et seulement trois les collectivités territoriales (ville de Marseille, département des Bouches-du-Rhône et région Provence-Alpes-Côte d'Azur). Outre le fait que la métropole de Marseille ne soit pas représentée au conseil d'administration, les collectivités décentralisées auraient pu faire émerger un EPCC par le biais du recours au consensus. En son absence, c'est bien l'État qui a permis la création d'un établissement public national au sein duquel il est majoritaire au conseil d'administration[10]. L'État vient au chevet de la ville Marseille dans le domaine de la culture comme il le fait d'ailleurs dans le domaine de l'enseignement scolaire…

Pour revenir à l'EPCC, les délibérations par lesquelles les collectivités territoriales ou leurs groupements demandent sa création sont adressées soit au préfet du département[11], soit au préfet de région lorsque l'établissement comprend des membres situés dans plusieurs départements. Les statuts de l'établissement sont annexés aux délibérations demandant la création de l'établissement et doivent être approuvés à l'unanimité des membres du groupement comme le prévoit le Code général des collectivités territoriales (art. R. 1431-2 du CGCT).

Comme on l'a dit, les collectivités territoriales et leurs groupements bénéficient, au travers de l'EPCC, de la possibilité de créer en commun un établissement public spécialisé dans le secteur culturel. Dans cette continuité, les textes prévoient

---

8. O. BUI-XUAN, « Questions sur l'établissement public de coopération culturelle », *AJDA* 2008, p. 1737.

9. Décret n° 2013-157 du 21 févr. 2013 portant création de l'Établissement public du musée des civilisations de l'Europe et de la Méditerranée (MuCEM), *JO* 23 févr. 2013, texte 26.

10. Six représentants de l'État, trois représentants des collectivités territoriales, six personnalités françaises ou étrangères et deux représentants du personnel ainsi que deux suppléants.

11. TA Lyon 4 oct. 2018, *M. Claude D.*, n° 1507512, *JCP A* 2018, act. 807 ; *AJCT* 2019, obs. P. Noual, p. 48.

d'ailleurs que la composition du conseil d'administration des EPCC confère une prééminence aux collectivités territoriales, la majorité des membres du conseil d'administration devant être constituée de représentants des collectivités territoriales et de leurs groupements (art. L. 1431-4 et R. 1431-4 du CGCT).

Il est malgré tout possible de permettre à une collectivité de ne coopérer qu'avec l'État : dès lors, un EPCC peut être constitué qu'entre l'État ou un établissement public national et une seule collectivité ou un seul groupement de collectivités. Cette interprétation est confirmée par l'article R. 1431-4 du CGCT qui, à propos de la composition du conseil d'administration, cite, le ou les représentants de la ou des collectivités territoriales.

En d'autres termes, pour constituer un EPCC, il est nécessaire d'être au moins deux : soit une collectivité territoriale, ou un groupement de collectivités, avec l'État ou un établissement public national, soit deux collectivités territoriales, ou deux groupements de collectivités, ou une collectivité et un groupement de collectivités, soit encore deux établissements publics locaux, ou une collectivité territoriale et un établissement public local.

La place de l'État dans le texte originel illustre assez nettement le concept de « semi-décentralisation » théorisé par Charles Eisenmann dans son *Cours de droit administratif*[12]. Il apparaît ainsi que la compétence « développement culturel » est partagée entre l'État et les collectivités territoriales comme le prévoit d'ailleurs l'article L. 1111-2 alinéa 3 du Code général des collectivités territoriales. Cette caractéristique a été réaffirmée par la loi du 7 août 2015 portant sur la nouvelle organisation territoriale de la République (NOTRe) qui maintient le principe des compétences partagées des collectivités territoriales dans le domaine de la culture.

Si différentes personnes publiques peuvent être membres d'un EPCC, il apparaît que sa qualification en établissement public administratif ou établissement public industriel et commercial n'apparaît pas tout à fait adaptée au désir de gérer la culture en commun.

II. Les EPCC empreints à des difficultés typologiques

Les EPCC peuvent classiquement se constituer en établissement public administratif (EPA) ou en établissement public industriel et commercial (EPIC) au regard de leur activité réelle, « [...] selon l'objet de leur activité et les nécessités de leur gestion » précise le Code général des collectivités territoriales (CGCT, art. L. 1431-1 *in fine*).

12. Ch. EISENMANN, *Cours de droit administratif* (1966-1967), t. I, Paris, LGDJ, 1983, p. 287.

Le juge administratif a eu l'occasion, et à plusieurs reprises, de requalifier en service administratif un établissement public industriel et commercial. La jurisprudence considère que le caractère industriel et commercial d'un établissement est atteint dès lors que trois critères cumulatifs[13] sont présents. Il s'agit : de l'objet de l'EPCC et de son fonctionnement qui doivent être analogues à ceux d'une entreprise privée, ensuite du financement devant être assuré essentiellement par l'usager et enfin de la tarification devant couvrir le coût du service[14]. Comme le souligne Jean-Marie Pontier, le juge administratif porte une attention beaucoup plus notable « […] à la nature du service géré qu'à celle de l'établissement »[15].

La difficulté organique de qualifier un EPCC, en EPA ou en EPIC, n'est pas propre à ce type d'établissement public mais touche d'ailleurs d'autres institutions culturelles. Il s'avère que les juridictions financières considèrent que la constitution sous la forme de société à responsabilité limitée (SARL) pour les centres dramatiques nationaux (CDN), comme celle du Théâtre du Nord[16], n'est plus adaptée au motif que la SARL « Théâtre du Nord » disposait d'un budget de 5,80 M€ en 2019, ramené à 4,50 M€ en 2020 et qu'elle bénéficie de 4 M€ de subventions publiques par an. On notera que les dispositions de 2017[17] n'imposent plus qu'un CDN doive relever d'une SARL ou d'une société anonyme.

Les chambres régionales des comptes ont eu également l'occasion de s'interroger sur le caractère industriel et commercial des EPCC « au regard de son activité réelle »[18]. Au sein du rapport Renar, il a été remarqué, suite à des auditions,

13. CE Ass. 16 nov. 1956, *Union syndicale des industries aéronautiques*, *Rec. CE* 1956, p. 434.

14. CE 20 janv. 1988, *SCI La Colline*, req. n° 70719, *Rec. CE* 1988, p. 21.

15. J.-M. PONTIER, « L'établissement public de coopération culturelle. Un nouvel outil juridique pour la culture ? », *AJDA* 2002, p. 430.

16. CRC Hauts-de-France, Rapport d'observations définitives et ses réponses, *SARL « Théâtre du Nord »*, 2022.

17. Décret n° 2017-432 du 28 mars 2017 relatif aux labels et au conventionnement dans les domaines du spectacle vivant et des arts plastiques, *JO* 30 mars 2017, texte n° 50.

18. CRC de Nouvelle-Aquitaine, Rapport d'observations définitives relatif à l'établissement public de coopération culturelle Abbaye Royale de Saint-Jean d'Angely, 2018.
La CRC poursuit en précisant que « le fait, comme il est indiqué *infra*, que le financement de l'établissement soit assuré, pour l'essentiel, par le versement de contributions publiques, pourrait conduire le juge à requalifier l'établissement en service public administratif dans la mesure où les ressources commerciales de l'EPCC sont marginales. Par ailleurs, cette structure de financement lui permet de se couvrir contre tout risque d'exploitation.

l'existence d'EPCC à « double visage »[19], ce qui démontre l'extrême difficulté de créer des EPCC étanches sur le plan de la qualification industrielle et commerciale ou administrative.

Dans ce cadre, on précisera que le législateur a laissé aux collectivités territoriales et à leurs groupements la possibilité de déroger aux règles régissant le financement des services publics à caractère industriel et commercial en leur permettant de contribuer aux dépenses du service par des contributions provenant de leur budget général, spécifiquement pour les établissements publics de coopération culturelle (art. L. 1431-8 du CGCT) comme c'est également le cas en matière de transports publics (art. L. 1113-1 du C. transp.) ou de distribution d'eau potable et d'assainissement dans les communes et groupements de moins de 3 000 habitants (art. L. 2224-2 du CGCT).

Les comptes des services publics culturels étant rarement équilibrés, et sur le plan national, comme le révèle la sénatrice Danièle Pourtaud, beaucoup d'établissements publics nationaux sont largement subventionnés nonobstant leur caractère industriel et commercial : « Ce qui est bon pour l'État le sera donc désormais pour les collectivités territoriales et leurs établissements publics de coopération culturelle »[20].

Il s'avère néanmoins que de très nombreux EPCC ont été constitués sous le « label » industriel et commercial dans le but de relever du droit privé alors qu'ils gèrent des monuments historiques ou bien encore des maisons de la culture. Néanmoins, certains EPCC revendiquent clairement leurs activités économiques comme c'est le cas pour le Centquatre qui a pour objet notamment de « favoriser les relations entre l'art, l'entreprise et le commerce », de favoriser « le développement d'activités économiques nouvelles » et de « contribuer à la valorisation des territoires prioritaires du nord-est parisien en favorisant les actions de proximité, les dispositifs d'insertion par l'activité économique »[21]. Cet EPCC aurait peut-être plutôt dû se constituer sous la forme d'une société d'économie mixte ?

La chambre régionale des comptes a examiné le fonctionnement de l'établissement à l'aune des règles s'appliquant à la gestion d'un service public industriel et commercial. Toutefois, compte tenu du risque de requalification sus-évoqué, la chambre régionale des comptes attire l'attention de l'ordonnateur sur les conséquences, parfois très lourdes, qui en découleraient » (p. 9-10).

19. Rapport d'information n° 32, *op. cit.*, p. 13.

20. Séance du 14 juin 2001, *JO Sénat déb.*

21. Arrêté préfectoral du 26 déc. 2019 approuvant l'adhésion de la commune de Pantin (93) à l'établissement public de coopération culturelle (EPCC) « 104 Centquatre » et portant approbation des statuts modifiés de cet établissement.

Il est possible également de faire référence à l'EPCC Ateliers Médicis dont les statuts de 2021 évoquent l'existence d'un « projet de développement économique, culturel et de formation ». L'objet économique interroge également sur sa qualification en tant qu'EPCC.

Les enjeux commerciaux se révèlent également par l'intermédiaire de la création de filiales ayant un objet commercial. C'est ainsi que l'EPCC la Cité du design située à Saint-Étienne a créé, par le biais d'une délibération de son conseil d'administration, la Cité services qui est une société par actions simplifiée à associé unique (SASU) dont l'objet commercial est l'accompagnement des entreprises et des administrations dans leurs démarches d'innovation par des méthodologies de design.

Certainement plus que les autres établissements publics, les EPCC sont difficiles à appréhender sur le plan typologique, à cela il convient également de s'interroger suite aux transferts de leurs compétences.

III. Le transfert des compétences aux EPCC empreint d'hybridité matérielle

La création d'un établissement public de coopération culturelle impose l'existence d'un intérêt propre à chacune des personnes publiques concernées et à la nécessité qu'il contribue à la réalisation des objectifs nationaux dans le domaine de la culture. Il est en effet prévu que l'EPCC dispose de la caractéristique d'être « […] chargé de la création et la gestion d'un service public culturel présentant un intérêt pour chacune des personnes morales en cause et contribuant à la réalisation des objectifs nationaux dans le domaine de la culture » (art. L. 1431-1, al. 1er du CGCT). Classiquement, les EPCC exercent des compétences spécialisées résultant du transfert de ses membres.

La loi de 2002 a pris la peine de préciser que les gouvernements locaux disposent de la possibilité « […] d'individualiser la gestion d'un service public culturel relevant de leur compétence par l'intermédiaire de la création d'un établissement public de coopération culturelle » (art. L. 1412-3 du CGCT).

Les dispositions législatives précédemment énoncées n'exigent pas nécessairement l'existence d'un intérêt « commun », elles impliquent néanmoins que les intérêts parfois antagonistes de collectivités de niveaux différents arrivent à converger vers la gestion d'une activité unique.

Toujours est-il, les deux articles précédemment cités font état de l'existence de deux catégories d'EPCC : d'une part les EPCC de l'article L. 1431-1, créés avec l'État et/ou un établissement public national, devant contribuer « à la réalisation des objectifs nationaux dans le domaine de la culture », tandis que d'autre part les EPCC de l'article L. 1412-3, créés entre collectivités et/ou leurs établissements publics et/ou leurs groupements, mais sans l'État ni établissement public national, ne concernent que les services publics « relevant de leur compétence ». Néanmoins, force est de reconnaître que les compétences identifiées par les statuts des EPCC témoignent d'une certaine hybridité comme d'ailleurs le reconnaît Elsa Vivant : « Les objectifs contradictoires que les statuts attribuent à l'institution ne doivent pas tant être lus comme une feuille de route mais comme l'inscription des différences d'appréciation et d'attentes des tutelles : le maire d'une commune veut en faire l'instrument du changement d'image ; pour le second, l'institution doit d'abord servir la population ; et enfin, pour l'État, principal financeur, elle renouvellera les modes de soutien à la création contemporaine et contribuera à l'émergence de nouveaux artistes »[22].

L'EPCC dispose de compétences que ses membres ont bien voulu lui transférer. Toujours est-il, l'adhésion à la fois d'une commune membre d'un établissement public de coopération intercommunale à fiscalité propre et de ce dernier à un même EPCC soulève quelques interrogations au regard des principes qui régissent les compétences intercommunales. Ainsi, à titre d'exemple, la Métropole européenne de Lille, la ville de Lille, la région Hauts-de-France et l'État sont membres de l'EPCC « Opéra de Lille ».

Mais comment une commune membre d'un EPCI peut-elle adhérer à un EPCC alors même que cette dernière a transféré sa compétence à l'établissement public de coopération intercommunale à fiscalité propre auquel elle adhère ? Lorsqu'une commune transfère sa compétence à un EPCI, elle ne dispose plus de la possibilité d'être membre d'une autre structure (syndicat de communes, syndicat mixte, etc.) pour la même compétence dont elle n'est plus titulaire, selon le principe de non empiétement[23]. Antérieurement, nous avions eu l'occasion de remarquer une situation comparable concernant la détention du capital d'une société d'économie mixte par des communes et l'EPCI dont elles sont membres[24].

---

22. E. VIVANT, « Observer et éprouver la naissance d'une institution culturelle dans un quartier populaire », *Journal des anthropologues, dossier « Villes, cultures et engagements »* 2020, p. 191.
23. Voir F. BENCHENDIKH, *Droit de la coopération intercommunale*, Le Moniteur, coll. « Guides juridiques », 2013, p. 264.
24. F. BENCHENDIKH, « La maîtrise par les communes membres des compétences intercommunales au moyen des S.E.M.L. Analyse critique de l'article L. 1521-1 alinéa 2 du CGCT » *in* S. GUÉRARD (dir.), *Regards croisés sur l'économie mixte Approche pluridisciplinaire droit public et droit privé*, L'Harmattan, coll. « GRALE », 2006, 424 p.

La volonté des communes de conserver la maîtrise d'une compétence dont elles ne sont plus titulaires au travers d'un EPCC est assez révélatrice des caractéristiques symboliques des compétences culturelles. La volonté pour les communes sur lesquelles ces équipements importants sont situés (opéras, salles de spectacle, théâtres, etc.) de conserver une influence sur la gouvernance de l'EPCC en étant membre du conseil d'administration témoigne assez nettement de l'importance politique de la culture sur les territoires urbains. Si comme on l'a dit le maire de la commune siège de l'EPCC n'est plus membre de droit du conseil d'administration, en pratique, les édiles souhaitent demeurer présents au conseil d'administration pour peser sur la programmation culturelle de ces équipements.

Les contributions financières apportées par les membres d'un EPCC ont un caractère obligatoire dès lors qu'elles se sont engagées à contribuer à l'établissement public.

Déjà en 1992, dans le cadre des débats parlementaires relatifs à la loi n° 92-125 dite ATR du 6 février 1992, les maires de Lille et de Lyon, respectivement Pierre Mauroy et Michel Noir, avaient réussi à obtenir que les EPCI à fiscalité propre puissent financer une compétence communale par le biais des fonds de concours alors même que ces établissements publics n'étaient pas titulaires de la compétence culturelle. Ces deux élus souhaitaient justement que la communauté urbaine de Lille puisse financer l'opéra municipal et que celle de Lyon puisse apporter son concours financier à l'orchestre municipal de Lyon.

On notera que l'article L. 1431-1 alinéa 1er précité exclut pour sa part la création d'EPCC en vue de la création ou de la gestion de services qui, par leur nature ou par la loi, ne peuvent être assurés que par la collectivité territoriale elle-même. Comme l'a indiqué le rapporteur de la proposition de loi devant l'Assemblée nationale, M. Marcel Rogemont : « Seules les archives départementales et les bibliothèques départementales de prêt ont le caractère d'un service public obligatoire et unique, directement rattaché au département »[25]. Pour autant le Code général des collectivités territoriales n'impose pas aux collectivités territoriales d'exercer elles-mêmes ces compétences culturelles, elles peuvent en déléguer leur exercice. On peut ajouter que les archives communales sont une compétence obligatoire pour les communes par l'intermédiaire des dépenses obligatoires qu'elles doivent consacrer aux frais de conservation (art. L. 2321-2 2° du CGCT).

25. Rapport n° 3265 fait au nom de la commission des affaires culturelles, familiales et sociales sur la proposition de loi (n° 3149) adoptée par le Sénat relative à la création d'établissements publics de coopération culturelle, par Marcel Rogemont, enregistré à la Présidence de l'Assemblée nationale le 25 sept. 2001.

On l'aura compris ce désir de culture en commun présente différents enjeux aux tènements empreints de difficultés juridiques. La création d'un EPCC a pour effet de générer une production culturelle spécifique. La composition du conseil d'administration, la qualification en EPA ou EPIC et la diversité des compétences exercées sont autant d'éléments qui impactent directement la programmation culturelle de l'EPCC. Si une collectivité décentralisée avait fait le choix d'exercer seule sa compétence culturelle, le projet culturel aurait été bien différent eu égard à la gouvernance de cette institution de coopération culturelle.

En d'autres termes, l'EPCC semble devenir un nouveau « label » dans le domaine de la culture alors même que parfois le choix de la création d'une SEML pourrait s'avérer plus pertinent à l'aune d'un objet social très axé sur le développement économique et commercial du projet culturel.

Il apparaît nettement que la commercialisation du projet culturel se développe avec la création de filiales d'EPCC ce qui peut légitimement nous interroger sur l'apparition d'une curieuse façon d'appréhender la culture en commun ?

LES SERVICES DÉPARTEMENTAUX D'INCENDIE ET DE SECOURS

Franck DURAND
Maître de conférences HDR en droit public
Chercheur au Centre de recherches droit et territoire (CRDT), EA 3312
Université de Reims Champagne-Ardenne
Chercheur associé au Centre d'études et de recherches de sciences administratives et politiques (CERSA), UMR CNRS 7106
Université Paris-II - Panthéon-Assas, CNRS

À l'origine communaux, la loi municipale du 5 avril 1884 confiant au maire la responsabilité de la lutte contre les accidents et les fléaux, puis pouvant être intercommunaux à partir de 1903, afin de pouvoir répartir leur financement entre plusieurs communes[1], les services de secours et d'incendie (SDIS) peuvent être organisés dans le cadre départemental à partir de 1938[2].

Créés en application de l'article 8 du décret du 12 novembre 1938 complétant l'article 136 de la loi du 5 avril 1884, les services départementaux d'incendie assurent la protection contre l'incendie, dans le cadre géographique du département, au moyen de centres de secours soigneusement répartis, les dépenses d'équipement et de fonctionnement de ces centres étant ventilées entre toutes les communes sous forme de cotisations communales. Organismes de coordination animés par le préfet, les services départementaux d'incendie mettent le personnel et le matériel des centres de secours à la disposition des communes qui leur sont rattachées, sans préjudice des pouvoirs de police et d'administration exercés par les maires sur leur corps de sapeurs-pompiers.

1. Décret du 10 nov. 1903 modifiant le décret du 29 déc. 1875 sur l'organisation des corps de sapeurs-pompiers communaux (*JO* 13 nov., p. 6866).
2. Décret-loi du 12 nov. 1938 relatif à l'administration départementale et communale (*JORF* 13 nov. 1938, p. 12924).

Si ce dispositif renforce incontestablement l'efficacité de la lutte contre l'incendie grâce à une modernisation accélérée du matériel et à une meilleure utilisation de celui-ci, la Cour des comptes, dans un référé du 8 août 1953, relève de multiples inconvénients d'ordre financier et administratif, résultant de la « situation irrégulière » dans laquelle fonctionnent les services départementaux d'incendie qui sont dépourvus d'un véritable statut. La Cour des comptes souligne, en particulier, qu'en l'absence de personnalité juridique, ces organismes ne peuvent légalement exercer d'activité alors qu'en fait ils disposent, par l'artifice d'un compte hors budget départemental agréé en 1942, de ressources importantes provenant de cotisations communales, de subventions de l'État et du département.

Afin de satisfaire aux observations de la Cour des comptes[3], le gouvernement décide de conférer la personnalité juridique et l'autonomie financière au service de protection contre l'incendie, en l'érigeant en établissement public départemental dont la gestion est assurée, sous l'autorité du préfet par la « commission spéciale d'incendie », organe administratif composé d'élus départementaux, municipaux et de sapeurs-pompiers[4], instaurée au sein de chaque département. Cette évolution juridique permet de préserver l'efficacité de l'organisation départementale sans entraîner aucune dépense nouvelle à la charge de l'État, ni des collectivités locales.

Le décret n° 55-812 du 20 mai 1955 relatif aux services de protection départementaux contre l'incendie[5] dispose donc qu'est créé, dans chaque département, par un arrêté du préfet pris sur avis conforme du conseil général, un service départemental de protection contre l'incendie, sous forme d'établissement public, chargé de fournir des moyens en personnel et en matériel aux centres de secours des communes. Des centres de secours communaux sont institués, avec l'accord du conseil municipal compétent, dans les communes pourvues d'un corps de sapeurs-pompiers et disposant d'un matériel de secours et de locaux suffisants. Les centres de secours ainsi créés sont tenus de mettre leur personnel et leur matériel à la disposition du service départemental de protection contre l'incendie. Le budget du service de protection contre l'incendie est abondé par les cotisations annuelles des communes dont le montant est fixé chaque année par le préfet, sur avis de la

3. Et de se conformer aux objectifs de la loi du 14 août 1954, prorogée par la loi n° 55-349 du 2 avr. 1955.
4. Conformément à l'article 5 du décret, cette commission comprend : trois membres du conseil général, élus par cette assemblée; trois maires désignés par le préfet et représentant chacun des communes d'importance différente; l'inspecteur départemental des services d'incendie; trois officiers de sapeurs-pompiers, inspecteurs adjoints ou à défaut chefs de corps désignés par le préfet.
5. *JORF* 22 mai 1955, p. 5145.

commission administrative et du conseil général, par la contribution du département et par les subventions de l'État et des communes ainsi que des collectivités publiques ou privées.

Le décret de 1955 reprend donc très largement les principes du décret de 1938, confirme et renforce l'importance de l'échelon départemental en développant ses prérogatives juridiques et financières et en accroissant ses moyens humains et matériels. L'élargissement progressif du cadre territorial s'explique par la nécessité de faire face à des besoins de financement toujours plus importants, afin de pouvoir déployer des moyens d'ampleur face aux sollicitations plus nombreuses et plus complexes. Dans cette logique, les nouvelles intercommunalités urbaines voient les services d'incendie et de secours figurer au nombre des compétences qu'elles doivent obligatoirement assumer. Tel est le cas des districts en 1959, puis des communautés urbaines en 1966.

Au lendemain de l'acte I de la décentralisation, l'organisation des services d'incendie et de secours résulte des dispositions du Code des communes et de la loi nº 87-565 du 22 juillet 1987 relative à l'organisation de la sécurité civile, à la protection de la forêt contre l'incendie et à la prévention des risques majeurs. Ces textes réaffirment le partage des compétences entre l'État et les collectivités locales, le maire étant chargé par l'article L. 131-2 du Code des communes de « prévenir, par des précautions convenables, et de faire cesser, par la distribution des secours nécessaires, les accidents et les fléaux calamiteux, ainsi que les pollutions de toute nature, tels que les incendies, les inondations » et de « pourvoir d'urgence à toutes les mesures d'assistance et de secours et, s'il y a lieu, de provoquer l'intervention de l'administration supérieure » ; l'article L. 131-13 autorisant le représentant de l'État dans le département à prendre toute mesure utile en ce domaine, en cas de carence des autorités municipales.

Le décret nº 88-623 du 6 mai 1988 relatif à l'organisation générale des services d'incendie et de secours[6] dispose à son article 1er que « Les services d'incendie et de secours sont chargés de la lutte et de la protection contre les incendies et contre les autres accidents, sinistres et catastrophes », l'alinéa 2 précisant que : « Les services d'incendie et de secours sont composés de services départementaux d'incendie et de secours et de corps de sapeurs-pompiers organisés, soit sur le plan départemental, soit sur le plan communal ou intercommunal »[7]. L'alinéa 3 de ce

6. *JORF* 8 mai 1988, p. 6638.

7. Au demeurant, le cadre retenu pour l'organisation des services de secours n'affecte en rien l'obligation faite aux communes de les financer, puisque l'article L. 221-2-7° du Code des communes, dispose alors que font partie des dépenses obligatoires pour les communes « les dépenses de personnel et de

même article premier indique que : « Pour l'exercice de leurs missions et leur organisation générale, les services d'incendie et de secours relèvent du ministre chargé de la Sécurité civile, du préfet et du maire, selon les dispositions du Code des communes et celles de la loi du 22 juillet 1987 ».

L'article 4 du décret n° 88623 du 6 mai 1988 dispose quant à lui que le service départemental d'incendie et de secours est un établissement public départemental[8] ayant pour fonction de « mettre directement ou par l'intermédiaire des corps communaux ou intercommunaux [...] les moyens en personnel et en matériel à la disposition des communes qui ne possèdent pas un corps de sapeurs-pompiers ou, sous forme de renforts, à la disposition des communes ou des établissements de coopération intercommunale qui possèdent un corps dont les effectifs et les moyens sont insuffisants. Il procède, en outre, à l'étude des mesures de prévention, de protection et d'organisation des secours ». Chaque SDIS est doté d'une commission administrative, organe de gestion consultatif présidé par le président du conseil général.

Si le décret n° 88-623 du 6 mai 1988 relatif à l'organisation générale des services d'incendie et de secours permet au SDIS de gérer, partiellement ou totalement, les moyens de secours, il laisse subsister une organisation hétérogène et complexe des services de secours, où sont intriquées plusieurs structures et diverses compétences (SDIS, corps communaux ou intercommunaux, des maires, préfet, président du conseil général, etc.).

Afin d'harmoniser l'organisation des services d'incendie et de secours, l'article 89 de la loi n° 92-125 du 6 février 1992[9] relative à l'administration territoriale de la République prévoit d'instaurer une compétence exclusive du service départemental d'incendie et de secours, à compter du 1er janvier 1993[10], pour la gestion de tous les moyens en personnels, matériels et financiers consacrés par les communes, les établissements publics intercommunaux – à l'exception des communautés urbaines, sauf si elles en décident autrement – et les départements, à la lutte contre les incendies et contre les autres accidents, sinistres et catastrophes.

---

matériel relatives au service de secours et de défense contre l'incendie, ledit service étant organisé dans le cadre communal, intercommunal ou départemental ».

8. Créé par délibération du conseil général.

9. Cette disposition est issue d'un amendement parlementaire déposé au cours de la discussion.

10. L'échéance est ensuite repoussée au 1er janv. 1995, par l'article 88 de la loi n° 93-121 du 27 janv. 1993 portant diverses mesures d'ordre social.

Il faut toutefois attendre la loi du 3 mai 1996[11], adoptée à l'issue d'une vaste concertation préalable[12] et d'un long cheminement procédural[13], pour que soit mise en œuvre une véritable départementalisation de l'organisation territoriale des services d'incendie et de secours, afin de leur permettre de faire face plus efficacement à une activité sans cesse croissante et à des risques de plus en plus diversifiés, grâce à une meilleure coordination de leurs moyens au niveau du département.

Le nouveau SDIS résultant de la loi de 1996 marque incontestablement une étape déterminante, en ce qu'il permet de renforcer les capacités – et donc l'efficacité – des services d'incendie et de secours dans un cadre organisationnel plus homogène, facilitant ainsi la résolution de certaines difficultés. Pour autant, il en a laissé perdurer d'autres et en a même créé de nouvelles, amenant plusieurs évolutions juridiques posées notamment par différentes lois qui se sont succédé : concernant la modernisation de la sécurité civile (2004)[14], relative aux sapeurs-pompiers professionnels et aux sapeurs-pompiers volontaires (2016)[15], visant à consolider notre modèle de sécurité civile et valoriser le volontariat des sapeurs-pompiers et les sapeurs-pompiers professionnels dite « loi Matras » (2021)[16], visant à renforcer la prévention et la lutte contre l'intensification et l'extension du risque incendie (2023)[17]. S'y ajoutent les ordonnances de 2009[18] et de 2015[19].

---

11. Loi n° 96-369 du 3 mai 1996 relative aux services d'incendie et de secours, *JORF* 4 mai, p. 6728.
12. Un groupe de travail composé de représentants des associations d'élus et de sapeurs-pompiers a été mis en place au mois d'octobre 1993 par le ministre de l'Intérieur et de l'Aménagement du territoire afin d'élaborer les modalités d'application du principe de la départementalisation des services d'incendie et de secours, posé par l'article 89 de la loi du 6 février 1992 relative à l'administration territoriale de la République.
13. Examiné en Conseil des ministres le 28 sept. 1994, le projet de loi a d'abord été déposé sur le bureau du Sénat et renvoyé à la commission des lois, puis retiré par le gouvernement en janvier 1995 pour être déposé devant l'Assemblée nationale qui l'a examiné lors d'une session extraordinaire et adopté, après modifications, le 17 janv. 1995. Adopté par le Sénat, après de nouvelles modifications, le projet passe finalement en commission mixte avant d'être définitivement adopté.
14. Loi n° 2004-811 du 13 août 2004 de modernisation de la sécurité civile.
15. Loi n° 2016-1867 du 27 déc. 2016 relative aux sapeurs-pompiers professionnels et aux sapeurs-pompiers volontaires.
16. Loi n° 2021-1520 du 25 nov. 2021 visant à consolider notre modèle de sécurité civile et valoriser le volontariat des sapeurs-pompiers et les sapeurs-pompiers professionnels.
17. Loi n° 2023-580 du 10 juill. 2023 visant à renforcer la prévention et la lutte contre l'intensification et l'extension du risque incendie.
18. Ord. n° 2009-1530 du 10 déc. 2009 modifiant la partie législative du Code général des collectivités territoriales.
19. Ord. n° 2015-683 du 18 juin 2015 transférant aux services départementaux d'incendie et de secours l'organisation des élections à leurs conseils d'administration et leurs instances consultatives.

Ces nombreuses évolutions législatives semblent de nature à justifier le développement d'une réflexion actualisée sur l'organisation (I) et le financement (II) des services départementaux d'incendie et de secours.

I. L'organisation des services départementaux d'incendie et de secours

La volonté de laisser les communes libres de s'organiser en fonction de leurs choix politiques et de leurs capacités financières a eu pour effet de générer une grande diversité au niveau des moyens[20] et une importante hétérogénéité des modalités d'organisation[21], puisque les services d'incendie et de secours demeurent composés, d'une part, de services départementaux d'incendie et de secours et, d'autre part, de corps de sapeurs-pompiers organisés, soit au niveau départemental, soit au niveau communal ou intercommunal[22].

Afin de mettre un terme à cette situation hétérogène et dans un double souci de rationalisation organisationnelle et de renforcement de l'efficacité opérationnelle, la loi du 3 mai 1996 instaure une départementalisation obligatoire des services d'incendie et de secours s'inscrivant dans la logique d'une gestion unique par le SDIS des moyens consacrés par les collectivités locales aux services d'incendie

20. Ainsi, selon le bilan établi en avr. 1995 par la Direction de la sécurité civile, au 1er janv. 1994, les sapeurs-pompiers étaient répartis en 10 238 unités opérationnelles, classées en trois catégories suivant leur importance :
- 538 centres de secours principaux, en général implantés dans les villes de plus de 30 000 habitants et comprenant la majorité des sapeurs-pompiers professionnels ;
- 2 441 centres de secours, couvrant en moyenne une quinzaine de communes et majoritairement composés de sapeurs-pompiers volontaires ;
- 7 259 centres de première intervention, constitués, sauf exception, de sapeurs-pompiers volontaires (dont 5 999 à compétence communale et 1 260 intégrés au dispositif départemental).

Rapport (n° 320 - 21 juin 1995) de M. René-Georges Laurin au nom de la commission des Lois constitutionnelles, de législation, du suffrage universel, du Règlement et d'administration générale sur le projet de loi relatif aux services d'incendie et de secours, p. 12.

21. Toujours selon le bilan établi en avr. 1995 par la Direction de la sécurité civile, il existe alors 10 départements dits « départementalisés » où la gestion des personnels et des matériels est entièrement centralisée au niveau du département et 16 départements où le degré de « départementalisation » est considéré comme important en raison d'une départementalisation partielle portant soit sur les personnels, soit sur les matériels. De plus, dans 49 départements, un corps départemental des sapeurs-pompiers coexiste avec des corps communaux ou intercommunaux autonomes, alors que 20 départements ne disposent pas de corps départemental. Enfin, les départements de Paris et de la petite Couronne, confiés à la Brigade des sapeurs-pompiers de Paris (BSPP), ne comportent pas de service départemental d'incendie et de secours. Annexe au Rapport n° 321 précité, p. 131.

22. Conformément à l'article 1er du décret n° 88-623 du 6 mai 1988 relatif à l'organisation générale des services d'incendie et de secours.

et de secours. La loi opère ainsi le transfert, au profit des SDIS dont l'organisation est redéfinie, des pouvoirs de gestion exercés antérieurement par les communes et les établissements publics de coopération intercommunale (EPCI) sans toutefois modifier les pouvoirs de police du maire et du préfet, en matière de secours et de lutte contre l'incendie.

Les réformes successives confirmeront, pour l'essentiel, l'architecture générale posée par la loi du 3 mai 1996, tant au niveau des structures (A) que du fonctionnement (B) des services départementaux d'incendie et de secours. Leur coopération peut être institutionnalisée par la création d'un établissement public interdépartemental d'incendie et de secours (C).

A. Les structures du service départemental d'incendie et de secours

Établissement public créé au sein de chaque département[23], le service départemental d'incendie et de secours est organisé en centres d'incendie et de secours et en services qui peuvent être regroupés au sein de groupements et de sous-directions, dont une sous-direction santé, comprenant au moins un service de santé et de secours médical[24].

Le SDIS comporte un corps départemental de sapeurs-pompiers, composé de sapeurs-pompiers professionnels, de sapeurs-pompiers volontaires, de volontaires en service civique des sapeurs-pompiers et, le cas échéant, de membres de la réserve citoyenne. Les corps communaux ou intercommunaux de sapeurs-pompiers, organisés en centres de première intervention qui relèvent des communes ou des établissements publics de coopération intercommunale, ont la qualité de services locaux d'incendie et de secours.

Lorsqu'il exerce ses missions dans le ressort d'une circonscription administrative départementale de l'État et qu'il relève d'une collectivité à statut particulier, l'établissement public en charge des secours et de la lutte contre l'incendie constitue un service territorial d'incendie et de secours[25].

---

23. À l'exception des départements de Paris, des Hauts-de-Seine, de Seine-Saint-Denis et du Val-de-Marne où le service d'incendie et de secours est assuré par la Brigade de sapeurs-pompiers de Paris (BSPP), corps militaire placé pour emploi auprès du préfet de police de Paris. En revanche, il existe un SDIS des Bouches-du-Rhône, le Corps des marins-pompiers de Marseille n'étant compétent que pour la ville de Marseille, le port de Marseille, l'aéroport Marseille-Provence, Airbus Helicopters et les ports de Fos-sur-Mer et Port-de-Bouc.

24. Art. L. 1424-1 du Code général des collectivités territoriales (CGCT).

25. Constituent ainsi des services territoriaux d'incendie et de secours : le service départemental-métropolitain d'incendie et de secours (SDMIS) de Lyon et du Rhône; les services d'incendie et de secours (SIS) des deux départements de Corse; les services d'incendie et de secours (SIS) des

En application de l'article R. 1424-1-1 du CGCT, les services départementaux d'incendie et de secours sont classés, par ordre décroissant, en trois catégories A, B et C, sur la base de la population[26], par arrêté du ministre chargé de la Sécurité civile. Lorsque l'existence de risques particuliers le justifie, le ministre peut, sur proposition du préfet du département, après avis conforme du conseil d'administration du service d'incendie et de secours concerné et sur rapport de l'inspection générale de la sécurité civile, classer ce service dans la catégorie immédiatement supérieure à celle résultant de l'application du premier alinéa. L'organisation du service départemental ou territorial d'incendie et de secours ainsi que le niveau et la répartition des grades des officiers qui y sont affectés sont déterminés en fonction de son classement.

Cette répartition s'opérait, au 31 octobre 2018[27], à raison de :

– 21 SDIS de catégorie A : population départementale supérieure ou égale à 900 000 habitants ;
– 37 SDIS de catégorie B : population départementale supérieure ou égale à 400 000 habitants et inférieure à 900 000 habitants ;
– 39 SDIS de catégorie C : population départementale inférieure à 400 000 habitants.

1. Le conseil d'administration

Le service départemental d'incendie et de secours est administré par un conseil d'administration de quinze membres au moins et de trente membres au plus, composé de représentants du département, des communes et des établissements publics de coopération intercommunale compétents en matière de secours et de lutte contre l'incendie. Les sièges, pourvus par voie élective dans les quatre mois

deux départements d'Alsace.

26. Telle que définie à l'article L. 3334-2 du CGCT.

27. Derniers chiffres connus à la date de la publication.

suivant le renouvellement des assemblées délibérantes concernées[28], sont répartis[29] entre, d'une part, le département qui ne peut détenir moins des trois cinquièmes du nombre total de sièges, et, d'autre part, les communes et établissements publics de coopération intercommunale qui ne peuvent détenir moins du cinquième du nombre total de sièges.

Le conseil d'administration est présidé par le président du conseil départemental ou l'un des membres du conseil d'administration désigné par lui après le renouvellement des représentants du département et celui des représentants des communes et des EPCI. Le bureau[30] du conseil d'administration est composé du président, de trois vice-présidents et, le cas échéant, d'un membre supplémentaire. Le bureau peut se voir déléguer par le conseil d'administration une partie de ses attributions, à l'exception des délibérations relatives à l'adoption du budget et du compte administratif, des délibérations concernant le nombre et la répartition des sièges au conseil d'administration et des délibérations relatives aux contributions financières.

28. Les représentants du département sont élus au scrutin de liste à un tour par le conseil départemental en son sein. Les listes de candidats doivent être composées alternativement d'un candidat de chaque sexe. La liste ayant obtenu le plus de voix se voit attribuer la moitié du nombre de sièges à pourvoir, les autres sièges étant répartis entre toutes les listes à la représentation proportionnelle suivant la règle de la plus forte moyenne.
Les représentants des établissements publics de coopération intercommunale sont élus par les présidents de ceux-ci au scrutin proportionnel au plus fort reste parmi les membres de leurs organes délibérants et les membres des conseils municipaux des communes membres. Les représentants des communes non membres de ces établissements publics sont élus par les maires de celles-ci parmi les membres leurs conseils municipaux au scrutin proportionnel au plus fort reste. Les listes de candidats doivent être composées alternativement d'un candidat de chaque sexe. Le nombre de suffrages dont dispose chaque maire et chaque président d'EPCI au sein de leur collège électoral respectif est proportionnel à la population de la commune ou des communes composant l'établissement public. Il est fixé par arrêté du président du conseil d'administration du service d'incendie et de secours après délibération du conseil.
Des suppléants sont élus dans les mêmes conditions que les membres titulaires.

29. Dans les six mois qui précèdent le renouvellement des représentants des communes et des EPCI, le conseil d'administration délibère sur le nombre et la répartition de ses sièges qui sont arrêtés par le président du conseil d'administration au vu de cette délibération.

30. La composition du bureau est fixée par le conseil d'administration lors de la première réunion suivant chaque renouvellement. Au cours de cette réunion, les membres du bureau autres que le président sont élus parmi les membres du conseil d'administration ayant voix délibérative à la majorité absolue de ces derniers. Le premier et le troisième vice-président sont de sexe différent de celui du président. Un vice-président au moins est élu parmi les représentants des communes et des EPCI.

Conformément à l'article L. 1424-24-5 du CGCT, assistent de droit aux réunions du conseil d'administration du SDIS, avec voix consultative :

1. le directeur départemental des services d'incendie et de secours ;
2. le médecin-chef de la sous-direction santé, sous-directeur ;
3. un sapeur-pompier professionnel officier, un sapeur-pompier professionnel non officier, un sapeur-pompier volontaire officier, un sapeur-pompier volontaire non officier et un représentant des fonctionnaires territoriaux du service d'incendie et de secours n'ayant pas la qualité de sapeur-pompier professionnel, en qualité de membre élu de la commission administrative et technique des services d'incendie et de secours ;
4. le président de l'union départementale des sapeurs-pompiers ;
5. le référent mixité et lutte contre les discriminations ;
6. le référent sûreté et sécurité.

Le conseil d'administration peut, en outre, prévoir la représentation, avec voix consultative, des organismes partenaires du service d'incendie et de secours. Les représentants des organismes ainsi désignés par le conseil d'administration sont nommés par le président du conseil d'administration sur proposition de ceux-ci.

Le préfet ou son représentant assiste de plein droit aux séances du conseil d'administration. Il peut demander une nouvelle délibération à l'égard de toute délibération paraissant de nature à affecter la capacité opérationnelle du service d'incendie et de secours ou la bonne distribution des moyens.

Le conseil d'administration se réunit à l'initiative de son président au moins une fois par semestre ou, en cas d'urgence, sur convocation de son président, à l'initiative de celui-ci ou sur demande du préfet ou d'un cinquième des membres ayant voix délibérative, sur un ordre du jour déterminé. Le conseil d'administration se réunit de plein droit le troisième jour suivant l'envoi de la convocation au préfet et à ses membres.

Le conseil d'administration règle par ses délibérations les affaires relatives à l'administration du service d'incendie et de secours, son président étant chargé de l'administration du service d'incendie et de secours. À ce titre, il prépare et exécute les délibérations du conseil d'administration ; il passe les marchés au nom de l'établissement, reçoit en son nom les dons, legs et subventions ; il représente l'établissement en justice ; en est l'ordonnateur et nomme les personnels du service d'incendie et de secours.

Le président du conseil d'administration peut, en outre, par délégation du conseil d'administration, être chargé de procéder, dans les limites déterminées par le conseil d'administration, à la réalisation des emprunts destinés au financement des investissements prévus par le budget et de passer à cet effet les actes nécessaires ; il peut aussi, dans les mêmes conditions, décider de déroger à l'obligation de dépôt des fonds auprès de l'État. Le président du conseil d'administration peut être chargé de prendre toute décision concernant la préparation, la passation, l'exécution et le règlement des marchés de travaux, de fournitures et de services pouvant être passés selon une procédure adaptée.

Le président du conseil d'administration peut déléguer, par arrêté, sous sa surveillance et sa responsabilité, l'exercice d'une partie de ses fonctions aux membres du bureau du conseil d'administration.

En cas d'absence ou d'empêchement de toute nature, le président du conseil d'administration est provisoirement remplacé dans la plénitude de ses fonctions par le premier vice-président et, en cas d'absence ou d'empêchement de celui-ci, par un autre vice-président. En cas de vacance simultanée des sièges du président et des vice-présidents, le conseil d'administration est convoqué en urgence par le doyen d'âge pour procéder à l'élection d'un nouveau bureau.

2. La commission administrative et technique des services d'incendie et de secours

Auprès du conseil d'administration du service départemental d'incendie et de secours est créée une commission administrative et technique des services d'incendie et de secours, présidée par le directeur départemental des services d'incendie et de secours. Elle est consultée sur les questions d'ordre technique ou opérationnel intéressant les services d'incendie et de secours.

La commission administrative et technique des services d'incendie et de secours comprend :

1. des représentants des sapeurs-pompiers professionnels et volontaires;
2. des représentants des fonctionnaires territoriaux du service d'incendie et de secours n'ayant pas la qualité de sapeur-pompier professionnel;
3. le médecin-chef de la sous-direction santé, le référent mixité et lutte contre les discriminations ainsi que le référent sûreté et sécurité.

Les élections à la commission administrative et technique des services d'incendie et de secours sont organisées par le service d'incendie et de secours dans les quatre mois suivant le renouvellement général des conseils municipaux.

3. Le directeur départemental des services d'incendie et de secours

Le service départemental ou territorial d'incendie et de secours est placé sous l'autorité d'un directeur départemental des services d'incendie et de secours qui exerce les fonctions de directeur de l'établissement public et de chef du corps départemental des sapeurs-pompiers. Il est assisté d'un directeur départemental adjoint qui le remplace dans l'ensemble de ses fonctions en cas d'absence ou d'empêchement.

Le directeur départemental des services d'incendie et de secours est placé sous l'autorité du représentant de l'État dans le département pour :

– la direction opérationnelle du service d'incendie et de secours et de son corps départemental de sapeurs-pompiers ;
– la direction des actions de prévention relevant du service d'incendie et de secours ;
– le contrôle et la coordination de l'ensemble des corps communaux et intercommunaux ;
– la mise en œuvre opérationnelle de l'ensemble des moyens de secours et de lutte contre l'incendie.

Le directeur départemental des services d'incendie et de secours est placé sous l'autorité du président du conseil d'administration du service d'incendie et de secours pour la gestion administrative et financière de l'établissement, il peut être assisté d'un ou de plusieurs sous-directeurs et bénéficie de l'expertise du médecin-chef, en sa qualité de conseiller médical.

Le représentant de l'État dans le département et le président du conseil d'administration peuvent accorder une délégation de signature au directeur départemental, au directeur départemental adjoint et, dans la limite de leurs attributions respectives, aux sous-directeurs, aux chefs de groupement, aux chefs de service et aux chefs des centres d'incendie et de secours.

4. Les centres d'incendie et de secours

Conformément à l'article R. 1424-39, les centres d'incendie et de secours sont créés et classés par arrêté du préfet en fonction du schéma départemental d'analyse et de couverture des risques et du règlement opérationnel ainsi que du nombre et type de départ en intervention assurés.

Afin d'opérer ce classement, sont retenus les critères suivants :

a. les centres d'incendie et de secours assurant simultanément au moins un départ en intervention pour une mission de lutte contre l'incendie, deux départs en intervention pour une mission de secours et soins d'urgence aux personnes et un autre départ en intervention ;

b. les centres d'incendie et de secours assurant simultanément au moins un départ en intervention pour une mission de lutte contre l'incendie ou un départ en intervention pour une mission de secours et soins d'urgence aux personnes et un autre départ en intervention ;

c. les centres d'incendie et de secours assurant au moins un départ en intervention.

Chaque centre d'incendie et de secours dispose, selon la catégorie à laquelle il appartient, d'un effectif lui permettant au minimum d'assurer la garde et les départs en intervention dans les conditions ci-dessus définies. Cet effectif est fixé dans le respect des dispositions du schéma départemental d'analyse et de couverture des risques et du règlement opérationnel.

Les personnels de garde sont susceptibles de partir immédiatement en intervention ; les personnels d'astreinte sont susceptibles de partir en intervention dans un délai fixé par le règlement opérationnel. Un centre d'incendie et de secours est dit mixte lorsqu'il comprend à la fois des sapeurs-pompiers professionnels et des sapeurs-pompiers volontaires.

B. Le fonctionnement du service départemental d'incendie et de secours

Afin d'accomplir les missions prévues à l'article L. 1424-2 du CGCT, l'organisation territoriale du service d'incendie et de secours s'appuie sur les centres d'incendie et de secours, unités opérationnelles chargées principalement des interventions et tient compte du schéma départemental d'analyse et de couverture des risques.

L'article R. 1424-1 du CGCT précise que le service départemental ou territorial d'incendie et de secours comprend également des services opérationnels, administratifs ou techniques, notamment ceux chargés de la prévention, de la prévision, de la logistique et de la technique, des ressources humaines, de la formation, de l'administration et des finances. Ces services et ces centres peuvent être organisés au sein de groupements, eux-mêmes organisés au sein de sous-directions, qui réalisent des activités opérationnelles, administratives ou techniques.

Un arrêté conjoint du préfet et du président du conseil d'administration du service d'incendie et de secours fixe, après avis du conseil d'administration, l'organisation du service départemental, afin qu'il soit en mesure de satisfaire aux missions qui lui sont imparties par le Code général des collectivités territoriales.

Conformément à l'article R. 1424-43 du CGCT, le commandement des opérations de secours est assuré par un sapeur-pompier professionnel ou volontaire, dans les conditions fixées par le règlement opérationnel et sous l'autorité du préfet ou du maire agissant dans le cadre de leurs pouvoirs respectifs de police.

1. Les missions des services d'incendie et secours

Conformément à l'article L. 1424-2 du CGCT, les services d'incendie et de secours sont chargés de la prévention, de la protection et de la lutte contre les incendies. À ce titre, « ils concourent, avec les autres services et professionnels concernés, à la protection et à la lutte contre les autres accidents, sinistres et catastrophes, à l'évaluation et à la prévention des risques technologiques ou naturels ainsi qu'aux secours et aux soins d'urgence ».

Dans le cadre de leurs compétences, les services d'incendie et de secours exercent les missions suivantes :

1. la prévention et l'évaluation des risques de sécurité civile ;
2. la préparation des mesures de sauvegarde et l'organisation des moyens de secours ;
3. la protection des personnes, des animaux, des biens et de l'environnement ;
4. les secours et les soins d'urgence aux personnes ainsi que leur évacuation, lorsqu'elles :
   a. sont victimes d'accidents, de sinistres ou de catastrophes,
   b. présentent des signes de détresse vitale,
   c. présentent des signes de détresse fonctionnelle justifiant l'urgence à agir.

Face à la multiplication de demandes d'intervention sans rapport avec le cœur de leur activité, l'article L. 1424-42 du CGCT est venu préciser que les services d'incendie et de secours ne sont tenus de procéder qu'aux seules opérations de secours qui se rattachent directement à leurs missions de service public définies à l'article L. 1424-2 du CGCT.

S'ils sont sollicités pour des interventions ne se rattachant pas directement à l'exercice de leurs missions, les services d'incendie et de secours peuvent différer ou refuser leur engagement afin de préserver une disponibilité opérationnelle pour les missions déterminées par l'article L. 1424-2.

S'ils ont procédé à des interventions ne se rattachant pas directement à l'exercice de leurs missions, les services d'incendie et de secours peuvent demander aux personnes physiques ou morales bénéficiaires ou demandeuses une participation aux frais, dans les conditions déterminées par délibération du conseil d'administration.

En vertu de l'article L. 1424-3 du CGCT, « les services d'incendie et de secours sont placés pour emploi sous l'autorité du maire ou du préfet, agissant dans le cadre de leurs pouvoirs respectifs de police ». Le maire et le préfet disposent ainsi des moyens des services d'incendie et de secours pour mettre en œuvre leurs missions de prévention, notamment s'agissant de la réglementation applicable aux risques d'incendie et de panique dans les établissements recevant du public.

Le conseil d'administration définit les moyens du service départemental ou territorial d'incendie et de secours consacrés aux actions de prévention en tenant compte du nombre d'établissements dans le département relevant de la réglementation applicable aux risques d'incendie et de panique dans les établissements recevant du public.

Dans le cadre de l'exercice de leurs pouvoirs de police respectifs, le maire et le préfet mettent en œuvre les moyens relevant des services d'incendie et de secours dans les conditions prévues par un règlement opérationnel arrêté par le préfet, après avis du conseil d'administration du service d'incendie et de secours, qui détermine également l'organisation du commandement des opérations de secours.

2. Le schéma départemental d'analyse et de couverture des risques (SDACR)

En application de l'article L. 1424-7 du CGCT, un schéma départemental d'analyse et de couverture des risques dresse l'inventaire des risques de toute nature pour la sécurité des personnes et des biens, auxquels doivent faire face les services d'incendie et de secours dans le département et détermine les objectifs de couverture de ces risques par ceux-ci. Il comprend une partie relative au risque d'incendie de forêt, de surfaces agricoles et de végétation et détermine les objectifs de couverture de ce risque.

Le schéma départemental d'analyse et de couverture des risques est élaboré, sous l'autorité du préfet, par le service départemental ou territorial d'incendie et de secours. Après avis du conseil départemental, le représentant de l'État dans le département arrête le schéma départemental sur avis conforme du conseil d'administration du service d'incendie et de secours.

Le schéma départemental d'analyse et de couverture des risques est révisé tous les cinq ans, après une évaluation des objectifs du précédent schéma.

L'article R. 1424-38 du CGCT vient préciser que le schéma départemental d'analyse et de couverture des risques, prévu à l'article L. 1424-7 du CGCT, est arrêté par le préfet après qu'il ait recueilli l'avis du comité social territorial, du comité consultatif départemental des sapeurs-pompiers volontaires et de la commission administrative et technique des services d'incendie et de secours sur le projet de schéma. Ce projet est également présenté au collège des chefs de service de l'État.

Le schéma départemental d'analyse et de couverture des risques est publié aux recueils des actes administratifs de la préfecture et du service d'incendie et de secours et peut être consulté sur demande à la préfecture, dans les sous-préfectures et au siège du service d'incendie et de secours.

3. Le règlement opérationnel

L'article R. 1424-42 du CGCT, dispose que le règlement opérationnel mentionné à l'article L. 1424-4 du CGCT est arrêté par le préfet, après avis du comité social territorial départemental, de la commission administrative et technique des services d'incendie et de secours et du conseil d'administration.

Le règlement opérationnel s'appuie particulièrement sur le schéma départemental d'analyse et de couverture des risques. Il fixe les consignes opérationnelles relatives aux différentes missions des services d'incendie et de secours et détermine obligatoirement l'effectif minimum et les matériels nécessaires, dans le respect des prescriptions suivantes :

a. les missions de lutte contre l'incendie nécessitent au moins un engin pompe-tonne et six à huit sapeurs-pompiers ;

b. les missions de secours d'urgence aux personnes nécessitent au moins un véhicule de secours aux asphyxiés et blessés et trois ou quatre sapeurs-pompiers ;

c. pour les autres missions prévues par l'article L. 1424-2, les moyens doivent être mis en œuvre par au moins deux sapeurs-pompiers.

Le règlement opérationnel détermine ceux des véhicules pour lesquels ces armements peuvent être différents de ceux définis ci-dessus. Le règlement opérationnel est publié aux recueils des actes administratifs de la préfecture et du service départemental d'incendie et de secours. Il est notifié à tous les maires du département.

4. Le centre opérationnel départemental d'incendie et de secours (CODIS)

Le centre opérationnel départemental d'incendie et de secours dénommé CODIS est l'organe de coordination de l'activité opérationnelle des services d'incendie et de secours du département. Organisé par l'article R. 1424-45 du CGCT[31], il est dirigé par un officier de sapeurs-pompiers professionnels. Il est immédiatement informé de toutes les opérations en cours et est régulièrement tenu informé de l'évolution de la situation jusqu'à la fin de celles-ci. Placé sous l'autorité directe du directeur départemental des services d'incendie et de secours, le CODIS est chargé, en cas d'incendie, d'accidents, de sinistres et de catastrophes, d'assurer les relations avec les préfets, les autorités responsables des zones de défense et de sécurité, les autorités départementales et municipales ainsi qu'avec les autres organismes publics ou privés qui participent aux opérations de secours.

31. Issu du décret n° 2022-557 du 14 avr. 2022.

C. Les établissements publics interdépartementaux d'incendie et de secours

En vertu de l'article L. 1424-51 du CGCT[32], plusieurs services départementaux d'incendie et de secours peuvent décider, par délibérations concordantes de leur conseil d'administration, de créer un établissement public interdépartemental d'incendie et de secours. La création de l'établissement public interdépartemental d'incendie et de secours fait l'objet d'un arrêté du représentant de l'État dans le département où l'établissement doit avoir son siège, pris après avis du représentant de l'État dans les autres départements intéressés et du président du conseil départemental de chaque département.

Conformément à l'article L. 1424-53 du CGCT, l'établissement public interdépartemental d'incendie et de secours est administré par un conseil d'administration composé des présidents des conseils d'administration des services d'incendie et de secours qui le constituent et de représentants, élus en leur sein, de chacun des conseils d'administration des services d'incendie et de secours qui le composent.

Le président du conseil d'administration de l'établissement public interdépartemental d'incendie et de secours est élu par le conseil d'administration parmi les présidents de conseil d'administration des services d'incendie et de secours qui le constituent pour la durée de son mandat d'administrateur du service d'incendie et de secours.

Le représentant de l'État dans le département du siège de l'établissement public interdépartemental assiste de plein droit aux séances du conseil d'administration et peut demander une nouvelle délibération si une délibération paraît de nature à affecter la bonne organisation de la sécurité civile.

Le conseil d'administration règle par ses délibérations les affaires relatives à la gestion de l'établissement public interdépartemental d'incendie et de secours et vote son budget.

Le président du conseil d'administration nomme le directeur de l'établissement public interdépartemental d'incendie et de secours, qui peut être le directeur départemental des services d'incendie et de secours du département du siège de l'établissement public interdépartemental.

Sous l'autorité du président du conseil d'administration, le directeur de l'établissement public interdépartemental d'incendie et de secours assure la direction administrative et financière de l'établissement et peut recevoir délégation de signature du président.

32. Issu de la loi n° 2013-403 du 17 mai 2013 - art. 1 (V).

Sur la base de l'article L. 1424-52, l'établissement public interdépartemental d'incendie et de secours peut exercer, au choix des services d'incendie et de secours qui le constituent, les compétences et attributions suivantes :

a. l'acquisition, la location et la gestion d'équipements et matériels, ainsi que la constitution d'un groupement de commandes avec les services constitutifs afin de coordonner et grouper les achats ;
b. la formation des sapeurs-pompiers professionnels et volontaires en liaison avec les organismes compétents en la matière ;
c. la prise en charge des dépenses afférentes aux opérations de secours dans les conditions fixées par l'article L. 742-11 du Code de la sécurité intérieure ;
d. l'information et la sensibilisation du public aux risques affectant la sécurité des personnes et des biens ;
e. la réalisation d'études et de recherches.

Les ressources de l'établissement public interdépartemental d'incendie et de secours comprennent, conformément à l'article 1424-55 du CGCT :

a. les cotisations des services d'incendie et de secours dont le montant est fixé par le conseil d'administration avant le 1er janvier ;
b. les dons et legs ;
c. les remboursements du fonds de compensation de la taxe sur la valeur ajoutée ;
d. les remboursements pour services rendus et les participations diverses ;
e. les subventions, fonds de concours, dotations et participations de l'Union européenne, de l'État, des collectivités territoriales et des établissements publics ;
f. le produit des emprunts.

II. Le financement des services départementaux d'incendie et de secours

L'accroissement considérable des dépenses des SDIS au cours des années 2000 a rendu nécessaire une très nette progression de la part des départements dans le financement des SDIS, au point d'en faire, avec le soutien de l'État, les premiers financeurs des SDIS depuis 2005. Ainsi, l'Inspection générale de l'administration (IGA) souligne, dans son rapport publié en 2022, que les contributions des collectivités territoriales, qui représentent plus de 90 % des recettes de fonctionnement des SDIS, ont été marquées par une nette augmentation de la part départementale qui passe de 43,5 % en 2002 à 57,2 % en 2014, la part des contributions des communes et des EPCI (formant le « bloc communal ») passant, symétriquement, de 56,5 % en 2002 à 42,8 % en 2014.

L'échelon départemental a pu supporter cet accroissement de sa part de financement grâce au soutien que lui a apporté l'État avec l'attribution, par l'article 53 de la loi de finances pour 2005, d'une fraction de la taxe spéciale sur les conventions d'assurance (TSCA) représentant 1,24 milliard d'euros en 2021, soit 48,7 % de la contribution allouée par les départements aux budgets de fonctionnement des SDIS, qui s'élève à 2,54 milliards d'euros cette même année. Toutefois, la vitesse de progression de la part départementale se réduit sensiblement depuis quelques années et représente environ 5 % des dépenses des conseils départementaux.

A. Le financement actuel des services départementaux d'incendie et de secours

Le financement des services d'incendies et de secours repose essentiellement sur les contributions financières des communes, des établissements publics de coopération intercommunale et du département. S'y ajoutent, dans une moindre mesure, les aides et dotations de l'État. Enfin, peuvent exister, de façon marginale, quelques ressources propres[33].

1. Les contributions financières des communes, des établissements publics de coopération intercommunale et du département

Conformément à l'article 1424-35 du CGCT, la contribution du département au budget du service départemental d'incendie et de secours est fixée, chaque année, par une délibération du conseil départemental sur la base du rapport concernant l'évolution des ressources et des charges prévisibles du service pour l'année à venir, adopté par le conseil d'administration de celui-ci. Les relations entre le département et le service d'incendie et de secours et, notamment, la contribution du département, font l'objet d'une convention pluriannuelle.

Les modalités de calcul et de répartition des contributions des communes et des établissements publics de coopération intercommunale compétents pour la gestion des services d'incendie et de secours au financement du service d'incendie et de secours sont fixées par le conseil d'administration de celui-ci. Le conseil d'administration peut prendre en compte au profit des communes et des EPCI la présence, dans leur effectif, d'agents publics titulaires ou non titulaires ayant la qualité

33. Peuvent ainsi constituer des recettes pour les SDIS : le produit des emprunts; les dotations aux amortissements des biens meubles et immeubles; les reprises sur amortissements et provisions; les autres opérations d'ordre; les remboursements pour services faits et les participations diverses; les dons et legs; le cas échéant, le remboursement par les communes et les EPCI de dépenses effectuées par le SDIS au profit des sapeurs-pompiers volontaires relevant d'un corps communal ou intercommunal.

de sapeur-pompier volontaire, la disponibilité qui leur est accordée pendant le temps de travail ou les mesures sociales prises en faveur du volontariat. Le conseil d'administration peut, en outre, prendre en compte la situation des communes et des EPCI situés dans les zones rurales ou comptant moins de 5 000 habitants.

Les contributions des communes, des EPCI et du département au budget du service d'incendie et de secours constituent des dépenses obligatoires. Toutefois, les contributions des communes membres d'un EPCI à fiscalité propre créé après le 3 mai 1996 peuvent faire l'objet d'un transfert à cet établissement. Dans cette hypothèse, la contribution de cet EPCI est déterminée en prenant en compte la somme des contributions des communes concernées pour l'exercice précédant le transfert de ces contributions à l'EPCI. La présence d'agents publics titulaires ou non titulaires ayant la qualité de sapeur-pompier volontaire parmi les effectifs des communes membres de cet établissement peut également être prise en compte pour le calcul du montant global de sa contribution.

En l'absence de délibération adoptée après le débat portant sur la répartition des contributions entre les communes et les EPCI du département organisé par le conseil d'administration du SDIS[34], la contribution de chaque commune et de chaque EPCI est calculée, dans des conditions fixées par décret, en fonction de l'importance de sa population, de son potentiel fiscal par habitant ainsi que de la part de sa contribution dans le total des contributions des communes et des établissements publics de coopération intercommunale constatée dans le dernier compte administratif connu.

2. Le fonds d'aide à l'investissement des services départementaux et territoriaux d'incendie et de secours

Sur la base de l'article L. 1424-36-1, les préfets des zones de défense peuvent attribuer des crédits du fonds d'aide à l'investissement des services départementaux et territoriaux d'incendie et de secours sous forme de subventions pour la réalisation d'une opération déterminée correspondant à une dépense réelle d'investissement et concourant au financement des systèmes de communication ou à la mise en œuvre des schémas départementaux d'analyse et de couverture des risques.

34. Débat organisé dans les six mois suivant le renouvellement des conseils d'administration prévu à l'article 126 de la loi n° 2002-276 du 27 févr. 2002 relative à la démocratie de proximité.

À cette fin, une commission instituée auprès du préfet de zone de défense et composée de représentants des conseils d'administration des services d'incendie et de secours arrête chaque année la liste des différentes catégories d'opérations prioritaires pouvant bénéficier des subventions du fonds et, dans les limites fixées par décret, les taux *minima* et *maxima* de subvention applicables à chacune d'elles.

3. Dotation de soutien aux investissements structurants des services d'incendie et de secours

La dotation de soutien aux investissements structurants des services d'incendie et de secours, prévue à l'article L. 1424-36-2 du CGCT, est attribuée par le ministre chargé de la Sécurité civile pour une dépense d'investissement intervenant dans le champ de la sécurité civile et concourant à la mise en œuvre de projets présentant un caractère structurant, innovant ou d'intérêt national. Les crédits de cette dotation peuvent être versés aux services d'incendie et de secours, aux services de l'État et à toute collectivité ou tout organisme public auquel un ou plusieurs services d'incendie et de secours seraient partie, porteurs d'un projet structurant, innovant ou d'intérêt national dans le champ de la sécurité civile.

La dotation de soutien aux investissements structurants des services d'incendie et de secours est régie par le décret nº 2018-514 du 25 juin 2018 relatif aux subventions de l'État pour des projets d'investissement. Dans ce cadre, l'instruction du 31 janvier 2023 met en œuvre les pactes capacitaires dont l'objectif est de renforcer les moyens opérationnels d'un territoire face aux risques complexes ou émergents auxquels il est confronté. S'inscrivant dans le cadre des zones de défense et de sécurité, la dotation de l'État permet de cofinancer l'acquisition, par les SDIS et les SIS, de moyens rares ou spécifiques, à hauteur de 180 M€[35] :

- 150 millions d'euros d'autorisations d'engagement en 2023, afin d'améliorer les moyens de détection et de lutte contre les feux de forêt de 2023 à 2027, à la suite des décisions du Président de la République à l'issue de la saison feux de forêt 2022 ;
- 30 millions d'euros sur la période 2023-2027[36], dans le cadre de la loi d'orientation et de programmation du ministère de l'Intérieur et des Outre-mer.

35. Voir « Les statistiques des services d'incendie et de secours », édition 2023, ministère de l'Intérieur et des Outre-mer.
36. À raison de 8 M€ en 2023, 10,50 M€ en 2024, 10,50 M€ en 2025 et 1 M€ en 2026.

4. Contribution de l'État à la nouvelle prestation de fidélisation et de reconnaissance des sapeurs-pompiers volontaires

L'article L. 1424-36-3 du CGCT prévoit que pour l'application de l'article L. 723-9 du Code de la sécurité intérieure qui pose le but non lucratif de l'activité de sapeur-pompier volontaire et dispose qu'elle ouvre droit à des indemnités horaires ainsi qu'à des prestations sociales et de fin de service, la contribution de l'État au coût de la nouvelle prestation de fidélisation et de reconnaissance des sapeurs-pompiers volontaires fait l'objet d'un arrêté annuel du ministre chargé de la Sécurité civile.

B. Le délicat maintien d'une nécessaire adéquation entre les moyens et les besoins des services départementaux d'incendie et de secours

Afin d'assurer leurs missions, les services départementaux d'incendie et de secours sont pourvus d'importants moyens humains et matériels dont le coût ne cesse de s'accroître à mesure que leurs interventions se multiplient et se complexifient, rendant nécessaire une réforme de leur financement.

1. Des moyens conséquents

En 2022, le budget total des services départementaux d'incendie et de secours s'élevait à 5,637 Md€ dont 4,721 Md€ de budget de fonctionnement (dont 82 % pour le personnel) et 915 M€ de budget d'investissement (dont 31 % pour le matériel d'incendie et 36 % pour les autres équipements), soit une moyenne de 90 euros par habitant[37].

La charge financière du budget des SDIS repose essentiellement sur les collectivités territoriales qui en financent 85,77 %, soit 4,835 Md€. Les conseils départementaux sont très nettement les premiers contributeurs à hauteur de 59 % de ce montant, les contributions des communes et des EPCI représentant 41 %. Toutefois, cette moyenne ne saurait masquer la diversité des situations, puisque dans 26 départements, le financement du SDIS par le bloc communal excède le financement départemental[38]. Au cours des dix dernières années, les dépenses des SDIS n'ont cessé de croître, entraînant une progression régulière de la part départementale du financement qui semble avoir atteint aujourd'hui ses limites.

37. Cette moyenne varie selon la catégorie à laquelle appartient le SDIS : 92 euros pour la catégorie A, 86 euros pour la catégorie B et 93 euros pour la catégorie C.
38. Le SDIS des Ardennes détient ainsi le record d'importance de la part du bloc communal qui représente 68 % du financement par les collectivités territoriales.

S'agissant des moyens humains, l'effectif total des sapeurs-pompiers s'élève à 254 800 personnels, dont 198 800 sapeurs-pompiers volontaires (soit 78 % des effectifs), 43 000 sapeurs-pompiers professionnels (soit 17 % des effectifs) et 13 000 militaires (soit 5 % des effectifs). Le service de santé et de secours médical (SSSM) représente 5 % des effectifs des SDIS et les effectifs féminins représentent 21 % des sapeurs-pompiers civils.

Les SDIS des départements les plus peuplés disposent, proportionnellement, de plus de sapeurs-pompiers professionnels que les départements les moins peuplés, le ratio s'établissant à 23,73 % pour les SDIS de catégorie A ; 15,42 % pour les SDIS de catégorie B et 10,69 % pour les SDIS de catégorie C.

Les moyens matériels spécifiques d'intervention des services départementaux d'incendie et de secours sont constitués de 6 820 véhicules de secours et d'assistance aux victimes (VSAV) ; 3 567 fourgons pompe-tonne destinés à la lutte contre l'incendie (FPT) ; 3 810 camions-citernes feux de forêt (CCF) et 1 231 moyens élévateurs aériens (MEA).

2. Des interventions toujours plus nombreuses et complexes

Le bilan des interventions des services d'incendie et de secours s'établit, en 2022, à 4 968 481 interventions, dont 4 343 738 interventions assurées par les SDIS (soit 87,42 %), 498 162 interventions assurées par la Brigade des sapeurs-pompiers de Paris (soit 10,03 %) et 126 581 interventions réalisées par la Brigade des marins-pompiers de Marseille (soit 2,55 %).

En 2022, 4 068 700 victimes ont été prises en charge par les services d'incendie et de secours, soit 6 % de la population.

Les 4 343 738 interventions propres aux SDIS se répartissent en 3 144 997 secours à victime ; 306 522 aides à personne ; 269 736 incendies ; 265 692 accidents de circulation ; 190 210 opérations diverses ; 118 149 protections des biens ; 48 432 risques technologiques.

Le coût moyen d'une intervention (hors investissement) s'élève à 1 042,99 euros.

S'agissant de la mobilisation permanente des moyens humains, en moyenne, 14 200 sapeurs-pompiers (tous statuts confondus) sont de garde en journée et 11 200 la nuit, tandis que 18 300 sapeurs-pompiers (tous statuts confondus) sont d'astreinte en journée et 29 700 la nuit.

Le délai moyen s'écoulant entre l'appel et l'arrivée des secours s'établit à 14 min 52 s, se décomposant en 2 min 28 s pour le traitement de l'alerte (décroché + écoute/analyse + décision/ordre) et 12 min 24 s de délai de route (de la diffusion de l'alerte à l'arrivée du premier véhicule).

C. Les pistes de réforme du financement des services départementaux d'incendie et de secours

La question de l'adéquation des moyens des services départementaux d'incendie et de secours à leurs missions se pose de façon récurrente en raison de l'accroissement du nombre et de la technicité des interventions. L'enjeu financier que représente l'adaptation continue des moyens humains et matériels des SDIS aux sollicitations dont ils font l'objet a donné lieu à une féconde réflexion qui s'est traduite par la publication de divers rapports.

À cet égard, le rapport thématique de la Cour des comptes de 2011 sur les services départementaux d'incendie et de secours, en soulignant l'accroissement des dépenses des SDIS et l'évolution de leur activité, ainsi que la fragilité de leur mode de financement, ouvre la voie à de nombreux rapports ultérieurs qui, pour l'essentiel, confirmeront la difficulté d'assurer un financement durable des SDIS leur permettant de faire face à l'accroissement et à la complexification des sollicitations dont ils font l'objet. Au cours des deux dernières années, trois rapports, tous convergents, s'interrogent sur la nécessaire réforme du financement des SDIS.

1. Le rapport de l'Inspection générale de l'administration (2022)

Publié en octobre 2022, par l'Inspection générale de l'administration, conformément à l'article 54 de la loi n° 2021-1520 du 25 novembre 2021 visant à consolider notre modèle de sécurité civile et valoriser le volontariat des sapeurs-pompiers et les sapeurs-pompiers professionnels, le rapport sur *Le financement des services d'incendie et de secours : réalisations – défis – perspectives* retrace l'évolution des SIS depuis leur départementalisation consécutive à la loi du 3 mai 1996 et explore les perspectives qui s'ouvrent pour ces services.

Dressant un bilan lucide et sans concessions de la situation, le rapport souligne en particulier que « L'accroissement des dépenses des SDIS, un des plus dynamiques parmi les dépenses publiques, ne trouve pas seulement sa source dans la nette augmentation de l'activité. Des revalorisations salariales très favorables, une modernisation d'ensemble et un renforcement du professionnalisme y concourent largement. Les départements sont les financeurs majoritaires tandis que le bloc communal, relativement épargné, a fait glisser ses dépenses à l'intercommunalité. Quant à l'État dont la quote-part est souvent passée sous silence, il apporte, sous diverses formes, près du quart des financements totaux des SDIS. À moyen terme, les exigences de renouvellement du matériel et des bâtiments, des besoins supplémentaires liés aux risques engendrés notamment par le dérèglement climatique et la sur-sollicitation en secours à personne, annoncent une situation financière difficile, les pistes d'économies paraissant limitées. La difficulté à maintenir le recours au volontariat mettrait en péril les équilibres qui, vingt ans après la départementalisation, ont trouvé une légitimité fragile ».

Constatant que les dépenses des SDIS sont passées de 3,24 Md€ en 2002 à 5,39 Md€ en 2021 (hors BSPP et BMPM), le rapport distingue deux périodes : de 2002 à 2011, où les dépenses progressent de plus de 50 % ; et de 2011 à 2021, où la progression s'établit à 10 %.

Cette progression globale de la dépense des SDIS a entraîné un accroissement de la contribution du bloc communal de 48 % entre 2003 et 2020 et de la contribution des départements de 63 %.

L'IGA constate que cette évolution résulte principalement de la croissance des dépenses de fonctionnement et, plus précisément, des dépenses de personnel qui sont passées de 69 % des dépenses de fonctionnement en 2002 à 83 % en 2021, en raison de l'augmentation des effectifs permanents depuis 2002, conjuguée avec l'augmentation de la rémunération des sapeurs-pompiers et autres agents permanents[39].

Selon l'IGA, les services d'incendie et de secours apparaissent sous tension sur le plan opérationnel en raison d'une sur-sollicitation dans le domaine sanitaire. Le nombre total d'interventions a augmenté du tiers en pratiquement vingt ans, passant de 3,6 millions en 2002 à près de 4,7 millions en 2021. Certaines interventions qui ne relèvent pas de l'urgence (carences ambulancières, aides à la personne, etc.) représentent plus de 25 % des interventions comptabilisées dans le secours à personne et participent à la sur-sollicitation et à la détérioration des performances opérationnelles alors même qu'elles n'ont pas vocation à relever des missions des SDIS.

L'IGA souligne que depuis la départementalisation, les SDIS ont réalisé une incontestable modernisation d'ensemble, notamment sur le plan immobilier et au niveau de l'adaptation du maillage territorial des centres d'incendie et de secours (CIS) intégrés aux SDIS, maintenant un réseau proche de 5 000 CIS. En matière d'équipements, l'investissement a principalement porté sur les engins, les transmissions, les logiciels opérationnels et les tenues et équipements de protection.

39. La revalorisation de la filière en 2012, l'augmentation de la prime de feu en 2020. et la revalorisation de 20 % du taux de base d'indemnisation des sapeurs-pompiers volontaires (SPV) ont contribué à l'accroissement des dépenses des SDIS.

Parmi les effets positifs de la départementalisation, l'IGA souligne le renforcement de l'harmonisation de la formation, la progression du taux d'encadrement et le renouvellement de la démarche de planification. Doivent être également relevés le développement des fonctions d'état-major au niveau départemental et l'accroissement des effectifs des services de santé des SDIS.

L'IGA constate que les départements sont devenus les premiers financeurs des SDIS depuis 2005, leur participation ayant même plus que doublé sur la période 2002-2021. Le bloc communal, bénéficiant d'un plafonnement de l'évolution de ses contributions à l'inflation, est en position plus favorable. Enfin, l'État est, selon l'IGA, « un contributeur peu visible et pourtant essentiel, apportant sous des formes diverses au moins 1,5 Md€ au profit des SIS », principalement par le versement d'une fraction de la TSCA versée aux départements depuis 2005 et qui représente presque la moitié de leurs contributions aux SIS.

S'agissant des perspectives à court, moyen et long termes, l'IGA souligne une double priorité : le soutien au volontariat et à l'investissement. Un effort supplémentaire semble nécessaire pour le simple maintien à niveau des moyens, mais en cas de chocs déstabilisateurs, les dépenses nécessaires pourraient devenir considérables. L'IGA évoque ainsi l'extension des risques liés à l'évolution climatique (extension des zones à risque d'incendie, risque inondation renforcé par des épisodes de type cévenol et méditerranéen), l'accroissement des sollicitations des SIS pour les risques courants, le vieillissement et les difficultés du secteur sanitaire, les crises sanitaires, la protection du patrimoine culturel et des sinistres d'un type nouveau, notamment les feux de véhicules électriques ou de parkings.

Pour l'IGA, l'avenir du financement des SDIS passe par la maîtrise de la dépense et la recherche des ressources. Doivent être ainsi encouragés la mutualisation des moyens des SDIS, l'allègement des charges, la révision des contributions du bloc communal, l'accroissement de la part de TSCA versée par l'État aux SDIS.

2. L'adéquation des moyens des services départementaux d'incendie et de secours à leurs missions

Le rapport parlementaire, déposé par la Commission des finances, de l'économie générale et du contrôle budgétaire[40], le 24 mai 2023, sur l'évaluation de l'adéquation des moyens des services départementaux d'incendie et de secours à leurs missions et aux défis à venir dresse un bilan du fonctionnement et du financement des SDIS et formule un certain nombre de propositions.

40. Ass. nat., 24 mai 2023, Rapport n° 1264, M. Florian Chauche, Rapporteur spécial.

Constatant que les dépenses des SDIS, en progression constante, seront amenées à augmenter en raison du changement climatique, le rapport souligne l'importance des moyens financiers et humains nécessaires pour soutenir un modèle de sécurité civile sous tension et invite à repenser le financement des SDIS, considérant que l'État, qui est déjà un contributeur direct et indirect au financement des SDIS, « détient les clés d'un meilleur financement de la sécurité civile »[41].

Afin de garantir un financement des SDIS à la hauteur des nécessités de leurs missions, le rapport formule plusieurs propositions consistant, pour l'essentiel, à accroître la fraction de TSCA reversée par l'État aux départements en la modulant et en la basant sur des critères transparents ; à créer une contribution directe des compagnies d'assurance au financement des SDIS valorisant le bénéfice qu'elles tirent de l'activité de secours aux personnes et aux biens menée par les sapeurs-pompiers ; à engager une réflexion sur les conditions du dégel de la contribution du bloc communal au financement des SDIS, dont le taux d'évolution pourrait être lié au taux d'évolution de la contribution du département ; à instaurer une contribution additionnelle à la taxe de séjour pour les collectivités touristiques qui connaissent une augmentation significative des interventions des SDIS du fait de l'afflux de touristes ; à revaloriser le montant des indemnités de carences ambulancières à hauteur de leur coût réel afin de limiter ce type d'intervention ne relevant pas des missions des sapeurs-pompiers et à renforcer la mutualisation des moyens et des achats des SDIS, afin de permettre des économies d'échelle.

3. La Mission « flash » de l'Assemblée nationale sur le financement des services départementaux d'incendie et de secours (2024)[42]

La Mission « flash » constituée au sein de la Délégation aux collectivités territoriales et à la décentralisation de l'Assemblée nationale, et clôturée le 22 mai 2024, relève les faiblesses du modèle actuel de financement des SDIS, qui ne semble plus en mesure de faire face à l'accroissement continu des dépenses, lequel devrait se renforcer dans les années à venir, notamment en raison des conséquences du changement climatique et du vieillissement de la population.

Afin de résoudre de façon durable les difficultés de financement des SDIS, la Mission préconise de consolider les moyens alloués aux départements pour le financement des SDIS, en renforçant les recettes fiscales des départements

41. Rapport, p. 40.
42. Ass. nat., Délégation aux collectivités territoriales et à la décentralisation, communication de MM. Xavier Batut et Jocelyn Dessigny, députés, 22 mai 2024.

(élargissement de la fraction de TSCA et création d'une nouvelle part départementale additionnelle à la taxe de séjour) et en réformant les mécanismes de répartition au sein du bloc communal afin d'alléger l'effort financier des petites communes.

La Mission suggère également de contenir la progression des dépenses des SDIS en recentrant leur activité sur le secours à la personne et en renforçant la coordination et la mutualisation des moyens.

En conclusion de son rapport, la Mission formule douze propositions visant à assurer la soutenabilité sur le long terme du modèle de financement des SDIS.

Si rôle des services départementaux d'incendie et de secours est unanimement salué, leur avenir ne laisse de susciter bien des inquiétudes, tant en regard de la nécessaire évolution de leurs missions et des modalités de leur mise en œuvre, que de la pérennité de leur financement.

En 2009, la Mission d'évaluation et de contrôle (MEC) sur le financement des services départementaux d'incendie et de secours (SDIS)[43] appelait à une nécessaire clarification face à « une gouvernance caractérisée par une complexité administrative et financière et un enchevêtrement des compétences », en envisageant de « couper le cordon ombilical » dans les relations entre l'État et les SDIS, considérant que le principe « qui paie commande » devait conduire à une meilleure intégration des SDIS dans les conseils généraux.

Quinze ans plus tard, force est de constater que la situation n'a, sur ce point, guère progressé, les SDIS, établissements publics locaux, principalement financés par les départements, contribuant de façon déterminante à la mise en œuvre de la sécurité civile, alors même que celle-ci constitue une politique publique relevant de la compétence de l'État.

La co-existence d'une autorité opérationnelle relevant de l'État – incarnée par le préfet et le maire – et d'une autorité administrative composée d'élus locaux, intercommunaux et départementaux – réunis au sein du conseil d'administration du SDIS – se double de difficultés financières qui ne feront que s'aggraver inéluctablement avec la technicité croissante des interventions nécessitant un matériel performant, l'évolution climatique et le vieillissement de la population.

43. Ass. nat., Rapport nº 1829, Rapport d'information déposé par la commission des finances, de l'économie générale et du contrôle budgétaire en conclusion des travaux de la Mission d'évaluation et de contrôle (MEC) sur le financement des services départementaux d'incendie et de secours (SDIS), présenté par MM. Ginesta, Derosier et Mariani, Députés, enregistré à la Présidence de l'Assemblée nationale le 8 juill. 2009.

Plus que jamais, il importe, de prendre la juste mesure des défis qu'auront à relever les SDIS dans les années à venir, afin de renforcer leur efficacité en assouplissant leurs modalités de fonctionnement et en leur procurant un financement adapté et pérenne.

REGARD COMPARÉ

LES COMMUNES ET LES ORGANISMES D'INTÉRÊT COMMUNAL EN DROIT BELGE

Robert ANDERSEN
Premier Président émérite du Conseil d'État de Belgique
Professeur émérite de l'Université catholique de Louvain (UCLouvain)

et

Yves LEJEUNE
Professeur émérite de l'Université catholique de Louvain (UCLouvain)

I. Considérations introductives

En droit belge comme en droit français, on peut classer les personnes morales de droit public selon plusieurs critères. On peut tout d'abord distinguer les personnes publiques selon l'objet qu'elles personnifient. S'il s'agit d'ensembles humains en principe localisés sur une partie du territoire de l'État, ce sont des collectivités publiques, presque toujours territoriales[1]. En revanche, si c'est un patrimoine, une tâche ou une institution publique qui est personnalisé, on est en présence de ce qu'on appelle, en France, un établissement public et, en Belgique, un organisme public personnalisé[2], appelé aussi organisme (d'intérêt) public, dont l'établissement public au sens strict n'est qu'une variété[3].

---

1. La nature territoriale de la Communauté flamande et de la Communauté (d'expression) française a été discutée parce que ces collectivités publiques exercent une part importante de leurs compétences dans la Région de Bruxelles-Capitale, c'est-à-dire en dehors de leurs ressorts territoriaux respectifs. La Cour constitutionnelle a cependant très rapidement admis que chaque Communauté en Belgique dispose d'une véritable compétence territoriale.
2. On vise tout organisme public doté de la personnalité juridique, à l'exception de l'État lui-même et de ses collectivités publiques qui, d'un point de vue purement lexical, pourraient également être considérées comme de tels organismes.
3. À ce sujet, voir *infra*, p. 304.

En droit belge plus qu'en droit français, on doit aussi distinguer les personnes publiques supérieures des personnes publiques subordonnées. Les premières disposent d'un pouvoir législatif propre, échappent en principe à tout contrôle supérieur et disposent du droit de créer, d'organiser et de contrôler les secondes, considérées à ce titre comme des personnes de droit public subordonnées. Ces dernières sont placées sous tutelle administrative[4] ; leurs décisions ont une autorité juridique inférieure et doivent être conformes à toutes les décisions prises régulièrement par les personnes publiques supérieures. Les législateurs qui sont les organes principaux des personnes publiques supérieures peuvent aussi habiliter les personnes publiques qui leur sont subordonnées à en créer individuellement ou collectivement de nouvelles dans les conditions qu'ils fixent.

Les personnes publiques subordonnées sont dotées d'institutions et organisées par une collectivité supérieure, laquelle établit ainsi son propre système de décentralisation territoriale et fonctionnelle. Chaque Région (Bruxelles, Flandre, Wallonie), de même que la Communauté germanophone *(Ostbelgien)*, organise sa décentralisation *territoriale* dans le respect des principes énoncés par la Constitution belge ; elle réalise également la décentralisation *fonctionnelle* de son administration en déterminant à son gré les régimes juridiques applicables aux organismes publics personnalisés qui dépendent d'elle.

Les communes belges, qui sont des collectivités territoriales subordonnées, et les organismes publics personnalisés d'intérêt communal sont donc essentiellement régis par la législation de l'une des trois Régions ou par celle de la Communauté germanophone.

Comme en droit français, la *décentralisation* est une notion de base du droit administratif belge. Il convient de rappeler, pour sa bonne compréhension, qu'elle est définie comme « un mode d'organisation de l'administration, qui s'oppose à la centralisation et se caractérise par l'attribution de certaines compétences, y compris décisionnelles, à une autorité dite décentralisée, qui peut alors les exercer sous un régime d'autonomie. Cette autonomie a pour conséquence que l'entité décentralisée est soumise non au pouvoir hiérarchique de l'autorité supérieure mais à un contrôle de tutelle »[5].

---

4. En Belgique, toutes les catégories de personnes publiques subordonnées sont soumises à un contrôle de tutelle. Les collectivités locales belges n'ont pas connu le remplacement de la tutelle administrative par un contrôle de légalité *a posteriori* tel qu'il fut instauré par la loi Defferre n° 82-213 du 2 mars 1982 au bénéfice des communes, des départements et des régions.

5. P. GOFFAUX, *Dictionnaire de droit administratif*, 3e éd., Bruxelles, Bruylant, 2022, voir « Décentralisation » et « Déconcentration », et réf. citées.

Comme en droit français, la *déconcentration* est en droit belge « un mode d'organisation de l'administration qui tempère la décentralisation et qui consiste en la délégation par l'autorité titulaire de la compétence d'une partie de celle-ci (y compris décisionnelle) à une autorité subordonnée, à charge pour cette dernière de l'exercer sous le contrôle hiérarchique de la première »[6].

Comme en droit français, la décentralisation *territoriale* désigne une technique institutionnelle dans laquelle « l'ensemble des intérêts propres à une circonscription territoriale est confié à des autorités administratives agissant en qualité de représentants de ladite circonscription considérée comme distincte de l'État, étant précisé que ces autorités sont autonomes vis-à-vis du pouvoir central »[7].

De la décentralisation territoriale, on distingue la décentralisation par services ou *fonctionnelle*, qui consiste « à confier la gestion d'un ou plusieurs intérêts publics déterminés à un service public ou à un ensemble de services publics dont les organes disposent d'un pouvoir propre de décision et agissent en qualité de représentants du service public personnalisé ou de l'ensemble personnalisé de services. On insiste sur ce que l'entité bénéficiaire de la décentralisation est, comme dans la décentralisation territoriale, autonome »[8].

Les deux formes de décentralisation ne s'excluent aucunement. Au contraire. Comme l'observe André Buttgenbach, « la décentralisation par services peut coexister et se combiner avec la décentralisation territoriale, soit que cette dernière se poursuive parallèlement avec la première : reconnaissance des pouvoirs publics locaux et création d'établissements publics étatiques, soit qu'à l'intérieur de l'administration [...] locale, une nouvelle décentralisation s'opère par la création d'établissements publics provinciaux et communaux »[9].

Quant à la *déconcentration* : interne, elle est organisée à l'intérieur d'une administration ; externe, elle opère au profit de services extérieurs de celle-ci. Dans les deux cas, le contrôle hiérarchique reste en principe de mise. Ici aussi, les deux formes de déconcentration peuvent se retrouver au sein d'une même administration. La déconcentration peut exister aussi bien à l'intérieur d'une administration

6. *Id.*
7. *Ibid.*
8. *Ibid.*
9. A. BUTTGENBACH, *Théorie générale des modes de gestion des services publics en Belgique*, Bruxelles, Larcier, 1952, p. 136, n° 152 *bis*. L'auteur souligne cependant que la création d'un établissement public par une commune ou une province ne peut s'effectuer qu'en vertu d'une loi (*op. cit.*, p. 308, note 1) – ou, ajouterons-nous, en vertu d'un autre acte législatif.

décentralisée – province, commune, organisme public personnalisé – qu'au sein d'une administration étatique[10] ou au sein de l'administration d'une autre collectivité supérieure[11].

Sans renoncer aucunement à la distinction binaire centralisation/décentralisation et concentration/déconcentration[12], le droit régional flamand privilégie une typologie axée sur le phénomène de l'« autonomisation » *(verzelfstandiging)*, avec pour critère principal le degré plus ou moins élevé d'autonomie dont dispose l'organisme examiné, dénommé « agence » *(agentschap)*. Une distinction est ainsi faite entre l'autonomisation interne et externe avec des sous-distinctions selon que l'agence est ou non dotée de la personnalité juridique et est conçue sur le modèle du droit public ou du droit privé ou encore adopte une structure composite. Cette taxonomie est également appliquée aux organismes chargés en Région flamande de tâches spécifiques d'intérêt communal ou provincial.

Autre notion de base qu'il importe de définir préalablement : l'organisme administratif décentralisé. C'est une institution détachée ou, du moins, distincte des administrations de l'État, de Communautés, de Régions, mais aussi de celles de collectivités territoriales subordonnées (communes et provinces). Pour assurer la gestion d'un service public, il reçoit des compétences spécifiques et son patrimoine, qui y est spécialement affecté, est distinct de celui de la ou des collectivités publiques qui la/l'ont créée. Il est doté de la personnalité juridique et ne peut dès lors être créé en dehors d'une intervention du législateur fédéral, décrétal ou ordonnanciel[13] (création par ou en vertu d'un acte législatif). Il s'agit tantôt d'une loi particulière propre à un organisme administratif déterminé, tantôt d'une loi générale concernant une catégorie particulière de tels organismes[14].

---

10. A. BUTTGENBACH, *op. cit.*, p. 155, n° 172.

11. Certains auteurs distinguent également, selon les modes de déconcentration, celle qui opère par attribution légale de compétence ou par délégation de compétence ou de pouvoir (M. PÂQUES, *Droit administratif*, Bruxelles, Larcier Intersentia, 2024, p. 370-399). Sur les combinaisons possibles entre centralisation et décentralisation, concentration et déconcentration, voir M. PÂQUES, *op. cit.*, p. 318-319.

12. K. LEUS, « Een klassiek bestuurlijke benadering van het verschijnsel "Verzelfstandiging" van openbare diensten : naar een nieuw evenwicht tussen autonomie en centrale sturing », *in Liber amicorum Prof. Dr G. Baeteman*, E. Story-Scientia, 1997, p. 585-624 et J. DUJARDIN, « Verzelfstandiging van gemeentediensten als instrument voor een modern management », même ouvrage, p. 479-515.

13. Le décret est l'acte législatif adopté par le parlement d'une Communauté ou d'une Région, à l'exception de la Région de Bruxelles-Capitale dont le parlement adopte des ordonnances.

14. A. BUTTGENBACH, *op. cit.*, p. 303-309, n°s 373 à 378 et C. CAMBIER, *Précis de droit administratif*, Bruxelles, Larcier, 1968, p. 147-150.

L'organisme administratif décentralisé bénéficie de l'autonomie organique, et normalement aussi technique, administrative et financière, sous la tutelle et le contrôle de ses créateurs ou de toute autre personne de droit public supérieure que désigne la Constitution ou un acte législatif. De nos jours, ce contrôle est souvent remplacé ou complété par la conclusion d'un contrat de gestion ou d'administration avec la personne publique supérieure dont relève l'organisme. Cette personne se préoccupe de vérifier si l'organisme « atteint des objectifs et remplit des obligations dans un cadre programmé de commun accord »[15].

Les organismes administratifs décentralisés dotés de la personnalité juridique comprennent deux genres distincts en fonction de leurs procédés de constitution : par acte unilatéral (fondation) ou par convention d'association entre personnes publiques. Le premier comprend les quatre catégories principales suivantes : (a) les régies personnalisées à gestion ministérielle qui ne disposent d'aucune autonomie organique, (b) les établissements publics, (c) les organismes professionnels ou consultatifs de droit public, (d) les organismes « indépendants » de régulation et de contrôle. Le second rassemble les associations de droit public.

Parmi les établissements publics, il y a lieu de distinguer ceux qui revêtent une forme sociétaire comme la société anonyme de droit public. Aux associations de personnes publiques, des personnes privées peuvent se joindre pourvu que leur participation ne mette pas en péril la prépondérance des partenaires publics ; elles peuvent être configurées dans leur individualité spécifique ou revêtir des formes de droit privé allant jusqu'à l'association sans but lucratif.

Dans la terminologie du droit régional flamand, l'agence autonomisée externe de droit public[16] est le plus souvent synonyme d'établissement public, mais certaines de ces agences sont des établissements publics à forme sociétaire, des sociétés anonymes de droit public ou des associations de droit public[17], voire des autorités administratives indépendantes.

15. D. DÉOM, « Le contrat de gestion démasqué. Variations sur les vrais et les faux contrats, les droits subjectifs et la compétence du Conseil d'État », *Administration Publique* 2010, p. 411-425, ici p. 418. Pour une analyse critique de l'efficacité de ces contrats, voir D. DE ROY, « Les contrats d'administration et de gestion : instruments d'autonomie et de contrôle ? », dans *Le paraétatisme. Nouveaux regards sur la décentralisation fonctionnelle en Belgique et dans les institutions européennes*, Bruges, La Charte, 2010, p. 115-159.

16. En néerlandais : *publiekrechtelijk vormgegeven extern verzelfstandigd agentschap*.

17. Voir Y. LEJEUNE, *Typologie(s) des institutions publiques en Belgique après la sixième réforme de l'État*, Waterloo, Wolters Kluwer, 2015, p. 65-66, 72-73 et 80-81, n°s 48, 53 et 58.

À côté des établissements publics et des autres organismes publics personnalisés, il faut faire place, dans la décentralisation fonctionnelle *sensu lato*, à des personnes morales de droit privé créées par ou en vertu d'un acte législatif, contrôlées par leur(s) fondateur(s) et chargées par eux soit d'une fonction de service public, soit d'une mission d'intérêt général. Lorsqu'elles sont créées spécialement par le législateur flamand et que leur forme juridique « correspond entièrement aux dispositions impératives du droit privé des sociétés ou des associations », ces personnes morales de droit privé sont des « agences autonomisées externes de droit privé »[18] au sens du décret flamand sur la gouvernance[19]. Elles doivent conclure avec le gouvernement flamand un contrat de coopération[20]. Dans la même perspective, chaque agence autonomisée externe *communale* de droit privé doit conclure pareil contrat avec la commune qui l'a constituée[21].

On notera que, pour gérer certains services publics, les personnes morales de droit public recourent fréquemment à la création d'associations privées sans but lucratif (ASBL) régies par les dispositions pertinentes du Code des sociétés et des associations[22]. Ces personnes morales de droit privé ne sont pas soumises à un régime de droit public et sont donc exemptes de tout lien hiérarchique ou de tutelle, sauf disposition législative en sens contraire. La seule forme de lien qui unit ces associations à leur(s) fondateur(s) est la présence, souvent exclusive, d'administrateurs publics au sein de leurs organes, ce qui confère en réalité à ces fondateurs une maîtrise complète des décisions qui y sont prises, pourvu qu'ils soient d'accord entre eux[23].

Lorsque de telles personnes morales de droit privé sont investies par le législateur d'une parcelle d'*imperium*, notamment du droit de prendre unilatéralement certaines décisions obligatoires à l'égard des tiers, elles agissent alors comme autorités administratives et les décisions qu'elles prennent dans l'exercice de ce pouvoir sont de nature à faire l'objet d'un recours en annulation devant le Conseil d'État[24].

18. En néerlandais : *privaatrechtelijk vormgegeven extern verzelfstandigd agentschap*.
19. Décret de gouvernance du 7 déc. 2018, article III.14 (*Moniteur belge*, 19 déc. 2018).
20. En néerlandais : *samenwerkingsovereenkomst*. Même décret, article III.16.
21. Voir *infra*, p. 318.
22. Loi du 23 mai 2019 introduisant le Code des sociétés et des associations (*Moniteur belge*, 4 avr. 2019).
23. Y. LEJEUNE, *op. cit.*, p. 9, nº 5.
24. Cass. (ch. réunies), 14 févr. 1997, *Pasicrisie belge*, 1997, I, p. 233 ; Cass. (ch. réunies), 10 sept. 1999, *Pasicrisie belge*, 1999, I, p. 1126; Cass. (ch. réunies), 10 juin 2005, *Pasicrisie belge*, 2005, nº 332, p. 1273, concl. G. Bresseleers; Cass. (ch. réunies), 30 mai 2011, *Pasicrisie belge*, 2011,

Il faut par ailleurs tenir compte de personnes morales nées de la seule initiative privée, mais agréées et contrôlées par des collectivités publiques pour assumer une mission d'intérêt général, dans la mesure où leur fonctionnement est déterminé et contrôlé par ces collectivités et où elles peuvent aussi prendre certaines mesures obligatoires à l'égard des tiers, plus spécialement en déterminant, de manière unilatérale, leurs propres obligations à l'égard des tiers ou en constatant unilatéralement les obligations des tiers[25].

Sous le bénéfice de ce rappel, on peut passer à l'examen de la décentralisation territoriale et de la décentralisation par services ainsi entendues. Cet examen s'en tient délibérément à la décentralisation au niveau de l'institution communale et sciemment n'en donne qu'une vue partielle, en se focalisant sur le code wallon de la démocratie locale et de la décentralisation, la partie II du décret flamand du 22 décembre 2017 sur l'administration locale[26] et l'ordonnance bruxelloise du 5 juillet 2018 relative aux modes spécifiques de gestion communale et à la coopération intercommunale. Par souci de brièveté, il ne sera question ni du droit applicable en Communauté germanophone, ni de certaines particularités du système institutionnel belge qui auraient alourdi exagérément l'exposé.

II. La décentralisation territoriale à l'échelon communal

La Constitution belge consacre depuis toujours, dans son Titre III intitulé de manière significative « Des Pouvoirs », l'existence d'Institutions provinciales et communales à côté de la triade classique des Pouvoirs législatif, exécutif et judiciaire, manifestant ainsi son attachement à ces collectivités territorialement décentralisées. Celles-ci bénéficient d'une large autonomie, en ce sens qu'elles se gouvernent elles-mêmes (autonomie locale consacrée par la Constitution et organisée par des actes législatifs), sont compétentes pour régler les « intérêts

n° 363, p. 1519, concl. G. Dubrulle ; Cass. (ch. réunies), 13 juin 2013, *Pasicrisie belge*, 2013, n° 366, p. 1353 ; Cass. (ch. réunies), 13 juin 2014, *Administration publique*, 2015, p. 178, note F. Belleflamme.

25. Cass. (ch. réunies), 6 sept. 2002, *Pasicrisie belge*, 2002, n° 422, p. 1548, concl. G. Bresseleers, ou *Revue critique de jurisprudence belge,* 2005, p. 5, note Xavier Delgrange ; CE, 17 juin 2011, *Energys*, n° 213.949. Voir Y. LEJEUNE, *op. cit.*, p. 16-21, n°s 9 à 11.

26. Dans les matières qui font l'objet du présent exposé, le code wallon est applicable uniquement dans la région de langue française et le décret flamand uniquement dans la région de langue néerlandaise de Belgique. Il existe aussi un « décret communal » *(Gemeindedekret)* de la Communauté germanophone applicable dans la région belge de langue allemande.

exclusivement communaux ou provinciaux » ou « tout ce qui est d'intérêt provincial et communal »[27] (autonomie normative) et disposent d'un pouvoir fiscal propre (autonomie financière).

Cette autonomie doit cependant être relativisée. Autonomes, les provinces et communes n'en sont pas moins des « pouvoirs » subordonnés, soumis, en tant que tels, à des mécanismes de contrôle plus ou moins sévères et dépendant dans une large mesure pour leur financement de fonds publics provenant des collectivités supérieures.

Les provinces et communes sont des collectivités locales à compétence générale. Depuis la naissance du Royaume de Belgique, la Constitution les habilite à définir elles-mêmes *a priori* ce que recouvre la notion d'intérêt provincial ou communal, et donc les matières pour lesquelles elles s'estiment être en principe compétentes.

Mais les provinces et les communes ne sont pas pour autant dispensées de respecter la hiérarchie des normes lorsqu'elles agissent ainsi au titre de l'intérêt local. Il en découle que lorsque l'Autorité fédérale, une Communauté ou une Région règle une matière qui relève de sa compétence, les collectivités locales sont soumises à ce droit régulièrement édicté par la collectivité supérieure lors de l'exercice de leur compétence en cette même matière. Le principe d'autonomie locale ne porte pas atteinte non plus à la compétence de l'Autorité fédérale, des Communautés ou des Régions, de juger du niveau le plus adéquat pour réglementer une matière qui leur revient. Ainsi, ces collectivités supérieures peuvent confier aux collectivités locales la réglementation d'une matière qui sera mieux appréhendée à ce niveau. Elles peuvent aussi considérer qu'une matière sera, à l'inverse, mieux servie à un niveau d'intervention plus général, de façon à ce qu'elle soit réglée de manière uniforme pour l'ensemble du territoire pour lequel elles sont compétentes, et elles peuvent, en conséquence, interdire aux autorités locales de s'en saisir. L'atteinte à la compétence des provinces et communes et, par voie de conséquence, au principe de l'autonomie locale, que comporte toute intervention – positive ou négative – de l'Autorité fédérale, des Communautés ou des Régions, dans une matière qui relève de leurs compétences, ne serait contraire aux dispositions qui garantissent leur compétence pour tout ce qui concerne l'intérêt local que si elle était manifestement disproportionnée. Tel serait le cas, par exemple, si elle aboutissait à les priver de

27. Constitution belge coordonnée le 17 févr. 1994, art. 41 et 162.

tout ou de l'essentiel de leurs compétences ou si la limitation de la compétence ne pouvait être justifiée par le fait que celle-ci serait mieux gérée à un autre niveau de pouvoir[28].

À côté de cette compétence générale en vertu de laquelle les collectivités locales sont les premières à juger d'initiative ce qui *a priori* leur paraît pouvoir être qualifié comme étant d'intérêt local, il existe certains cas où cette qualification est le fait d'une collectivité supérieure. L'intérêt local dit par nature côtoie l'intérêt local par détermination de la loi, du décret (législatif) ou de l'ordonnance bruxelloise.

En outre, ces mêmes collectivités locales se voient attribuer par les collectivités supérieures des compétences qui excèdent l'intérêt local, leurs autorités étant également chargées de tâches administratives à accomplir au nom et pour le compte de l'État, d'une Communauté ou d'une Région, sans que les territoires des collectivités locales puissent être considérés comme des circonscriptions d'État ou de Région[29]. Parmi les principes que la loi[30] est constitutionnellement tenue de consacrer figure nommément la « décentralisation » (entendre : le transfert) d'attributions vers les institutions provinciales et communales[31].

D'État unitaire, la Belgique est devenue un État fédéral. Ceci n'a pas été sans conséquence sur le sort de la décentralisation communale et provinciale. Pour s'en tenir aux seules communes, ce sont essentiellement les Régions qui jouent à leur égard le rôle précédemment attribué à l'État. Ainsi, à la faveur d'une interprétation évolutive de l'article 162 de la Constitution, la loi spéciale de réformes institutionnelles du 8 août 1980 donne notamment compétence aux Régions pour fixer la composition, l'organisation, la compétence, le fonctionnement et le financement général des institutions communales (art. 6, § 1er, VIII, 1°, al. 1er, et 9°) et pour organiser et exercer la tutelle administrative à leur égard (art. 7). L'Autorité fédérale et les Communautés ne sont pas pour autant mises hors-jeu : dans les matières qui sont ou restent exceptionnellement de leurs compétences, elles peuvent, à l'instar des Régions, confier aux communes des missions dans le cadre de la

---

28. Cour constitutionnelle (ci-après : C. Const.), n° 89/2010 du 29 juill. 2010, B.18.3 et B.18.4 ; n° 162/2015 du 19 nov. 2015, B.16.1 et B.16.2 ; n° 109/2011 du 16 juin 2011, B.8.3.

29. Pour plus de détails sur ces notions, voir, parmi les nombreuses études doctrinales, Y. LEJEUNE, « La gestion des intérêts généraux par les communes », *Administration publique*, 1986, p. 126-150 et, du même auteur et de M. JOASSART, « L'étendue du pouvoir discrétionnaire des autorités locales en Belgique », dans *La mise en œuvre de la décentralisation : étude comparée France, Belgique, Canada*, Bruylant et LGDJ, 2006, p. 145-168.

30. Ainsi que le décret et l'ordonnance bruxelloise.

31. Constitution belge, art. 162, al. 2, 3°.

déconcentration ou de la décentralisation et organiser et exercer dans ces matières un contrôle de tutelle dite spécifique (art. 6, § 1er, VIII, 1°, 10° et 11°, et art. 7 de la loi spéciale précitée). À défaut pour l'État fédéral ou la Communauté d'organiser une tutelle spécifique, c'est la tutelle ordinaire de la Région qui reprend la main.

La fédéralisation de l'État belge a eu, du point de vue des communes, cette autre conséquence qu'alors que chaque commune du Royaume était en principe organisée selon un moule juridique unique et soumise aux mêmes règles fixées par le législateur national, désormais chaque Région soumet ses communes à un régime juridique distinct de ceux qui sont en vigueur dans chacune des autres régions linguistiques. De même, dans les matières qui ressortissent à leurs compétences, l'Autorité fédérale et les Communautés peuvent varier quant à l'étendue du rôle qu'elles entendent attribuer aux communes et à l'organisation et à l'exercice de la tutelle spécifique. Cette liberté est toutefois doublement limitée. D'une part, par la Constitution et singulièrement son article 162 qui maintient intacts les principes dont les divers législateurs doivent consacrer l'application, au premier chef desquels figure le principe de l'autonomie communale. D'autre part, par l'article 7 *bis* de la loi spéciale précitée en vertu duquel les Régions sont tenues de régler de façon identique la composition, l'organisation, la compétence, le fonctionnement, la désignation ou l'élection des organes des communes situées sur le territoire d'une même Région, ainsi que la tutelle administrative sur celles-ci, sans préjudice des dispositions explicitement mentionnées[32].

Il faut insister sur ce que le principe de l'autonomie communale ne s'impose pas seulement au législateur régional qui est en principe compétent en ce qui concerne les collectivités locales, mais à tous les législateurs dans l'exercice de leurs compétences respectives[33].

III. La décentralisation fonctionnelle à l'échelon communal

Bon nombre d'organismes publics ou privés d'intérêt communal présentent ce trait commun de procéder d'une démarche volontaire d'une ou de plusieurs communes, d'une initiative de leur part, soit sous la forme d'une décision unilatérale de fondation, soit sous celle d'une association. Il y va également d'une manifestation du principe d'autonomie communale. Ces organismes sont des émanations des communes, ils sont créés par elles et demeurent, à des degrés divers, sous leur dépendance et leur contrôle. Ce sont surtout des personnes de droit public : les

32. C. Const., n° 47/2012 du 22 mars 2012, B.5.5 et n° 59/2017 du 18 mai 2017, B.8.2.
33. C. Const., arrêt précité n° 47/2012 du 22 mars 2012, B.5.2 à B.5.4.

régies communales autonomes (*infra*, A) et les intercommunales (*infra*, C.2). Le législateur compétent détermine les règles générales qui leur sont applicables. Cependant, d'autres organismes d'intérêt communal sont des personnes morales de droit privé : des ASBL ainsi que des sociétés ou fondations chargées d'exécuter des tâches d'intérêt communal (*infra*, B.1 et C.1). Le législateur compétent précise la mesure dans laquelle il est permis de recourir à ces formules de droit privé.

En outre, il est d'autres organismes publics personnalisés qui, à défaut d'une telle origine, entretiennent des liens privilégiés avec l'institution communale. Ils sont créés par un acte législatif et organisés de manière permanente à l'échelon local. Comme l'écrit Cyr Cambier, « [i] l y va de formations qui apparaissent dans les ressorts territoriaux des communes et qui sont rattachés aux pouvoirs locaux. C'est moins à raison des intérêts qu'elles régissent que par un souci de situer leur organisation là où les besoins à satisfaire se manifestent que cette appartenance se justifie »[34]. Ce sont, par exemple, des établissements publics rattachés à la ville de Bruxelles ou aux villes portuaires flamandes, mais nombre d'entre eux existent dans toutes les communes du Royaume. Le présent rapport se limitera à présenter à cet égard les centres publics d'action sociale (CPAS) (*infra*, D)[35].

A. Les régies communales

L'autonomie locale suppose que les provinces et les communes puissent décider de la meilleure façon de procéder pour satisfaire l'ensemble de leurs intérêts propres, que ce soit par la voie de la déconcentration ou de la décentralisation. Ceci se vérifie à propos du degré d'autonomie que chaque commune entend accorder à ses régies : « ordinaires » ou autonomes.

Les premières sont des services communaux gérés en dehors des services généraux de la commune qui, pour des raisons d'efficacité, se voient accorder un statut spécial caractérisé par une certaine autonomie de gestion, technique, financière et comptable. Ce sont des services administratifs communaux à comptabilité autonome. Ils ne sont toutefois pas dotés d'une personnalité distincte de celle de la commune, raison pour laquelle leurs actes sont imputés à cette dernière qui en assume la responsabilité. Ils n'ont pas davantage de patrimoine propre, et leur personnel est communal. Ils sont dirigés par un fonctionnaire de la commune soumis

---

34. C. CAMBIER, *op. cit.*, p. 147-150.

35. Nous n'évoquerons pas les fabriques d'église, établissements publics paroissiaux hérités de l'époque napoléonienne.

au pouvoir hiérarchique. Il y va d'une forme de déconcentration. La tutelle qui s'exerce à leur égard est celle-là même qui s'exerce sur la commune et la législation sur les marchés publics est, de même, celle qui est applicable aux communes.

Le code wallon de la démocratie locale et de la décentralisation leur consacre ses articles L. 1231-1 à L. 1231-3 *bis*. Comme l'observent Ann Lawrence Durviaux et Ingrid Gabriel, la commune peut créer une régie ordinaire pour toutes sortes d'activités et pas seulement pour celles à caractère industriel et commercial[36]. La décision de création revient au conseil communal. Dans la Région de Bruxelles-Capitale, la matière est régie par les articles 2 à 4 de l'ordonnance du 5 juillet 2018 relative aux modes spécifiques de gestion communale et à la coopération intercommunale.

En Flandre, ces régies communales ordinaires, qualifiées d'« agences autonomisées internes sans personnalité juridique », étaient visées par les articles 221 à 224 du décret communal du 15 juillet 2005. Ces dispositions ont été abrogées par le décret sur l'administration locale du 22 décembre 2017 (art. 577, 50°). Elles n'ont pas été reprises, sous une forme ou l'autre, dans ce dernier.

Avec les régies communales autonomes (ci-après : RCA) et, en droit régional flamand, les agences autonomisées externes communales de droit public, dénommées de la même façon[37] (ci-après : AGB), un pas plus loin est franchi dans le sens de l'autonomie. Ces régies sont, à la différence des régies ordinaires, dotées d'une personnalité distincte de la commune et disposent de leur propre patrimoine. Comme l'écrivent A. L. Durviaux et I. Gabriel, « La commune transfère définitivement, par le système de la fondation, une partie de son patrimoine à la RCA. La commune affecte de manière unilatérale une partie de ses biens à la RCA. Il ne s'agit donc pas d'une simple identification du patrimoine comme c'est le cas pour les régies de droit [ordinaires] »[38]. Le cordon ombilical qui relie la RCA ou l'AGB à la commune fondatrice n'est cependant pas entièrement coupé. Elles assument des missions qui sont d'intérêt communal sous l'œil vigilant de celle-ci et, en quelque sorte, en synergie avec elle.

36. A. L. DURVIAUX et I. GABRIEL, *Droit administratif*, t. II : *Les entreprises locales en Région wallonne*, Bruxelles, Larcier, 2012, p. 43-45.

37. En néerlandais : *autonome gemeentebedrijven*.

38. A. L. DURVIAUX et I. GABRIEL, *op. cit.*, p. 51. David Renders se prononce dans le même sens dans la 4e éd. de son ouvrage *Droit administratif général*, Bruxelles, Larcier, 2022, p. 105-107.

En région de langue française, la matière est régie par les articles L. 1231-4 à L. 1231-13 du Code de la démocratie locale et de la décentralisation, dans la Région de Bruxelles-Capitale, par les articles 5 à 31 de l'ordonnance du 5 juillet 2018 précitée et en Flandre, par les articles 227 à 244 du décret précité du 22 décembre 2017.

En région de langue française comme en Région bruxelloise, la RCA est créée de manière unilatérale par la commune pour gérer une ou plusieurs activités à caractère industriel ou commercial relevant de l'intérêt communal, avec cette nuance que ces activités sont, en droit régional wallon, déterminées par le gouvernement. En revanche, en Flandre, pareille limitation n'existe pas, l'agence autonomisée externe communale étant chargée par la commune fondatrice de tâches spécifiques d'intérêt communal, le gouvernement flamand étant seulement habilité à les définir plus en détail.

Une même préoccupation se manifeste : leur création et leur maintien ne sont justifiés que si le besoin à satisfaire ne peut l'être par la commune elle-même.

Leur gestion est assurée par un conseil d'administration et un organe chargé de la gestion journalière et de l'exécution des décisions du conseil (bureau exécutif ou comité de direction ou administrateur délégué selon le cas). Elles n'ont pas d'autres organes décisionnels, et notamment pas d'assemblée générale.

Créée par la commune qui en fixe les statuts et les missions, la RCA ou l'AGB n'est pas totalement émancipée. Ses administrateurs sont nommés par le conseil communal, dont la majorité parmi les conseillers communaux. La représentation de tous les groupes politiques du conseil communal y est garantie. Le conseil d'administration de l'AGB peut même être entièrement composé de conseillers communaux. Les textes contiennent tous des dispositions visant à garantir la permanence de la représentativité des organes de la RCA ou de l'AGB vis-à-vis de la commune fondatrice, notamment en cas de renouvellement du conseil communal.

En ce qui concerne la gestion, ces mêmes textes prévoient à l'unisson la conclusion d'un contrat dit de gestion avec la commune. Si le décret flamand n'en précise pas le contenu (art. 234), le code wallon et l'ordonnance bruxelloise en fixent le contenu minimum. Ainsi, l'article 10, § 1er, de l'ordonnance dispose que « le contrat de gestion définit au minimum les obligations des parties l'une envers l'autre et précise au minimum les aspects suivants : 1° la nature et l'étendue des missions que la régie communale autonome doit assumer ; 2° les moyens mis par la commune à la disposition de la régie communale autonome qu'il s'agisse d'actifs, d'infrastructures ou de personnel ; 3° les conditions dans lesquelles les revenus propres ou autres financements peuvent être acquis ou utilisés ; 4° les principes et les conditions de tarification des prestations fournies par la régie communale autonome dans le cadre des tâches qu'elle assume ; 5° les indicateurs qualitatifs et quantitatifs liés à la réalisation de tous les objectifs liés aux missions de la régie communale autonome. Pour chacun de ces indicateurs, une valeur de référence sera indiquée. Ces indicateurs seront repris dans un tableau de bord qui périodiquement indique leur degré de réalisation et leur évolution et qui doit être transmis au conseil communal ; 6° les procédures de modification, de renouvellement et de résiliation du contrat de gestion ainsi que le mode de règlement des litiges entre les parties au contrat ; 7° les sanctions en cas de violation des obligations contenues au contrat de gestion ».

Ayant la personnalité juridique, la RCA et l'AGB disposent d'une très large autonomie en vue de l'accomplissement de leur mission dans les limites de leurs statuts et de leur contrat de gestion. Elles peuvent librement décider de l'acquisition, de l'utilisation et de l'aliénation de leurs biens, de la constitution ou de la suppression de droits réels sur ceux-ci, ainsi que de l'exécution et du financement de telles décisions, contracter des prêts et recevoir des libéralités ainsi que des subventions, fixer les tarifs et structures tarifaires pour leurs prestations… Le décret flamand et l'ordonnance bruxelloise prévoient même que la régie communale autonome peut être habilitée à procéder en son nom et pour son compte à des expropriations indispensables à la réalisation de ses objectifs (décret précité, art. 240, § 2 ; ord. précitée, art. 11, § 1er).

Le décret flamand et l'ordonnance bruxelloise prévoient que la RCA ou l'AGB peut engager son propre personnel, mais en principe sous le même régime juridique – statut ou contrat – que les agents de la commune fondatrice. En revanche, le code wallon ne contient aucune disposition en ce sens. À moins que les statuts ou le contrat de gestion ne règlent la question, il semble dès lors que la RCA dispose de la liberté de placer son personnel sous régime statutaire ou contractuel.

En vue de s'assurer de la bonne gestion de la RCA ou de l'AGB, les textes qui leur sont applicables mettent à leur charge diverses obligations, telles que la tenue d'une comptabilité et de comptes annuels adaptés à la nature et à l'importance de leur activité, de plans de financement, de rapports d'évaluation et d'exécution du contrat de gestion, avec des mécanismes de contrôle impliquant l'intervention des autorités communales et de tutelle. C'est ainsi que l'article 243 du décret flamand prévoit que le conseil communal formule à l'intention de l'autorité de tutelle un avis – réputé favorable s'il n'intervient pas dans un délai déterminé – sur les comptes annuels arrêtés par le conseil d'administration de l'AGB et qu'à défaut de décision du gouvernement dans un délai déterminé, celui-ci est supposé les approuver. De même, les articles 16 et 28, 1° de l'ordonnance bruxelloise soumettent à l'approbation du gouvernement les comptes annuels provisoirement arrêtés par le conseil d'administration de la RCA et approuvés, en même temps que le rapport technique du commissaire-réviseur qu'il a lui-même désigné, par le conseil communal.

Établissement public fondé par la commune et chargé par elle de tâches spécifiques d'intérêt communal, la RCA ou l'AGB est soumise à un contrôle de tutelle. La tutelle ordinaire est organisée par le législateur régional. La matière a respectivement pour siège, en Région wallonne, les dispositions du livre Ier de la troisième partie du code de la démocratie locale et de la décentralisation applicables aux régies communales autonomes; dans la Région de Bruxelles-Capitale, les articles 19 à 30 de l'ordonnance précitée du 5 juillet 2018 et dans la Région flamande, les articles 326 à 335 du décret précité du 22 décembre 2017 sur l'administration locale. Ce contrôle vise à assurer le respect de la légalité, mais aussi celui de l'intérêt général et s'exerce selon les procédés de la tutelle générale d'annulation, de la tutelle d'approbation (des comptes annuels, par exemple) et de la tutelle coercitive sous la forme de l'envoi d'un commissaire spécial.

Il ne faut pas non plus perdre de vue que la commune est, elle-même, sous régime de tutelle et que les actes qu'elle accomplit personnellement en rapport avec les régies et agences autonomisées n'en sont *a priori* pas exemptés. À titre d'exemple, citons la tutelle d'approbation de l'article L. 3131-1, § 4, du code wallon précité, selon lequel sont notamment soumis à la tutelle d'approbation les actes des autorités communales ayant pour objet l'adoption des statuts et des modifications de ceux-ci des RCA.

Habilitation à créer des filiales

Selon le code wallon et l'ordonnance bruxelloise, la RCA peut créer des filiales[39] avec toute autre personne de droit public ou de droit privé ou prendre des participations dans des sociétés, associations ou institutions de droit public ou de droit privé dont l'objet social est compatible avec le sien.

De son côté, le décret flamand permet à l'AGB de créer d'autres personnes morales, d'y participer ou de s'y faire représenter à la condition que cela soit compatible avec ses missions. Le décret ajoute cependant que la création de ces personnes morales, la participation à celles-ci ou la représentation au sein de celles-ci ne peut avoir de but lucratif et attire fort utilement l'attention sur ce qu'elle doit

39. Selon le code belge des sociétés et des associations, il faut entendre par « filiale » la société à l'égard de laquelle un pouvoir de contrôle existe (art. 1:15). Néanmoins, le code wallon entend par « filiale » d'une régie communale autonome toute société dans laquelle cette RCA a pris une participation, quelle qu'en soit l'importance (art. L. 1231-8, § 2).

s'effectuer en conformité avec le principe d'égalité, la réglementation relative à la concurrence et aux aides d'État, ainsi qu'avec les conditions prévues par le contrat de gestion (art. 240, § 5).

La RCA doit, en droit wallon ou bruxellois, disposer, quel que soit le montant de sa participation, de la majorité des voix et assumer la présidence dans les organes de ses filiales. Cette mesure protectrice des intérêts de la RCA et de la commune qui l'a créée est néanmoins susceptible de décourager les partenaires privés d'apporter des capitaux[40]. Aussi, le décret flamand a-t-il assoupli cette exigence en se contentant de prévoir comme condition à la prise de participation de l'AGB qu'elle se voie attribuer au moins un mandat d'administrateur (art. 240, § 5, dernier al.).

B. Les ASBL communales et les autres personnes morales de droit privé concourant à l'exécution de tâches d'intérêt communal

1. Les ASBL communales de droit wallon ou de droit bruxellois

Le code wallon de la démocratie locale et de la décentralisation et l'ordonnance bruxelloise relative aux modes spécifiques de gestion communale prévoient la possibilité pour une commune de créer – ou de participer à – une ASBL au sens des dispositions pertinentes du Code des sociétés et des associations, en vue de l'exécution de tâches d'intérêt communal. En région de langue française, le code wallon habilite toute « commune [à] créer ou participer à une ASBL dans les matières qui relèvent de l'intérêt communal, si la nécessité de cette création ou de cette participation fait l'objet d'une motivation spéciale fondée sur l'existence d'un besoin spécifique d'intérêt public qui ne peut être satisfait de manière efficace par les services généraux, les établissements ou les régies de la commune et qui fait l'objet d'une description précise » (art. L. 1234-1 du code wallon). En Région bruxelloise, une commune « peut créer, directement ou indirectement, une [telle ASBL] dont les activités consistent en l'exécution de tâches d'intérêt communal » ; elle peut également « participer, directement ou indirectement, à une ASBL à qui elle délègue l'exécution d'une mission d'intérêt communal bien définie » (art. 32 de l'ordonnance)[41].

40. A. L. DURIEUX et I. GABRIEL, *op. cit.*, p. 97 et 98.

41. On notera, dès à présent, qu'en Région wallonne « plusieurs communes peuvent créer ou participer à une ASBL » communale sous la même condition qu'une commune seule (art. L. 1234-1 du code) et qu'en Région bruxelloise, « plusieurs communes peuvent créer ou participer ensemble, directement, à une ASBL dont les activités consistent en l'exécution de tâches d'intérêt public qui

En raison de leur nature de personnes morales de droit privé, ces ASBL « satellites » ou « périphériques » ne sont normalement pas soumises à une quelconque tutelle de la commune mère. Si tel est bien le cas des ASBL communales en droit wallon, en revanche l'ordonnance du 5 juillet 2018 organise une tutelle « ordinaire » sur les ASBL communales de la Région bruxelloise (art. 43 à 48)[42]. En région de langue française, la conclusion d'un contrat de gestion avec la commune mère est cependant obligatoire pour les ASBL communales qui reçoivent « une ou des subventions [communales] atteignant au minimum 50 000 euros par an » ou « au sein de laquelle [la commune mère] détient une position prépondérante » (art. L. 1234-1, § 2, du code wallon). En Région bruxelloise, les ASBL communales « dont 50 % au moins du budget est couvert par subvention communale » doivent conclure avec leur commune mère une « convention » dont le contenu minimal est déterminé par l'article 39 de l'ordonnance précitée ; de plus, les ASBL communales qui répondent à la définition de « micro-ASBL » au sens du Code des sociétés et des associations doivent conclure un contrat de gestion avec leur commune mère (art. 44, § 1er, 1° de l'ordonnance).

2. Les autres personnes morales de droit privé concourant à l'exécution de tâches d'intérêt communal ou à la réalisation d'une mission de service public dans ce cadre

L'article 245 du décret flamand sur l'administration locale habilite toute commune de la Région *à constituer* une société, une association ou une fondation au sens des dispositions pertinentes du Code des sociétés et des associations et à confier des *tâches spécifiques d'intérêt communal* à l'un de ces organismes de droit privé sous la dénomination d'agence autonomisée externe communale de droit privé (ci-après : GEVA)[43]. Par « association », le législateur flamand vise principalement les ASBL, celles-là mêmes auxquelles les communes peuvent faire appel selon le droit wallon et le droit bruxellois lorsqu'un besoin spécifique d'intérêt communal ne peut être satisfait autrement de manière aussi efficace.

---

ne pourraient être satisfaites de manière aussi efficiente par les services généraux de la commune » (art. 91 de l'ordonnance). Il s'agit, en ces cas, d'associations de communes, c'est-à-dire d'une forme de coopération intercommunale. Voir *infra*, C1, p. 323-324.

42. Sur le statut des ASBL communales avant qu'elles ne disposent d'une habilitation législative explicite, voir P. LEWALLE, « Les A.S.B.L., moyen d'action des pouvoirs publics ? », dans *Les A.S.B.L. Évaluation critique d'un succès*, Gand, Story-Scientia, 1985, p. 249-300 ; F. BELLEFLAMME, « Les A.S.B.L. des pouvoirs publics », dans *Le paraétatisme. Nouveaux regards sur la décentralisation fonctionnelle en Belgique et dans les institutions européennes*, Bruges, la Charte, 2010, p. 247-305.

43. En néerlandais : *gemeentelijk extern verzelfstandigd agentschap in privaatrechtelijke vorm.*

Outre la commune, d'autres « personnes » peuvent participer à la constitution de ladite association, société ou fondation, à l'exclusion toutefois d'autres communes[44] et de leurs agences autonomisées externes, de structures de coopération intercommunale, des provinces et de leurs agences autonomisées externes, de la Communauté et de la Région flamande. Aux mêmes conditions, une commune peut décider de *participer* à une telle société, association ou fondation.

La décision de constitution ou de participation est prise par le conseil communal sur la base d'un rapport justificatif du collège échevinal[45]. En vue de bien marquer le caractère communal de l'agence autonomisée externe de droit privé, l'article 246 du décret précité prévoit que, « quelle que soit l'ampleur de l'éventuel apport des diverses parties, la commune dispose toujours d'une majorité des voix à l'assemblée générale » de cette société ou de cette association et qu'elle « propose toujours une majorité des membres du conseil d'administration » de ladite société, de ladite association ou de la fondation. Le même article précise que les représentants de la commune à l'assemblée générale de la société ou de l'association sont choisis par le conseil communal en son sein et agissent conformément à ses instructions. De plus, « le conseil communal et les représentants de la commune à l'assemblée générale [de l'agence autonomisée] peuvent à tout moment décider de révoquer les désignations et les présentations », cette révocation entraînant de plein droit, en vertu d'une clause à insérer dans les statuts, la démission des personnes concernées. Enfin, toutes les désignations et présentations sont révoquées en cas de renouvellement du conseil communal. Bref, la commune a la haute main sur l'agence.

De même qu'un contrat dit de gestion entre la commune et la régie communale autonome est obligatoire[46] et que certaines ASBL communales sont également obligées d'en conclure un[47], un contrat dit de coopération *(samenwerkingsovereenkomst)* doit être conclu entre la commune et l'agence autonomisée externe de droit privé pour l'exécution des tâches d'intérêt général qui lui sont confiées (art. 247).

Le décret met en garde les communes qui envisagent de créer une GEVA : il faut, lors de cette création, respecter le principe d'égalité, la réglementation relative à la concurrence et les aides d'État (art. 245, § 1er, al. 2). On rappelle que le même décret le précise également pour une AGB[48].

---

44. Ce qui exclut, de la sorte, la constitution d'une ASBL intercommunale.
45. En Belgique, les échevins sont les membres du collège (exécutif) communal.
46. Voir *supra*, p. 313.
47. Voir *supra*, p. 316.
48. Voir *supra*, p. 315.

Cette large habilitation du législateur décrétal flamand n'a pas de quoi étonner, dès lors que c'est en Flandre qu'un fort courant doctrinal a prôné l'importation, en droit belge, de la « théorie de la double voie » *(tweewegenleer)* en provenance des Pays-Bas. Selon celle-ci, l'autorité a le libre choix entre le droit public et le droit privé, mais à la condition que l'application de ce dernier n'interfère pas de manière inacceptable sur le droit public[49].

Il y a lieu de distinguer soigneusement l'hypothèse de l'attribution de tâches d'intérêt communal à une agence autonomisée externe de droit privé et deux autres hypothèses : celle des sociétés ou associations locales qui seraient investies par le législateur flamand d'une mission d'intérêt général et dotées à cet effet de prérogatives de la puissance publique, telle celle de prendre des décisions obligatoires à l'égard de tiers[50] ; et celle de la création de filiales de droit privé par des communes flamandes. Dans le premier cas, la société ou l'association n'est certainement pas une agence autonomisée externe communale de droit privé puisque, selon l'article 245, § 1er, du décret flamand sur l'administration locale, sa forme juridique doit correspondre aux dispositions pertinentes du Code des sociétés et des associations ; dans le second cas, la filiale, quel que soit le montant de la participation de la commune à son capital, contribue peut-être indirectement à la réalisation d'une mission de service public mais ne bénéficie pas d'une délégation de tâches d'intérêt communal, de sorte qu'elle ne saurait non plus être considérée comme une agence externe de droit privé au sens de l'article 245, § 1er du décret précité.

Habilitation implicite à créer des filiales

Dans un arrêt nº 9/2020 rendu à propos d'un décret du 29 mars 2018 modifiant le code wallon « en vue de renforcer la gouvernance et la transparence dans l'exécution des mandats publics au sein des structures locales et supra-locales et de leurs filiales »[51], la Cour constitutionnelle a considéré que les communes et les provinces,

49. Sur cette théorie et sa réception en droit belge ainsi que ses limites, voir notamment F. VANDENDRIESSCHE, *Publieke en Private Rechtspersonen*, die Keure, 2004, p. 96 à 118 ; M. DECOCK, « Intergemeentelijke samenwerking langs privaatrechtelijke weg in Nederland en België : een rechtsvergelijkend onderzoek » (« L'intercommunalité *via* le droit privé aux Pays-Bas et en Belgique : une enquête de droit comparé »), *Tijdschrift voor Bestuurswetenschappen en Publiekrecht*, 2024/5, p. 275-289, ici p. 278 et 279. Il est vrai qu'un auteur comme Matthias De Groot ne fait pas intervenir la possession de prérogatives de puissance publique dans la distinction entre personnes morales de droit public et personnes morales de droit privé : *Overheidstoezicht op private rechtspersonen belast met taken van openbare dienst* (Le contrôle par l'autorité publique des personnes morales de droit privé chargées de missions de service public), Bruges, die Keure, 2018, p. 37-47.

50. Voir *supra*, p. 306.

51. Décret « gouvernance » du 29 mars 2018, *Moniteur belge* 14 mai 2018.

chargées de régler ce qui intéresse les intérêts communaux et provinciaux, peuvent créer leurs propres filiales en participant au capital de sociétés de droit privé, mais seulement à la condition que ces dernières concourent, « à tout le moins indirectement, à la réalisation d'une mission de service public »[52]. Selon la Cour, cette condition est remplie quand communes et provinces contrôlent directement ou indirectement ces sociétés.

Pour parvenir à ce constat, la Cour a tenu un raisonnement *a pari* avec la compétence expressément reconnue aux associations intercommunales de droit public[53]. Le même raisonnement s'applique aux autres *personnes morales de droit public locales* qui, ne pouvant « poursuivre d'autre objectif que la réalisation d'un service public conforme à l'intérêt général », participent au capital de telles sociétés[54]. À ce titre, précise la Haute juridiction, pareilles sociétés « peuvent se voir imposer des contraintes justifiées par les politiques publiques »[55].

Sous cette appellation de « personnes de droit public locales », l'arrêt n° 9/2020 rassemble non seulement les communes et les provinces ainsi que les régies autonomes provinciales ou communales et les intercommunales, mais encore toutes les autres personnes publiques subordonnées relevant de la Région wallonne[56] qui sont énumérées à l'article L. 1532-5 ou à l'article L. 5111-1, 10°, du code et qui sont susceptibles de détenir ensemble une participation majoritaire au capital de sociétés

52. C. Const., n° 9/2020 du 16 janv. 2020, B.6.3.

53. Voir à cet égard *infra*, p. 326.

54. C. Const., n° 9/2020 précité, B.6.4. La Cour considère qu'il ne lui revient pas « de se prononcer concrètement sur le concours apporté par la société requérante à l'objet social de l'intercommunale qui participe à son financement ni sur le contenu des missions de service public assumées par cette intercommunale ».

55. C. Const., n° 9/2020 précité, B.6.3.

56. La liste de ces « personnes morales de droit public locales » comprend, outre les communes et les provinces ainsi que les régies communales ou provinciales autonomes, les CPAS, les intercommunales (de droit public) et les associations de projet, les associations de CPAS visées à l'article 118 de la loi organique des CPAS, les sociétés de logement de service public et les groupements associant diverses personnes publiques appartenant à l'une des catégories précitées. Sur ces différentes sortes de personnes publiques subordonnées, voir *infra*, C.2 et 3, p. 324-327 et D.2 et 3, p. 328-330.

dénommées pour cette raison « sociétés à participation publique locale significative »[57]. Les sociétés ainsi qualifiées sont très logiquement soumises elles aussi à la tutelle administrative ordinaire de la Région wallonne (art. L.3111-1, § 1er, 8°)[58].

En mentionnant les communes et les provinces à côté des régies communales ou provinciales parmi les personnes morales de droit public locales pouvant détenir une telle participation, le code constate que les collectivités locales situées dans la région de langue française participent au capital de sociétés sans qu'une habilitation explicite du législateur wallon ait été jugée nécessaire pour les y autoriser. Il faut sans doute considérer que l'article L. 5111-1, 10°, du code contient implicitement pareille habilitation.

Il ressort de ce qui précède que les Régions ont adopté chacune leur propre législation avec certes leurs particularités mais, en tout cas en l'état actuel, avec un fonds commun. Elles ont établi pour leurs régies communales autonomes, leurs ASBL communales ainsi que pour les sociétés, associations ou fondations de droit privé qui peuvent être considérées comme l'émanation de communes, un ensemble de règles de base qui garantissent, à des degrés divers selon la catégorie envisagée, la maîtrise de la commune fondatrice et la conformité à l'intérêt général, tout en ménageant l'autonomie de l'organisme public ou privé « satellite ». Ce cadre général ne constitue toutefois pas un carcan; il laisse de la place suffisante pour que la commune puisse adapter le modèle à ses besoins spécifiques.

C. Les associations intercommunales

Les régies communales ordinaires et autonomes (RCA ou AGB) sont relativement nombreuses et, si leurs activités privilégiées étaient anciennement de nature commerciale et industrielle, elles se sont depuis lors fortement diversifiées et leurs activités sont des plus variées. Il n'en reste pas moins que les communes, plutôt que recourir au procédé de la fondation unilatérale, préfèrent, souvent par nécessité vu notamment l'importance des capitaux à réunir, joindre leurs efforts dans le cadre de la coopération intercommunale.

---

57. Au sens du code wallon, ce sont des sociétés qui répondent aux critères suivants : être de droit belge ou avoir un siège d'exploitation établi en Belgique ; plus de cinquante pour cent de leur capital est détenu directement ou indirectement par des personnes de droit public subordonnées relevant d'une même collectivité supérieure, en l'occurrence la Région wallonne.

58. Toutes les dispositions décrétales précitées ont été insérées dans le code wallon par le décret du 29 mars 2018.

Bien que les communes ne disposent pas constitutionnellement de la liberté d'association, elles se sont néanmoins vu reconnaître le droit de s'associer d'initiative entre elles uniquement ou encore avec d'autres personnes de droit public ou privé[59] pour satisfaire l'intérêt communal. Pris sur le fondement de l'article 162, dernier alinéa, de la Constitution, l'article 6, § 1er, VIII, 8°, de la loi spéciale du 8 août 1980 attribue compétence au législateur régional pour ce qui concerne notamment l'association de communes dans un but d'utilité publique.

S'il est vrai que les Régions ont compétence pour fixer les conditions et le mode suivant lesquels les communes peuvent s'associer et que, dans cette mesure, elles peuvent favoriser ou restreindre ce droit, elles ne peuvent cependant, sans violer l'article 162, alinéa 4, de la Constitution, en rendre l'exercice impossible. Néanmoins, la limitation de la portée du droit de s'associer aux communes qui sont situées dans la même région linguistique n'est pas considérée comme allant à l'encontre de ce principe[60].

Afin de permettre la constitution d'associations entre communes de Régions différentes, un accord de coopération entre les Régions concernées est nécessaire[61]. Tel est l'objet de l'accord du 13 février 2014 relatif aux intercommunales interrégionales, ce par quoi il convient d'entendre les associations intercommunales auxquelles des communes de plus d'une Région sont affiliées. Cet accord détermine le droit régional applicable et l'autorité de tutelle compétente à l'égard de telles intercommunales ainsi que la Région territorialement compétente pour leur accorder des autorisations d'expropriation pour cause d'utilité publique[62].

La coopération entre communes peut prendre de multiples formes selon les besoins d'intérêt communal à satisfaire. Ceux-ci peuvent être occasionnels, temporaires ou plus ou moins permanents. Deux formules retiennent l'attention : les ASBL et les associations intercommunales de droit public.

---

59. En droit belge, les intercommunales sont « pures » ou « mixtes ». Les premières ne comptent que des communes ou d'autres personnes de droit public parmi leurs membres. Les secondes comptent, en outre, parmi leurs membres des personnes morales de droit privé.

60. Voir, par ex. en ce sens, l'avis 71.912/1/V du 27 sept. 2022 de la section de législation du Conseil d'État.

61. C. Const., n° 171/2015 du 3 déc. 2015, B.13.1 et B.13.2.

62. *Moniteur belge*, 14 avr. 2014. L'art. 92 *bis*, § 2, *d)*, de la loi spéciale de réformes institutionnelles du 8 août 1980 imposait aux Régions de conclure pareil accord « pour le règlement des questions relatives […] aux associations de communes et de provinces dans un but d'utilité publique, dont le ressort dépasse les limites d'une Région ». Sur les accords de coopération entre les collectivités fédérées belges ou entre celles-ci et l'État fédéral, voir Y. LEJEUNE, *Droit constitutionnel belge. Fondements et institutions*, 4e éd., Bruxelles, Larcier, 2021, nos 673-679, p. 1027 à 1055.

1. Les ASBL intercommunales

En région de langue française, plusieurs communes peuvent créer ou participer à une ASBL communale sous les mêmes conditions qu'une commune seule. Ces ASBL sont régies par le même chapitre du code wallon (art. L. 1234-1 à L. 1234-6) que les ASBL « monocommunales ». Quand plusieurs communes sont membres de l'ASBL, ce sont les conseils communaux des différentes communes associées qui désignent leurs représentants respectifs « à la proportionnelle de l'ensemble des conseils communaux des communes associées » et, s'il échet, retirent ces mandats. Ils proposent également les candidats aux mandats qui leur sont réservés dans les autres organes de gestion et de contrôle en application des statuts (art. L. 1234-2, § 1er). En cas de subsides communaux à concurrence d'un minimum de 50 000 euros par an, l'ASBL doit conclure un contrat de gestion, lequel « précise au minimum la nature et l'étendue des tâches que la personne morale devra assumer, ainsi que les indicateurs permettant d'évaluer la réalisation de ses missions » (art. L. 1234-1, § 2). Même si, dans les faits, les communes disposent souvent de la majorité, il ne s'agit pas là d'une exigence du législateur wallon.

Les délibérations des conseils communaux décidant de la constitution d'une ASBL sont soumises à la tutelle d'approbation du gouvernement wallon. Une fois constituée, l'ASBL est soustraite à tout contrôle de tutelle quant à son fonctionnement.

Il est cependant bien précisé que le chapitre des ASBL communales ne s'applique pas à celles dont les activités sont organisées en vertu d'un cadre légal spécifique (art. L. 1234-6, al. 1er). Le code wallon renvoie de la sorte implicitement aux associations de CPAS, telles qu'elles sont instituées par les articles 118 et 121 de la loi fédérale du 8 juillet 1976 organique des CPAS[63]. Ces associations entre CPAS ou entre ceux-ci et « d'autres pouvoirs publics et/ou personnes morales autres que celles qui ont un but lucratif » peuvent adopter la forme juridique de l'ASBL, mais elles sont alors soumises « à un régime sensiblement différent de celui qui est en principe applicable aux ASBL », « en raison des missions de service public que [ces ASBL] assument dans la mise en œuvre de la politique d'aide sociale menée par le législateur »[64]. Pour ce motif, elles sont généralement considérées comme des associations de droit public[65].

---

63. Art. 118 et 121 de la loi du 8 juillet 1976, dans la version applicable en région de langue française.
64. C. Const., 31 juill. 2008, n° 119/2008, B.5.2 et B.5.3. Voir *infra*, D3, p. 330.
65. En ce sens : D. RENDERS, *Droit administratif général*, 4e éd., *op. cit.*, p. 120, n° 198.

En Région bruxelloise, l'ordonnance du 5 juillet 2018 habilite plusieurs communes à créer ou à participer ensemble à une même ASBL dont les activités consistent à exécuter, dans les matières qui relèvent de l'intérêt communal, « des tâches d'intérêt public qui ne pourraient être satisfaites de manière aussi efficiente par les services généraux de la commune » (art. 91). Toute association ainsi constituée entre communes dans cette Région est dénommée « ASBL pluricommunale ».

Ladite ASBL peut être exclusivement composée de communes ou compter en plus des personnes morales de droit public ou de droit privé, étant précisé que, quelle que soit la proportion des apports des diverses parties à la constitution du fonds social, les communes doivent toujours disposer de la majorité des voix dans un ou plusieurs organes, dont l'assemblée générale (art. 94). Le conseil communal de chaque commune désigne ses représentants au sein de l'assemblée générale dans la proportion fixée dans les statuts et au moins un tiers des membres du conseil d'administration sont désignés par l'assemblée générale sur proposition des conseils communaux ou des membres de l'assemblée générale désignés par ceux-ci (art. 95).

Les communes bruxelloises ont ainsi la haute main sur l'ASBL « pluricommunale », sans préjudice du contrôle de tutelle qui est le même que celui applicable à l'ASBL satellite d'une seule commune. Sur ces deux points : exigence légale de maîtrise des communes sur l'ASBL et présence d'un contrôle de tutelle, le droit régional bruxellois diverge totalement du droit régional wallon.

2. Les associations intercommunales de droit public

L'article L. 1512-3 du *code wallon* précité habilite plusieurs communes à former entre elles, avec éventuellement d'autres personnes de droit public et privé, des associations ayant des objets déterminés d'intérêt communal, dénommées « intercommunales ».

Quel que soit leur objet, ces associations exercent des missions de service public et à ce titre sont des personnes de droit public, tout en ayant la forme d'une société anonyme ou d'une société coopérative à responsabilité limitée et en étant soumises à la législation relative aux sociétés commerciales pour autant que les statuts n'y dérogent pas en raison de leur nature spéciale. Ce caractère de droit public reste prédominant dans leurs rapports avec leurs associés, leurs agents et tout tiers (art. L. 1512-6 et 1523-1).

Chaque intercommunale comprend au moins trois organes : une assemblée générale, un conseil d'administration et un comité de rémunération (art. L. 1523-7). Les communes ont la maîtrise complète de l'intercommunale. « Quelle que soit la proportion des apports des diverses parties à la constitution du capital ou du fonds social, les communes disposent toujours de la majorité des voix ainsi que de la présidence dans les différents organes [et les décisions de ceux-ci] ne sont prises valablement que si elles ont obtenu, outre la majorité des voix exprimées, la majorité des voix des associés communaux présents ou représentés au sein de ces organes » (art. L. 1523-8 et L. 1523-9).

Les intercommunales sont soumises au contrôle de tutelle du gouvernement (art. L. 3111-1, § 1er, 3°), qu'il s'agisse de la tutelle générale d'annulation (notamment les articles L. 3122-3 et L. 3122-3 *bis*), de la tutelle spéciale d'approbation (notamment l'article L. 3131-1, § 2) ou de la tutelle coercitive (art. L. 1316-1 et L. 1316-2).

Le titre 5 de l'ordonnance du 5 juillet 2018 relative aux modes spécifiques de gestion communale et à la coopération intercommunale traite des *intercommunales bruxelloises*. Les considérations émises ci-dessus à propos des intercommunales wallonnes leur sont *grosso modo* applicables. Toutefois, la seule forme juridique admise est celle de la société coopérative à responsabilité limitée, pour autant que l'ordonnance du 5 juillet 2018 et les statuts n'y dérogent pas en raison de la nature spéciale de l'association (art. 55).

Le *droit régional flamand* habilite lui aussi deux ou plusieurs communes à créer « une structure de coopération dotée de la personnalité juridique afin de réaliser des objectifs qui relèvent d'un ou plusieurs domaines d'action politique ». Seuls sont autorisés à participer à cette structure de coopération intercommunale, outre les communes, les régies communales autonomes, les centres publics d'aide sociale et leurs associations de droit public[66], les autres associations intercommunales, les groupements Benelux de coopération territoriale créés en application de la Convention Benelux de coopération transfrontalière et interterritoriale du 20 février 2014, ainsi que les zones de police et les zones de secours (art. 396, § 1er du décret du 22 déc. 2017).

Les caractéristiques de la personnalité de droit *public* dont ce « partenariat » est doté sont déterminées conformément aux dispositions du titre qui, dans le même décret, règlent la coopération intercommunale. Pour tout ce qu'elles n'organisent pas expressément, il est renvoyé aux dispositions du Code des sociétés et des associations applicables à la société coopérative (art. 397, al. 2).

On distingue quatre formes de structures de coopération, parmi lesquelles l'association *prestataire de services* sans transfert de gestion, « visant à assurer aux communes participantes un service auxiliaire clairement défini relevant, le cas

---

66. Sur ces centres (CPAS) et leurs associations, voir *supra*, p. 323 et *infra*, p. 328-330.

échéant, de plusieurs domaines d'action politique », et l'association *chargée de mission* avec transfert de gestion, « à laquelle est confiée par les communes participantes la mise en œuvre d'une ou de plusieurs compétences clairement définies en ce qui concerne un ou plusieurs domaines d'action politique », avec ou sans participation privée (art. 398, § 2). Leur régime, bien que présentant quelques ressemblances avec celui applicable aux intercommunales wallonnes et bruxelloises, est beaucoup plus complet et détaillé (art. 396 à 400 et 413 à 473). Tel est, à titre de simple exemple, le cas de la phase préparatoire à la création de l'association et de la mise en place d'un organe de concertation entre les communes qui projettent de s'associer (art. 413 à 415).

Habilitation à créer des filiales

Le code wallon permet aux intercommunales de créer des *filiales* ou de prendre des participations dans des sociétés, lorsque ces participations sont de nature à concourir à la réalisation de leur objet social (art. L. 1512-5)[67]. À la même condition, l'ordonnance bruxelloise permet plus largement aux intercommunales de prendre des participations directes ou indirectes dans des sociétés, associations et institutions de droit public ou de droit privé (art. 63).

Le décret flamand sur l'administration locale n'ignore pas les filiales qui émanent d'intercommunales comme il en existe en droit wallon ou bruxellois. Il tolère la participation d'associations intercommunales prestataires de services ou chargées de mission à des personnes morales de droit public ou privé qui n'ont pas elles-mêmes adopté cette forme juridique, à condition que l'objet social de ces personnes morales soit conforme aux propres objectifs des intercommunales et que la législation sur les marchés publics soit respectée. La participation est soumise à la condition qu'au moins un mandat d'administrateur nommé sur proposition des communes soit accordé à l'association intercommunale (art. 472, § 1er).

3. Les associations de projet

En droit wallon et en droit flamand, il existe une variété particulière d'associations intercommunales appelées « associations de projet ». Ce sont des associations temporaires qui visent à assurer, dans un délai relativement court, « la planification, la mise en œuvre et le contrôle d'un projet » d'intérêt communal clairement défini (code wallon, art. L. 1512-2 ; décret flamand, art. 398, § 2, 1°).

---

67. Dans cette mesure, ces sociétés de droit privé concourent indirectement à la réalisation d'une mission de service public (C. Const., nº 9/2020 du 16 janv. 2020, B.6.3). Voir *supra*, p. 319-321.

Elles sont constituées par actes authentiques pour une durée maximale de six ans, reconductible par périodes n'excédant pas six ans (décret précité, art. 401 ; code wallon, art. L. 1522-1). Elles sont dotées d'une structure légère et disposent d'un organe unique : un conseil d'administration (décret précité, art. 404) ou un comité de gestion (code wallon, art. L. 1522-4). En région de langue française, toute personne de droit public ou de droit privé peut y participer. Il n'y a aucune obligation de constitution d'un capital social, mais la participation globale du secteur privé ne peut être supérieure à 49 % du capital social total.

Comme les intercommunales proprement dites, ce sont des personnes de droit public ayant la forme d'une société commerciale (code wallon, art. L. 1523-1) ou, en droit flamand, d'une société coopérative (décret précité, art. 397). Quel que soit leur objet, elles exercent une mission de service public et ne peuvent avoir un caractère commercial. Comme pour les intercommunales, leur caractère de droit public reste prédominant dans leurs rapports avec leurs associés, leurs agents et tout tiers (code wallon, art. L. 1512-6, § 1er).

Les dispositions du code wallon consacrées à ce type de structure intercommunale s'inspirent étroitement des dispositions correspondantes du décret flamand (art. 398, § 2, 1°, et art. 401 à 412).

D. Les établissements publics spécialisés institués par le législateur à l'échelon communal

À côté de ce *corpus* de règles communes, en principe applicable aux organismes d'intérêt communal quel que soit leur domaine d'activité dès lors qu'une ou plusieurs communes ont pris l'initiative de les mettre en place, il existe aussi des règles applicables uniquement à certaines catégories d'établissements publics locaux qui ont été créés et implantés directement par l'État ou par une autre collectivité supérieure à l'échelon communal, mais qui entretiennent souvent d'étroites relations avec les autorités locales.

1. Les établissements publics spécialisés existant dans certaines communes belges

Ainsi, la loi du 30 avril 1848 sur la réorganisation des Monts-de-Piété maintient les « Caisses publiques de prêts » existantes à l'époque et autorise les conseils communaux à leur substituer la dénomination « Mont-de-Piété ». Il y va d'un établissement public communal à caractère social qui pratique le prêt sur gage en dehors de tout esprit de lucre et dispose d'un monopole de fait. Le Mont-de-Piété est créé et supprimé par délibération du conseil communal, soumise à la tutelle d'approbation. Il est administré par un conseil d'administration composé de cinq personnes toutes nommées par le conseil communal, dont deux parmi les membres de la Commission d'assistance publique[68]. Les délibérations du conseil communal relatives aux règlements organiques portant sur toute une série d'objets ayant trait à son activité de prêts ainsi qu'au statut de son personnel doivent être approuvées par l'autorité de tutelle. Le Mont-de-Piété de la Ville de Bruxelles a été le premier et est actuellement le seul établissement de ce type à encore exister.

Ainsi encore, les régies portuaires autonomes de Flandre font l'objet d'un décret spécifique du 2 mars 1999. Les personnes participantes dans l'entreprise portuaire sont des personnes de droit public. La régie elle-même est une personne de droit public qui, en fonction de son choix, décide de la forme juridique qu'elle adopte dans l'arsenal législatif existant. Le droit des sociétés anonymes et le droit économique lui sont, sauf exceptions, applicables. Ce sont donc des établissements publics à forme sociétaire[69]. Il est toutefois spécifié (art. 5, § 6, du décret portuaire) que, quelle que soit la forme qu'elle adopte, une régie portuaire est assimilée à une régie communale autonome pour ce qui concerne le titre 3 (« coopération intercommunale ») de la partie 3 du décret du 22 décembre 2017 sur l'administration locale, qui contient les dispositions de droit commun relatives aux « structures de coopération [intercommunale] dotées de la personnalité civile » (art. 388 à 473 du décret précité). La coopération entre entreprises portuaires n'entre cependant pas dans ce champ d'application.

2. Les établissements publics spécialisés existant dans chaque commune belge

Les centres publics d'action (ou d'aide) sociale (CPAS ou OCMW[70]) sont un autre exemple typique d'établissements publics locaux spécialisés. Ils sont institués dans le ressort territorial de chaque commune du Royaume. La loi organique du 8 juillet 1976 qui sert de tronc commun aux diverses législations qui se partagent territorialement la matière les définit comme des établissements publics dotés de la personnalité juridique ayant pour mission d'assurer, dans les conditions déterminées par la loi, l'aide sociale afin de procurer à chacun une vie conforme à la dignité humaine. Et de préciser que cette aide est non seulement palliative et curative, mais aussi préventive et peut être matérielle, sociale, médicale, médico-sociale ou psychologique.

68. Devenue de nos jours le CPAS (centre public d'action sociale) ou OCMW. Voir *infra*, D.2, p. 328-330.
69. Y. LEJEUNE, *Typologie(s) des institutions publiques en Belgique*..., *op. cit.*, p. 72, n° 52.
70. En néerlandais : *openbaar centrum voor maatschappelijk welzijn.*

Les règles qui régissent leur organisation et leur fonctionnement sont directement inspirées de celles applicables aux communes. Cette volonté d'alignement est particulièrement visible en Flandre. Comme le rapportent Ingrid Opdebeek et Stéphanie De Somer[71], il y fut même envisagé de supprimer l'OCMW et de transférer ses compétences à la commune. Pour des raisons institutionnelles, l'idée d'intégration totale fut (momentanément ?) écartée, mais le décret du 22 décembre 2017 sur l'administration locale s'inscrit largement dans une telle perspective. Ceci se traduit au niveau de la composition des organes et de leur fonctionnement. L'assemblée délibérante : le conseil de l'aide sociale se compose des mêmes membres que le conseil communal et le président du conseil communal est de plein droit président du conseil de l'aide sociale tandis que le bourgmestre et les échevins sont de plein droit respectivement président et membres du bureau permanent qui est l'organe exécutif; quant au comité spécial du service social, organe spécifique chargé notamment de se prononcer sur les demandes individuelles d'aide sociale, son président est élu par le conseil de l'aide sociale soit parmi le président ou les membres du bureau permanent, soit parmi les membres du conseil de l'aide sociale, et ses membres sont élus par le même conseil sur présentation par les élus communaux.

Le directeur général et son adjoint ainsi que le directeur financier sont des fonctionnaires communaux qui exercent leurs fonctions tant au service de la commune que de l'OCMW (art. 162 à 178). Le directeur général assure, notamment, la direction du personnel des deux institutions. Le statut du personnel communal s'applique de plein droit au personnel de l'OCMW qui occupe une fonction existant également dans la commune (art. 186, § 1er).

S'agissant du fonctionnement de ces organes, les textes contiennent de très nombreux renvois aux règles applicables au fonctionnement des organes communaux (art. 68 à 114 du décret). Il en va de même des règles relatives au contrôle de tutelle (art. 326, al. 1er, 2°).

Ailleurs, les liens privilégiés entre la commune et cette catégorie d'établissements publics existent également, mais ils se distendent. Si dans la loi organique du 8 juillet 1976 dans ses versions applicables en région de langue française et en Région de Bruxelles-Capitale, l'organisation du CPAS est conçue sur le même modèle, les conseillers du centre, les membres du bureau permanent et leur président, de même que le secrétaire (directeur) et le receveur (directeur financier)

71. I. OPDEBEEK et St. DE SOMER, *Algemeen Bestuursrecht. Grondslagen en Beginselen*, 2e éd., Larcier/Intersentia, 2019, p. 289.

sont des personnes distinctes des mandataires communaux ; le bourgmestre et les échevins ne peuvent faire partie du conseil du centre ; tout au plus, dans la Région bruxelloise le conseil de l'aide sociale peut-il comporter un tiers de conseillers communaux au maximum. De même, le CPAS a son propre budget, son propre patrimoine et son propre personnel.

Ce relatif relâchement des liens qui les unissent est quelque peu compensé par la présence facultative du bourgmestre avec voix consultative aux séances du conseil du centre qu'il préside s'il le souhaite et surtout par la concertation périodique entre une délégation du conseil du centre et du conseil communal. Il explique aussi la participation active de la commune aux procédés de tutelle s'exerçant sur les actes du CPAS. En outre, il convient de mentionner la possibilité de créer temporairement en région de langue française des « synergies » entre une commune et le CPAS qui la dessert en vue de « gérer ou réaliser ensemble un service, une action, un projet ou une mission ». À cet effet, la commune conclut avec le CPAS des conventions « afin de déléguer en tout ou en partie ou de réaliser en commun des prestations de support indispensables à l'exécution de ses missions » (art. L. 1512/1-1, al. 2, du code wallon).

3. Les associations d'établissements publics spécialisés

À l'instar des communes, la voie de l'association est grande ouverte aux CPAS (ou OCMW). En vue de réaliser les missions qui lui sont confiées, un Centre peut s'associer avec un ou plusieurs autres ainsi qu'avec d'autres pouvoirs publics ou personnes morales ne poursuivant pas un but lucratif.

Le décret flamand est le plus détaillé. Il n'énumère pas moins de cinq types d'associations ou sociétés d'aide sociale : l'association d'aide sociale proprement dite ; l'établissement (association) autonome de soins ; l'association de droit privé (ASBL), dite hospitalière ; l'association (ASBL) ou la société de services sociaux ; et l'association (ASBL) ou la société de droit privé de soins à domicile, ayant chacune sa spécificité et des règles qui lui sont propres (art. 474 du décret précité).

La loi organique du 8 juillet 1976 dans ses deux versions précitées est plus laconique, même si les deux contiennent des dispositions particulières à certains types d'associations[72]. On considère habituellement que les associations de CPAS, telles qu'elles sont instituées par l'article 118 de la loi organique, sont des personnes de droit public même si elles peuvent adopter la forme juridique de l'ASBL. En

72. Voir l'article 79, § 2 de la loi de 1976 dans sa version applicable dans la région de langue française et son chapitre XII *bis* intitulé « Des associations hospitalières » dans la version de la loi applicable dans la Région bruxelloise.

effet, les dérogations à la législation sur les ASBL prévues par le chapitre XII de la loi organique peuvent aboutir à soumettre les associations visées à l'article 118 de la loi ayant pris la forme d'une ASBL « à un régime sensiblement différent de celui qui est en principe applicable aux ASBL »[73].

IV. Quelques brèves constatations pour conclure

1° Le principe tant vanté de l'autonomie communale n'est pas absolu, loin de là. Certes, la commune a le pouvoir de délimiter d'initiative le champ possible de son action en donnant du contenu à la notion indéterminée de l'intérêt communal, mais la loi, le décret (législatif) et l'ordonnance peuvent, à tout moment, réduire ce champ d'action en se saisissant de certaines matières initialement qualifiées d'intérêt communal pour les régler en tout ou en partie parce qu'elles présentent un intérêt transcendant l'intérêt communal. Cette réduction est compensée par l'attribution, par les collectivités publiques supérieures, de missions d'intérêt général dans le cadre de la déconcentration ou de la décentralisation, mais force est de constater que le financement de ces missions s'avère souvent insuffisant. La commune est, de plus, une institution placée sous tutelle, celle ordinaire de la Région et celles, spécifiques, exercées par les autres collectivités supérieures dans les matières qui ressortissent à leurs compétences respectives, en vue de s'assurer du respect par la commune de la hiérarchie des normes et de l'intérêt général.

2° En vertu du même principe, la commune décide plus ou moins librement de la manière dont elle va s'organiser pour exercer ses compétences. Elle peut les exercer elle-même avec ses propres services et, si elle le juge opportun, en ayant recours pour certaines activités au procédé de la déconcentration.

Elle peut aussi aller un pas plus loin en empruntant la voie de la décentralisation fonctionnelle, qu'il s'agisse de la création d'établissements publics ou d'associations avec d'autres communes ainsi que, le cas échéant, d'autres personnes de droit public ou privé. Si la décision de s'engager dans cette voie lui appartient, cette décision est soumise au contrôle de tutelle et le choix de telle ou telle structure est subordonné à des conditions légales plus ou moins rigoureuses. De manière générale, la liberté de la commune est sérieusement limitée, chaque structure faisant l'objet d'un encadrement légal comportant le plus souvent, à côté de dispositions communes, des dispositions spécifiques. À cet égard, on ne peut manquer de

73. C. Const., n° 116/2008 du 31 juill. 2008, B.5.3.

constater que la législation flamande est beaucoup plus détaillée et contraignante pour les communes que les législations wallonne et bruxelloise et qu'elle restreint davantage encore que ces dernières le principe de l'autonomie communale.

Dans un pareil contexte, la discussion au sujet de l'adoption en droit belge de la « théorie de la double voie » (mentionnée dans notre article, p. 319 de cet ouvrage) paraît assez théorique. La marge de manœuvre dont disposent les communes est limitée, comme le soulignent Steven Van Garsse et Frederik Vandendriessche à propos du décret flamand. Quelles que soient la voie empruntée et la technique d'autonomisation adoptée, il faut garder en mémoire que toutes les tâches et compétences communales devraient normalement être exercées par les organes de ces collectivités locales et que les techniques d'autonomisation de droit privé prévues par le décret précité constituent autant d'exceptions, plus ou moins importantes, au principe d'autonomie communale. Ces exceptions ne sont admissibles que moyennant habilitation de la commune par ou en vertu d'une loi, d'un décret (législatif) ou d'une ordonnance et aux conditions qui y sont fixées[74].

3° Parmi les établissements publics et associations, il en est certains qui sont soumis à un régime de droit public, d'autres à un régime de droit privé et d'autres encore à un régime hybride, ce qui n'est pas sans poser des problèmes, notamment, quant à la compétence du Conseil d'État[75] et à la mesure dont il est possible pour les collectivités fédérées de déroger au droit des sociétés qui, jusqu'à présent, reste une compétence exclusive de l'Autorité fédérale[76] ou au droit des associations qui relève de sa compétence résiduelle[77].

4° Quand les communes optent pour la formule de l'association ou de la participation (elles ont une préférence marquée pour l'ASBL et l'intercommunale), la loi, le décret (législatif) ou l'ordonnance veillent à ce que les communes associées

74. Introduction à l'ouvrage collectif *Gemeentelijke verzelfstandiging en intergemeentelijke samenwerking*, die Keure 2013, p. 4.

75. Voir D. DE ROY, « Établissements publics, organismes d'intérêt public *et tutti quanti* : la qualification juridique des satellites de l'administration », note d'observations sous Cass., 25 mai 2009, *Revue critique de jurisprudence belge*, 2013, p. 34 à 97.

76. Art. 6, § 1er, VI, al. 5, 5°, de la loi spéciale de réformes institutionnelles du 8 août 1980.

77. Voir dans la littérature récente M. DECOCK, « Intercommunales geklemd tussen overheid en onderneming : pleidooi voor een modernisering van het juridisch kader » (« Les intercommunales coincées entre autorité publique et entreprise : un plaidoyer pour la modernisation du cadre juridique »), *Rechtskundig Weekblad*, 2023-2024, p. 1403-1421. Voir également C. Const., n° 116/2008 du 31 juill. 2008, note d'observations de J. VANPRAET : « Kunnen de gemeenschappen en gewesten afwijken van het federale vennootschaps- en verenigingsrecht ? », *Chroniques de droit public*, 2008/4, p. 877 à 893.

détiennent directement ou indirectement, par l'intermédiaire de leurs représentants au sein des organes statutaires, sinon la majorité, en tout cas une représentation proportionnelle à leurs apports, et cet acte législatif soumet la structure adoptée à des contrôles financiers et de tutelle qui sont également de nature à sauvegarder les intérêts de la ou des communes associées ou participantes.

Le paysage institutionnel qui vient d'être sommairement décrit montre combien celui-ci est varié et complexe, malgré les principes directeurs communs hérités de l'État unitaire. Il met en évidence une réduction sensible de l'autonomie communale et une augmentation tout aussi significative des missions déléguées par les collectivités publiques supérieures. Il n'empêche qu'envers et contre tout, la commune continue à jouer directement et indirectement, le plus souvent avec succès, un rôle actif dans tous les domaines de la vie en société. Elle est et continue à être un chaînon indispensable et irremplaçable des institutions belges.

(Texte arrêté le 27 mai 2024)

Table des matières

ÉTUDES SPÉCIFIQUES

REGARD COMPARÉ

Structures éditoriales du groupe L'Harmattan

L'Harmattan Italie
Via degli Artisti, 15
10124 Torino
harmattan.italia@gmail.com

L'Harmattan Hongrie
Kossuth l. u. 14-16.
1053 Budapest
harmattan@harmattan.hu

L'Harmattan Sénégal
10 VDN SICAP AMITIE 3
BP 45034 Dakar-Fann
direction@senharmattan.com

L'Harmattan Cameroun
Tsinga/Derrière polyclinique FECAFOOT
BP 11486 Yaoundé
Jacques.koukam@harmattan.fr

L'Harmattan Burkina Faso
Villa 281, secteur 23 623, rue 14.32
Ouagadougou
zagbie@outlook.fr

L'Harmattan Guinée
Almamya, rue KA 028 OKB Agency
BP 3470 Conakry
harmattanguinee@yahoo.fr

L'Harmattan RDC
185, avenue Nyangwe
Commune de Lingwala – Kinshasa
matangilamusadila@yahoo.fr

L'Harmattan Congo
219, avenue Nelson Mandela
BP 2874 Brazzaville
deunovmikhael@gmail.com

L'Harmattan Mali
Immeuble Mgr Jean Marie Cissé
Aci Hamadallaye
BP 145 Bamako
syllaka@yahoo.fr

L'Harmattan Togo
Djidjole – Maison Amela
face EPP BATOME
02 BP 20680 Lomé
didieramela11@gmail.com

L'Harmattan Côte d'Ivoire
Résidence Karl – Cité des Arts
Abidjan-Cocody
03 BP 1588 Abidjan
harmattan.ivoire@gmail.com

L'Harmattan Bénin
Rue 604, (Immeuble à l'entrée
de la rue UCAO- Cite de Saint-Jean)
Cotonou
stepcorpus@gmail.com

Nos librairies en France

Librairie internationale
16, rue des Écoles
75005 Paris
librairie.internationale@harmattan.fr
01 40 46 79 11
www.librairieharmattan.com

Librairie des savoirs
21, rue des Écoles
75005 Paris
librairie.sh@harmattan.fr
01 46 34 13 71
www.librairieharmattansh.com

www.ingramcontent.com/pod-product-compliance
Lightning Source LLC
LaVergne TN
LVHW011437061026
849535LV00004BA/849
* 9 7 8 2 3 3 6 5 1 6 4 9 3 *